한국어교육학 총서 **3**

재외동포 교육과 한국어교육

저자 소개

박 갑 수

서울대 명예교수, 연변대 과기학원 겸직교수
일본 天理大學, 筑波大學, 중국 洛陽外國語大學 초빙교수 역임
한국어 세계화재단 이사 역임
한국어능력시험 자문위원장 역임
재외동포교육진흥재단 상임대표 역임
(사)한국문화국제교류운동본부 이사장
한국어세계화총연합 이사장
국어교육학회·이중언어학회·한국언어문화교육학회 고문
논저 : "국어교육과 한국어교육의 성찰"
　　　"한국어교육의 원리와 방법"
　　　"한국어교육과 언어문화 교육" 외 다수.

한국어교육학 총서 **3**
재외동포 교육과 한국어교육

초판 인쇄 2013년 11월 19일
초판 발행 2013년 11월 29일

지은이 박갑수
펴낸이 이대현
편 집 이소희
펴낸곳 도서출판 역락
　　　　서울 서초구 반포4동 577-25 문창빌딩 2층
　　　　전화 02-3409-2058(영업부), 2060(편집부)
　　　　팩시밀리 02-3409-2059
　　　　이메일 youkrack@hanmail.net
　　　　등록 1999년 4월 19일 제303-2002-000014호

ISBN 978-89-5556-678-9 94370
　　　　978-89-5556-021-3(세트)
정 가 38,000원

* 잘못된 책은 교환해 드립니다.

한국어교육학 총서 3

재외동포 교육과 한국어교육

박 갑 수

역락

우리가 살고 있는 지구촌은 오대양(五大洋) 육대주(六大洲)로 이루어져 있다. 그 가운데 나는 아프리카를 제외한 5대주(大洲)의 수십 개 나라를 찾았다. 북쪽으로 북구(北歐)의 노르웨이에서 남쪽으로 남미(南美)의 파라과이, 대양주(大洋洲)의 뉴질랜드에 이르는 나라들을 다녀왔다. 대부분의 경우 관광이나 유람 차 방문한 것이 아니라, 한국어교육과 재외동포 교육을 위한 논문 발표와 특강을 위해 이들 나라를 찾았다.

우리나라는 재외동포의 대국이다. 7,000만 인구 가운데 1/10인 720여 만이 외국에 나가 살고 있다. 중국·인도·이스라엘·필리핀을 이어 재외동포를 많이 배출하고 있는 나라다.

재외동포는 법적으로 "외국국적동포"와 "재외국민"으로 나뉜다. 그러나 이들은 한 민족으로 같은 피를 이어받은 우리의 형제들이다. 국적(國籍)이란 후천적인 것이요, 인위적인 것으로, 바뀔 수 있는 것이다. 그러나 민족은 그렇지 않다. 한민족(韓民族)은 영원한 한민족으로, 바뀌지 않는다. 민족(ethnity)은 국민(nationality)보다 정서적으로 친화력을 갖게 하고, 결속력을 갖게 한다. 그런 면에서 큰 의미를 지닌다.

민족을 규정하는 대표적 요소는 혈통과 언어, 문화라 할 수 있다. 같은 민족은 언어와 문화를 공유한다. 언어와 문화가 다를 때 우리는 그들을 같은 민족이라 보려 하지 않는다. 민족적 정체성(正體性)을 갖기 위해서는 민족어와 민족문화를 확보하고, 유지·보존해야 한다.

우리의 재외동포 교육은 한때 재외국민 교육에 한정되어 있었다. 그러던 것이 1991년 "재외국민의 교육에 관한 규정"을 개정함으로 외국국적

동포도 교육의 대상이 되었다. 따라서 세계 각지에 흩어져 사는 우리 동포는 한민족 이해교육, 현지 적응교육, 국내 연계교육 등을 통해 "세계 속에서 자긍심 높은 한인상(韓人像) 구현"이란 교육목표를 수행하게 되었다. 현지의 소수민족이긴 하나 주변인(marginal man)에 머물지 아니하고, 주류사회(host society)의 유능한 시민으로 성장할 수 있게 하고 있다. 오늘날은 다문화시대요, 세계화시대다. 따라서 재외동포는 거주국에서 유용한 고지를 선점한 우리의 형제들이다. 더구나 고국, 또는 모국은 이미 세계10대 경제대국으로 진출한 바 있다. 샐러드 볼(salad vowel)로서 다채로운 문화를 피워내야 한다.

이 책에서는 재외동포의 교육과 한국어교육의 문제를 다루었다. 제1부에서 유·이민과 재외동포 교육의 문제를, 제2부에서 재외동포 교육의 실상과 과제를, 제3부에서 언어정책과 한국어의 세계화를, 제4부에서 재외국민의 교육을 주로 다루고 있다. 따라서 본서는 재외국민 교육을 민족교육 내지는 언어정책과 한국어 세계화라는 큰 차원에서 다루고 있고, 외국국적동포만이 아니라, 재외국민의 교육에 이르는 재외동포 전반에 걸쳐 교육문제를 다루고 있는 것이 하나의 큰 특징이라 하겠다.

그리고 이 책의 서장(序章)으로 "한민족 유·이민의 역사적 이주 과정"을 비교적 상세히 다루고 있는 것도 특기할 사항이다. 재외동포의 교육을 논의하면서도 막상 그 대상인 재외동포의 배경이 되는 이주 과정을 알지 못하고 재외동포의 교육을 논의하는 것이 대부분이기 때문이다. 이를 통해 재외동포를 좀 더 바로 알고, 교육을 제대로 할 수 있게 될 것이다. 그리고 종장(終章) "한국어교육을 위한 한국어 연구"도 색다른 논의다. 이는 한국어교육을 위한 지식(知識) 교육에 관한 개괄이다. 언어교육은 기능(技能) 교육 외에 지식 및 문화(文化) 교육을 해야 한다. 그런데 한국어교육 전공자는 한국어교육의 자질 향상에 급급한 나머지 한국어 지식교육을 소홀히 하고 있는 것이 사실이다. 이렇게 되면 교육이 부실하게 마련이다. 이런 의미에서 종장에서 지식교육의 강화를 다짐하게 한 것이다. 문화교육에 대해서는 "언어문화의 교육과정" 구안, 및 "언어문화의 이해" 등을 통해 이의 중요성을 충분히 강조하였다.

저자는 재외동포 교육에 대해 많은 논문을 발표하였다. 이미 책에 묶인 논문만도 여러 편이다. 이들은 재외동포 교육에 대한 원리와 방법을 제시한 것이다. 아울러 이들을 재외동포 교육을 위해 참고하면 도움이 될 것이다.

- 재외동포의 한국어교육론, 국어교육과 한국어교육의 성찰, 서울대 출판부, 2005
- 중국 조선족의 민족어 교육과 21세기, 상동
- 바람직한 재외동포 교육의 방향, 한국어교육의 원리와 방법, 역락, 20013
- 재외동포의 정체성과 민족교육의 방안, 상동
- 재외동포 교육과 언어문화 교육, 상동
- 재외동포 교육과 민족어 교육의 자세, 상동

한국어교육은 바야흐로 전성기를 맞았다 하여도 과언이 아니다. 국격(國格)이 높아지고, 한류(韓流)의 열기가 뜨거우며, 세종학당도 발전을 거듭하고 있다. 이와 아울러 재외동포의 교육도 발전하고 있다. 그러나 순수 외국인에게 한국 언어문화를 교육하고 보급하는 것에 비해 재외동포의 교육은 그 열의나 규모가 덜한 것 같다. 한국의 언어·문화를 해외에 보급하고, 세계화(世界化)하기 위해서는 재외동포에 대한 민족교육이 우선하고, 강조되어야 한다. 재외동포는 우리의 이름 없는 외교·문화 사절(使節)이요, 한국 언어문화 세계화의 첨병(尖兵)들이라 할 수 있기 때문이다. 재외동포 교육을 좀 더 강화하고, 적극적인 지원을 하여야 하겠다.

2003년 10월 1일

沙平書室에서

南川 적음

제2부 재외동포 민족교육의 실상과 과제

제3부 언어정책과 한국어의 세계화

제4부 재외국민 교육과 한국어교육

제1부

유·이민과
재외동포 교육

제1장 한민족 유·이민의 역사적 이주 과정

1. 서언

한민족은 한반도의 남북에 7천만이 살고 있다. 그리고 해외에 720여 만 동포가 살고 있다. 그래서 중국, 이스라엘, 필리핀, 이태리 등에 다음 가는 재외동포 대국이라 한다.

외교통상부의 "재외동포 현황(2011년 9월 기준)"에 의하면 재외동포는 총 7,269,000명이며, 175개국에 분포되어 있다. 이들의 2011년 지역별 현황은 다음과 같다.

아주지역			미주지역			구주지역		중동 지역	아프리카 지역	계
4,063			2,521			657		16	11	7,269
일본	중국	기타	미국	캐나다	중남미	CIS	유럽			
905	2,705	453	2,177	231	113	536	121			

재외동포교육을 살피기 위해서는 재외동포의 현황을 파악해야 한다.

이들이 언제, 어떤 과정을 거쳐 현지에 가서, 어떻게 살고 있는지 알아야 한다. 학습자를 제대로 파악해야 올바른 교육을 할 수 있기 때문이다. 여기서는 재외동포 교육을 제대로 하기 위해 우선 우리 동포들의 유・이민(流移民)의 이주 과정(過程)과 과제를 살펴보기로 한다. 그런데 이의 역사적 자료가 충실치 않다. 더구나 오늘날의 170여개 국가로의 이주(移住) 실상을 확인하기가 용이하지 않다. 이 글에서는 한민족의 유・이민사를 전반적으로 살펴볼 수 있는 아래의 자료를 바탕으로 논의하기로 한다. 따라서 자료의 성격상 초기 이민에서 2,000년에 이르는 이주사(移住史)가 중점적으로 다루어지게 될 것이다.

이민(移民)이란 자기 나라에서 특정 국가에 정착 거주할 목적으로 이주하는 것이다. 광의로는 다른 나라에 이주하는 것을 의미한다. 그래서 일시체류도 이민이라 하기도 한다. 이민의 개념이 확립되기 전에 월경(越境)을 하거나 이주한 사람은 유민(流民)이라 한다. 여기서는 이런 이민을 광의로 보기로 한다. 재외동포란 개념은 법("재외동포법" 등)에 의해 두 부류로 나뉜다. 한국 국적을 가진 "재외국민"과, 독립국가연합의 "고려인"이나, 중국의 "조선족"과 같이 한국국적을 가졌던 사람이나, 그 직계비속으로 외국국적을 가진 "외국국적동포"가 그들이다. 이 글에서는 이들을 필요한 경우에만 구별하고, "재외동포"라는 용어를 통용하기로 한다. 우리 민족에 대한 지칭도 문제가 된다. 조선인, 조선족, 한인, 한족, 한민족 등 여러 가지로 쓸 수 있다. 여기서는 원칙적으로 "한인", 또는 "한민족"이라 하기로 한다.

이민의 과정을 살피고 논의하기 위해서는 주로 다음의 자료를 활용하기로 한다.

• 이광규(1966), 세계한민족총서 1, 세계의 한민족, 총관, 통일원.

- 권태환(1966), 세계한민족총서 2, 세계의 한민족, 중국, 통일원.
- 최협・박찬웅(1966), 세계한민족총서 3, 세계의 한민족, 미국・캐나다, 통일원.
- 이문웅(1996), 세계한민족총서 4, 세계의 한민족, 일본, 통일원
- 권희영(1966), 세계한민족총서 5, 세계의 한민족, 독립국가연합, 통일원.
- 전경수(1966), 세계한민족총서 6, 세계의 한민족, 중남미, 통일원.
- 이광규(1996), 세계한민족총서 7, 세계의 한민족, 유럽, 통일원.
- 한경구(1996), 세계한민족총서 8, 세계의 한민족, 아시아・태평양, 통일원.
- 전경수(1966), 세계한민족총서 9, 세계의 한민족, 중동・아프리카, 통일원.
- 이광규(2000), 재외동포, 서울대학교 출판부.

위의 자료를 바탕으로 유・이민의 역사적 사실이 논의될 것이다. 따라서 이들의 출전은 중요 사항만 밝히고, 세세한 논의는 따로 밝히지 아니하고, 서두에 자료를 제시하는 것으로 대신하기로 한다. 저자들에게 감사의 뜻을 표한다.

2. 초기의 유・이민

이광규(2000)에서는 재외동포의 이민사(移民史)를 제1기 : 초기 이민, 제2기 : 일본으로의 이민, 제3기 : 서구로의 이민, 제4기 : 남부로의 이민의 4기로 나누고 있다. 이 글에서도 유・이민의 과정을 원칙적으로 이 시대 구분에 따라 고찰하기로 한다.

초기의 유・이민의 시기에는 한민족이 러시아, 중국, 북미, 남미로 이

주해 갔다. 다음에 이들 지역으로의 초기 유·이민과 이어지는 이민 과정을 아울러 살펴보기로 한다.

2.1. 중국으로의 유·이민

역사적으로 볼 때 중국으로의 유·이민은 고대부터 비롯되었다고 할 수 있다. 우선 고구려나 발해의 유민이 중국으로 유입하였다. 당 나라로 들어간 고구려의 고선지(高仙芝) 장군은 그 구체적 사례의 하나다. 그리고 통일신라시대에 당나라에 설치된 신라인의 거주지 신라방(新羅坊)은 한민족의 이주 사실을 증명하는 대표적 경우다. 명초(明初)에 간행된 "요동지(遼東志)"에는 당시 요하를 중심으로 요동 일대에 거주하는 주민의 3/10이 한반도에서 건너 온 한인(韓人)이라 하고 있다. 이밖에 1958년 하북성 청룡현에 거주하는 박씨 350명 등이 한족에서 조선족으로 본적을 바꾸게 되는데 이는 그들의 선조가 명·청 교체기에 중국에 이주하였기 때문이다(이광규, 2,000).

이렇게 우리 민족은 일찍부터 중국으로 이주하였다. 그러나 오늘날의 중국 동포들은 대부분 근세에 이주한 이주민의 자손들이라 할 수 있다. 이들은 곤궁한 생활과, 일제 수탈에서 벗어나기 위해, 또는 독립운동을 하기 위해 중국으로 이주해 간 것이었다.

중국에의 이민사는 3단계로 나누어 볼 수 있다. 1단계는 한일병합 이전까지의 시기요, 2단계는 일제시대로부터 한중수교까지의 시기이며, 3단계는 그 후의 시기다.

청나라는 1628년 압록강과 두만강 이북을 선조 발상의 성지라 하여 봉금령(封禁令)을 내리고, 외부인의 출입을 금하였다. 지배족인 만주족이 중앙으로 떠나 이곳에는 인구도 많지 않고, 미개척지로 남게 되어 공동화(空洞化)하였다. 봉금령이 해제된 것은 1875년이다. 조선인이 이곳에 처음 출입하였다는 기록은 1860년대로 되어 있다. 생활이 어려운 한인(韓人)이 처음에는 월경(越境)을 하여 조경귀가(朝耕歸家)하거나 춘경추수(春耕秋收) 하였다. 19세기 중반 규제가 완화되자 본격적으로 이곳에 정착하기 시작하였다. 특히 1860년대에 대흉년이 들었는데 1869년인 기사년에는 흉작이 극에 달하였다. 그래서 헐벗고 굶주린 농민들이 경작지를 찾아 두만강과 압록강을 건너 간도에 정착하게 된 것이다. 간도(間島)란 회령부사 홍남주가 붙인 이름이며, 조선조에서는 서변계관리사(西邊界管理使)를 두어 이 땅의 한인을 보호하였다. 통감부에서는 1902년 간도출장소를 설치하였다.

1900년대에 들어서는 우국지사들이 간도로 이주하였다. 1905년 을사조약으로 외교권을 박탈당해 애국지사들이, 1910년 한일병합이 되자 망명유민이 이곳으로 몰렸다. 1919년 삼일운동이 발발한 후에도 우국지사들의 큰 물결이 만주로 쏠렸다. 이들은 연해주(沿海州)에서와 마찬가지로 여기서 의병을 조직하여 일본에 항쟁하였다. 그리고 장기적으로 이러한 상황에 대처하기 위해 학교를 세웠고, 후세들에게 애국심을 고취하였다. 1920년 말 이주민은 46만 명에 이르렀다. 이주 지역도 간도에 국한되지 아니하고, 확대되었다. 1920년대에는 이농 경향이 일본으로 바뀌어 중국으로의 이주는 크게 줄었다. 한반도 남부지방 주민이 주로 일본으로 이주해 갔다.

1930년대에 다시 만주로의 이주 바람이 불었다. 1929년 이후 세계적 공황, 농민의 경제적 파탄, 일본으로의 노동이민 억제, 농민들의 집단 이주정책 실시 등이 그 원인이었다. 집단이주는 1937년부터 실시되었으며, 이로 인해 1930년대 후반 만주지역의 한인 인구가 급증하여 50만 이상이 되었다. 이때 이주민의 출신지역은 한국 전역으로 확대되었으며, 만주의 정착지도 다양해졌다. 이주민은 출신지역별로 모였다. 연변지역에 주로 함경도 출신이, 요녕성에 평안도와 경상도를 중심한 조선 남도 출신이, 흑룡강성과 길림성의 연변 주변에 함경도 출신과 조선 남부 출신이 많이 이주하였다. 1945년 해방이 되자 170만 재중동포 가운데 70만 가량이 귀국하였는데, 늦게 중국에 이주하여 자리를 잡지 못한 사람들이 주로 많이 귀국하였다.

해방 후 중국에서는 소위 해방전쟁이 벌어졌고, 마침내 혁명군이 승리하여 중화인민공화국이 수립되었다. 중공은 소수민족의 평등을 인정하고, 그들의 언어와 문화를 존중하는 정책을 폈다. 그리하여 조선족은 집거지역(集居地域)에 자치주, 자치향을 수립하여 비교적 안정된 여건 속에 민족문화를 발전시키며 살게 되었다. 그런데 1956년 정풍운동(整風運動)이 일어나 정치는 극좌(極左)로 쏠렸고, 민족자치보다 국민의 단합, 중앙집권화로 돌아갔다. 이때 조선족 교육자는 우파분자나, 지방 민족주의자로 낙인 찍혀 추방되었다. 1966년에는 문화혁명(文化革命)이 발발하여 민족정책은 유린되었다(박갑수, 1990). 이 재난은 정풍운동 때보다 훨씬 심각했다. 1976년 문화혁명이 종식되고, 그 후 중국의 지도자들은 다행히 소수민족에 대하여 현실적이고 화합적인 정책을 폈다.

1992년에는 한중수교를 하였고, 재중동포는 고국엘 왕래할 수 있게 되었다. 그리고 1978년 덩샤오핑(鄧少平)이 복권하며 1990년대에 개혁개방의 바람이 불게 되었다. 이로 말미암아 많은 동포들은 향도이농(向都離農)과 함께, 해외 특히 한국으로 많이 진출하였다. 그리하여 연변자치주 등 한인 집거지역은 우리 동포의 인구감소로 동포사회가 위기에 처한 것으로 보기도 한다. 한편 1992년 한중수교 이후에는 한국의 많은 기업이 중국으로 진출하였다. 天津, 靑道, 烟台, 廣州 등지는 그 대표 지역이다. 이로 말미암아 중국에는 새로운 체류자와 이민자가 많이 생겨 2011

년 9월 현재 재중동포가 2,705,000명에 이르고 있다. 저간의 추이는 외교통상부의 2011년의 "재외동포현황"에 의하면 1995년 1,940,000명, 2001년 1,888,000명, 2005년 2,439,000명으로 나타난다. 이들의 신분은 2008년 외교통상부의 통계자료에 따르면 다음과 같다.

시민권자	영주권자	일반	유학생	총인원	백분율
2,245,748	3,068	438,656	77,312	2,764,784	40.7

2.2. 구소련으로의 이민

러시아로의 유·이민은 1860년대에 연해주로 이주한 데서부터 비롯되는 것으로 본다. 다만 러시아로의 유·이민은 중국의 두만강이나 압록강 이북 땅이 봉금령이 내려져 있었기 때문에 근대의 이주는 중국의 경우보다 좀 더 앞설 것으로 추정한다. 러시아의 경우도 일설에는 일찍이 1811년 홍경래난 뒤에 생활고에 시달린 농민과, 정부에 불만을 품은 양반들이 월경하기 시작했을 것이라 보기도 한다.

연해주는 본래 중국령(中國領)이었으나 1860년 북경조약에 의해 러시아의 영토가 되었다. 여기에 언제부터 한인이 들어가 살게 되었는지는 분명치 않다. 기록에 의하면 1863년 포시엣트의 노보고로드 관유지(官有地)에 한인 농민 13호가 거주하기 시작했다고 한다(서대숙, 1984).

포시엣트를 시작으로 연해주로 이주하는 한인은 매년 증가 하였다. 특히 1869년에는 큰 흉년이 들어 대거 이주해 갔다. 극동지방으로의 이민은 1870년대에 잠시 주춤하였고, 1880년대에 들어 새로운 전기를 맞았다. 유럽계 이민을 적극 추진하며 한인 이민을 배제하는 정책을 편 것이다. 이민한 한인은 국경으로부터 멀리 떨어진 내륙으로 이동시켜 러시아화를 강력히 추진하였다. 1884년에는 한로수호통상조약이 체결되었고, 1888년 한로육로통상장정(韓露陸路通商章程)이 체결되며 한로조약 체결 이전에 이주한 한인에게는 국적을 인정하였다. 이에 귀화한 사람은 토지 소유가 가능해져 비교적 여유 있는 생활을 하게 되었다.

1894년 이후 러시아 이민은 새로운 시대를 맞았다. 한인들의 입적(入籍) 문제가 해결되고, 1893~1895년 조선의 경제가 어려워져 대규모의 농민소요가 일어나면서 러시아로의 이민이 증가한 것이다.

러시아로 이주해 온 유민은 중국의 경우와 마찬가지로 초기에는 농민이 대부분이었다. 이후 우국지사들이 이주했는데, 점점 이들의 수가 증가하였다. 이들 망명유민은 특히 1905년 을사조약 체결 뒤와, 1910년 국권 상실 뒤에 대대적으로 이루어졌다. 이들은 나라의 독립을 위해 분투하였는데, 교육을 통해 애국심을 고취·고양하고, 직접 의병을 조직하여 항일투쟁을 하였다. 이때 주권을 상실한 노령(露領)의 한인은 대규모로 러시아에 입적을 청원하였다. 그리고 이는 긍정적으로 검토되어 1912년부터 실행에 옮겨져 1917년까지 32,791명이 러시아 국적을 획득하였다(권희영, 1996).

1917년 러시아에서는 혁명이 일어나, 연해주를 비롯한 극동지방은 홍군과 백군이 내전을 벌였다. 한인들은 일본군을 몰아내기 위해 홍군을 지원하였다. 시베리아 전쟁이 끝나자 소비에트 공산당은 토지 문제 등 많은 문제를 안고 있는 극동지방의 한인들을 타 지방으로 이주시키려는 계획을 세웠다. 소련정부는 1920년대의 계획을 1928년부터 1930년 사이에 시행에 옮겼는데 이때의 강제이주는 소규모로 끝났다. 1930년에 블라디보스톡의 한인 1,400명이 하바로프스크로, 170명이 카자흐스탄으로 강제 이주되었다. 이는 중앙아시아로의 한인 강제 이주의 전조였다.

1937년 마침내 비극의 강제 이주가 단행된다. 이 해는 중일전쟁이 시작되던 해이며, 유럽에서도 독일로 말미암아 세계전쟁의 전운이 감돌던 때다. 중국과 소련의 국경에서는 소련과 일본의 긴장이 고조되고 충돌이 잦았다.

1937년 8월 21일 소련인민위원회와 소연방공산당은 "극동지방 국경 부근 구역에서 조선인 거주민을 이주시키는 문제에 관하여"란 결의를 채택하였다. 극동지방에 일본 정보원들이 침투하는 것을 막기 위한 목적 이라 하지만, 한인들을 극동지방에서 제거하려는 오래된 러시아의 국수 주의적 발로라 할 것이다(권희영, 1996). 강제 이주는 동년 9월 1일에서 12 월 사이에 3차에 걸쳐 단행되었다. 제1진은 9월 1일 포시엣트 등 지구에 서 12,144세대 59,723명이, 제2진은 9월 29일 하바로프스크주 등의 지 구에서 4,533세대, 20344명이, 제3진은 10월 3일 9,284세대, 44,977명이 열차에 실려 중앙아시아로 떠났다. 유슈코프가 몰로토프에게 보낸 보고 서에 의하면 1937년10월 25일 극동에서의 조선인 퇴거가 완료되었으며, 총 가구 수는 36,442가구, 인원은 171,781명이라 하였다. 그리고 캄차카, 오호츠크 등의 나머지 700명은 11월 1일까지 수송열차로 이주될 것이라 하였다(이광규, 2000). 강제이주의 마지막 열차는 11월 5일 노보시비르스 크에 도착하였다. 이송된 이주민은 공식 보고에 의하면 우즈베키스탄 공 화국에 16,272가구, 76,525명, 카자흐스탄 공화국에 21,070가구, 95,256 명이 도착한 것으로 되어 있다. 이들은 열악한 운송시설과 중앙아시아의 황량한 들판에 버려져 많은 사람이 희생되었다. 특히 노인과 어린이가 많이 사망하였다. 이후 죽으라고 중앙아시아에 버려진 한인은 벼농사에 성공하며 중앙아시아에서 모범적인 소수민족으로 성장하였다. 그러나 이들은 거주 지역에 제한을 받았다. 이는 1989년에 해제된다.

여기 덧붙일 것은 사할린으로의 이주에 관한 것이다. 사할린에 한인이 가 살기 시작한 것은 연해주보다 10여년 뒤의 일이다. 1870~80년 사이

한인 노동자들이 탄광에 동원되었다. 그 뒤 이곳에 한인들이 모여 들었고, 1937년 강제 이주 정책을 시행할 때 이들도 10월 18일 블라디보스톡을 거쳐 중앙시아로 이송되었다. 남부 사할린에는 북사할린에서 이주하거나, 기타 연해주나 일본의 북해도에서 이주해 갔다. 사할린에는 제2차 대전 종전(終戰) 직전 약 23,500명쯤의 한인이 있었던 것으로 추정된다. 일본은 1939년 사할린에 한반도에서 노동자를 데려 갔고, 1944년에는 징용이라는 이름으로 동원해 갔다. 1945년 해방 후 소련은 부족한 노동력을 북한 노동자로 채웠는데, 이들을 "파견노무자"라 하였다. 그 뒤 북한 국적 노동자는 대부분 북으로 귀국하였다. 사할린에는 1970~80년대에 소련 국적자가 3만여명, 북조선 국적자가 4백여명, 무국적자가 2천6백여명 있었다. 무국적자란 남한 출신의 한인들이다(권희영, 1966).

소련은 1992년 페레스트로이카로 해체되고, 12개 공화국의 독립국가연합이 수립되었다. 따라서 중앙아시아의 동포들은 오늘날 우즈베크스탄, 카자크스탄, 키르기스스탄 등 공화국의 공민이 되어 삶을 영위하고 있다. 카자흐스탄에는 제정 러시아 때부터 약간의 한인이 살고 있었고, 1937년의 강제 이주 이전인 1926부터 이주해 살았다. 2008년의 한인 인구는 102,280명으로 나타난다. 우즈베크스탄에는 독립국가연합 가운데 한인이 가장 많이 살고 있다. 2011년 통계에 의하면 178,070명의 한인이 살고 있다. 이들은 집단농장 등의 지역에 밀집해 살고 있어 다른 지역과는 달리 한국어를 잘 유지하고 있다.

독립국가연합의 한인은 대부분이 러시아, 카자흐스탄, 우즈베크스탄에 거주하고 있으며, 이밖에 키르기스스탄, 타직스탄에도 상당한 인원이 살고 있다. 독립국가연합의 동포 수는 2011년 현재 536,000명으로 알려진다(외교통상부, 재외동포현황, 2011).

2.3. 미국·캐나다로의 이민

미국으로의 공식 이민은 1903년에 시작된다. 그러나 그 이전에 상인의 이주가 있었고, 정치적 망명과 유학생의 미국 진출이 있었다.

처음에 미국에 발을 디딘 사람은 인삼 판매 상인들이었다. 1898년 박종언이, 1899년 최동순, 장승봉 등이 중국을 거쳐 하와이에 상륙하였으며, 이민국에 중국인으로 분류되었다. 하와이 이민국에 처음 한국인으로 기록된 사람은 1900년 1월 15일 상륙한 양백인 김일수 두 사람이다(최협 외, 1996).

초기 유학생들은 서너 시기로 나눌 수 있다. 그 첫째는 1882년부터 1909사이에 도미한 사람으로, 망명 혹은 유학을 목적으로 이주한 사람들이다. 그 인원은 64명이었다. 이때의 망명 유학생으로는 유길준, 서재필, 박영효, 서광범, 안창호, 이승만, 박용만, 윤치호 등이 있다. 최초의 유학생은 유길준(兪吉濬)이다. 그는 1883년 한국의 보빙사(報聘使)를 수행하여 미국에 갔으며, 워싱턴, 보스턴 등 대학에서 수학하고 귀국하였다. 둘째는 1910년부터 1918년 사이에 도미한 사람으로, 만주·상해 등지에서 항일운동을 하다 도미한 망명 유학생들이다. 그 인원은 541명으로, 이들은 여권 없이 건너온 소위 "신도(新渡)학생"들이었다. 이들은 배일사상(排日思想)이 강했다. 셋째 부류는 1921년부터 1940년 사이에 도미한 사람들로, 일본 여권을 가지고 정식으로 유학을 간 사람들로서 그 인원은 289명이다. 이들은 2차 세계대전 때 일본어를 알기 때문에 통역으로 많이 활약하였다.

1901년에는 공식적으로 노동이민이 이루어진다. 초대 미국공사 알렌(Horace N. Allen)은 1901년 하와이를 거쳐 한국에 오며, 수수밭의 부족한 노동력을 한국인으로 충당할 것을 하와이 당국에 제의하였고, 한국에 와서는 고종(高宗)에게 이민을 권유하였다. 이에 대한제국에서는 이를 수용하여, 궁내부 안에 수민원(綏民院)을 설치하고, 민영환(閔泳煥)이 이 일을 맡았다. 이에 하와이 사탕수수재배자 협회의 비숍(Charles R. Bishop)이 한국에 와 이민조약을 체결하고, 동서개발회사를 설립, 이민자를 모집하였다.

최초의 노동이민은 1902년 12월 22일, 121명이 제물포를 출발, 일본고베(神戶)에서 신체검사를 받고, 이에 합격한 101명이 1903년 1월 13일하와이에 도착하였다. 이들 가운데 8명은 눈병으로 돌아오고, 하와이에 상륙한 것은 93명이었다. 이렇게 최초의 미국 노동이민이 이루어졌다. 이후 이민선은 매달 들어갔고, 1805년 11월 2일 마지막 배가 들어갔는데, 도합 65척에 7,226명이 하와이에 도착하였다. 그 뒤는 더 이상 계속되지 않았다. 한국이 외교권을 박탈당하였기 때문이다(이광규, 2000).

하와이에 이민 온 사람들은 1/7이 농민이었고, 나머지는 도시 노동자, 하급 공무원 등 다양하였다. 이들은 판잣집 농막에서 집단생활을 하였고, 작업조건은 열악했다. 10시간 작업을 하였고, 감독원의 감시를 받으며 노예생활과 같은 작업을 하였다. 월급은 16~18불이었고, 이 월급에서 식비 6불, 세탁비 1불이 제해졌다.

노동자들 가운데는 노총각이 많아 문제였다. 결혼을 하여야 하는데, 동포 여인은 없고, 다른 민족과는 결혼을 하려 하지 않았다. 이에 소위 "사진신부(picture bride)"를 맞이하게 되었다. "사진신부"란 고향에 신랑감의 사진을 보내 희망자를 신부로 맞는 것이다. "사진신부"는 1910~1924년 사이에 하와이에 951명, 미국 본토에 115명, 도합 1066명이 도미하였다. "사진신부"의 도착으로 한인들의 생활은 크게 달라졌다. 우선 사탕수수밭을 이탈하는 비율이 높아졌다. 이들은 호놀룰루 등 도시와 본토로 진출하였다. 오리건 주, 캘리포니아 주 등 서부해안 여러 주로 나가고, 몬태나, 유타, 아리조조나 주에까지 진출하기도 하였다(Choi, 1979,

이광규, 2000에서 재인).

1965년 미국은 새로운 이민법에 서명하였다. 그리하여 한국은 2만명의 쿼터를 받게 되었다. 그러나 이 이전에도 정식 이민이 있었다. 이들은 "특정이민"이라 불릴 수 있는 것으로(이광규, 2000), 국제결혼을 한 한국 여성과 입양아의 이민이 그것이다. 국제결혼을 하고 미국으로 이주한 사람은 1989년 현재 10만 명 가까이 된다(이부덕, 1991). 국제결혼을 한 여성은 한국에서 미군이나 미군의 군속과 결혼한 사람들이다. 한국에서는 1961년 해외입양법을 제정하고 국제입양의 문을 열었다. 1998년 현재로 해외 입양아 수가 17만6천여 명이며, 이들 가운데 대부분은 미국과 북구권의 가정에 입양되었다.

이 밖에 유학생이 미국으로 이주하였는데, 1967년 문교부의 통계에 의하면 그해 6,368명이 도미하였고, 그 중 6%만이 귀국하였다 한다. 대부분의 유학생이 학업을 마치고 눌러앉아 이민자가 된 것이다(이광규, 2,000 재인).

미국은 새로운 이민법에 의해 초청이민과 계약이민이 가능해졌다. 국제결혼을 한 여성들은 형제자매를 초청하였고, 이는 재미동포를 형성하는 데 크게 기여하였다. 계약이민에는 취업이민이 있다. 미국에 취업이민을 한 사람은 두 종류가 있는데, 그 하나는 의료기관에 근무하는 것이고, 다른 하나는 특정직에 근무하는 것이다. 미국은 1970년 의료보험제도를 실시하게 되었고, 이때 많은 의사를 필요로 하게 되어 한국, 인도, 필리핀 등 동양 의사를 초청해 갔다. 다른 전문직과 미국이 필요로 하는 기술직도 취업이민으로 이주해 갔다. 이밖에 독일 광부와 간호원이 미국으로 이주하여 삼각이민을 함으로 로스앤젤레스와 뉴욕의 한인촌을 형성하였다.

미국은 1975년 이민법을 다시 손질하여 한국에 이민할당 인원을 2만에서 3만으로 늘리는 한편, 의료관계 인원을 줄이고, 초청이민의 수를 증가시켜 영주권자나 시민권자의 형제자매가 많이 이주하였다. 1980년에 들어서는 낙하산 이민, 1990년에 정년 이민이 생겨났다. 1990년 중반에는 한국 경제 사정이 좋아져 역이민이 급증해 수만 명이 한국으로 귀환하기도 하였다. 재미동포의 인구 동향은 외교통상부의 "재외동포현황"에 따르면 1997년 2백만이 되었고, 2011년 현재 2,117,000명으로 나타난다. 이들을 신분에 따라 분류해보면 다음과 같다.(외교통상부 2008년 통계자료)

시민권자	영주권자	일반	유학생	인원 수	백분율
825,416	732,329	438,656	77,312	2,023,653	29.8

캐나다로의 이주는 1896년 김일환 목사가 유학생으로 처음 캐나다에 입국하였다. 이 이전에 캐나다를 거쳐 간 사람도 몇 명 있었다. 1906년에는 정인표가 빅토리아항에 도착, 5년간 캐나다에 머물면서 고등학교를 마쳤다. 이밖에 기독교 선교사 및 선교부와의 관계로 여러 사람이 캐나다에 유학하였다. 1915년 조희렴이, 1919년 강용흘(姜鏞訖)이, 1928년 문재린(文在麟)이, 1934년 김준성 등이 그들이다.

1947년에는 정대위(鄭大爲)가 유학 차 토론토로 갔고, 황대연(黃大然)은 선교사 스콧 박사의 소개로 라멘트 병원에서 인턴으로 근무하였다. 황대연은 그 뒤 미국으로 갔다가 다시 캐나다로 가 정착하여 의료봉사를 하였다. 1953년 캐나다에 도착한 서정욱은 캐나다 여인과 결혼한 한국계 이민1호이다. 이밖에 조정원, 윤여화, 김정필, 이상철 등이 캐나다 미국 등에서 유학하고 캐나다에 정착하였다.

초기의 캐나다 이주는 이렇게 개인적으로 이루어졌고, 그 수도 많지 않았다. 1963년 한국과 캐나다는 정식으로 수교를 하였고, 1966년 캐나다 정부가 개방적 이민정책을 선포하는가 하면, 한국 정부가 이민 장려정책을 펴 캐나다 이민이 증가하게 되었다. 1968~1969년은 토론토가 한국 이민의 중심지로 자리 잡아 갔다(최협 외, 1996). 1983년에는 투자이민제도가 새로 생겨났고, 1986년에는 사업이민을 강화하여 사업이민에 순수 투자이민을 증설, 기업이민, 자영사업의 3개 분야로 확대하였다. 그리하여 1980년대까지는 초청이민이 주류를 이루었으나, 1988년부터는 사업이민자 수가 늘어 역전되었다. 2011년 외교통상부의 "재외동포현황"을 보면 캐나다의 재외동포 수는 약 23만 명으로 나타난다. 그 변동 추이를 보면 1995년 73,000, 2001년 141,000, 2005년 198,000, 2011년 현재 231,000명으로 21세기 들어 급증하고 있음을 보여준다.

2.4. 남미로의 이민

1903년 하와이로 이민이 진행되는 가운데 멕시코로 이주하는 계약노동자(contract laborer)의 모집이 있었다. 멕시코는 1894년 식민법(law of colonization)을 통과시킨 후 적극적으로 이민을 유치하였다. 한인 이민은 1905년 3월 5일 1,033명이 한국을 떠나 5월 15일 멕시코의 유카탄 반도에 도착하여 에네껜 농장으로 향하였다. 경제개발을 위해 대농장의 노동력 확보를 위해 이민을 유치한 것이다. 이들은 이곳에서 형편없는 임금을 받으며 노예와 같은 처참한 생활을 하였다. 그러나 4년의 계약기간이 끝난 뒤에도 이들은 갈 데가 없어 그대로 농장생활을 계속하였다. 1910년 멕시코 혁명이 일어났고, 혁명군은 아시아인에 대해 적개심을 가졌다. 이에 한인 노동자는 결속을 하거나, 멕시코를 탈출하였다. 한인들은 1913년부터 쿠바의 사탕수수밭 농장으로 이주하기 시작하였고, 1921년

3월 300명이 대대적으로 이주하였다. 그 후 맛탄사스 에네껜 농장이 쿠바 한인의 주된 근거지가 되었다. 그런데 1933년 쿠바에서도 혁명이 일어나 시련을 겪게 되었다. 혁명정부는 자국 노동자를 보호하기 위해 외국인 노동자를 차별하는 정책을 폈다. 이에 대부분의 한인들은 국적을 쿠바로 바꾸었다. 이때 일부는 파라과이와 아르헨티나로 다시 이주하였다(이광규, 2,000).

한편 1920년대 후반 약간의 한인이 일본 국적을 가지고 브라질과 아르헨티나로 이주하기도 하였다. 1953년 한국전쟁이 휴전이 되고 포로를 교환하게 되는데, 이들 가운데 인민군 76명과 중공군 12명이 중립국을 택하였다. 이들 소위 "중립국포로"들은 1954년 인도를 거쳐 1956년 브라질과 아르헨티나로 이주하였다. 이들 가운데 인민군 50명이 브라질에, 12명이 아르헨티나에 이주하였는데, 이들은 수용소에서 직업교육과 스페인어를 배워 현지에 잘 적응할 수 있었다. 이들은 뒤에 한인들의 이민에 많은 도움을 주었다.

1960년대에 본격적인 남미(南美)로의 이민이 시작되었다. 1960년 제2공화국이 들어서면서 사회적으로 혼란스러운 가운데 남미로의 이민의 바람이 불었다. 제3공화국에서는 1962년 2월 해외이주법을 제정 공포하여 해외 이민의 법적 근거를 마련하였다. 한백진흥주식회사는 브라질 이민사업을 본격적으로 추진하였고, 한국에선 문화사절단의 이름으로 예비역 대령 정인규씨가 브라질에 가 브라질 정부로부터 116가구의 쿼터를 받아왔다. 이에 제1차 브라질 농업이민을 하게 되었다.

제1차 농업이민은 1962년 12월 18일 17가구, 92명이 부산항을 떠났다. 남미로의 농업이민은 역사상 처음 있는 공식적 이민이라 대대적 환송식이 거행되었다. 배는 1963년 2월 12일 브라질 산토스 항에 도착하였다. 그런데 농장이 제대로 준비되지 않아 이민자들은 입주를 거부하고 사방으로 흩어져 제1차 이민은 실패로 끝났다. 그러나 이는 이후 가족을 초청하는 초청이민으로 이어졌다. 제2차 이민은 1964년 초 68세대, 약 300명이 빅토리아 시의 폰테 림빠 농장을 목표로 브라질에 도착하였으나, 농사를 지을 수 없는 형편이라 역시 입주를 거부하고, 상파울로 시에 이주하였다. 제3차는 1965년에 이루어졌는데, 이는 처음부터 농장으로 적합지 못하다는 것을 알면서도 이민을 강행해, 46세대가 농장을 보지도 않고 도시로 이주하였다. 제4차 농업이민은 볼리비아 초청장으로 브라질 경유, 볼리비아에 가는 형식으로 브라질에 정착하자는 이민이었다. 따라서 제1차에서 제4차에 이르기까지 농업이민은 모두 실패로 끝났다.

제5차 농업이민은 국제가톨릭이민협회가 주선하여 2차에 걸쳐 이민하였다. 1차는 1966년 4월 53세대 313명이, 2차는 1966년 6월 13세대 103명이 이주하였다. 1차 이민은 빠라나 주의 산타마리아 농장에, 2차 이민은 뿐따그라스 농장에 정착하였는데, 5차에 걸친 농업이민 가운데 제5차만이 성공을 하였다.

정부의 정책적 계획이민은 브라질에만 국한되지 아니하고, 파라과이 아르헨티나에도 행해졌다. 파라과이로의 이민은 관민이 힘을 합쳐 길을 텄다. 제1차 이민은 1965년 4월 22일 95명이 아순시온에 도착함으로 이루어졌다. 이후 계속해 몇 차례 농업이민이 이루어졌다. 1960년대에 다른 남미 국가들에 비해 파라과이는 이민자 수가 많은 것으로 나타나는데, 이는 이민이라기보다 월경, 재이주의 수단으로 이용한 것이 아닌가 본다(전경수, 1996).

아르헨티나는 백인 이외에는 일본인 이민만을 받아들였다. 그런데 세계기독교봉사회 한국지부가 이곳에 한국 이민을 수용하게 만들었다. 1965년 10월 14일 제1차로 13세대 78명이 처음 리오네그로 주의 라마르게 농장에 도착했다. 이들은 준비를 잘 해 가지고 갔으나 이곳 농장에 대한 지식이 없었다. 그리하여 고생 끝에 1966년에는 대부분 떠나고 말았다. 아르헨티나에는 이들 농업이민이 도착하기 전에 이미 한인 100여 세대가 거주하고 있었다. 이들은 파라과이나 볼리비아로 가다가 도중에 정착하였거나, 다른 나라를 거쳐 밀입국한 사람들이다. 당시 파라과이와 볼리비아는 초청이민이 한창 진행되고 있었다. 1970년 이민이 재개되어 22세대가 농장에 이주하였고, 1978년에는 20세대가 이주하였다. 1970년대를 넘으면서 아르헨티나 이민 80% 이상이 브에노스아이레스의 빈민촌에 밀집하여 살면서 의류생산에 종사하였다. 아르헨티나와 한국은 1985년 이민협정을 체결하여 투자이민도 하게 되었다.

볼리비아는 이민자 수가 1964년 302명, 1965년 282명에 이르렀으나, 최종 목적지가 아닌, 경유지의 의미가 강하다.

남미에는 이상 살펴본 바와 같이 농업이민에 중심이 놓인 계획이민이었으나, 큰 성과를 거두지 못하였다. 오히려 대다수가 도시에서 생업을 찾아 정착하였다. 이렇게 해서 브라질에서는 의류생산 및 판매업, 아르헨티나에서는 의류업이 주종을 이루고 있다. 그리고 파라과이와 볼리비아로부터 재이주한 한인들이 몰려들어 쌍파울루와 브에노스아이레스가 한국인의 밀집지역이 되어 있다. 중남미 지역의 재외동포의 인구는 2011년 현재 113,000명으로 알려진다. 2008년의 통계에 의하면 브라질의 한인은 53,800명이고, 아르헨티나는 21,592명이다.

3. 제2기, 일본으로의 이민

역사적으로 볼 때 한인이 일본으로 건너간 것은 고대부터였을 것으로 추정된다. 일본문화는 이른 시대에 북방에서 남점(南漸)한 민족의 문화가 기층(基層)을 이루고 있는 것으로 본다. 이런 문화의 이동에 한민족이 역사적으로 일익을 담당한 것은 틀림없는 사실이다. 고마진자(高麗神社), 구다라지(百濟寺), 시라기진자(新羅神社)의 현존은 이를 실증해 준다. 그뿐이 아니다. 일본서기(日本書紀)나, 고사기(古事記) 등 역사서의 지명 관명(官名) 등에 고대 한국어가 쓰이고 있다는 것이 또한 이의 증거다. 후대로 내려와서는 임란 때 수만 명의 조선인 포로가 일본에 건너가 살게 되었다는 것은 역사가 기술하고 있는 사실이다.

이렇게 일찍부터 한민족은 일본에 이주해 갔다. 그러나 근세에 들어와서의 이주는 1910년 한일병합(韓日倂合) 이후의 일이다. 병합 이후 1916년까지는 만주로의 이주가 주류를 이루어 일본으로의 이주는 미미하였다. 1970년대에 들어서 1만 명 선이 돌파되었고, 1920년부터 만주와 역전되었다. 1920년에는 이민이 27,497명이었고, 1922년에는 급증하여 70,462명이 되었으며, 1923년에는 97,395명으로 증가하였다.

초기의 일본으로의 이주는 만주나 연해주와 같이 농민들의 이주가 주류를 이루는 것이 아니라, 일본의 문물을 배우기 위해 유학을 간 사람이 대부분이었다. 1910년 한일병합 당시 일본에는 한인이 790명 있었는데 이 가운데 유학생이 500명이었다. 나머지는 공무원, 시찰자, 노동자, 망명객 등이었다. 노동자가 많지 않았던 이유는 일본에서 법령으로 이들의 입국을 허락하지 않았기 때문이다.

일본은 한일병합 후 무단정치를 단행하였다. 그러나 유학생에게는 관대하였다. 그리하여 자유롭게 공부를 할 수 있었고, 학생회 등을 조직하여 학생활동도 자유롭게 하였다. 민족의 계몽과 조국의 독립에 대해서도 토론할 수 있었다.

노동자가 일본에 가게 된 것은 한일병합 이후부터다. 한일병합 후 "외국인노동자 입국제한법"이 한인에게는 적용되지 않게 된 것이다. 일본은 제1차 대전의 호경기를 맞아 많은 노동력을 필요로 하게 되었고, 이를 한국에서 충원하고자 하였다. 그리하여 회사들은 한국에 노동자 모집사무소를 설치하고 사람을 모집하였다. 이들은 광고를 내고, 모집하여 신체검사를 한 다음 일본으로 보냈다. 조선총독부는 회사 간에 경쟁이 치열해지자 1918년 "노동자 모집취제 규칙"을 발표하기까지 하였다. 한인 노동자가 일본에 가서 종사한 직종은 방직공, 제사공, 유리 제조공, 석탄 광부, 벌목공, 토건공, 도로공, 운송 잡부, 일용 인부 등 기술을 필요로 하지 않는 단순 노동이었다. 그리고 이들의 특징은 오랜 동안 그곳에 머무는 것이 아니요, 1년 내지 2년 돈을 벌어 귀향하는 것이었다. 그래서 매년 많은 인원이 일본으로 나가고, 조선으로 들어왔다.

1923년 9월 1일에는 진도 7.9도의 관동대지진(關東大地震)이 일어나 가옥이 파괴되고 화재가 3일간 계속되었다. 인원 피해도 많아 약 10만명이 희생되었으며, 약 10만 4천명이 부상을 입고, 4만 3천여 명이 행방불명이 되었다. 그런데 이런 혼란 중에 "조선인이 방화하였다"는 등 터무니없는 유언비어가 돌아 한인을 마구 살상하는 불상사가 벌어졌다. 이 때 관동 지방의 한인 약 3만명 가운데 최소한 2만명(일본측 집계 약 9천명)이 희생되었다.

일본은 관동대지진 뒤 한인 대학살에 대한 사과의 뜻으로 유화의 제스처를 썼다. 선협화회(鮮協和會), 내선협회(內鮮協會) 등을 설립하여 회유책을 쓰는가 하면, 자유로운 도일(渡日) 제도를 실시하였다. 이로 말미암아 많은 한인이 일본으로 몰렸다. 당시 한국 사정은 궁핍하고 살기가 어려웠기 때문이다. 그래서 일본에서는 이를 막으려고, 지참금의 액수를 높이는 정책을 폈는데, 이는 밀항자를 증가시키는 결과를 낳았다. 이때 일본으로 도항한 사람의 수는 30만명에 달하는 것으로 추정된다(이광규,

2,000).

이때에 도일한 한인은 농민들이었다. 따라서 일본에서 단순노동에 종사하였다. 그리고 돈을 벌어 귀국할 생각으로 작업장 근처에서 누추한 생활을 하였다. 일본인들이 "더러운 조선인"이라고 하는 말은 여기서 생겨 났다.

일본은 1932년 만주사변으로 괴뢰정부 만주국을 수립하였고, 1937년 중일전쟁(中日戰爭)을 하였으며, 1941년 미국에 선전포고를 하며 태평양전쟁을 야기하였다. 이로 인해 인력이 부족하게 되자 한인 동원령을 내렸다. 일본으로 가려던 한인은 한반도 북부의 건설 현장에 동원되었고, 만주의 농지 개간에 동원되었다. 이에 1937~1941년 사이에 10만 3천여 명의 인원이 여기에 동원되어 이주하였다.

1939년에는 "조선인 노동자 모집 및 도항취급 요강"을 발표하였고, 이에 따라 노동자를 모집 일본 현지로 보냈다. 이들 인원은 1939년 11월까지 8만5천여 명이었고, 해마다 증가하였다. 1942년 조선총독부는 "선인(鮮人) 내지이입(內地移入) 관선(官旋)요강"을 발표하고 "선인(鮮人) 사냥"을 강행하였다. 이러한 강제연행과 함께 실시된 것이 소위 "여자정신대"이다.

태평양전쟁이 일본에 불리하게 전개되자 1944년 한국인에게도 "국민징용령"이 내려져 군사시설 등에 종사하였다. 국민징용으로 동원된 사람은 26만 명에 달했다. 징용령과 함께 징병령도 내려졌다. 일본군에 동원된 인원은 약 23만명이었고, 이 가운데는 중장 2명, 소장 1명, 대좌 2명과 같이 고위 장교도 있었다. 이밖에 군속으로 동원된 인원은 14만 5천명이었다. 따라서 군인과 군속으로 동원된 사람이 약 37만 5천 명이다. 여기에 징용당한 인원을 합하면 무려 64만명이나 된다.

해방이 되자 약 200만명이나 되는 재일동포는 귀국을 서둘렀다. 그러나 귀국이 여의치 않았다. 귀국선을 타기가 힘들었다. 그리하여 연합군 사령부가 일본인과 한국인 수송에 관여하기도 하였다. 그런데 이때 한국 인 귀환자에게는 지참금을 1,000엔으로 제한하였다. 이 돈은 담배 20갑 을 살 돈밖에 안 되었다. 거기에다 한국은 만주와 남양(南洋)에서 귀환하 는 사람들로 혼잡을 이루었고, 무정부 상태에서 정치 경제가 혼란스러운 가 하면, 유행병이 돌아 일본보다 더 혼란스러웠다. 그리하여 재일동포 들은 귀국을 망설이기도 하였다. 그러나 뒤에 연합군사령부와 일본정부 에서 귀국 희망자를 조사하고, 1946년 4월 1일 2차 귀환을 주선하여, 일 본에는 60만 재일동포가 남게 되었다.

재일동포는 다른 나라의 경우와는 달리 특별한 양상을 보인다. 그것은 민단(民團)과 총련(總聯)으로 나뉘어 대립하고 있는 것이다. 총련계(總聯系) 는 1951~1976년에 걸쳐 재일동포를 북송하였다. 송환은 1960년과 1961년 절정을 이루었다. 이때 북송된 인원이 8만 3천여 명이다. 1965 년에는 한일협정이 이루어져 그간의 단절이 풀리고, 한일 간에 상호 방 문의 길이 열렸다. 특히 1974년 문세광 사건 이후 편견을 불식하기 위해 개방정책을 펴, 추석 성묘단은 총련에게까지 문호를 개방하였다. 이로 인해 한국의 실상을 본 총련계 인사들이 총련을 이탈하는 현상이 증가 하였다. 그래서 민단과 총련의 인구 비율이 종전 직후와는 달리 1990에 는 역전되어 민단계 323,197명, 총련계 268,178명이 되었다(Ryang, Sonia, 1997, 이광규, 2000에서 재인). 재일동포의 인구 변화의 추이와 현황은 외교 통상부의 "재외동포현황"에 의하면 1995년 697,000명, 2001년 64만 명, 2005년 901,000명, 2011년 905,000명이다. 이들 재일동포를 2008년 외 교통상부 자료를 바탕으로 그들의 신분에 따라 분류해 보면 영주권자가 523,119명이고, 일반이 87,665명, 유학생이 18.452명, 총 629,236명이며, 일본에서의 재외동포의 인구분포는 9.3%이다.

4. 제3기, 유럽으로의 이민

유럽으로의 이민을 다시 북구(北歐), 중구(中歐), 서구(西歐), 기타로 나누어 주요 국가의 이민 과정을 보기로 한다. 먼저 북구(北歐)의 이민부터 보기로 한다. 스웨덴에 한인이 이주하기 시작한 것은 한국전쟁 이후의 일이다. 한국전쟁 때 스웨덴은 노르웨이, 덴마크와 더불어 야전병원부대와 병원선을 파견하였는데, 이 병원에 근무하던 한인 의사와 간호사 몇 명이 이주한 것이다. 이밖에 유학 후 정착하거나, 서독에 광부와 간호사로 갔던 사람이 이주하였다. 1987년에는 통신기술을 이전해 주기 위해 스웨덴 기술자 120명이 한국에 파견되었는데, 한국 여인이 이들과 결혼하여 약 40명이 이주해 가기도 하였다. 이 밖에 스웨덴에는 입양아가 8,000명가량 된다. 따라서 스웨덴의 동포는 국제 결혼한 동포와 입양아가 주류를 이룬다. 스웨덴에서는 소·중·고등학교에 외국인이 1명이라도 있으면 그 학생의 모국어를 과외로 가르치는 정책을 펴고 있다. 주당 2시간 수업을 한다(이광규, 1996).

핀란드는 1970년부터 우리나라와 체육교류를 하고 있어 태권도 사범이 최초로 이주한 곳이다. 노르웨이는 한국전쟁 때의 부상자가 이곳으로 후송되어 최초로 정착하게 되었고, 국제 결혼한 여성들에 의해 한인이 증가하였다. 덴마크에는 1948년 국제 결혼한 한국 여인이 처음 입국하였고, 1960년대에 들어서 연수차 덴마크에 온 사람들이 눌러앉게 되었으며, 1970년대 후반 덴마크 인과 국제 결혼한 여인의 수가 급증하였다. 덴마크에도 입양아가 7천여 명 있다. 이렇게 북구의 나라들의 초기 이민은 한국전쟁과 관련이 있는 사람이 많고, 입양아가 많다는 것이 특징이다. 그러나 이들 나라는 이민을 수용하지 않기 때문에 초청이민과 같은 제도가 없어 이민은 많지 않다.

다음에는 독일, 오스트리아, 스위스 등 중구(中歐)를 보기로 한다.

1962년 박정희 대통령과 독일 뤼부케 대통령은 독일이 한국에 산업기술을 제공한다는 데 합의하였다. 이에 1963년 12월 한국 정부와 서독의 석탄광산협회는 탄광근로자를 서독에 파견하는 계약을 체결하였다. 1963년 3년 계약으로 광산근로자 247명이, 1865년 1,180명이 파견되는 등, 계약 후 15년간에 걸쳐 8,395명이 독일에 파견되었다. 그리고 같은 때 여자 간호원이 서독으로 파견되었다. 개인적으로 주선하여 독일에 취업시키던 것을, 1969년 한국 해외개발공사가 독일병원협회와 정식 계약을 체결하여 대량으로 파송하게 된 것이다. 파송된 간호사는 10,371명이었다. 이밖에 1971년~1977년에 다른 기술연수생도 1,766명이 파송되었다(이광규, 2000). 광산 근로자는 계약기간 3년이 끝난 뒤 귀국한 사람이 40%, 정착한 사람이 40%, 다른 나라로 이주한 사람이 20%였다. 남게 된 사람은 주로 한국 간호원과 결혼한 경우이고, 다른 나라로 이주한 경우는 주로 미국으로 진출하였다. 간호원은 기간 연장이 가능했고, 파독 광부, 독일인, 한국 유학생과 가정을 이루었으며, 광산 근로자와 많이 결혼하였다.

독일에는 광산근로자나 간호원이 도착하기 전부터 많은 유학생이 있었다. 물론 다른 유럽 국가들도 마찬가지다. 영국, 프랑스, 독일에 많았다. 그리고 미국 유학생들과 달리 유럽 유학생은 대부분 귀국하였다. 이밖에 상사 주재원이 있는데, 초기의 주재원 가운데는 만기 이후의 자녀 교육문제 등을 생각해 회사를 사직하고 현지에 남아 이민신청을 하기도 하였다.

오스트리아의 한인 사회는 유학생들에 의해 시작되었다. 1960년대의 유학생 일부가 학업을 마치고 남아 정착함으로 교민사회를 이룬 것이다. 1970년대에는 독일의 광산근로자가 이주하였고, 1972~3년에는 2차에 걸쳐 50명씩 간호원이 취업차 이주하였다. 이 가운데 반은 귀국하거나 타국으로 이주하였고, 나머지 반이 남아 이들 중 20명이 오스트리아 인과 결혼해 살고 있다.

스위스의 재외동포는 순수한 교포와 국제 결혼한 여성, 유학생 등으로 이루어진다. 이들은 다른 유럽 국가들과 마찬가지로 많지 않다. 스위스에는 국제 결혼한 여성이 약 500명쯤 된다. 한국전쟁이 휴전된 후 중립국 감시요원으로 스위스 군인 700명이 한국에 파견되었는데, 한국 여성이 이들과 결혼해 이주한 것이다(이광규, 1966). 이 나라도 동포 수가 많지 않은 것은 다른 유럽 국가들과 마찬가지로 초청이민이 없기 때문이라 할 것이다. 스위스에도 약 2천명에 달하는 한국 입양아들이 있다. 이들은 1995년 "동아리"라는 모임을 만들어 활동하고 있다.

중구(中歐)의 나라들은 광산근로자와 간호원이 한인 사회의 주류를 이루는 것이 특징이다. 특히 독일, 스위스, 오스트리아 등이 그러하다. 그리고 북구 여러 나라들과는 달리 한국전쟁과는 관계가 깊지 아니하다. 스위스의 국제결혼은 전쟁 후의 일이다.

다음에는 프랑스, 벨기에, 네덜란드, 영국 등 서구(西歐)의 나라들을 보기로 한다.

프랑스에 초기 이주한 사람으로는 1884년 갑신정변 이전에 김옥균을 암살한 홍동우가 유학하였고, 1920년대와 1930년대에는 만주와 시베리아를 거쳐 프랑스에 들어가 수학을 하고 귀국하거나 잔류, 정착하기도 하였다. 프랑스에서 유학한 사람으로는 제1공화국 때 활약한 조병옥, 공진항, 김법린, 백성욱 등이 있다. 1936년 베를린 올림픽에 참가한 이봉수, 전노인 등도 프랑스에 가 정착하였다 한다. 그 뒤 1950년 한국전쟁에 참전한 프랑스 군대를 따라와 프랑스 유학생 자격으로 입국하여 정착한 사람들이 있다. 1960년대 이후 많은 유학생이 프랑스에 갔고, 독일에 파송되었던 광부와 간호원들도 100여명이 프랑스에 이주하였다. 1970년대 후반부터 1980년대에는 상사 주재원이 많이 파견되었고, 이들이 또한 잔류하여 교민이 되었다. 이 밖에 프랑스에는 유학생이 많았고, 이들이 초기 이민의 주류를 이루었으며, 그 후에는 교민사회의 주류를 이루게 되었다. 입양아도 많아 8,000명에 이른다. 프랑스인은 독일인보다 이들을 적극적으로 포용하였다. 한인사회의 고민은 프랑스 사회에 동화되는 데 한계가 있다는 것이다(이광규, 1966).

벨기에로의 이주는 1950년대 후반부터 시작된다. 루뱅대학에서 한국 원조단체를 구성, 유학생을 초청한 것이다. 그 뒤 독일 광부와 간호사가 몇 세대 이주하였고, 국제결혼에 의한 동포가 생겼다. 따라서 유학생으로부터 이주가 시작되어 광산 근로자, 간호원, 국제결혼한 사람 등으로 1900년대의 한인사회가 구성되었다. 1900년대 후반에는 상사 주재원으로 근무하다가 퇴직한 뒤 이곳에 정주하게 된 사람들이 있다. 벨기에에는 이러한 이민이 두드러진 것으로 본다. 이밖에 입양아가 약 5천명가량 된다.

네덜란드의 한인은 순수 교민, 주재 상사원과 유학생으로 구성된다. 최초의 이주는 1960년대 말 고려무역 주재원 5명이 입국한 것이다. 1970년대에는 태권도 사범이 이주하였다. 1980년대에는 상사 주재원으로 근무하다가 임기를 끝내고, 자녀의 교육문제 때문에 주저앉게 된 사람들이 있다. 입양아도 4천 명 정도 된다. 이들은 "아리랑"이란 모임을 만들어 운영하고 있는데, 이러한 단체로는 벨기에의 "동아리", 스웨덴의 "한국입양아협회", 덴마크의 "코리아 클럽", 프랑스의 "한국의 뿌리", 독일의 "코리아 게마인데" 등이 있다(이광규, 1966).

네덜란드에도 다른 나라와 같이 한글학교가 있는데, 이곳의 체제는 좀 독특하다. 그것은 2원체제로 운영된다는 것이다. 토요일 오후에 4시간 수업을 하는데, 서울반과 교민반으로 나누어 운영한다. 서울반의 중등부와 고등부는 상사 주재원의 자제를 대상으로 한국 교육제도를 따른 것이다. 교민반은 한글과 한국어를 주로 가르친다. 입양아반도 따로 있다.

영국도 유학을 목적으로 이민이 시작된다. 초기 유학생은 대부분 학업을 마치고 귀국하였으나, 일부가 남아 장기 체류하면서 이민사회가 형성되었다. 영국도 한국전쟁에 참가하였으나, 국제 결혼한 사람은 많지 않다. 1960년대 말 독일에서, 1970년대 중동에서 약간 명이 유입되었다. 이밖에 상사 주재원이 남아 정착한 사람들이 있다. 영국에는 1958년 "재영한국유학생회"가 만들어졌고, 이것이 1964년 "재영한인협회"로 발전하였다. 1970년대에 상사들이 영국에도 많이 진출하였다. 그리하여 "재영한인협회"는 이들이 주도권을 잡게 되었다.

이상 서구(西歐)의 이민 실상을 살펴보았거니와 이들은 몇 가지 특징을 보인다. 첫째, 네덜란드와 벨기에는 입양아 수가 많아 덴마크나 스웨덴과 같은 북 유럽형이다. 둘째, 20세기의 교민 구성에 공통점이 있다. 서구의 네 나라가 모두 유학생, 한국전쟁 관련자, 상사(商社), 국제결혼 등에 의한 이주가 주류를 이룬다. 셋째, 4국에 모두 1980년 이후의 기업이민이 많다. 넷째, 한국전쟁이 반드시 큰 영향을 미치지 않았다. 프랑스나 영국은 오히려 유학생이 교민이 된 경우가 많다. 대체로 이러한 것이 서유럽 국가의 이주 특성이다(이광규, 1999).

다음에는 기타 유럽 국가를 간단히 살펴보기로 한다.

스페인에 한국인이 처음 정착한 것은 1967년 한인 태권도 사범이 이 나라에 도장을 연 것에서 비롯된다. 이곳은 태권도 사범이 교민의 주류를 이룬다. 포르투갈은 1972년 병아리 감별사가 처음 이주하였다. 이탈리아에는 체류자가 많고, 유학생이 대부분이다. 그리스는 태권도 사범과 국제결혼을 한 여성이 주류를 이룬다. 터키는 1949년 최초로 박재성이

이주하였다. 한인 체류자가 증가하게 된 것은 1980년 중반부터 상사가
개설되고 나서부터이다. 동구권은 수교의 역사가 짧아 이주의 역사도 짧
고, 이민의 수도 얼마 되지 않는다. 불가리아와는 1990년부터 수교를 하
였고, 1962년에 북한 유학생 4명이 망명 정착하였다. 루마니아와는
1990년 수교하였고, 헝가리와는 1989년 수교를 하였으나, 그 전부터 북
한 출신이 이곳에 이주해 있었다.

　유럽은 비(非) 이민접수국이다. 따라서 유럽에는 한국의 이민자가 많지
않다. 기업이민이 이루어지는 나라는 독일, 영국, 프랑스, 네덜란드, 벨기
에 등으로 많지 않다. 미국과 같이 초청이민이 불가능하다. 그래서 이민
자의 수가 그리 증가하지 않는다. 유럽의 재외동포 수는 외교통상부 자
료에 의하면 2011년 현재 121,000명으로 나타난다.

5. 제4기, 남부권으로의 이민

　아시아 지역 남부인 대만, 인도, 인도네시아, 말레이시아, 및 타일랜드
와, 대양주의 호주, 뉴질랜드, 그리고 중동 지역 및 아프리카를 남부권으
로 묶어 이주 실태를 보기로 한다.

　동남아시아에서는 인도네시아, 필리핀, 타일랜드에 비교적 한인이 많
이 이주했다. 인도네시아에 한인이 이주한 것은 제2차 세계대전 때 일제
에 의해 수천 명이 징용으로 끌려간 것에서부터다. 이들은 대부분 귀국
하였으나 일부가 남아 재외동포가 되었다. 따라서 본격적인 인도네시아
로의 진출은 투자이민으로부터 시작된다. 1960년대에 원목, 석유 등과,
이곳의 건설을 위해 사업가, 기술자 등이 진출하였다. 1979~81년에는
인도네시아 정부의 재촉으로 합판공장 등을 건설하였다. 1980년대 후반

에는 봉제, 완구, 신발업 등의 업체가 대거 진출하였다. 그리하여 1986
년까지 하나도 없던 한인의 봉제업체가 1993년에는 70여개가 되었다.
우리 자본으로 투자를 시작한 것은 인도네시아가 처음이다. 말레이시아
에 한인이 처음 정착하게 된 것은 세계보건기구가 44명의 의사를 한국
에 요구해 이들이 부임하면서부터다. 그 뒤 말레이시아 건설부의 요청으
로 건설 관계자 수 명이 이주하기도 하였다.

태국의 경우도 초기 이주자는 제2차 대전 때 일본군에 징용되었다가
귀국하지 못하고 남은 사람이다. 1960년대에는 태국의 요청으로 기술자
들이 이주하였다. 그리고 1975년 월남전 종식을 전후하여 월남전 관련
사업자들이 많이 태국으로 이주하였다. 이들은 미국, 호주, 남미 등으로
재이주를 하기도 하였다. 1980년 이후 이주한 사람은 한국에서 해외투
자 붐이 일어 이곳에 이주한 사람들이다. 이들 업체는 신발·전자·완
구 산업과 건설업 등이었다.

대만에는 1923년경 독립운동가와 선원이 상륙했다. 1924년 다수의 교
민들이 각종 직종에 종사하였다. 제2차 세계대전 때에는 강제로 징용된
1만5천 명에 가까운 한인이 대만에 체류하기도 하였다. 이들은 해방이
되자 대부분 귀국하였다. 한편 중국이 공산화되자 대륙에서 건너가 정착
하였고, 남태평양 일대 징용으로 갔던 사람들이 대만에 들렀다가 일부가
남게 되었다. 해방 후에는 상사 주재원, 또는 태권도 사범 가족의 일부
가 남기도 하였다.

대양주 호주에는 1970년 이전에는 콜롬보 계획에 의한 약간의 공무
원, 유학생의 체류가 있었을 뿐이다. 1973년 백호주의를 폐기하면서 전
문 기술자가 이주하기 시작하였다. 그리고 1974년 월남전 종전을 전후
하여 1천명 가까운 근로자들이 호주로 이주했다. 이들은 1976년 사면령
으로 영주권을 얻어 가족을 초청하게 되었다. 그 뒤 남미, 중동으로 나

갔던 동포가 모여들었고, 한국에서 투자이민, 사업이민을 하였고, 입양
아를 받아들였다. 새로 호주에 이주하는 사람은 유학 및 어학연수생이
많다. 그리하여 1990년대 후반에는 호주의 한인이 약 4만명에 이르게
되었다.

뉴질랜드로의 이민은 투자이민 제도가 실시되며 1986년부터 시작된
다. 그 전에는 극소수의 기업인과 태권도 사범의 진출이 있었을 뿐이다.
1991년 11월부터 서구인을 선호하던 이민 정책을 포기하고 개인의 능력
을 기준으로 점수화하는, 점수제 이민정책을 실시하며, 한국의 고학력,
젊은 층의 이주가 급증하였다. 그리하여 1993년에는 영국인 다음으로
한인이 많은 숫자를 차지하기도 하였다.

중동지역(中東地域)은 1970년대에 건설 붐이 일어 노동자들이 대거 진
출하였다. 1975년부터 중동에 진출한 노동자들은 1979년 말경 거의 8만
명에 달하였다. 이들은 대부분은 작업장에서 일정한 기간 집단 거주하다
귀국하였다. 일부는 남아 정착하였다.

사우디의 경우는 1970년대가 호황기였고, 1980년대 중반기 이후 건설
경기가 퇴조하여 노동자가 급격히 감소하였고, 이들은 현지 업체에 취업
하여 다양한 직종의 생활을 하였다. 사우디에는 현대건설, 쌍용건설 등
이 진출하여 1979년 주베일 산업항을 준공하는 등 사업을 하였다.

이란의 경우는 1970년대에 건설업체가 진출하기 전에 병아리 감별사,
의사, 간호사가 이주하였다. 1970년대에 건설업체가 진출하며 하청업체,
납품업체 등의 한인이 이주하였다. 그리고 1875년 월남 패망 이후 월남
에 있던 한인이 대거 이주하였다.

요르단에는 한국의 건설업체가 암만의 상수도 공사 등 국가사업에 참
여하며 건설 관계자가 이주해 갔고, 1983년 후세인 국왕의 한국 방문 이
후 태권도 사범, 유학생 등이 이주해 한인 동포들의 폭이 넓어졌다.

이 밖에 현대건설이 1989년 이라크의 알무사이브 화력발전소를 준공하였고, 쌍용그룹이 1978~1985년에 걸쳐 요르단, 쿠웨이트 등에서 공사를 맡아 시공하였다. 선경그룹은 1983년 북예멘의 유전개발공사에 참여하였으며, 동아건설은 아랍에미레이트 건설 공사에 진출하였다. 동아건설은 1984년 착공 2010년 완공하기로 하고, 20세기 최대공사라는 리비아 대수로 공사를 맡아 진행하기도 하였다. 중동지역의 동포 수는 2011년 현재 16,000명으로 알려진다.

아프리카 지역에는 이집트, 세네갈, 남아공 등으로 이주하였다. 이집트에 한인이 들어간 것은 1976년 중동지역에 건설 붐이 일어나 건설관계 종사자들이 입국한 것이다. 당시 천여 명의 기술자와 노동자가 이집트에 입국하여 호황을 누렸다. 이들의 대부분은 철수하였고, 일부가 남아 이민이 되었다. 그 뒤 1980년 태권도 사범들이 파견되었고, 봉제공장이 들어갔으며, 1993년 대한항공이 이집트에 취항하며 여행업이 호황을 누리게 되었다. 서아프리카의 세네갈은 1980년대에 한국인이 이주하기 시작한 곳이다. 아프리카에 한인들이 자리를 잡게 된 것은 세 가지 업종 때문이라 본다. 가발공업, 사진 현상업, 태권도가 그것이다. 세네갈은 이 가운데 가발공업 때문이다. 세네갈에 가발공장이 들어선 것은 1983년부터이다. 가발공장은 세네갈 외에 나이지리아, 가봉, 말라위, 코트디부와르, 시에아디온, 베넹에도 건립되었다. 세네갈에도 태권도 사범이 파견되었고, 태권도는 학교의 교과목으로까지 되어 있다. 사진 현상업(現像業)은 1986년 유입되었다. 남아프리카의 남아공에는 이웃 나라에서 한인이 유입해 들어갔다. 아프리카의 한인 동포 수는 2011년 현재 11,000명으로 알려진다.

6. 결어 – 유·이민의 과제

한민족의 유·이민의 역사적 이주 과정을 살펴보았다. 우리의 이민사는 생존을 위한 탈출이었고, 강압에 의한 이주였으며, 새로운 삶을 위한 계획이민이었고, 기업 진출에 의한 부수적 이민이었다. 다음에는 이러한 이주와 이민의 과제를 몇 가지 살펴봄으로 결론을 삼기로 한다. 과제는 특별히 민족교육과 관련지어 몇 가지 살펴보기로 한다.

첫째, 주체성의 확립

이민이 행해지는 경우 일반적으로 이민자의 수는 수민국(受民國)의 인구에 비해 소수이게 마련이다. 그리고 수민국에서는 이들 이민에 대해 melting pot 정책을 펴거나, salad bowl 정책을 펴게 된다. melting pot 정책은 동화정책으로, 소수민족을 자기네 언어·문화에 흡수·통일하고자 하는 것이다. 이에 대해 salad bowl 정책은 어느 정도 소수민족의 특성을 인정하며, 자문화와 조화를 꾀하게 하고자 하는 것이다. 수민국에서는 원칙적으로 자민족이나 국민과 같이 되는 것을 좀 더 바랄 것이다. 이에 대해 이주 소수민족은 그들 나름의 민족적 특성을 유지·보존하려 한다. 여기서 문제되는 것이 host와 marginal의 문제다. 일반적으로 이민의 경우 외형은 동화가 되나, 내면까지 완전히 동화되는 것으로는 보지 않는다. 이민은 영원히 host가 되지 못하고, marginal의 이방인으로 남는 것으로 본다. 이런 면에서 한민족의 이민은 주체성을 살려, 현지에 적응하는 salad bowl로서의 특성을 잘 살리도록 하는 것이 바람직하겠다. 다른 나라에 이주한 한민족은 민족교육을 통해 주체성을 확립라는 동시에 현지에 잘 적응하여 수민국의 유능한 시민으로서 성장 발전하게 해야 한다. 그리하여 현지의 문화를 다문화적 차원에서 발전하도록 하는 데 기여하게 해야 한다.

둘째, 세계화의 역군

오늘날은 세계화 시대요, 다문화 시대다. 폐쇄적 민족주의를 고집해서는 곤란하다. 그렇게 되면 이 세상을 살아갈 수 없을 뿐 아니라, 살아남을 수조차 없다. 고립되어 사멸을 면치 못하게 된다. 그간 우리는 단일민족을 강조하며 자민족중심주의 및 자문화중심주의에 기울어져 있었던 것이 사실이다. 이런 경향은 재외동포의 경우도 마찬가지일 것이다.

재외동포는 거주지가 어디이든 간에 이민족과 더불어 살아가게 마련이다. 언어가 다르고 문화가 다르다. 생각하는 것이 다르고, 가치관이 다르다. 이와 같이 문화가 다른 경우에는 소통을 해야 한다. 언어·문화의 교류를 해야 한다. 그래야 오해와 충돌이 아닌, 이해와 협동을 하게 된다. 이는 개인의 경우만이 아니고 민족과 민족, 나라와 나라 사이도 마찬가지다. 이런 의미에서 주류문화와 주변문화는 교류되어야 하며, 상호 이해되어야 한다. 그렇게 함으로 상호 신뢰를 쌓고, 친교를 하며, 우정을 다져야 한다. 이 때 필요한 것은 문화의 상대주의적 가치관이다.

재외동포는 내국인과는 달리 이문화 지대에 나가 있는 외교관이요 첨병들이다. 한국 언어·문화 세계화의 현장에 나가 있는 역군들이다. 외국국적 동포는 다만 언어와 문화를 달리하는 현지의 국민이요, 재외국민의 경우는 10대 경제대국인 한국이라는 국가적 배경을 가진 떳떳한 한인이다. 따라서 소극적 자세를 취할 것이 아니라, 한국의 언어문화를 적극적으로 세계화하는 주역으로서의 태도를 가질 일이다. 그렇게 함으로 개인적으로 자신의 삶을 활기차게 하고, 나아가 거주국과 한국을 좀 더 우호적인 관계로 발전하도록 해야 한다.

셋째, 열린 마음과 관용적 태도

사람들은 어린이가 아니라도 자기본위로 생각하는 경향이 있다. 그래서 자기중심, 자문화중심주의로 기울어진다. 자기와 다른 생각, 자기와 다른 가치관, 자기네 문화와 다른 것에 대해 거부감을 갖는다. 고정관념을 가지고 여기서 벗어나려 하지 않는다. 이렇게 되면 소통이 안 되고, 교류가 안 된다. 소통이 안 되고, 문화적 교류가 안 되면 상대방을 거부하게 되고, 충돌이 생긴다. 상호 소통하고 교류하기 위해서는 열린 마음을 가져야 한다. 관용적 태도를 가져야 한다. 그래야 상대방을 수용하고, 친구가 될 수 있다. 더구나 언어와 민족이 다르고 문화가 다른 경우에는 그 정도가 심할 수밖에 없다. 따라서 우리의 재외동포들은 더욱 현지인과 현지 문화에 대해 열린 마음과 관용적 태도를 가지도록 해야 한다. 이때 기초적으로 가져야 할 것은 절대적 문화가 아닌, 상대적 문화라는 가치관이다.

넷째, 지나친 민족주의 지양

우리는 흔히 우리나라가 단일민족 국가라 생각한다. 그리고 우리와 다른 민족을 배척하는 경향이 짙다. 자문화중심주의, 자문화우월주의 사상을 갖고 있다. 그리고 남을 폄하하는 경향을 지닌다. 이는 언어가 다르고, 피부색이 다른 경우 보이는 우리의 태도에서 쉽게 확인할 수 있다. 우리와 달리 다민족국가들에는 이러한 민족주의적 경향이 짙지 아니하다. 미국, 러시아, 중국 같은 경우가 그러하다. 거리에 나가면 만나는 사람들이 각양각색으로 다른 인종인데, 거기서 어떻게 민족주의를 내세우며, 자문화중심주의, 자문화우월주의를 내세울 수 있겠는가? 그렇게 되면 시기, 반목, 충돌과 함께 민족분열만을 조장할 것이다. 더구나 남의 나라에서 지나치게 민족문화를 강조하고 이를 보급·확장하려 하게 되면 민족분열주의자요, 문화제국주의자로 낙인찍히게 될 것이다. 따라서 지나친 민족주의는 지양하도록 해야 한다. 상호 교류하고, 이해하는 차원에서 민족문화는 조화를 추구하여야 한다.

다섯째, 국제 결혼한 동포와 한인 입양아에 대한 배려

우리의 재외동포에 대한 관심과, 민족교육에 대한 역사는 그리 오래되지 않았다. 게다가 민족교육에 대한 실상도 그리 대단한 것이 못 된다. 그러나 재외국민에 대한 교육은 그간 정부 차원에서 이루어졌고, 이루어지고 있다. 외국국적동포에 대한 교육도 1998년 법으로 시행하도록 명문화하여 부족하나마 수행하고 있다. 그런데 "특별이민"이라 불리기도 하는 국제 결혼한 동포와 그 자녀, 그리고 한인 입양아에 대한 관심과 교육은 그간 거의 망각되고 있었던 것이 아닌가 생각된다. 이들도 틀림없이 우리의 귀한 동포다. 이들 인원은 상당수에 달한다. 그들은 낯선 땅, 낯선 사람의 품에서 살아가고 있다. 저들은 경계인으로서 외롭게 살고 있다. 앞으로는 이들을 동포의 따뜻한 품으로 감싸 위로해 주고 격려해 주어야 한다. 이들은 현실적으로 우리 이민문화에 상당한 기여를 한 사람들이다. 그런 의미에서 저들을 좀 더 배려하고, 정체성을 파악하도록 하고, 다 같은 동포로서 진취적인 역군으로 성장할 수 있도록 격려를 아끼지 말아야 한다. 소속 국가는 바뀔 수 있으나, 민족은 바뀌지 않는다. 한민족은 영원한 한민족(韓民族)이다.

참고문헌

강위원(2002), 조선족의 오늘, 신유.

권태환(1966), 세계한민족총서 2, 세계의 한민족, 중국, 통일원.

권희영(1966), 세계한민족총서 5, 세계의 한민족, 독립국가연합, 통일원.

박갑수(2005), 국어교육과 한국어교육의 성찰, 서울대출판부.

박갑수(2012), 한국어교육의 원리와 방법, 역락.

박갑수(2013), 한국어교육과 언어문화교육, 역락.

연변 조선족자치주 개황 집필소조(1984), 연변 조선족자치주개황, 연변 인민출판사.

이광규(1966), 세계한민족총서 1, 세계의 한민족, 총관, 통일원.

이광규(1996), 세계한민족총서 7, 세계의 한민족, 유럽, 통일원.

이광규(1998), 러시아 연해주의 한인사회, 집문당.

이광규(2000), 재외동포, 서울대학교 출판부.

이문용(1996), 세계한민족총서 4, 세계의 한민족, 일본, 통일원.

전경수(1966), 세계한민족총서 6, 세계의 한민족, 중남미, 통일원.

전경수(1966), 세계한민족총서 9, 세계의 한민족, 중동·아프리카, 통일원.

최협·박찬웅(1966), 세계한민족총서 3, 세계의 한민족, 미국·캐나다, 통일원.

한경구(1996), 세계한민족총서 8, 세계의 한민족, 아시아·태평양, 통일원.

박갑수(1990), 중국에서의 한국어 교육기관에 대한 연구, 이중언어학회지, 제7집, 이중
　　　　　언어학회.

박갑수(2010), 한국어 세계화와 재외동포 교육, 한국어 세계화와 재외동포 교육, 2010
　　　　　재외동포교육 국제학술대회, 한국외국어대학교, 재외동포교육진흥재단.

■ 이 글은 본서 "재외동포 교육과 한국어교육"의 서장(緖章)으로 삼기 위해 새로 집필한 것으로, 2013년 4월 20일 탈고한 것이다.

제2장 소설 "마이허"와 재외동포 교육의 성격

1. 서언

우리나라는 재외동포의 대국이라 한다. 중국, 이스라엘, 필리핀, 이태리의 뒤를 잇는 재외동포의 대국이다. 이민은 고대부터 이루어졌겠으나, 근대의 이민은 그 역사가 그리 오래되지 아니하였다. 100여년의 역사를 지닌다. 이런 100여년의 역사 가운데 재외동포 교육을 논의하게 된 것은 겨우 반세기가 좀 지났을 뿐이다.

이 글에서는 좀 색다르게 소설 "마이허"를 통해 재외동포 교육의 문제를 개관해 보기로 한다. 이 소설은 중국 조선족 작가 박옥남이 재외동포의 문제를 다룬 작품이다. 이는 재외동포재단 창립10주년 재외동포 작가 현상모집에 최영자라는 이름으로 응모하여 우수상을 받은 작품으로, 재외동포 문제, 특히 재외동포의 교육문제를 심각하게 제기하고 있는 작품이라 하겠다. 이에 저자는 재외동포의 민족어교육에 대해 여러 차례 논의한 바 있지만 이 작품을 계기로 재외동포 교육의 성격을 다시 한 번 생각해 보기로 한다.

여기서는 우선 소설 "마이허"가 제기하는 이문화간 교육의 문제를 생각해 보고, 그 다음 재외동포 교육의 성격을 되돌아보기로 한다. 그리고 이들을 바탕으로 재외동포 교육이 나아가야 할 바람직한 방향도 아울러 살펴보기로 한다.

2. "마이허"와 이문화간 교육의 문제

2.1. 소설 "마이허"의 경개

소설 "마이허"는 마의하(馬蟻河)를 지리적 배경으로 하여, 이문화(異文化)란 사회적 여건 속에 조선족 처녀 "신옥"의 비극적 사랑과, 몰락해 가는 조선족 마을 "물남"의 운명을 그린 풍자적 사회소설이라 하겠다. 먼저 이문화적 특성을 파악하기 위해 이 소설의 경개부터 보기로 한다. 이 소설은 4장으로 구성되어 있다. 줄거리는 소설의 원문을 살리는 방향으로 요약하기로 한다.

> 1.
> 만주땅 마이허 강의 북쪽에 상수리촌이 있고, 강남에 물남 마을이 있다. 이들 두 마을은 생활풍속도와 혈맥이 다르다. 상수리는 한족 마을이고, 물남은 현남 유일한 조선족 마을이다.
> 민족이 다르면 언어도 다른 법이다. 말 아닌 빨래질 하는 것을 보아도 다르다. 상수리 여인은 빨랫감을 대야에 담아 옆구리에 끼고 나오고, 물남 여인은 머리에 이고 나온다. 빨래도 상수리 여인은 대야 안에 물을 담아서 하고, 물남 여인들은 물가에서 방망이로 두드려 한다. 이들은 빨래 풍속을 서로 빈정거린다.
> 상수리 여인은 청명 전에는 핫바지를 벗지 않고 찬물을 손에 안 댄다.

이들은 산후 한 달 동안 변소 출입도 않고, 백일동안 집안에서 밥을 받아먹는다. 그 동안 좁쌀죽과 달걀로 보신한다. 이불은 물남 여인들이 만든 것과는 달리 얇고 작다. 다정한 부부라도 이부자리를 같이 쓰지 아니하고 따로 쓴다.

상수리 여인들은 남편을 개떡같이 여기는 습관이 있다. 빗자루 꽁지로 남편을 두드리기 예사다. 물남 마을은 오히려 아내가 맞고 쫓겨난다. 상수리 남자와 물남 여인이 부부가 되면 천하 일등 짝꿍이 될 것이라고 예언까지 했다.

물남 남자들은 부엌에 안 들어가지만, 상수리 남자들은 부엌일에 능숙하다. 손님이 오면 요리는 남편이 맡고, 아내는 아이를 본다.

마음이 후덕한 상수리 남자들은 집을 지어도 크고 높게 짓는다. 집 지을 때 담부터 쌓는다. 이에 대해 물남 집은 낮고 작다. 담은 거의 없다. 상수리 사람들은 경계를 짓고, 자기 것은 자기 구역 안에 몰아넣으려 한다. 그래서 "도적질을 하지 않으면 상수리 사람이 아니다"라는 속담 같은 말까지 있다.

가옥 구조도 다르다. 물남은 대부분이 온돌이고, 상수리는 4분의 1이 구들(온돌)이다. 상수리 사람들은 좀처럼 신을 벗는 일이 없다. 밥을 먹을 때도 신을 신고 올방자를 하고 먹는다.

정줏간의 구조도 다르다. 물남은 서너 개의 솥이 걸려 있으나, 상수리는 대야식 쇠솥 하나만이 달랑 걸려 있다. 음식은 국이나 죽을 끓일 때 옥수수떡을 구우면 그것으로 끝난다. 숟가락도 안 쓴다. 그들은 젓가락으로 저어 대접을 돌려가며 마신다. 그래서 "죽을 먹으세요"라 하지 않고 "죽을 마시세요"라 권한다.

상수리 여인들은 쏸채(酸荣)만 담그면 겨울 준비가 끝난다. 그래서 편안하다. 편안해서인지 담배를 지골로 피운다. 담배문화는 노소동락이다. 조손 사이도 맞불질이 예사다. 그래서 물남 사람은 "되놈"이라고 욕을 했다.

그러나 상수리 사람들의 두부 앗는 재간 하나만은 알아주어야 한다. 희고 하들하들 해서 입안에 넣으면 살살 녹는다. 그래서 물남 사람들은 상수리 두부를 사서 먹었다(입쌀 1kg에 두부 두 모). 상수리 사람들은 개고기를 먹지 않아 크게 키워 물남에 끌고 와 팔았다(한 마리에 입쌀 70kg). 상수리 사람들은 당면에 돼지고기를 넣고 끓인 요리를 제일 좋아한다.

2.

신옥이는 코바늘 뜨개질을 한다. 시집 갈 나이의 처녀들의 과업이다. 지금은 남자 웃옷 안에 다는 덧깃을 뜨고 있다. 그것을 뜨는 것을 보고 "와? 니 그새 중신 들어왔더냐?", 아니면 "니 누구하고 연애 생활하제?" 하고 묻는다.

신옥은 떠 주고 싶은 사람이 정해져 있었다. 마을 청년회장을 맡고 있는 퇴역 군인이다. 쑥색 군복을 입은 의젓한 풍채의 그가 마음을 사로잡았다.

신옥은 줄배를 타고 쑨 영감네 두붓방에 아버지 술안주로 두부를 사러 갔다. 잔치가 있어 두부가 떨어져 사질 못한 신옥은 내일을 기약하고 발을 돌렸다. 돌아오는 길에 맞은 편 강가에서 옆집 순희가 청년회장의 어깨에 머리를 기대어 앉아 있고, 청년회장은 여자의 머리를 만지작거리는 것을 보았다. 신옥은 맥이 풀려 와이어 줄을 당길 수도 없었다.

신옥은 며칠 두문불출하였다. 안동댁은 그런 신옥에게 욕을 퍼부었다. 안동댁은 젖먹이 딸을 업고 행선지도 분명치 않은 만주 땅에 남편을 찾아 들어왔다. 남편은 만나지 못했고, 이 때 만난 것이 나이가 훨씬 많은 현재의 남편 도술 영감이다. 안동댁은 의붓딸을 차별하지 않는 그에게 극진했다.

도술 영감은 성격이 불같았다. 신옥은 어머니의 성화에 또 두부를 사러 나왔다. 쑨 영감네는 막내아들이 퇴대(退隊)해서 잔치를 벌이고 있었다. 그래서 쑨 영감이 두부가 없다고 하자, 막내아들이 고객을 그냥 돌려보내서는 안 된다고, 자기네가 먹을 것을 나눠 주며 눈을 찡긋해 보였다. 신옥에게 쑥색 군복은 감로수가 되어 가슴에 흘러들었다.

3.

신옥은 구판장에 자주 드나들었다. 신옥이 어머니는 한어(漢語)를 일언반구도 못한다. 그래서 심부름을 겸해 신옥이 상수리에 나들었다. 신옥이가 쑨 영감네 막내와 연애를 한다는 소문이 마을에 쫙 퍼졌다. 그러나 기뻐해 주는 사람은 없었고, 무슨 사변이라도 난 듯 마을이 뒤숭숭해졌다. 뒤늦게 이를 안 도술 영감이 신옥을 불러 그녀의 뺨을 갈기자, 신옥이는 걸레처럼 방구석에 구겨박혔다. 영감은 "다리몽시를 탁 분질러 버릴끼다."하며 사정없이 빗자루로 후려갈겼다. 안동댁이 말렸고, 도술 영감은 안동댁도 훌쩍 들어 멀리 뿌리쳤다.

이튿날 풍기를 문란하게 했다고 신옥은 부녀회에 불려가 부녀자들의 공노를 받았다. 동네 총각이 없어 되놈이었더냐, 시집 못가 바람이 났느냐, 잠까지 잤다는데 정말이냐, 동네에 나쁜 물을 들인 신옥을 동네 밖으로 내쫓아야 한다고 질타했다.

이날 오후 쑨 영감은 빨래 꾸레미를 들고 와 도술 영감 앞에 놓고 야료 같은 협상을 벌이고 있었다. 핏자국이 묻은 요자리 거죽이었다. 갈 데까지 갔으니 깨진 사발 버리는 셈 치고 며느리로 달라는 것이다. 도술 영감은 눈에 불똥이 튀고, 턱은 사시나무처럼 떨고 있었다.

다음날 신옥은 강가에서 시신으로 발견됐다. 반구도 반대에 부딪쳐 시신은 강가에서 하룻밤을 보내고 화장해서 골회는 마이허에 뿌렸다.

동네 사람들은 죽은 게 합당하다는 듯, 신옥이 죽은 뒤 애석해 하는 표정은 볼 수 없었다. 그 뒤 쑨 영감네는 벽돌집을 지었고, 쑨 영감은 두붓방을 막내아들 내외에게 넘기고 한가로이 소일하는 노인이 되었다. 쑨 영감은 쩍하면 아들의 군복을 꺼내 놓고, 아까운 며느리 죽었다고 넋두리를 하였다. 막내아들은 물남 마을에까지 두부를 가지고 와 팔았다. "떠우 퍼, 떠우 퍼(두부요, 두부)"

4.

도술 영감이나 안동댁을 비롯한 늙은이는 다 죽었고, 물남 마을은 많이 변했다. 열에 아홉은 외국으로 돈 벌로 가고 젊은이도 일자리를 찾아

떠나 마을은 휑뎅그렁해졌다. 상수리 사람들이 빈집을 헐값으로 사서
들어와 살게 되었다.

처녀 구하기가 고양이 뿔 구하기보다 어렵다는 와중에 물남의 노총각
이 장가를 가게 되었다. 누나가 한국에 가 돈을 벌어 부쳐 주는 덕분이
었다. 처녀는 상수리 마을 여자로, 다소곳이 고개를 숙이고 있는 것이
아니라, 친정 쪽 하객을 향해 히쭉벌쭉 웃음을 날리고 있었다.

"다음은 신랑 신부의 맞절이 있겠습니다."

"씬랑 씬냥 뛰이 빠이"

주례는 같은 내용을 곱씹느라고 진땀을 빼고 있었다. 절반 이상이 상
수리 사람이니 그럴 수밖에 없었다. 시집보낼 때 하객의 수에 따라 그
가문의 문풍과 위력이 과시된다고 믿는 상수리 사람들이 허장성세로 마
이허를 건너 물남 마을로 밀려든 것이다.

2.2. "마이허"가 제기하는 이문화 문제

이 소설은 경개에 드러나는 바와 같이 이역(異域) 중국에서의 조선족
처녀와 한족 총각의 사랑과 여기에 얽힌 문화, 그리고 조선족 사회의 몰
락 과정을 그린 것이다. 이 소설은 한족과 조선족의 문화적 차이를 많이
제시하고 있다. 작자는 문화적 차이를 드러내기로 작심한 듯, 4장 가운
데 서장에 해당하는 1장에서는 온통 한족과 조선족의 문화적 차이를 대
조 서술하고 있다. 이밖에도 곳곳에 문화적 차이가 묘사되어 있다. 이러
한 문화적 차이는 많은 문제를 제기한다. 소설 "마이허"가 제기하는 이
문화(異文化) 문제로는 다음과 같은 것을 들 수 있다.

첫째, 민족문화의 차이를 보인다.

한족과 조선족이 생활문화에 있어 많은 문화적 차이를 보인다. 이러한
문화적 차이는 1장에 집중적으로 나타난다. 그것도 의도적으로 문화적

차이를 드러내려는 듯 비교까지 하면서 그 차이를 제시하고 있다. 20여 가지 차이가 제시된다. 문화적 차이는 1장에서만도 언어적 차이를 비롯하여, 빨래질, 임을 이는 습관, 의생활, 산후조리, 금침, (부부의 위상), 부엌 출입, 부부의 역할 분담, 건축양식과 구조, 가옥구조, 착·탈화(着脫靴) 습관, 정줏간의 구조, 음식 준비, 수저 사용, 식사법, 월동준비, 담배문화, 두부제조, 기호식품 등에 나타난다. 문화적 차이를 보여 주는 장면은 장문으로 묘사되었기에 서두 부분만을 간단히 예시해 보면 다음과 같다.

> 마이허 강가에 나와 빨래질을 하는 모습 하나만 보고도 어느 여인이 상수리 여인이고, 어느 여인이 물남 마을 여인인 줄 대뜸 알아맞힐 수 있다. 먼저 빨래하러 나서는 모습부터가 다르다. 상수리 여인들은 큰 대야에 빨랫감을 넘치게 담아 옆구리에 끼고 나오지만, 물남의 여인들은 빨랫감을 담은 대야를 똬리까지 받쳐 머리 위에 이고 나온다. 상수리 여인들은 임을 이는 습관이 없다. 물남 여인들의 키가 작달막하고 다리가 안으로 휜 것이 다 그 임을 이는 버릇 때문에 비롯된 것이라고 굳게 믿는 상수리 여인들이었다.

둘째, 민족 차별을 한다.

한족과 조선족은 문화적 차이를 서로 비난한다. 비난하는 데 그치지 아니하고 조선족 사람은 한족 사람을 "되놈"이라 욕한다. 한족을 비하하는 것이다. 무남 사람들은 상수리 사람들이 담배를 피울 때 조손 사이에도 맞불질이 예사라 하여 "되놈"이라 욕했고, 신옥의 애인 한족을 역시 "되놈"이라 비하하고 있다. 이는 이런 욕설에 한정된 문제가 아니다. "동네 총각이 없어 되놈이었더냐?"라고 한족 자체를 비하하고 있다.

셋째, 자문화중심주의적 경향을 지닌다.

이 소설에는 한족과 조선족의 문화적 차이가 많이 묘사되고 있다고 하였다. 그런데 이 문화적 차이가 상대주의적 입장이 아닌, 자문화중심주의적 입장에서 표현되고 있다. 따라서 상대주의적 입장에서 객관적으로 상대방 문화를 바라보고, 이해하고, 수용하는 것이 아니라, 자기중심의 입장에서 부정적 가치판단을 한다. 이렇게 되면 서로 오해하고, 충돌하고, 반목하게 된다.

넷째, 자문화 우월주의적 경향을 지닌다.

사람들은 자기중심적 사고를 한다. 이는 자문화중심주의적 경향을 지니게 한다. 그리고 이러한 자문화중심주의는 자문화 우월주의로 발전해 나간다. 한족과 조선족은 문화적 차이를 상대주의적 입장에서 수용하는 것이 아니라, 서로 자문화 우월주의적 입장에서 가치판단을 하고, 상대방의 문화를 폄하하고 비난한다. 이러한 장면을 하나 보면 다음과 같다.

> 상수리 여인들은 강가에서 썩 떨어진 곳에 멀찍이 물러앉아 대야에 물을 떠 놓고 대야 안에서 빨래를 꿀쩍꿀쩍 문질러 씻지만, 물남 여인들은 돌 쪽이나 널쪽을 개울가에 물려 놓고 흐르는 물에서 빨래를 방망이로 두드려 씻는다. 얼마나 힘 있게 두드려 대는지 멀리까지 방망이질 소리가 메아리친다. 상수리 여인들은 그런 물남의 여인들을 보고 옷을 두드려 못 쓰게 만든다고 웃었고, 물남의 여인들은 빨래를 그 따위로 하려면 집안에서 씻을 것이지 힘들게 강가까지 왜 나왔느냐고 상수리 여인들을 빈정거렸다. 물남 여인들은 한겨울에도 강가에 나와 얼음을 깨고 강물에서 옷을 뽀득뽀득 씻어가지만, 상수리 여인들은 그런 물남의 여인들을 반정신이 나간 사람으로 치부하기가 일쑤다.

다섯째, 이중언어가 제대로 통용되지 않는다.

중국의 조선족은 이 나라의 56개 민족 가운데 하나인 소수민족이다.

따라서 중국에서는 한어(漢語)와 조선어의 이중언어 사용이 기대된다. 그런데 소설 "마이허"에서는 이것이 제대로 이루어지지 않는다. 신옥의 어머니 안동댁은 한어를 모른다. 그래서 한족 마을 출입을 못한다. 그리고 물남의 노총각과 상수리 한족 처녀의 결혼식에서 주례가 같은 내용을 곱씹느라고 진땀을 빼고 있었다고 묘사하고 있는 것도 이중언어 사회가 되어 있지 않음을 말하고 있는 것이다. 이는 물론 상수리의 한족을 위해 번역을 하고 있는 것이다. 막내 아들은 물남 마을에 와 두부를 팔며 "떠우퍼, 떠우퍼"라 외치고 있다. 이것도 막내 아들이 한국어를 못한다는 것을 전제하고 있는 것이다. 그렇지 않다면 장삿속으로라도 조선족 마을에 왔으니 "두부요, 두부"라고 외쳤을 것이다.

여섯째, 명명(命名)에 차이를 보인다.

언어는 자의적인 것이다. 따라서 한중 언어에 있어 명명(命名)에 상당한 차이를 보인다. "죽을 마시다(喝粥)－죽을 먹다, 酸菜－김치, 退隊－제대"가 그것이다. 이는 문화 내지는 발상을 달리하여 명명을 달리 하고 있는 것이다. 곳곳에서 한족을 "되놈"이라 하고 있는 것은 앞에서 언급한 바와 같이 자문화(自文化) 우월주의 사상에서 중국인을 비하하고 있는 지칭이다. 이러한 중국 비하의 풍습은 이민 초기에 일반적인 현상이었던 것으로 알려진다.

3. 재외동포 교육의 성격

3.1. 재외동포의 개념

재외동포의 교육을 논의하기 위해서는 우선 "재외동포"에 대한 개념을 분명히 해야 한다. 재외동포에 대한 개념은 "재외동포재단법"(1997)과 "재외동포의 출입국과 법적지위에 관한 법률"(1999)에 명문으로 정의되어 있다.

"在外同胞財團法"(1997)

第2條 [定義] 이 法에서 "在外同胞'라 함은 다음 各號의 1에 해당하는 者를 말한다.

1. 大韓民國國民으로서 外國에 長期 滯留하거나 永住權을 취득한 者
2. 國籍을 불문하고 韓民族의 血統을 지닌 者로서 外國에 居住·生活하는 者

"在外同胞의出入國과法的地位에관한法律"(1999)

第2條 [定義] 이 法에서 "在外同胞"라 함은 다음 各號의 1에 해당하는 者를 말한다.

1. 大韓民國의 國民으로서 外國의 永住權을 취득한 者 또는 永住할 目的으로 外國에 거주하고 있는 者(이하 在外國民이라 한다)
2. 大韓民國의 국적을 보유하였던 者 또는 그 直系卑屬으로서 外國 國籍을 취득한 者중 大統領令이 정하는 者(이하 外國國籍同胞라 한다)

이렇게 "재외동포"란 "國籍을 불문하고 韓民族의 血統을 지닌 者"(재외동포법, 1997)로서 외국에서 거주·생활하고 있는 한인이다. 이들은 "재외동포의출입국과법적지위에관한법률"(1999)에 보이는 바와 같이 "재외국민"과 "외국국적동포"로 구분된다. "재외국민"은 흔히 "교포, 교민"이라 하기도 한다. "재외동포"란 국적을 불문하고, 외국에 거주하는 우리 민족 전체를 이르는 말로, 일시 체류자, 영주권자, 시민권자, 이민 2세, 3세 등을 모두 망라해서 이르는 말이다.

그런데 이들 두 법에서 "재외동포"를 구분하기 전에는 이들에 대한 지칭이 분명치 않았다. "재외국민의교육에관한규정"(대통령령 제13691호)에서는 "재외국민"을 "외국에 거주하는 국민"(제1조)이라 규정하였다. 그리고 1991년 2월 1일 개정하며 "교육인적자원부 장관은 필요하다고 인정할 때에는 제1조의 규정에 의한 재외국민에 우리나라 국민이었던 자로서 외국의 국적을 취득한 자 및 그 직계 비속을 포함시킬 수 있다."(제23조)고 규정하여 "재외국민"에 "외국국적동포"를 포함시킬 수 있는 개념으로 확장하였다. 이로 말미암아 "재외국민"이란 용어는 그 지칭에 혼선이 빚어지기도 한다.

1970년대까지만 하여도 해외에 거주하는 동포를 대상으로 하는 교육을 일반적으로 "교포교육"이라 하였다. 해외동포의 교육은 한국 국적을 가진 재일동포를 대상으로 처음에 시작되었다. 이 명칭은 뒤에 "재외국민교육"이라 개칭하게 되었다(정진곤, 1997). 대통령령의 "재외국민의 교육에 관한 규정"이 바로 이에 해당하는 것이다. 그런데 앞에서 언급한 바와 같이 이 법령에 1991년 "재외국민"에 외국국적 동포도 포함시키게 됨에 따라, "재외국민 교육"이란 용어 대신 "재외동포 교육"이란 용어가 빈번히 사용되게 되었다. 그러나 현실적으로는 교포교육, 교포자녀 교육, 교민교육, 재외국민 교육, 교포 민족교육, 재외동포 민족교육 등으로 다양하게 일러지기도 한다.

3.2. 재외동포 교육의 목표

재외동포 교육의 목표와 의의는 두어 가지 면에서 살필 수 있다. 그 하나는 민족과 국가적 견지에서 보는 것이요, 다른 하나는 피교육자의 견지에서 보는 것이다. 진동섭(2003)에서는 민족적, 국가적 견지에서 재외동포의 의의를 다음과 같이 네 가지를 들고 있다.

첫째, 재외동포로 하여금 거주국에서 성공적인 삶을 영위하도록 도움
     으로써 그 국가에서 우리 민족과 국가의 이미지를 제고하는 데
     기여한다.
둘째, 재외동포의 애국심을 고양시킴으로써 한반도의 평화체제 구축
     과 남북통일에 중요한 기여를 한다.
셋째, 국가 경제적 측면에도 중요한 기여를 한다.
넷째, 우리 민족문화를 세계화 선진화하는 데 중요한 기여를 한다.

이들 의의는 첫째, 한국의 언어와 문화를 고양하여 한국의 "문화 영
토"를 확대한다는 것이요, 둘째 재외동포로 하여금 남북한의 교류 협력
의 매개체가 되게 한다는 것이다. 셋째는 경제적인 면에서 실력을 갖추
어 한국 경제를 발전하게하며, 넷째는 이중문화인으로서 한국문화를 선
양하게 한다는 것이다.

이러한 거시적 관점과는 달리 학습자의 입장에서도 재외동포 교육의
목표를 생각할 수 있다. 그것은 무엇보다 민족의 정체성을 확립하는 것
이다. 한국어와 한민족의 역사 및 문화를 학습함으로 민족의 정체성(正體
性)을 확립한다. 둘째로는 현지에 안정적으로 정착하고, 유능한 시민으로
성장하는 것이다. 셋째는 민족문화를 학습함으로 한국의 언어와 문화를
전파하는 주체가 되고, 나아가 한국의 브랜드 가치를 높이는데 기여한다
는 것이다(박갑수, 2012).

재외동포 교육의 이러한 목표를 정부에서는 "재외국민교육발전기본계
획"(1981)에서 기본목표를 "한국인으로서의 자각, 자부심을 고취하여 교
포사회의 자생적 발전과 공동이익사회에 참여하며, 궁극적으로 모국의
발전에 기여할 수 있도록 함"에 두었다. 이때까지만 하여도 재외동포 교
육이란 재외국민 교육이요, 아직 외국국적동포의 교육에는 관심이 미치
지 못했기 때문이다. 이러한 교육목표는 다음과 같은 단계를 거쳐 수행

되는 것으로 보았다(사회국제교육국, 1981).

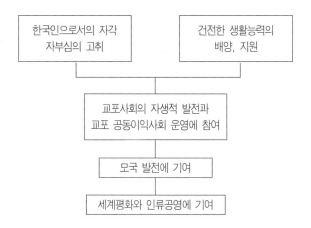

그 뒤 문민정부에서는 "세계 속에서 자긍심 높은 한국인/한민족상 구현"에 최종 목표를 두었다. 이러한 목표는 참여정부를 거쳐 이명박 정부에 이르기까지 그대로 계속된다. 문민정부의 교육목표는 "재외동포 교육의 목표 및 기본 방향"(1995)에 도표로 알기 쉽게 제시되어 있다. 이 도표(p.110 참고)에 의하면 재외동포 교육은 국내연계 교육, 현지적응 교육, 모국이해 교육을 통해 "안정적인 현지 정착과 민족적 정체성을 유지·신장"하고, 나아가 최종 목표인 "세계 속에서 자긍심 높은 한국인상을 구현"하는 것으로 되어 있다.

국내 연계교육은 재외국민의 교육목표다. 일시 외국에 체류하다 귀국하여 학습해야 하는 경우에는 학습상의 단절을 피하기 위해 국내 교육과 연계되어야 하기 때문이다. 그렇지 않으면 곤란을 겪게 된다. 국내 교육과 연계를 짓지 못하고 단절되거나, 별도의 교육 방법을 선택하지 않으면 안 되게 된다.

한국, 혹은 한민족 이해교육은 외국국적동포의 교육목표가 된다. 외국국적동포는 대부분 오랜 동안 고국과 단절된 생활을 해 왔기 때문에 조상의 나라 한국, 혹은 동족(同族) 한민족에 대해 잘 알지 못한다. 그들의 언어, 역사, 문화, 및 실상을 알지 못한다. 따라서 이들에게 한국, 혹은 한민족, 및 이들 한민족의 문화를 교육해야 한다. 그렇게 함으로 한국, 한민족을 이해하고, 동질성과 정체성을 갖게 하는 것이다. 이는 주류사회의 주변인이 아니라, 어엿한 하나의 주체로서 살게 하는 것이다. 모천(母川)에 회귀하는 연어처럼, 인간도 주체성을 가져야 건전한 삶을 살게 된다. 영주동포의 경우도 한민족의 이해교육을 필요로 한다.

현지적응 교육은 외국국적 동포나 영주 동포, 및 일시 체류하는 동포가 다 같이 필요로 하는 교육목표다. "세계 속에서 자긍심 높은 한국인/한민족상 구현"은 재외동포의 이상적인 교육목표다. 이상적 목표를 달성하기 전에 우선 "현실적응"이란 목표를 달성해야 한다. 그것은 현지에 적응하며 유능한 시민으로 사는 것이다. 거주국의 언어를 능숙하게 구사하고, 현지의 문화와 습속을 잘 익혀 현지의 유능하고 모범적인 시민으로 살아가는 것이다. 현실적으로 국민의 생존(生存)을 보장해 주는 것은 민족 아닌, 현지 국가다. 재외동포 교육은 뿌리 교육도 중요하지만 이 현지적응 교육이 현실적으로 좀 더 절실한 것이다.

이상 정부의 교육목표는 바람직한 것이다. 그러나 여기에 세계화 교육(世界化敎育)을 추가하면 좀 더 바람직할 것이다. 오늘날은 국제화시대요, 세계화시대이며, 다문화시대다. 따라서 자문화중심의 폐쇄적 생활만으로는 현대의 삶을 영위하기 어렵다. 상호 교류해야 한다. 우리의 언어와 문화를 상대방에게 알리고, 상대방의 언어와 문화를 수용하는 상호교류의 생활을 해야 한다. 더구나 오늘날은 지구촌이라 하고 세계가 일일생활권이 되었음에랴? 아니 오늘날은 IT가 발달하여 일일생활권이 아니라 일초생활권이 되었다 하여도 과언이 아니다. 그런 의미에서 공동선(共同

善)을 바탕으로 열린 마음을 가지고 상대방을 이해하고, 관용적 태도로 교류하는 교육을 지향해야 한다.

끝으로 참여정부의 재외동포교육 정책을 덧붙이기로 한다. 참여정부는 문민정부의 교육목표를 그대로 이어받았다. 다만 재외동포교육을 강화하였다. 참여정부는 무엇보다 재외동포의 인적자원을 적극적으로 개발·활용한다는 방향으로 정책을 수정하였다. 이의 정책방안을 도시한 도표를 보면 다음과 같다.

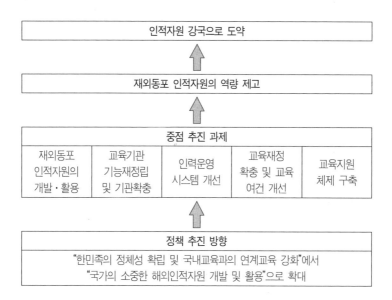

3.3. 재외동포의 교육기관과 교육내용

재외동포에 대한 교육기관은 한국 정부 내지 관련 기관과, 비한국정부 내지 관련기관의 둘로 나누어 볼 수 있다.

한국 정부 내지 관련기관부터 보면, 우선 추진체계로 교육인적자원부,

국제교육원, 한국교육과정평가원, 재외동포재단이 있고, 현지 교육기관이 있다. "재외국민의 교육지원 등에 관한 법률"(법률8164호) 제2조에는 재외교육기관에 대한 정의가 내려져 있다. 이에 의하면 재외동포교육기관이란 "재외국민에게 학교교육 및 평생교육 등을 실시하기 위하여 외국에 설립된 한국학교·한글학교·한국교육원 등의 교육기관"을 말한다고 되어 있다. 이들 재외동포 교육의 추진체계를 교육부의 자료(2005)를 통해 살펴보면 다음과 같다.

교육인적자원부		• 재외동포 교육 기본정책 수립 • 재외동포 교육기관 설치·운영지원 • 해외파견 교육공무원의 선발·파견·인사 관리 • 재외동포 교육기관 평가 • 해외 주재 교육관 파견 지원
국제교육진흥원		• 재외동포 교육용 교재·교육자료 개발/보급 • 재외동포 교육 담당자 연수 • 동포 학생 모국수학 과정 운영(장·단기, 계절제 교육과정)
한국교육과정평가원		• 재외동포 교육용 교재·교육자료 개발/보급 • 한국어능력시험 주관
재외동포재단		• 한글학교 운영 지원
현지 교육	한국학교	• 전일제 정규학교로서 한국의 교육과정을 준용하여 현지 실정을 반영한 교육과정 운영
	한국교육원	• 사회교육기관으로서 재외동포 성인·청소년에게 한국어·한국문화 등 교육
	한글학교	• 현지에서 교회 등을 중심으로 자생적으로 운영되는 정시제 교육기관(주로 주말학교 형태)

이들 현지 교육기관의 현황은 다음과 같다(여종구, 2007, 박갑수, 2012).

구분	교육 기관			지원 기관
	한국학교(전일제)	한국교육원	한글학교(정시제)	해외공관 주재교육관
설치	14개국 26교		106개국 2072교	5개국
현황	학생 : 8,896명 교원 : 798명 (파견 72명)	14개국 35개원 교원 : 45명(파견)	학생 : 125,044명 교원 : 13,853명	(11기관) 13명

이들 교육기관의 지역별 분포는 다음과 같다(박갑수, 2012).

구분	일본	아주	구주	CIS	북미	중남미	아중동	소계
교육관	3	2	2	1	3			11개반
교육원	14	1	3	7	7	3		35개원
한국학교	4	14		1		3	4	26개교
한글학교	73	166	98	536	1,093	68	38	2,072개교

교육 내용은 "한국학교"의 경우 초·중등교육법 제23조에 따라 교과부의 교육과정에 준하여 편성하게 되어 있고, 소재국의 특수성을 고려하여 교육과정 또는 교육내용을 변경하여 편성할 수 있게 하였다. 따라서 "한국학교"의 경우는 모국의 과정과 같고, 현지 적응교육이 다소 추가되는 것으로 보면 된다. 이에 대해 "한글학교" 및 "한국교육원"은 한국어·한국역사 및 한국문화와 같은 민족교과를 교육내용으로 한다. 교과부의 "재외동포 교육의 목표 및 기본방향(1993)"에서 재외동포의 교육내용을 "우리나라의 말과 글, 역사, 문화 등"으로 보고 있는 것이나, "재외국민의 교육지원 등에 관한 법률" 제34조의 외국의 교육기관 및 교육단체가 "한국어·한국사·한국문화 등의 교육과정"을 운영하는 경우 교과부 장관이 그 교육과정 운영에 필요한 경비의 전부 또는 일부를 지원할 수 있다고 한 것도 이러한 맥락에서 이해되는 것이다. 민족교과에는 이

밖에 "한국사회, 한국지리" 등을 추가할 수 있다(박갑수, 2012).

이상의 교육기관은 앞에서 살펴본 바와 같이 주로 재외국민 교육을 담당한다. 외국국적동포의 교육은 본격적으로 이루어지고 있지 못하다. 문화부가 주로 관장하고, 국립국어원, 한글학교, 재외동포교육진흥재단 등에서 부정기적으로 다소 수행하고 있을 뿐이다. 외국국적동포에 대한 교육도 정책적으로 하게 되어 있고, 필요한 것이고 보면 좀 더 본격적으로 실시하는 방법을 모색하여야 하겠다.

다음으로 비한국정부 내지 이와 관련된 기관에서 이루어지는 재외동포교육에 대해 살펴보기로 한다. 이러한 것으로는 중국의 조선족 소·중등학교 및 일본의 제1조학교(일본의 학교교육법 제1조에 의한 교육기관) 및 민족학급의 재외동포 교육과, 총련의 조선학교에서의 민족교육을 들 수 있다. 중국 조선족학교의 경우는 중국 교육과정에 따르되 "어문"이라는 이름으로 조선어를 민족교육의 일환으로 따로 편성 운영하고 있다. 그러나 한국의 역사나 문화는 교육과정에 정식으로 반영되어 있지 않아 교육이 이루어지지 않고 있다. 일본의 제1조학교도 일본의 교육과정에 따라 운영하되 한민족의 특수성을 고려하여 민족교과를 과외로 편성, 운영하고 있다. 그리하여 예를 들면 건국중학교의 경우는 "한국어, 한국사, 한국지리" 등을 교육과정에 포함시키고 있다. "민족학급"은 일본의 정규학교에 부설된 기관으로, 한글학교와 같이 민족교육을 실시하는 정시제 교육기관이다. 일본의 조선학교는 총련에서 운영하는 각종학교로, 이는 북조선의 교육과정을 따르되 일본의 실정을 반영하고 있는 재외동포 교육기관이다(박갑수, 2013).

3.4. 재외동포 교육의 사적 흐름

재외동포 정책의 역사는 그야말로 일천하고, 빈약하다. 재외동포에 대해 그나마 관심을 가진 것이 일본인데, 이것도 1950년대에 들어서서 시작되었다. 그러기에 재일동포들은 한국의 재외동포 정책을 기민정책(棄民政策)이라 한다. 이러한 형편이고 보니 재외동포의 교육사는 더 보잘것이 없다. 그러나 이런 가운데 재외동포 교육은 발전되고 있어 그 역사적 흐름을 간략히 살펴보면 다음과 같다(교육부 자료, 2005).

일제 강점기에는 생활고와 일본의 탄압을 피하기 위해, 그리고 조국의 광복을 위해 고국을 벗어나 간도, 연해주, 미국 등지로 이주하였다. 이런 가운데 한인은 이세의 교육을 위해 스스로 교육기관을 꾸려 모국어교육, 민족사 교육을 실시하였다.

해방 후, 특히 일본에서는 북한의 지원에 의해 총련이 반한교육(反韓教育)을 자행하였고, 문세광 등의 사건이 발생하며, 정부는 동포교육의 필요성을 느껴 1950년대에 민단의 민족교육을 지원하게 되었다. 1960년대에는 재일교포에 대한 교육비를 지원하였고, 한국문화센터(교육원의 전신)를 10개소 개설하였다. 하계방학 때에는 학생들을 모국에 초청 연수를 하였고, 모국방문 수학여행을 실시하였다. 1970년대에는 이민의 증가로 재외동포 교육을 확대 실시하게 되었고, 미국, 독일, 프랑스 공관에 교육관실을 설치하였다. 이때 서울대 부설 재외국민연구소가 재외국민교육연구원으로 승격되어 모국 수학생 예비교육, 하계학교 운영, 재외교원 연수 등의 업무를 전담하게 되었다. 1980년대에는 재외국민교육원에서 교포교육지도자 연수, 이중언어 교육 담당자 연수, 파견공무원 사전 연수, 교재개발 보급 사업을 맡아 실시하였다. 그리고 이때 미주지역에는 워싱턴, 엘에이, 뉴욕, 캐나다, 샌프란시스코, 시카고, 휴스턴 등지에, 그

리고 유럽지역에는 영국, 프랑스, 독일 한국교육원을 설치하였다. 1990
년대에는 냉전체제가 붕괴되며 CIS, 중국 등 사회주의 국가의 동포들에
게까지 교육기회를 확대하였다. 그리하여 CIS지역에는 알마티, 타슈켄
트, 사할린, 블라디보스토크, 하바로프스크 한국교육원이, 중국에는 연
변, 북경, 상해 한국교육원이 개소되었다. 2,000년대에는 재외동포의 인
적자원 개발에 정책적 관심을 기울였다. CIS, 중국 등 사회주의 국가에
는 한국교육원을 확장 설치하였다. 로스토푸나도누, 비쉬켁, 천진, 연태,
대련 등의 한국교육원이 그것이다. 이밖에 자생적 재외동포 교육기관인
한글학교는 무려 2,072개가 설립되어 운영되고 있다.

재외동포 교육과 관련이 있는 기관으로는 이 밖에 한국교육원 외에
한국문화원이 있다. 이는 문화관광부에 속하는 기관으로, 2006년도에는
9개국 12원이 개설되어 있었고, 현재는 21개국에 26개원이 있다(문화홍보
원은 31개국, 37개소).

4. 결어 – 재외동포 교육의 바람직한 방향

소설 "마이허"는 재외동포 교육에 있어서 앞에서 살펴본 바와 같이
이문화 문제를 대여섯 가지 제기한다. 그리고 재외동포 교육의 성격을
논의하는 자리에서는 필요성과 더불어 몇 가지 문제가 제기되었다. 다음
에는 이러한 재외동포의 교육문제를 바탕으로 재외동포 교육의 바람직
한 방향을 몇 가지 제시하며 결론을 삼기로 한다.

첫째, 정체성 확립을 위한 교육을 한다.
재외동포란 거주국이 적어도 복수민족국가임을 전제한다. 대부분의

국가는 복수민족국가이거나, 다민족국가이다. 이때 사람은 ethnic(민족)과 national(국민)의 서로 다른 면을 지니게 된다. 민족적으로 평등이 보장된 나라는 덜 그러하지만, 대부분의 경우 ethnic이 소수민족일 때는 일반적으로 주류사회의 성원이 되지 못하고, 주변인으로 남게 된다. 그리고 이런 경우 위축되고 좌절을 맛보아야 한다. 우리의 재외동포도 이러한 경험을 하고 있는 것으로 안다.

재외동포 교육은 이런 경우 정체성을 파악하게 하는 교육을 해야 한다. 그들은 거주국의 어엿한 국민이요, 민족적으로 한국이란 당당한 국가적 배경을 지닌 소수민족임을 깨닫게 하는 것이다. 따라서 이들은 문화적으로 다른 민족이 할 수 없는 이들만의 기여를 거주국이나 고국에 할 수 있다는 것을 깨닫게 하여야 한다. 그래서 그들로 하여금 자부심과 자신감을 가지고 주류사회에 진출하고, 고국에 기여할 수 있게 하는 것이다.

둘째, 문화적 상대주의를 지향한다.

복수민족국가에서 문제가 되는 것이 민족 간의 불화이다. 따라서 화합의 교육이 베풀어져야 한다. 민족적 화합이 이루어지기 위해서는 문화를 절대적인 것으로 보지 아니하고, 상대적인 것으로 보도록 교육하여야 한다. 나와 다른 상대방의 문화를 열린 마음으로 이해하고, 관대하게 수용하는 자세를 갖추어야 한다. 그렇지 않으면 충격을 받고, 오해하고 충돌을 빚게 된다. 문화는 절대적인 것이 아니라, 상대적인 것이다.

셋째, 언어문화를 상호 교류한다.

언어문화는 상호 교류되어야 한다. 일방적으로 강요되어서는 안 된다. 일방적으로 강요하면 그것은 문화적 제국주의가 된다. 이렇게 되면 강요를 당하는 쪽에서는 반항하게 되고, 상호간의 관계는 충돌로 발전하게 된다. 언어문화는 가고 오는 관계가 되어야 한다. 일반적으로 소수민족이 주류사회의 언어문화를 수용하게 마련이지만, 주류사회도 소수민족의 언어문화를 수용하려는 자세가 필요하다. 이는 주류사회의 주변인에 대한 배려라 할 것이다. 이런 의미에서 1966년 미국 정부에서 발표한 "21세기를 대비한 외국어 습득 기준(Standards for foreign language learning: Preparing for the 21st century)"은 언어문화정책으로 바람직한 것이다. 이는 영어권이나 비영어권을 가리지 않고, 모든 학생으로 하여금 외국어와 외국문화를 필수적으로 습득하도록 교육과정을 마련하도록 하고 있기 때문이다. 소수민족과 더불어 사는 공동체에 있어서는 이것이 좀 더 강조될 수 있을 것이다. 소설 "마이허"에 있어 한족, 또는 쑨 영감 막내아들의 조선 언어문화의 몰이해는 적어도 주류사회의 관용을 필요로 하는 부분이라 할 것이다(박갑수, 2005).

넷째, 자문화 우월주의의 태도를 지양한다.

우리는 문화를 평가할 때 흔히 자기 민족의 문화를 기준으로 평가한다. 이를 자문화중심주의라 한다. 자문화중심주의는 자기 문화가 우수하고, 타문화가 열등하다고 일방적으로 매도하는 경향을 지닌다. 이러한 자문화중심주의가 심해지면 자문화 우월주의가 된다. 이렇게 되면 객관적 기준 없이 무조건 자문화가 우수하고, 다른 문화는 형편없는 것으로 비하하고, 매도한다. "마이허"에 있어 아낙네들의 평가도 이런 자문화 우월주의가 작용한 것이다.

자문화 우월주의 사상에 빠지게 되면 타협이 있을 수 없다. 남의 주장은 듣지도 않고, 자기주장만 한다. 독선적이 된다. 문화는 상대적인 것이다. 앞에서 언급한 것과 같이 절대적인 것이 아니다. 하나의 문화가 절대선이고, 다른 문화는 절대악이 아니다. 다 각각 특성이 있을 뿐이다. 따라서 다문화사회에서는 자문화 우월주의에 빠져서는 안 된다. 다른 문화를 인정해야 한다. 다른 문화를 이해하고, 존중하는 태도를 길러야 한

다. 그래야 소통이 되고, 협동이 이루어지며, 발전하게 된다. "마이허"에
서 쑨 영감의 막내아들을 "되놈"이라 매도한 자문화 우월주의가 조선족
처녀 신옥을 자살하게 만들었고, 마침내는 물남 마을을 몰락하게 만들었
다 할 수 있다. 물남 마을과 상수리 마을은 문화적 상대주의의 입장에서
상호간에 문화적 특성을 인정하고 소통하여야 했다. 인간생활의 원칙은
협동에 있다.

다섯째, 민족문화의 세계화를 지향한다.

문화는 교류하게 마련이다. 어느 나라, 어느 민족의 문화이던 고유문
화만으로 이루어진 것은 없다. 서로 섞이게 마련이고, 또 섞여 있는 것
이 현실이다. 그리고 단일문화도 아름답고 고상하지만, 다문화의 경우
다채롭고 찬란하다. 문화는 교류될 때 더 발전하고, 상승효과를 거둔다.
동서양 문화의 만남인 사라센문화는 그 좋은 하나의 예이다.

한국의 문화도 교류함으로 세계문화를 꽃피우는데 기여해야 한다. 오
늘날 한류의 기여는 바람직한 것이다. 한 민족문화가 세계문화 창조에
이여하고 있는 것이다. 민족주의를 지나치게 강조하면 그것은 세계평화
를 위협할 수 있다. 세계문화를 창조하는 데는 가지각색 민족문화가 씨
가 되고 날이 되어야 한다. Melting pot에 의해 용해된 문화보다 Salad
bowel의 잘 섞여진 문화가 더 아름다운 법이다.

참고문헌

박갑수(2005), 국어교육과 한국어교육의 성찰, 서울대 출판부.

박갑수(2012), 한국어교육의 원리와 방법, 역락.

박갑수(2013), 한국어교육과 언어문화교육, 역락.

사회국제교육국(1981), 재외국민교육발전기본계획, 사회국제교육국.

재외동포재단 문화사업부(2006), 재외동포작가 단편선집 15인선, 집문당.

정진곤 외(1997), 해외교포 및 재외국민교육 강화방안 연구, 교육인적자원부 교육정책
연구.

진동섭(2003), 재외동포 교육 활성화 방안 연구, 교육인적자원부 교육정책연구.

교육인적자원부(2005), 보도자료, 교육인적자원부.

■ 이 글은 소설 "마이허"가 문화와 재외동포 교육을 생각하게 하는 재미있는 소설이어서, 이를 통해 재외동포 교육의 성격을 다시 한번 되돌아 본 것으로, "선청어문", 제41호(서울사대 국어교육과, 2013)에 수록된 것이다.

제3장 재외동포를 위한 한국어 교수법

1. 서언

세상이 많이도 변했다. 1960년대만 하더라도 한국어를 외국어로서 가르친다는 것은 상상하기 어려웠다. 그런데 오늘날은 세계 도처에서 한국어가 가르쳐지고 있다. 아니 가르쳐진다기보다 배우겠다는 열기가 지구촌을 달구고 있다. 얼마 전 세종학당 재단까지 출범하여 국가적인 차원에서 한국어 세계화 사업을 착수하였으니, 이제 우리도 본격적으로 자국어 세계화에 시동을 건 셈이다.

한국어를 해외에 보급한다고 할 때 그 대상은 크게 둘로 나눌 수 있다. 그 하나는 순수한 외국인에게 한국어를 보급 전파하는 것이요, 다른 하나는 재외동포에게 한국어를 교육하는 것이다. 그것도 국적을 달리 하는 동포들에게 한국어를 보급 전파하는 것이다.

우리는 재외동포의 대국이다. 170여 나라에 700여만 동포가 나가 살고 있고, 이 가운데 외국국적 동포가 400만이다. 저들에게 한국 언어·문화를 가르쳐 정체성(正體性)을 심어 주어야 한다. 그리고 저들에게 한국의 언어와 문화를 전수함으로 국제화시대, 세계화시대, 다문화시대에 지구촌의 형제들과 친선을 도모하며, 세계의 문화발전에 기여하게 해야 한다. 오늘날은 자문화중심주의 자문화 우월주의의 폐쇄적 사고, 폐쇄적 사회에서는 살아남을 수 없다. 문화적 상대주의의 입장에서 상호교류하며 더불어 세계문화를 창조 발전시키며 살아야 한다. 이런 의미에서 재외동포의 사명은 막중하다.

한국어교육은 주로 외국어교수법을 원용하며 전개된다. 재외동포의 교육에도 이러한 외국어교수법이 적용되고 있고, 될 수 있다. 그러나 이들은 한국인과 전혀 다른 외국인이 아니요 같은 민족일 뿐 아니라, 어느 정도의 Heritage language, 또는 kitchen language를 지니고 있기도 하므로 교수의 방법을 다소간에 좀 달리하기도 해야 할 것이다. 소위 "교포언어"는 오류교정도 해야 한다. 따라서 여기서는 외국어로서의 한국어 교수법을 위주로 하되, 이러한 재외동포의 특수성을 감안하며 이들을 위한 한국어 교수법에 대해 살펴보기로 한다.

2. 외국어 교수법의 발전사

교육의 목적은 인간행동의 변화에 있다. 이는 교사, 학습자, 학습내용, 학습목적, 학습 환경 등에 따라 방법을 달리한다. 그렇다면 외국어의 교수법은 어떻게 발전 진화해 왔는가? 이의 발전사를 박갑수(2005)를 바탕으로 살펴보기로 한다.

고대(古代)에는 의사소통의 필요에 따라 서로 다른 언어의 화자가 바꾸어 말을 가르치는가 하면, 문화적으로 우세한 민족이 열세의 민족에게, 정복 민족이 피정복 민족에게 그들의 언어를 가르쳤다. 그리고 마침내 문자가 발달되며 외국어의 학습 및 자국어의 보급을 위해 "언어교수법"이 탄생되었다.

서구의 외국어 교육은 희랍에서 서기 기원전 500년경에 시작되었다. 따라서 그 역사는 2500년에 이른다. 고대 로마제국의 귀족들은 어릴 때부터 자제들에게 라틴어와 희랍어의 이중언어(二重言語) 교육을 하였다. 희랍어는 희랍인 가정교사와 교육 노예가 맡아서 하였다. 이들은 직접법(direct method)이라 할 교수법을 사용하였다.

로마 제국의 세력이 확대되자 이웃 나라들도 라틴어를 배우게 되었다. 이에 라틴어는 유럽의 공용어가 되었다. 로마인 교사들에 의한 라틴어 교육도 직접 교수법에 의해 행해졌다. 로마의 아우구스티누스 이후의 언어 교사는 문학으로서의 외국어 표현을 감상하는 데에 목적을 두어 학습자는 라틴어를 자국어 표현으로 바꾸는 데에만 주의를 기울였다. 따라서 라틴어 교육이란 번역법(飜譯法)과 같은 의미로 간주되었다.

중세(中世)에는 라틴어가 유럽의 공통어가 되어 정치적 공용어(公用語)인 동시에 학문 연구에 빼 놓을 수 없는 언어가 되었다. 중세 초기에는 아직 라틴어가 살아 있는 언어이었고, 교육은 음성언어 우선이어 '듣기', '말하기'에서 시작하여, '읽기', '쓰기'와 같은 문자언어로 나아갔다. 그러나 3세기 이래 라틴어는 문어와 구어의 차이가 차츰 커졌고, 8세기가 되며 차츰 근세 로망스어(Romance language)로 발전했다. 그리하여 중세 말기에는 라틴어가 차츰 사어(死語)가 되었다. 라틴어는 문헌 연구를 위해서만 사용되었고, 이의 교육은 라틴어 문법을 배우는 것이라고 착각하게 되었다. 그리하여 이의 교육은 문법 규칙이나 격변화를 암기하게 하고, 그 뒤 문헌을 읽는 것이었다. 이러한 교수법은 근세의 문법-번역법(Grammar-translation method)의 기초가 되었다. 그 뒤 라틴어 대신 현대어(modern languages)를 학습하게 되었다. 그러나 이러한 현대어의 교수·학습에도 라틴어의 교수법은 그대로 계승되었다. 중세의 언어 연구는 종교적 목적에 봉사하게 되어 이의 영향을 많이 받아 교수법은 연역적, 규범문법적인 것이 되었다. 이러한 문법교수법은 르네상스 이후 Desiderius Erasmus, John Amos Comenius, John Locke, Johann Heinrich Pestalozzi 등에 의해 개혁을 주장하기에 이르렀다.

근세(近世)에 접어들어 르네상스 시대에는 인쇄술의 발달로 희랍·로마의 고전이 복각, 출판되게 되었다. 이에 산 언어로서의 라틴어가 아니라, 문법을 위한 문법교육이 왕성해져 차츰 라틴어의 구조를 배우는 것이 학문의 목적이 되는 경향이 생겨났다.

17세기 이후에는 유럽 각국의 세력이 신장되고, 정치적으로 이합집산을 하며 라틴어 이외의 외국어교육과, 실용을 위한 외국어교육에 관심을 가지게 되었다. 이때 주류를 이룬 교수법이 라틴어 교육의 노하우를 살린 문법-번역법이다. 이는 목표 언어(target language)의 어형 변화 및 동사의 활용을 체계적으로 가르치고, 그 다음에 외국어를 모국어로, 모국어를 외국어로 번역하는 과정을 통해 그 언어를 습득하게 하는 것이었다. 문법-번역법은 19세기 중반 독일의 Karl Ploetz에 의해 체계화되고 근대화하였다. 그는 언어교육의 무엇보다 중요한 부면은 문법교육이고, 모든 외국어 교수는 문법 교수로 시작해야 한다고 하였다. 이는 이해를 위해 100% 번역에 의존한 교수법이다.

19세기 후반에는 심리학 및 언어학의 입장에서 문법-번역법에 대한 비판이 강하게 일어 새로운 교수법이 차츰 제창되었다. Maximilian Berlitz 및 François Gouin 등이 개발한 자연법(Natural method) 및 심리법(Psychological method) 등에서는 외국어 학습은 기본적으로 유아가 모국어를 습득하듯 '자연'의 순서에 따라야 한다고 보았다. 그리하여 듣기, 말하기, 쓰기, 읽기의 순으로 가르쳤고, 어린이가 문법 교육 없이 모국어를 익히는 사실에 주목하여 문법 지식 대신 적절한 예문을 소개하였다. 구두언어 기능 양성을 중시하는 이들의 입장은 마침내 20세기의 직접법(Direct method)으로 이어진다.

20세기가 되자 Wilhelm Vietor에 의해 비롯된 직접법이 각종 언어교육에 응용되며 그 전성기를 맞았다. 직접법은 제창자에 따라 갖가지 특성이 드러나나, 모국어를 매개로 한 교수의 기피, 이해 수단으로서의 번역 폐지, 도시(圖示)와 실물 표시에 의한 표현과 의미내용의 직접 연상 등 공통요소를 지닌다. 교수활동 전체를 목표언어로 진행하는 것은 교사나 학습자에게 지나친 부담이 되고 시간적으로 비경제적이었다. 그리하여 1920년대부터 목표언어에 모국어 대역(對譯)을 붙여 의미를 제시하거나, 문법 설명을 모국어로 하는 등의 절충법(Electic method)이 큰 흐름을 이루었다.

1939년 제2차 세계대전이 발발되자 미국에서는 이른바 아미 메소드(Army method)가 개발되었다. 이는 대량의 학습자를 단기간에 집중적으로 교육하기 위하여 개발된 것이다. 이 교수법은 경이적인 성과를 거두어 그 뒤 외국어교육 이론에 커다란 반향을 불러일으켰다. 아미 메소드는 오랄 어프로치(Oral approach)를 준거로 하여, 언어학적 해설과 모방-기억법(Mimicy-memorization practice)을 절충한 것이다. 이는 구어를 단기간에 익히기 위한 집중적 연습(drill) 위주의 교수법이다.

1940년대 이후에는 행동주의심리학 및 구조언어학의 이론을 바탕으로 새로운 외국어교수법이 개발되었다. 이는 외국어 학습이란 새로운 언어의 습관형성이라 보고 의미보다 문장구조를 중시하며, 구두연습과 문형연습을 강조하는 이른바 청각－구두법(Audio-lingual approach)이다. 이는 C. C. Fries에 의해 제창된 것으로, 모든 외국어교육에 커다란 영향을 끼쳤다.

1950년대 이후에는 Noam Chomsky 등에 의해 청각-구두법이 비판을 받았고, 이의 대안으로 인지기호 학습이론(Cognitive cord-learning theory)에 바탕을 둔 새로운 교수법이 많이 제안되었다. 이러한 것으로 게슈탈트 심리학의 이론을 수용한 단계적 직접법(Graded direct method), 인지기호 학습이론을 바탕으로 한 인지학습법(Cognitive approach)이 있다. 이밖에 커뮤니케이션에 기여하는 교육을 지향해 의미를 중시하는 학습자 중심의 교육이 모색되었다. 이러한 교수법으로는 침묵법(Silent way), 상담학습법(Counseling learning), 전신 반응법(Total physical response), 암시법(Suggestopedia), 자연법(Natural approach), 의사소통법(communicative approach) 등이 있다.

3. 재외동포 한국어교육의 대표적 교수법

앞 장에서 교수법의 발전사를 간략히 살펴보았다. 이러한 교수법들 가운데 재외동포를 위한 한국어교육의 대표적인 교수법으로는 문법-번역법, 청각-구두법, 의사소통법의 셋을 들 수 있다. 이들 세 교수법은 물론 한국어교육 나아가 외국어교육의 대표적인 교수법이기도 하다. 이 밖에 근자에 문화교수법이 각광을 받고 있다. 이에 이들 네 교수법에 대해 집중적으로 논의하기로 한다.

3.1. 문법-번역법

이는 중세 유럽의 라틴어 교육에서 비롯된 고전적 교수법이다. 이 전통적 교수법인 문법-번역법(grammar-translation method)이 근대화한 것은 앞에서 언급한 바와 같이 Karl Ploetz에 의해서다. 그는 교수법이란 우선 교사가 문법 규칙이나 어형변화 등을 해설하고, 그 다음에 필요한 어휘를 암기시키는 것이라 보았다. 그리고 문법규칙 및 어형변화를 포함한 목표언어의 문장을 학습자의 모어로 번역하는 연습을 하게 한다. 이렇게 번역을 하고 문장의 의미를 이해하게 함으로 문법을 잘 알게 한다. 이것이 충분히 되면, 거꾸로 모어의 문장을 목표언어로 번역하는 연습을 시킨다. Ploetz는 외국어 교수란 이러한 과정을 겪는 것이라 보았다.

문법－번역법은 이렇게 언어의 사용에는 그리 의미를 두지 않는다. 오히려 이의 특징은 문법을 철저히 이해시켜, 목표언어와 모어의 번역을 쌍방향에서 행하는 데 두었다. 한국에서도 종전에 외국어교육은 회화(會話)에 의한 커뮤니케이션 능력을 기르기보다 문법을 이해하고, 해석하고 의미를 파악하는 데에 주안점을 두어 이 문법－번역법이 많이 애용되었다.

재외동포의 한국어교육에서는 주로 학교교육, 그것도 중·고등학교 이상의 학교에서 이 문법－번역법에 의한 교수·학습이 많이 행해지고 있다. 그것은 모어와 다른 한국어를 설명·이해하게 하는데 수월한 방법이기 때문이다. 학습자들은 이미 현지어의 문법을 배운 바 있어 이를 한국어교육에 원용할 수 있다. 더구나 현지어와 목표언어인 한국어의 대조 분석은 한국어의 특징을 잘 드러낼 수 있고, 이것이 교육 효과로 연결될 수 있기 때문이다. 한국과의 내왕이 여의하지 않고, 커뮤니케이션의 기회가 많지 않은 경우 이 교수법을 주로 활용할 수 있을 것이다.

문법－번역법은 특히 문학작품의 독해·번역에 효율적이다. 이는 물론 여러 가지 장단점이 있다. 따라서 이 장단점에 유의하여 교수·학습하는 것이 바람직하다. 장점(長點)을 몇 개 들어 보면 다음과 같다.

① 반편성의 크기 및 언어 환경이 문제가 되지 않는다.

② 구어보다 문어 교수·학습에 유리하다.

③ 회화 능력과 교수 기술이 많지 않은 교사도 활용할 수 있다.

④ 초기부터 실제 문장을 읽을 수 있다.

이에 대해 단점(短點)으로는 다음과 같은 것을 들 수 있다.

① 발음이 중시되지 않고, 좋지 않다.

② 학습자의 의사소통 능력이 제대로 길러지지 않는다.

③ 교사에 의한 일방적 수업이 된다.

④ 난이도를 구분하여 학습할 수 없다.

3.2. 청각-구두법(Audio-Lingual Approach)

청각-구두법은 행동주의 심리학과 구조언어학(structural linguistics)의 이론을 바탕으로 형성된 교수법이다. 이는 현실적인 교실 활동 이론으로 체계화되고, 대조언어학(Contrastive linguistics)의 성과를 활용하여 학습 효과를 거두게 되었다.

청각-구두법은 언어재료를 구두연습을 통해서 습득하게 하는 데에 특징이 있다. C. C. Fries는 외국어교육이란 학습자가 우선 목표언어의 구두언어를 이해하고, 그 음성적 특징을 구분하여 비슷하게 발음하도록 한 다음 문법적 구조를 학습하여 그것을 무의식적, 자동적, 반사적으로 사용할 수 있게 습관화하는 것이라 보았다. 곧 자동적으로 "말할 수 있는" 것을 학습 목표로 하여, 학습자의 구두발표(oral production) 능력 양성에 중점을 두었다.

청각-구두법은 이렇게 구어위주의 교수법이다. 재외동포의 교육은 문어 아닌 구어, 그것도 의사소통 교육에 중심이 놓인다 하겠다. 따라서 대조분석(對照分析)에 의한 교육이 필요하다. 현지어와 음운, 문법, 문형 등을 비교·대조하며 목표언어인 한국어를 학습하는 것이다. 대조분석은 외국어교육에 중요한 방법의 하나가 된다.

W.F. Twaddel은 청각-구두법의 구체적인 방법으로 학습단계를 다음과 같이 5단계로 나누고 있다.

① 귀로 청취하는 이해(recognition)
② 모범 발음의 모방(imitation)
③ 발음 및 문형의 반복 연습(repetition)
④ 문장의 일부를 변화시키는 연습(variation)
⑤ 질문에 대해 적절한 답을 하는 연습(selection)

이들은 각각 청취연습, 발음연습, 모방연습, 문형연습, 자유응답연습을 가리킨다.

재외동포는 오랫동안 해외에 나가 살고 있고, 거기에다 산재지구(散在地區)의 경우에는 한국어로 소통할 기회가 많지 않아 한국어를 모르거나 미숙하다. 한국어를 좀 하는 경우에는 발음, 어휘, 문형 등이 표준어와 차이를 보여 생소하게 들리는 경우도 많다. 따라서 이들 재외동포를 위해서는 무엇보다 구어(口語), 그것도 발음교육, 문형교육이 필요하다. 이런 의미에서 청각-구두법은 이들에게 좋은 교수법이고, 앞에서 인용한 5단계의 학습방법은 유의할 교수 단계라 하겠다.

그러면 청각-구두법에는 어떤 언어교수 기법이 사용되는가? 대표적인 교수 기법을 몇 가지 살펴보기로 한다(박갑수, 2005).

(1) 모방-기억 연습(Mim-mem practice)

이 기법은 모방·연습을 통해 기억하게 하는 것으로, 청각 구두법의 기본적 교수법의 하나이다. 교사가 구두로 소개하는 학습내용, 곧 문법 항목을 포함한 기본문장(basic sentence)을 학습자가 모방하고, 이를 반복하여 연습함에 의해 올바로 발음하고, 나아가 그 기본문장을 완전히 암기하게 하는 교수법이다.

교사는 지도할 때 항상 자신의 보통 속도(normal speed)로 범독을 한다. 교정은 초급 단계부터 철저히 한다. "언어의 습득은 습관의 형성"이라 보아 발음, 문법, 용법 등 모든 면에서 바른 언어습관을 수립하기 위하여 초급 단계부터 "정확함"을 추구한다.

(2) 문형 연습(Pattern practice)

문형연습은 기본 문장의 구성요소를 바꾸어 넣음으로 새로운 문장 유형을 습득하게 하고자 하는 것이다. 이는 "언어에는 틀(pattern)이 있다"고 하는 구조언어학의 가설을 바탕에 둔 것이다. 청각－구두법은 이와 같이 문형연습을 중시하고, 이에 의해 언어의 자동적 무의식적 습관을 형성하려 한다. 문형연습에는 대입연습 외에 전환연습, 응답연습, 확대연습 등이 있다(박갑수, 2005).

a. 대입 연습(Substitution drill)

문장의 구성 요소를 다른 것으로 바꾸어 넣어 그 문형에 익숙하게 하고자 하는 연습법이다. 단순대입연습(Simple substitution drill), 복식대입연습(Double substitution drill), 큐에 따라 대입하는 곳을 바꾸는 다각적 대입연습(Multiple substitution drill) 등이 있다.

b. 전환 연습(Transformational drill)

제시된 문장을 일정한 규칙에 따라, 새로운 문장으로 바꾸는 연습법이다. 이에는 긍정형을 부정형으로, 현재형을 과거형으로, 능동형을 수동형으로 전환하는 것과 같은 것이 있다.

c. 합성 연습(Synthesis drill)

두 문장을 일정한 규칙에 따라 하나의 문장으로 만드는, 전환연습의 일종이다.

d. 응답 연습(Response drill)

교사의 질문에 따라 답을 하는 형식으로, 목표문형을 연습하는 방법이다. 이는 일정한 규칙에 따라 답하는 방법, 그림이나 사진 등에 제시된 사실에 따라 답하는 방법, 말에 의한 힌트에 따라 답하는 방법 등이 있다. 이 밖에 자유롭게 응답하는 자유응답 연습이 있다.

e. 확대 연습(Expansion drill)

교사가 어떤 문장을 복창하는 가운데 구성 요소를 확대함으로 학습자가 점점 길고, 복잡한 문장을 연습하게 하는 방법이다. 이는 사용하는 구문을 다양화, 고급화 하게 한다.

(3) 최소대립 연습(Minimal pair practice)

최소대립 연습은 동일한 어형의, 의미가 다른 두 개의 구조를 가장 단순한 형태로 비교하는 연습을 말한다. "물, 불, 풀"의 대립과 같은 것이 그것이다. 이는 비교 어형의 차이를 분명히 확인하고 이들 사이의 혼동을 막자는 것이 목적이다.

(4) 이해의 체크(Check of understanding)

학습자가 교재의 내용을 어느 정도 이해하고 있는지 측정하기 위한 방법으로, 예—아니오 질문(Yes-No question), 선택적 질문(Alternative questions), 왜 질문(Why-question) 등을 하는 것이다. 이는 교재 내용의 이해 정도를 측정하는 외에, 교재의 내용과 관련된 정보를 교환할 수 있어 언어의 사회적 용법에 가까운 활동을 하게 되어 "체크" 기능만이 아니라, 훌륭한 언어사용 능력을 배양하는 연습방법이 된다.

이상 청각—구두법에 대해 살펴보았다. 다음에는 이러한 교수법을 활용하기 위해 이 교수법의 장단점이 어디 있는지 보기로 한다.

먼저 장점으로는 다음과 같은 것을 들 수 있다.

① 철저한 구두 연습에 의해 말하기·듣기 연습이 잘 된다.

② 학습 항목이 체계적으로 배열되어 있어 문법의 정리가 쉽다.

③ 인원수와 실력에 관계없이 사용할 수 있다.

④ 원칙적으로 모어화자가 가르치므로, 올바른 발음을 익힐 수 있다.

단점으로는 다음과 같은 것을 들 수 있다.

① 모방, 또는 암기한 지식이 실제 언어생활에 잘 전이되지 않는다.

② 기계적인 문형연습을 하므로 학습이 단조하고, 학습의욕을 잃을 수 있다.

③ 구조를 중시하므로, 실제 회화 장면에서 중요한 문형부터 학습하는 것이 아니다.

④ 의미를 학습하거나, 확인하는 것이 곤란하다.

⑤ 연습을 빠른 속도 진행하므로 학습자가 항상 긴장을 하게 된다.

3.3. 의사소통법(Communicative Approach)

3.3.1. 의사소통 교수 이론의 발전

언어교육의 일반적 목적은 효과적인 의사소통을 하는 데 있다. 의사소통법은 바로 이러한 의사전달 능력(communicative competence)을 기르고자 하는 교수법이다. 이는 의사소통 언어교수법(Communicative language teaching)이라고도 한다.

1960년대에 들어 유럽에서는 외국어교수법에 대한 불만과 불신이 대단했다. 청각–구두법은 문법적으로 정확한 문장은 짓게 하나, 언어의 운용 능력을 길러 주지는 못하였다. 이를 비판하며 탄생된 것이 의사소통법이다. Wilkins는 청각―구두법의 구조실러버스에 대해 개념・기능(notion・function) 실러버스를 내세웠다. 이는 커뮤니케이션 능력을 기르기 위해 교육 내용을 구조실러버스에서 개념 및 기능 실러버스로 바꾼 것이다.

Johnson(1979)은 Wilkins의 실러버스의 전환을 인정하면서, 이를 "teaching content solution", 곧 가르치는 내용을 교체함으로 청각―구두법의 문제점을 극복하려 한 것에 불과하다고 그 한계를 지적하였다. 그리고 내용의 교체만으로는 의사소통능력이 양성되는 것은 아니라고 비판하며 "과정의 확대"를 제기했다. 이는 의사소통법의 원칙인 Morrow 등이 제기하는 정보의 틈새(information gap)와 선택(choice), 피드백(feedback)이란 세 개의 과정을 말한다. 커뮤니케이션이란 정보를 가진 사람과 가지지 않은 사람 사이에 교환 되는 것으로, "정보의 틈새"를 메우고자 하는 것이다. 그리고 커뮤니케이션에 있어서 참가자는 말할 내용과, 말하는 방법을 "선택"하여야 한다. 이는 청자의 경우도 마찬가지다. 마지막 단계인 "피드백"은 커뮤니케이션의 목적을 확인하는 것이다. 커뮤니케이션은 무엇인가를 하기 위해 언어를 교환하는 것이다. 이는 화자나 청자나 마찬가지다. 따라서 커뮤니케이션은 과정과 결과가 이 목적을 수행하기 위해 잘 진행되고 있는지 계속 확인해야 한다. 이리 하여 의사소통법은 내용의 확대와 과정의 확대에 의해 보다 충실한 교수법이 되었다. 그러나 이러한 개선에도 불구하고 산출(product)은 언제나 바람직한 것이 못되었다. 이에 Dubin & Olshtain(1986)은 다시 "Content-Process-Product의 통합"을 제기하게 되었다. 의사소통능력을 기르기 위해서는 내용과 과정 외에 성과(product)가 통합되지 않으면 안 된다는 것이다. 이는 학습활동을 함에 의해 어떤 기능이 길러지며, 이를 행함으로 어떤 니즈(needs)가 충족되느냐

하는 것이다. 이렇게 의사소통법은 내용의 확대, 과정의 확대, 성과의 설정 확대란 과정을 거쳐 오늘에 이르고 있다(岡崎 外, 2002). 그리고 구체적 교수의 방법으로는 수행중심의 교수법, 과제중심의 교수법 등이 등장하게 되었다.

3.3.2. 의사소통법의 원칙과 특징

의사소통법은 학습자가 말을 배워 의사소통이 가능하도록 하고자 하는 교수법이다. 이 커뮤니커티브 어프로치에서 없어서는 안 될 원칙으로 Keith Morrow는 다음과 같은 다섯 가지를 들고 있다.

〈원칙 1〉 자신이 무엇을 하고 있는지 알아야 한다.

학습 활동은 단순히 언어 형식에 대한 지식 증가와, 연습을 위한 연습이 되어서는 안 된다. 이는 커뮤니케이션의 장에 이바지할 수 있는 무엇인가를 배우는 것이 되어야 한다.

〈원칙 2〉 전체는 부분의 집합체만이 아니다.

커뮤니케이션은 말을 주고받으며 의사를 교환하는 것이다. 따라서 학습자는 개개 발화 이상의 흐름을 알지 않으면 안 된다. 콘텍스트 전체를 다루어 그 가운데서 행하는 능력을 길러야 한다.

〈원칙 3〉 전달 과정도 언어형식과 같이 중요하다.

실효성 있는 소통능력을 기르기 위해서는 목적을 달성하기 위한 과정, 곧 장면에 부합한 말하기를 배워야 한다. 언어의 실제 장면, 곧 전달과정에서의 정보의 틈새, 자유로운 선택, 피드백에 대한 지도를 해야 한다.

〈원칙 4〉 배우기 위해 해 볼 일이다.

커뮤니케이션의 능력 함양에는 무엇보다 실사회의 체험이 중요하다. 교사는 교실 안에서 실사회와 같은 의사 체험(擬似體驗)을 할 수 있게 해

야 한다. 항상 장면, 화제, 역할을 특정화하여 거기에 어울리는 연습을
하도록 한다.

〈원칙 5〉 잘못은 반드시 잘못이 아니다.

의사소통 능력은 시행착오를 거쳐 완성된다. 오용은 정확성을 향한 하
나의 과정이다. 오류 교정은 의사소통능력을 신장한다는 면에서 유연한
방법을 취하도록 해야 한다.

Nunan(1991)은 의사소통법의 특징으로 다음과 같은 것을 들고 있다.

① 목표언어로 상호작용함에 의해 소통을 위한 학습 강조
② 실제 텍스트를 학습 장면으로 도입
③ 학습자들에게 언어만이 아니라, 언어학습 과정에 초점을 맞추도록
　기회 제공
④ 학습자의 개인적 경험을 수업의 중요한 공헌 요소로 강화
⑤ 교실의 언어 학습을 교실 밖의 언어 활성화와 연계 기도

이상과 같은 Morrow의 의사소통법의 원리와 Nunan의 의사소통법의
특징은 외국어교육 일반에 적용될 원칙이며, 유의할 사항이다. 우리 재
외동포 교육에서도 이들 원리와 특징은 유념해야 할 사실이다. 재외동포
는 집거지역에 살며 동포들 간에 한국어로 대화하는 경우도 있으나, 대
부분의 경우는 그렇지 못하다 할 것이다. 따라서 어느 정도 한국어를 아
는 사람의 경우에도 의사소통능력이 충분하다고 장담하기는 어렵다. 이
런 의미에서 의사소통법은 우리 재외동포의 한국어교육 교수법으로서
즐겨 사용돼야 할 교수법이라 할 것이다. 더구나 앞에서도 말했지만 한
국어를 새로 학습하는 사람은 말할 것도 없고, Heritage language를 사용
하는 경우는 그 발음, 문법, 화용(話用) 등에 문제성이 있다고 하겠다. 따

라서 의사소통법의 교수·학습법을 잘 활용해 한국어를 익히고, 교정하는 것이 바람직하다. 더구나 언어는 문화를 반영하는 것이니, 정확한 언어와 함께 사회적으로 수용할 수 있는 적격의 언어를 교수·학습하도록 해야 한다.

3.3.3. 의사소통법의 지도법

의사소통법에서 중심이 되는 지도목표는 실제의 커뮤니케이션의 장에서 목적을 가진 전달행위가 가능하도록 하는 데 있다. 따라서 개개 문장의 문법적 정확성보다 어떤 목적의 실현에 무게를 두어, 발화하는 모든 담화(discourse)를 중시한다.

의사소통법에서의 교수 과정은 ①목표 설정, ②학습내용 제시, ③연습, ④전이(轉移)로 이루어진다. 이러한 순서는 다른 교수법에서도 흔히 볼 수 있는 것이다. 다만, 의사소통법의 경우에는 "전이"의 단계에서 역할 놀이 연습 및 시뮬레이션 연습을 통해 커뮤니케이션을 하게 하기 위한 구체적인 지도가 꾀해진다는 것이 다르다.

"목표 설정"은 "무엇이 되게"하는가가 밝혀져야 하고, "학습내용 제시" 단계에서는 발화의 의미를 명확히 하는 문맥화(contexuaization)가 중시된다. 발화의 문맥화는 ①발화의 개념적 내용, ②말하는 이의 사회적 지위, ③듣는 이와의 관계, ④발화의 의도, ⑤발화의 장소 등을 바탕으로 이루어지게 된다.

"연습"의 단계에서는 반복적 연습을 한다. "전이"는 역할 놀이 및 시뮬레이션의 형태를 취하거나, 교사가 제시한 "회화의 틀(conversation grid)" 가운데서 자유로운 회화 연습 등에 의해 행해진다. 실제 커뮤니케이션과 마찬가지로 학습자들은 서로 정보의 틈새가 있고, 말을 주고받는 과정에서는 자연스러운 피드백도 이루어지도록 해야 한다.

역할 놀이는 문자 그대로 장면, 상황, 인간관계가 주어진 학습자가 그 배역을 맡아 장면에 어울리는 표현을 골라 대화를 하는 것이다. 시뮬레이션은 연습(演習)과 같은 것으로, 실제 상황, 실제로 일어날 수 있는 사실을 설정하여, 학습자가 자기 자신을 연출함에 의해 빨리, 강한 "현실감"을 주고자 하는 지도법이다.

언어 기능 지도에 대해서는 박갑수(2005)에서 자세하게 논의하였으므로 여기서는 줄이기로 한다.

3.3.4. 수행중심 교수법과 과제중심 교수법

광의의 의사소통법에 속할 교수법 가운데 오늘날 각광을 받고 있는 것에 수행중심 교수법(performance based instruction)과 과제중심 교수법(task based instruction)이 있다.

수행중심교수법은 능력지향 교수법(proficiency-oriented instruction)이라고도 하는 것으로, 이는 유창한 언어수행을 목적으로 한다. 이는 학습자 중심 (student-centeredness), 개별화(personalization), 상황제공(contextualization), 실제 자료 사용(using authentic materials), 기능·과제 지향(function/task orientation), 기능 통합(skill integration) 등을 주요 원리로 한다. 이는 생산적 언어교육이 학생중심, 의사소통 중심의 교육으로, 수행을 통해 이루어져야 함을 의미한다. 수행중심 교수법은 또한 실제자료를 사용하여, 학습자가 직면하게 될 일정한 기능을 통합적으로 지도하고, 과제의 연습을 통해 목표 언어의 능력을 향상하고자 하는 것이다.

과제중심 교수법은 근자에 각광을 받게 된 교수법이다. 이는 교실 밖의 일을 수행하기 위한 훈련으로, 학습자에게 과제(task)를 주어 이를 처리하게 함으로, 그 작업과정에서 언어를 습득하게 하는 교수법이다. 이는 문법 실러버스나 개념·기능 실러버스가 실제 커뮤니케이션의 장면에서 통합적 기능을 제대로 수행하지 못하자 이에 대처하기 위해 개발된 것이다.

과제(task)는 여러 가지로 규정되나, 대표적인 것에 세 가지가 있다. 그것은 ①교육적 배려, ②언어학습, ③실생활에 초점을 두는 것이다. "교육적 배려"에 중심을 둔 과제는 듣거나 읽어 언어를 이해하는 것, 이해한 것을 어떤 활동이나 행동으로 표현하는 것이다. 이는 반드시 말하기나 쓰기가 동반되는 것은 아니다. "언어학습"을 위한 과제는 "일정한 틀로 짜인 언어학습 과정"이다. 언어학습을 위해 만들어진 일련의 작업계획이다. 여기에는 짧은 연습문제에서부터 정치한 사고를 요하는 문제해결 활동, 롤 플레이, 시뮬레이션, 의사결정, 그리고 대규모의 프로젝트 워크에 이르는 활동이 포함된다. "실생활 중심"의 과제는 자기 또는 남을 위해 보수, 또는 무보수로 실시하는 작업을 하는 것을 의미한다.

과제를 위한 활동 양식으로는 기본 갭형(型), 롤 플레이형, 토론(debate)형, 프로젝트 워크형 등의 유형이 있다. 기본 갭형은 묻고 대답하는 Q&A형, 대화(dialogue)형, 그림이나 사진을 활용하는 그림(picture)형이 있다. 이러한 과제중심 교수법의 교육적 효과는 다음과 같은 것이 가능해지리라 본다(岡崎 外, 2002).

① 학습의 창출
② 동기의 창출
③ 인 푸트의 처리와 인터랙션의 창출
④ 교실 외의 커뮤니케이션의 능력 양성
⑤ 이문화 커뮤니케이션의 능력 양성
⑥ 커리큘럼 상의 유연성 창출

끝으로 예에 따라 의사소통법의 장단점을 보기로 한다. 장점으로는 다음과 같은 것을 들 수 있다.

① 학습 목적과 필요에 따라 처음부터 현실 언어에 가까운 것을 학습할 수 있다.

② 의사소통을 위한 교수법이므로, 학습한 문법을 적절한 장면에서 사용할 수 있다.

③ 교재가 실사회를 바탕으로 하고 있어 학습자의 흥미를 끌기 쉽다.

④ 문맥과 장면에 어울리는 적절한 표현·행동이 학습된다.

⑤ 실생활에서 사용할 수 있어 성취감을 갖는다.

단점으로는 다음과 같은 것을 들 수 있다.

① 반드시 언어 운용능력을 보장해 주는 것이 못 된다.

② 기능 항목 중심의 교수법이어서 문법의 단계적·체계적 도입이 어렵다.

③ 의미전달이 중시되는 나머지 문법적 정확성이 경시되기 쉽다.

④ 오용의 교정을 적절한 시기에 하기 어렵다.

3.3.5. 청각-구두법과 의사소통법의 비교

대표적인 교수법 청각-구두법과 의사소통법을 앞에서 살펴보았다. 여기서는 이들 두 교수법을 보다 잘 파악하고 사용하도록 하기 위해 서로 다른 점을 비교해 살펴보기로 한다. 이를 위해서는 Finochiaro & Brumfit(1983)가 도표로 제시한, 이들 교수법의 "특징적 상위(相違)"를 참고할 수 있다. 이는 이해하기 좋게 대조적으로 잘 정리되어 있다. 여기서는 이 도표를 제시함으로 자세한 논의를 대신하기로 한다(岡崎 外, 2002).

청각–구두법	의사소통법
1. 의미보다 구조와 형(型)을 중시	의미 내용을 최우선함.
2. 구문중심의 "대화"의 암기를 요구	"대화"는 의사소통중심으로 암기는 불요
3. 언어항목의 문맥화는 필수적이 아님.	언어항목의 문맥화를 대전제로 함.
4. 언어학습은 구조, 음성, 어휘의 학습임.	언어학습은 커뮤니케이션의 학습임.
5. 언어 요소 하나하나의 숙달을 추구	효과적 커뮤니케이션을 추구
6. 드릴은 교수 기술의 중심임.	드릴은 행해지나, 교수의 중심이 아님.
7. 모어 화자와 같은 정확한 발음 추구	이해 가능한 레벨의 발음 추구
8. 문법적 설명은 피함.	유익하면 연령·흥미에 맞추어 문법 설명
9. 커뮤니케이션의 연습은 드릴 및 연습 뒤에 함.	처음부터 커뮤니케이션을 위한 연습이 적극 채용됨.
10. 학습자의 모어 사용을 금지함.	필요한 경우, 모어의 적절한 사용을 인정함.
11. 초급 단계에서 번역을 금지함.	필요한 경우 번역을 인정함.
12. 회화가 충분히 습득될 때까지 "읽기, 쓰기"를 하지 않음.	학습자가 원하면 "읽기, 쓰기"를 초기부터 지도함.
13. 목표언어의 언어체계는 문형의 학습을 통해서 습득됨.	목표언어의 체계는 커뮤니케이션을 하는 과정에서 학습됨.
14. 언어능력의 양성이 목적임.	커뮤니케이션 능력의 획득이 목적임.
15. 장면 및 문맥에 따른 "바꾸어 말하기"는 인정되나 특별히 다루지 않음.	장면 및 문맥에 의한 "바꾸어 말하기"는 교재나 교수법의 중심 개념으로서 중시됨.
16. 단원배열은 복잡한 언어학적 척도만을 지표로 하여 정함.	단원 배열은 학습자가 흥미를 지니도록 내용, 기능을 고려하여 배열함.
17. 교사가 학습자를 통제하여 교수 이론을 거스르는 것은 금지함.	학습자의 작업 동기부여를 하기 위해서는 어떤 방법이든지 사용함.
18. "언어는 습관"이므로 "오용"은 모든 수단을 강구하여 배제함.	언어는 개인의 "시행착오"를 통해서 형성되는 것으로, 언어습득의 과정임.
19. 형태의 "정확함"이 학습의 제1 목표임.	"유창함"과 모어화자에게 "수용되는 언어"의 학습이 제1 목표임.
20. 학습자가 상대로 하는 것은 교재 등의 "언어체계"임.	학습자는 1대1, 혹은 그룹 가운데 다른 사람과 상호작용하도록 기대됨.
21. 교사는 학습자가 사용하는 말을 지정하는 것이 바람직함.	교사는 학습자가 어떤 표현을 할지 사전에 정확히 예측할 수 없음.
22. 본래의 학습 동기는 언어의 구조에 대한 흥미에서 생겨남.	학습 동기는 언어를 사용·전달하려는 내용의 흥미에서 생겨남.

3.4. 문화교수법

3.4.1. 언어교육과 문화교육

외국국적동포는 문화적으로 많건 적건 조국과 다른 세계에 살고 있다. 거기에다 대부분 이방에서 오랫동안 내왕을 하지 않고 살아 대부분 민족문화를 상실, 또는 망각하였다. 언어는 문화를 반영하고 있어 언어교육은 문화교육과 더불어 행해져야 한다. 재외동포의 한국어교육도 반드시 문화교육과 더불어 수행되어야 한다.

문화를 보는 시각은 다양하다. 이러한 것의 하나가 광의의 문화와 협의의 문화로 나누는 것이다. 흔히 전자를 Big C(大文化)라 하여, 지난날의 고급문명의 성과를, 후자를 little c(小文化)라 하여 오늘날의 일상생활문화를 가리킨다. 그리고 외국어교육 분야에서는 과거에는 Big C를 대상으로 했고, 오늘날은 little c를 그 대상으로 하는 것으로 본다. 외국어교육 분야에서는 1950년대 청각-구두법이 대두되면서 little c에 관심을 보이게 되었고, 의사소통법이 등장하면서 이를 본격적 교육 내용으로 하게 되었다. 언어의 형태와 의미뿐 아니라, 기능(function)의 중요성을 인식하여 학습자의 사회언어적 능력(sociolinguistic competence)을 강조하게 되었기 때문이다. 한국어교육에는 문화교수법이 1990년대 후반에 도입되었다.

Seelye(1988)은 문화교육의 목표로 다음과 같은 7가지를 들고 있다.

① The sense, or functionality, of culturally conditioned behavior.
사회의 구성원에게서 문화적으로 조건화하여 나타나는 행위의 의미 혹은 기능에 대한 이해를 돕는다.
② Interaction of language and social variables.
연령, 성, 사회계층, 주거지 등 사회언어적 변인과 언어의 상호작용에 대한 이해를 돕는다.

③ Conventional behavior in common situations.

목표문화의 일반적 상황에서 나타나는 관습적 행동을 인식하도록 돕는다.

④ Cultural connotations of words and phrases.

목표언어에서 문화적 함의(含意)를 지닌 단어와 어구를 인식하도록 돕는다.

⑤ Evaluating statements about a society.

목표문화를 일반화한 진술에 대해 평가하고, 정밀화하는 능력을 발전시킨다.

⑥ Researching another culture.

목표문화에 대한 정보를 수집하거나, 조직하는 데 필요한 방법을 발전시키도록 돕는다.

⑦ Attitude toward other culture.

목표문화에 대한 지적 호기심을 자극하고, 공감하도록 자극한다.

이는 광의의 문화교육의 목표를 제시한 것이라 할 수 있다. 언어교육에서의 문화교육은 크게 둘로 나누어 볼 수 있다. 포괄적(包括的) 문화교육과 제한적(制限的) 문화교육이 그것이다. 포괄적 문화교육이란 문화 전반에 대한 교육으로, 앞에서 말한 Big C와 little c를 아울러 대상으로 하는 것이다. 이에 대해 제한적 문화교육이란 little c에 한정하는 것이다(박갑수, 2006). 교육의 방법은 포괄적 문화교육의 경우 독립적으로, 학습자의 모어로 하는 것이 바람직하고, 제한적 문화교육은 언어교육과 연계하여 목표언어로 하는 것이 좋다. 그래야 교육효과를 거둘 수 있다. 제한적 문화교육의 요소는 언어교육과 연계된 문화요소에 한정하는 것과, 필요하다고 판단되는 문화요소를 선정, 이를 언어교육과 조합하는 두 가지 방법이 있을 수 있다. 언어교육의 입장에서 보면 전자가 좀 더 바람직할 것이고, 후자는 보다 풍부한 문화 요소를 학습하게 할 것이다. 앞에서 예를 든 Seelye(1988)는 후자의 목표를 제시한 것이라 하겠다. 이에 대해 다음의 박갑수(2005)는 전자의 목표를 보여 주는 것이라 하겠다.

① 문화교육을 통해 바람직한 적격의 한국어 학습을 한다.(내용)
② 문화교육을 통해 효과적 한국어 학습을 한다.(방법)
③ 문화교육을 통해 한국어의 문화적 표현을 익힌다.(민족지)
④ 문화교육을 통해 문화적 충격을 완화한다.(학습)

이와는 달리 박갑수(2007)에는 한국어의 이해와 표현에 도움을 줄 수 있는 광의의 문화교육 내용으로 다음과 같은 10가지가 제시되어 있다.

① 전통문화(儒·佛·仙·巫, 전통놀이, 노래)
② 역사·제도·문물
③ 의·식·주 문화
④ 관습·풍습·사고방식
⑤ 문화로서의 언어(역사·특질)
⑥ 언어문화(어원·속담, 관용적 표현 및 고사성어)
⑦ 일상생활 양식
⑧ 언어생활 태도(예절, 인사, 경어)
⑨ 문학·예술 작품(언어·문화적 산물)
⑩ 비언어적 표현
⑪ 방언·신어·유행어

3.4.2. 한국어교육에서의 언어문화 교육

언어는 단순한 기호가 아니다. 문화로 포장된 기호다. 그 언어의 주체인 민족 문화를 반영한다. 그래서 언어를 문화의 색인이라 한다. 언어에는 그 민족의 가치관, 사고와 인식의 유형, 범주화의 방법, 커뮤니케이션의 스타일, 사회적 규범, 맥락에의 의존도 등이 반영된다. 따라서 언어는 보편성과 함께 민족어에 따라 그들만의 특성을 지닌다. 이런 의미에서 앞에서 제시한 박갑수(2007)가 교육 대상이 된다. 그러나 언어와 연계된 제한적 문화교육은 이보다 영역을 좁힌 협의의 문화만을 대상으로 한다.

제한적 문화교육과 관련되는 언어문화교육은 언어의 구조적(構造的) 면과 운용적(運用的) 면이 있다. 이들은 물론 분명히 구별되는 것은 아니다. 넘나듦이 있다. 구조적 면이란 조어 내지 명명과 관련되는 영역으로, 언어의 유연성(有緣性)과 관련된다. 여기에는 어휘, 관용어, 문법(연어, 호칭, 대우법 등), 속담, 통사구조와 관련된 문화요소가 포함된다.

첫째, 명명에 반영된 문화를 파악한다.

"곁"과 "옆"은 공간적, 심리적으로 가까운 곳을 의미한다. 이는 신체 부위 이름 "겯(腋)"이 측(側)을, "넙(脅)"이 횡(橫)을 나타내게 된 때문이다. 마음은 "마슴(心臟)"에서, 살(歲)은 "설(元旦)"에서, 힘(力)은 "힘(筋肉)"에 연유한다. 이러한 명명의 배경문화를 교수·학습한다.

둘째, 조어에 반영된 유연성을 파악한다.

감기 "고뿔"은 고(鼻)와 불(火)이 합성된 말이다. "두루마기(周衣)"는 두루(周)-막(邈)-이(접사)에서, "열없다"는 열(膽)-없다(無)에서 小心하다를 의미하게 된 말이다. "장가들다"는 입장가(入丈家)에 연유한다. 이렇게 어휘는 유연성을 지녀 그 문화적 배경을 알아야 비로소 함의(含意)를 제대로 파악하게 된다.

셋째, 관용어 및 속담의 문화적 배경을 파악한다.

관용어는 구성 요소의 총합이 아닌, 특유의 의미를 지닌다. 이는 문화적 배경을 바탕으로 형성된 말이다. "국수를 먹다, 떡국이 농간한다, 머리를 풀다, 엿장수 마음대로, 육갑을 떨다, 팔자를 고치다"가 이런 것들이다. 속담의 경우도 마찬가지다. "같은 값이면 다홍치마, 복날 개 패듯, 억지 춘향이, 절에 간 색시"는 풍습 및 문화적 배경을 반영한다. 이들은 한국의 문화적 상황을 모르고서는 진정한 의미를 파악할 수 없다.

넷째, 호칭, 대우법은 한국 사회가 종속사회라는 것을 알아야 한다.

한국사회는 평등사회가 아닌 종속사회요 서열사회다. 호칭 및 대우법은 이러한 문화가 반영된 것이다. 따라서 이들은 종속사회와 연계하여 교수·학습할 때 비로소 제대로 이해된다.

다섯째, 구문구조(構文構造)는 사고 과정을 반영한다.

한국어의 구문구조가 서구의 SOV형과 달리 SVO로 되어 있는 것은 단순한 문형(文型)이 아닌, 사고 유형이다. 문형은 언어수행 면에서 특별한 의미를 드러낸다.

운용적 면이란 언어 수행의 면을 말한다. 언어행위는 문법 규칙에 의해서만 규제되는 것이 아니다. 장면이나 상황, 대화자 간의 관계, 대화의 주제 등 사회적 요소에 의해 여러 가지로 표현 형태에 제약이 가해진다. 이로 인해 다양한 상황변이형(situational variants), 또는 기능변이형(functional variants)이 생겨난다. 따라서 이들의 문화적 배경에 대한 교육 없이는 언어적 운용을 이해할 수 없을 뿐 아니라, 제대로 표현을 할 수 없다. 언어 수행에 있어 고려해야 할 대표적인 문화요소로는 앞에서 잠시 언급한 통사구조와 대우법 외에 장면 의존도, 화행(話行), 문화변용규칙, 수사(修辭) 장치 등을 들 수 있다.

첫째, 장면의존도와 표현체계의 관계를 이해해야 한다.

한국문화는 고맥락적(high context) 문화다. 따라서 이러한 문화의 표현 특성을 지닌다. 한국어는 저맥락적(low context) 문화와 달리 대부분의 말을 생략하고 장면에 의존한다. 그래서 사랑을 해도 우리는 "사랑해!"라 하지, "I love you."라고 꼬치꼬치 성분을 따져서 주체나 객체 등을 갖추어 표현하지 않는다.

둘째, 화행(話行)과 문화적 관계를 이해한다.

이는 다음에 언급할 문화변용과도 관련된다. 진수성찬을 차리고도 "차린 것은 없지만 많이 드세요."라 인사하는 것이 우리의 화법이다. 서양 사람처럼 변변히 차리지도 않고 자랑을 늘어놓지 않는다. 그러면 욕을 먹는다. 인사하기 외에 요청하기, 거절하기, 칭찬하기 등의 화행 배경도 학습해야 한다.

셋째, 문화변용(文化變容)은 언어교육에서 중시해야 할 또 하나의 학습요소다.

松本(2003)는 일본과 미국 사이의 8개 문화변용규칙을 들고 있다. 그런데 일본의 문화변용규칙이란 것은 그대로 우리의 문화변용규칙에도 해당된다. 한국의 대표적인 문화변용규칙으로는 겸손지향, 집단지향, 형식지향, 조화지향, 비관지향, 긴장지향 등을 들 수 있다(박갑수, 2007). "Thank you!"라 할 자리에서 "미안합니다"라 하는 비관지향, 무엇을 먹겠느냐는 질문에 "아무거나 먹겠어요"라는 조화지향의 문화변용이 이런 것이다. 이러한 문화를 제대로 알지 않고는 충격만 받고, 한국어다운 한국어를 익혀 의사소통을 할 수 없다.

넷째, 관습적인 표현을 이해해야 한다.

언어생활을 하다 보면 개성적 표현이 아닌, 사회적으로 굳어진, 관습적인 표현을 많이 보게 된다. 이러한 표현은 언어와 문화가 밀착된 것이다. 따라서 이들 표현을 제대로 하지 않으면 웃음거리가 되거나, 실례를 범하게 된다. 특히 전통적인 문화의 경우 더욱 그러하다. 문상을 가서 "상사 말씀 무엇이라 여쭐 말씀이 없습니다."라 하는 것은 이런 관습적 표현 가운데 하나다. 새해에 "과세 안녕하십니까?" 하는 것도 이런 것이

다. 오늘날은 흔히 "새해 복 많이 받으십시오."라 한다. 이것도 Happy new year!나, 新年快樂!, 新年お目出度う!라고 하는 다른 나라의 관습적 표현과 구별되는 민족지적 표현이다.

다섯째, 비유 등 수사적 장치도 학습의 대상이 된다.

개성적인 표현이 아니라, "꿔다 놓은 보릿자루 같다, 절구통 같은 허리" 등 비유를 비롯한 관습적 수사 장치도 학습의 대상이 되어야 한다. 이는 표현교육보다 이해교육을 위해 더욱 교수·학습되어야 할 문화요소다. 문화교육은 이렇게 커뮤니케이션, 그것도 이문화간 커뮤니케이션에서는 빼어 놓을 수 없는 교육 대상이다.

끝으로 문화교육 항을 마무리하며 이 교수법의 장단점을 몇 개씩 들기로 한다. 장점으로는 다음과 같은 것을 들 수 있다.

① 민족지적 특성을 안다.

② 언어 형태의 문화적 함의를 안다.

③ 고급 한국어를 표현·이해할 수 있다.

④ 적격의 언어를 사용할 수 있다.

⑤ 언어교육이 즐거운 학습 시간이 된다.

단점으로는 다음과 같은 것을 들 수 있다.

① 학습시간이 많이 소요된다.

② 언어와 관련이 없는 문화 설명으로 기울어질 수 있다.

③ 교사의 학습 부담량이 많아진다.

④ 의사소통 아닌 특수목적 언어교수로 흐를 수 있다.

4. 기타 교수법의 장단점

교수법은 다양한 것이 있다. 앞에서는 재외동포를 위한 한국어교육에서 사용할 수 있는 대표적인 교수법에 대해 살펴보았다.

다음에는 이러한 대표적인 교수법 외에 외국어 교육에서 오늘날 사용되고 있는 교수법에 대해 살펴보기로 한다. 이러한 교수법에 대해서는 이미 박갑수(2005)에서 자세하게 논의된 바 있다. 따라서 여기서는 이들을 적시 적소(適時適所)에 효과적으로 활용할 수 있게, 교수법에 대해 간단한 해설을 붙이고, 장단점만을 항목별로 제시하기로 한다(박갑수, 1998).

1. 직접교수법(direct method, oral method)

모어를 사용하지 아니하고 목표언어로 직접 가르치는 교수법을 총칭한다. 특정 교수법의 이론이라기보다 유아의 제1언어 습득을 외국어 학습의 모델로 하는 교수법이다.

장점 : ① 매개어를 사용하지 않으므로 학습자가 목표언어에 익숙해지기 쉽다.

② 번역을 하지 않으므로 목표언어로 생각하는 습관이 길러진다.

③ 구어 훈련 중심이어 듣기·말하기 능력이 길러진다.

④ 학습자의 모어가 다양할 때 크게 유효하다.

단점 : ① 의미 설명이 어렵고, 정확히 전해지지 않을 수 있다.

② 학습자는 항상 긴장하게 된다.

③ 목표언어만으로 처리하려 하므로 교사에게 부담이 된다.

④ 예문 설명 등에 시간이 걸린다.

2. 단계적 직접교수법(graded direct method)

청각-구두법을 보완한 것으로, 학습의 난이도와 지도 효과를 바탕으로 교재의 배열을 단계지어, 행동과 이미지와 문자를 합친 교수의 방법을 사용하는 교수법이다.

장점 : ① 어휘 및 문법이 제한되어 있어 학습자의 부담이 적다.

② 자발적으로 발언할 수 있다.

③ 일찍부터 문자가 습득된다.

④ 필요한 말부터 배울 수 있게 되어 있다.

단점 : ① 어휘를 단계 지으므로 한쪽으로 치우친다.

② 표현이 부자연스럽게 된다.

③ 교사의 지도 기술을 필요로 한다.

3. 인지학습법(cognitive approach)

청각-구두법의 결점을 보충하기 위해 등장한 교수법으로, 인지심리학의 이론에 따라 "의미 있는 학습"을 강조하고, 연역적 문법 설명에 많은 시간을 할애하는 교수법이다.

장점 : ① 청각-구두법의 결점을 보완할 수 있다.

② 학습항목을 설명하고 연습하므로 이해도가 높다.

③ 문자를 조기 도입하므로 시각적으로 기억하기 쉽다.

단점 : ① 생성문법의 변형규칙이 언어교육에 응용할 정도가 아니다.

② 문의 구조규칙을 중시하는 것으로, 운용능력이 별로 고려되어 있지 않다.

③ 체계적 교수법으로 아직 확립되지 못했다.

4. 침묵법(silent way)

교사는 가급적 말을 하지 않고 교구를 사용하여 지시하고, 학습자는 지시에 따라 발음, 어휘, 문법 등의 연습을 하는 교수법이다.

장점 : ① 학습자의 발견 능력, 문제해결 능력이 활용됨에 따라 기억이 강화된다.

② "바르게 말하지 않으면"이란 심리적 압박이 없다.

③ 장시간에 걸쳐 발음을 습득하므로 올바른 발음을 익힐 수 있다.

④ 교사의 침묵에 의해 집중력이 강화된다.

단점 : ① 학습 내용이 인공적으로 되기 쉽다.

② 교사는 특별한 교구 활용을 위해 훈련을 받아야 한다.

③ 적은 인원의 학습에 한정된다.

④ 오용을 정정하지 않으므로, 바르고 그른 것을 잘 알지 못한다.

5. 공동체 언어학습법(community language learning)

상담학습(counseling learning)이라고도 하는 것으로, 교사인 카운슬러와 학습자인 의뢰인이 협력하여 목표언어를 향해 문제를 해결해 나가는 가운데 언어를 학습하도록 하는 교수법이다.

장점 : ① 학습자의 희망에 따라 나아갈 수 있다.

② 말하고 싶은 것을 배워 바로 말하는 즐거움이 있다.

③ 자유롭게 의사소통하는 즐거움을 맛볼 수 있다.

④ 초기 학습에서 표현이 잘 안 될 때 느끼는 불안, 긴장을 제거할 수 있다.

단점 : ① 교사는 2개 국어에 정통해 있어야 한다.

② 교사는 상담의 기법을 알지 않으면 안 된다.

③ 인원이 많을 때 부적당한, 소수 인원의 교수법이다.

④ 학습 내용을 학습자가 선택하므로 체계화하여 도입하기 어렵다.

6. 전신반응법(total physical response)

듣기 훈련을 중시하고, 청취한 말을 몸으로 반응함에 의해 그 정착을 꾀하는 교수법이다. 듣기위주의 교수법이다.

장점 : ① 발화를 강제하지 않으므로 심리적으로 안정된다.

② 어린이와 같이 집중력이 모자란 사람에게 어울린다.

③ 청해(聽解) 능력이 신장된다.

④ 신체를 사용하므로 학습한다기보다 놀이한다는 편안함이 있다.

단점 : ① 성인은 명령에 따라 반응하는 것에 저항을 느끼기도 한다.

② 청해에서 발화(發話)로 쉽게 이행되지 않는다.

③ 발음 지도 및 교정이 충분히 되지 않는다.

④ 자연스러운 실제 언어운용과 거리가 있다.

7. 암시법(suggestopedia)

암시에 의해 학습자의 의식을 "무의식의 레벨"로 인도하여, 학습자의 잠재적 학습능력을 활성화하여 학습을 촉진하고자 하는 교수법이다.

장점 : ① 학습자는 긴장을 풀고 편안한 상태에서 학습할 수 있다.

② 암시에 의한 정신적 집중이 높아져 효과가 오른다.

③ 발화 의욕이 제고된다.

④ 잠재적인 미적 감각이 자극되어 감성이 풍부해진다.

단점 : ① 경제적인 면에서 설비를 갖추는 것이 어렵다.

② 유창성을 요구하므로 정확성이 부족하다.

③ 교사를 양성하는 것이 어렵다.

④ 소수 인원의 그룹에 한정된다.

8. 자연법(natural approach)

전통적 교수법이라 보는 것으로, 어린이가 모어를 배우는, 실제적 커뮤니케이션의 장에서의 언어습득을 바탕에 둔 교수법이다. 듣기(聽解)를 우선하는 일종의 직접법이다.

장점 : ① 전달능력이 고양된다.

② 교육기관 및 학습자의 타입을 가리지 않는다.

③ 말하기를 강요하지 않아 긴장·불안이 없는 상태에서 언어 습득이 가능하다.

④ 문법구조의 자연스러운 단계적 습득 순서를 찾을 수 있다.

단점 : ① 교사는 교사발화(teacher talk)를 사용하지 않으면 안 된다.

② 학습자 각자의 학력을 파악하고 있지 않으면 "조금 높은 인 풋"을 할 수 없다.

③ 초급 단계 학습자의 교수법이다.

④ 이해활동 위주의 교수법이다.

5. 결어

우리의 재외동포는 170여 나라에 나가 살고 있다. 그러나 이들에 대한 한국어교육은 그간 제대로 이루어지지 않았다. 특히 외국국적동포의 경우 그러하다. 근자에 재외동포도 관심을 가지게 되고, 한류(韓流)의 열풍도 불어 정부 차원에서도 많은 관심을 가지게 되었으니 다행스러운 일이다.

재외동포의 한국어교육은 이들에게 정체성을 심어주고, 자랑스러운 한민족의 일원으로 현지에 잘 적응해 살며, 세계문화발전에 기여하게 하는 데 그 목적이 있다.

한국어교육은 주로 외국어교수법을 원용하여 행해지고 있다. 재외동포의 경우도 마찬가지다. 재외동포는 오랜 세월이 지나도 어느 정도 민족적 특성이 남아 있는 것으로 본다. 이런 의미에서 이들은 이민족과는 달리 동질성을 지닌 우리 형제들이다. 이들 가운데는 우리 문화와 한국어를 Heritage language로 간직한 동포도 있다.

재외동포 교육에 사용되는 대표적인 교수법으로는 문법－번역법, 청각－구두법, 의사소통법이 있고, 문화교수법이 주목을 받고 있다. 따라서 여기서는 이들을 중심으로 재외동포의 교수법을 살펴보았다. 교수법은 학습자, 학습내용, 학습 목적, 학습 환경 등에 따라 달리 하게 마련이다. 재외동포는 특수한 학습자 집단이다. 따라서 이들의 특수한 여건을 고려하여 적절한 방법을 선택해 교육을 하되, 이들의 아쉬운 점을 감안해 집중적 교수·학습을 하도록 하여야 할 것이다. 이들 대표적 교수법 외에 많은 교수법에 대해서는 그 장단점을 제시하였다. 따라서, 이를 참고하여 적시 적소에 사용하면 교육적 효과를 거둘 수 있을 것이다.

한국어교육은 앞에서 말한 바와 같이 정체성을 심어 주는 것이다. 문화는 절대성이 아닌, 상대성을 지니는 것이다. 한국 언어·문화를 학습하여, 비록 이방의 소수민족이나 현지의 주변인으로 겉돌지 말고, 정체성을 발휘하여 상호 친선을 도모하고, 세계문화 창조·발전에 기여하는 유능한 역군이 되기를 바라 마지 않는다.

참고문헌

김영숙 외(2010), 영어과 교육론 1, 한국문화사.

박갑수(2005), 국어교육과 한국어교육의 성찰, 서울대학교 출판부.

박갑수(2012), 한국어교육의 원리와 방법, 도서출판 역락.

박갑수(2013), 한국어교육과 언어문화 교육, 도서출판 역락.

岡崎敏雄 外(2002), 日本語教育におけるコミユニカテイブ·アプローチ, 凡人社.

高見澤孟(1989), 新しい外國語教授法と日本語教育, アルク.

高見澤孟(1996), はじめての日本語教育 2, アスク講談社.

中西家榮子 外(1991), 實踐日本語教授法, バベル·プレス.

松本靑也(2003), 日米文化の特質, 硏究社.

Finochiaro, M. & C. Brumfit(1983), The functional-notional approach, from theory to practice, Oxford university press.

Seelye, H.N.(1988), Teaching Culture : Strategies for intercultural communication, Lincolnwood.

박갑수(1998), 외국어로서의 한국오교육과 문화적 배경, 선청어문, 제26집, 서울대학교 사범대학 국어교육과.

박갑수(2007), 한국어교육과 언어문화 교육, 외국인을 위한 한국어교육 연구, 제10집, 서울대학교 사범대학 한국어교육지도자과정.

■ 교수법에 대해 박갑수(2005)에서 자세히 논의한 바 있다. 이 글은 재외동포 교육의 특수성을 감안하여, 본서를 위해 2013년 4월 새로 집필한 것이다.

제4장 재외동포 한국어교육의 과제와 개선 방안

1. 서언

오늘날은 흔히 국제화, 세계화 시대라 한다. 그토록 전세계가 일일생활권(一日生活圈)이 되었고, 지구촌(地球村)이란 말이 걸맞게 서로 이웃하여 살지 않으면 안 되게 되었다. 그리하여 사람들은 이들 접촉하는 나라나 민족의 말을 이해하지 않으면 안 된다. 영어, 불어와 같은 국제어를 배우는 것도 이 때문이다.

외국어는 이와 같이 인간이 접촉하며, 의사소통의 필요에 의해 학습하게 된다. 따라서 그 기원은 멀리 고대에까지 거슬러 올라간다. 외국어로서의 한국어의 학습도 일찍부터 꾀해졌을 것이다. 역사적으로 거슬러 올라갈 때 적어도 한사군(漢四郡)의 설치는 이러한 가능성을 점치게 한다. 문헌의 기록은 이보다 뒤인 신라시대로 나타난다. 일본의 "續日本記"에 보이는 다음과 같은 기록이 그것이다.

"乙未 令美濃・武藏二國少年 每國二十人習新羅語 爲征新羅也" (續日本記, 太平寶字五年)

이는 신라 경덕왕 20년(761AD)에 일본에서 신라어를 가르쳤다는 기록
이다.

이러한 경우와 달리 고국을 떠나 외국에 거주하는 경우엔 현지 언어
를 배우게 된다. 생존을 위해 외국어를 학습하지 않으면 안 된다. 그리
하여 이들은 이중언어인(二重言語人)으로 생활한다. 그런데 이들이 장기간
고국과 떨어져 타국에 살거나, 영주하게 되는 경우 모어(母語)를 잊어버
리거나 상실하기도 한다. 이런 경우 모어는 외국어나 다름없이 된다. 따
라서 이를 학습하는 경우 국어 아닌 외국어를 학습하는 것과 같다.

한국의 재외동포는 2001년 기준으로 151개국에 일시 체류자 49만여
명을 포함하여 565만여 명에 이른다. 이는 규모 면에서 중국, 이스라엘,
이탈리아, 필리핀 다음인 세계에서 네 번째로 많은 인원이다. 재외동포
대국이다. 지역별 재외동포의 현황은 다음과 같다(엄상현 2002).

아주			미주					구주			중동	아프리카	합계
중국	일본	기타	소계	미국	캐나다	중남미	소계	CIS	기타	소계			
1,888	640	143	2,671	2,123	141	111	2,375	522	73	595	7	5	5,653

(기준단위 : 천 명)

이들은 우리와 국적의 같고 다름을 불문하고 같은 동포이다. 그리고
이들은 우리 민족의 성장과 발전에 초석이 될 세계에 흩어져 있는 자산
이다. 우리가 끌어안아야 할 사람들이다. 그러면 이들 재외동포들에게
민족 구성의 중요한 요소의 하나인 언어는 어떤 상황에 놓여 있는가? 재
외동포의 한국어교육은 마땅히 정책적으로 수행되어야 할 사업이다. 그
렇다면 그 현황은 어떠한가? 그리고 여기에 내재된 과제는 무엇인가?

여기서는 한국어교육의 중요한 일면인 재외동포의 한국어교육 현황과
과제를 살핌으로 이를 개선하고, 나아가 외국어로서의 한국어교육 발전

을 모색하도록 하기로 한다. 따라서 여기서의 논의는 순수한 외국인을 위한 한국어교육이 아닌, 국적을 불문한 재외동포 대상의 한국어교육이 고찰의 대상이 될 것이다.

2. 재외동포 교육의 목표

재외동포의 한국어교육의 목표는 현지 국가의 언어정책에 따라 다를 수 있다. 그것은 이중언어 교육을 장려하는 미국, 소수민족의 자치를 인정하는 중국, 동화정책을 펴는 일본이 같을 수 없을 것이기 때문이다. 그리고 재외동포가 재외 국민이냐, 아니냐에 따라서도 다르게 마련이다. 여기서 교포(僑胞)와 동포(同胞)의 개념을 분명히 하여야 한다. 교포, 또는 교민(僑民)이란 같은 국적을 가진 우리 국민을 말한다. 이에 대해 동포란 우리와 같은 피를 나눈 민족을 가리킨다. 나라와는 상관이 없다. 따라서 재외동포 가운데는 우리 국민도 있고, 외국인도 있게 된다. 중국이나 독립국가연합(CIS)의 동포는 대부분 우리와 국적을 달리하는 외국인이다. 중국인이고, 러시아인, 카자흐스탄인, 우즈베키스탄인인 것이다. 한국정부는 1997년 "재외동포재단법"을 공포하면서 재외동포의 범위를 "대한민국 국민으로서 외국에 장기 체류하거나 외국의 영주권을 취득한자, 또는 국적을 불문하고 외국에서 거주 생활하는 한민족의 혈통을 지닌자"로 정하고 있다. 이렇게 재외동포란 해외에 거주하는 한국계 혈통을 이어받은 사람을 포괄적으로 의미하는 말이다.

재외동포가 교포(僑胞)인 경우는 외국어로서의 한국어가 아닌, 국어교육을 받게 된다. 이에 대해 외국 국적을 가진 동포인 경우는 국어 아닌, 외국어로서의 한국어교육을 받게 된다. 따라서 같은 재외동포라 하더라도 그가 교민이냐 아니냐에 따라 국어와 외국어라는 다른 대상으로서 "한국어(韓國語)" 교육을 받게 된다. 다만 이들은 외국어로서의 한국어를 배운다 하더라도 다른 외국어와는 달리 민족어로서 한국어를 학습한다는 차이가 있다.

국어로서의 한국어는 일시 체류자의 경우는 그렇지 않으나 모어를 상실한 영주 동포의 경우 이는 외국어나 다름이 없는 낯선 언어임은 앞에서 언급한 바와 같다. 우리의 논의는 이러한 국어 아닌, 외국어로서의 한국어교육을 그 주된 대상으로 삼게 된다.

그러면 우리 정부에서는 재외동포에 대해 어떤 교육정책을 펴고 있는가? 재외동포의 교육 목표는 어디에 두고 있으며, 그 기본 방향은 어떠한 것인가? 문민정부의 "재외동포 교육의 목표 및 기본방향"을 보면 다음과 같다(1995 문교부 자료). 그리고 이러한 정책은 국민의 정부에 그대로 이어졌고(이종서 1998, 엄상현 2002), 참여정부에도 그대로 계승되고 있다.

2.1. 교육 목표

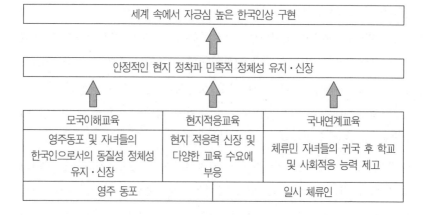

도표에 보이는 재외동포의 교육 목표는 "재외동포"라기보다 "재외국민"의 교육 목표라 할 성질의 것이다. 그것은 "자긍심 높은 한국인상 구현", "한국인으로서의 동질성 정체성 유지" 등의 표현이 "한민족" 아닌, "한국인"으로 되어 있기 때문이다. 따라서 이것이 "재외동포의 교육 목표"가 되자면 여기 "한국인"은 "한민족"으로 바뀌어야 할 것이다. 이는 앞에서 언급한 "재외동포"와 "재외국민"의 개념이 혼동된 것이다. 재외동포의 교육 목표는 도표에 보이는 바와 같이 민족적 정체성을 유지·신장하고, 현지에서 안정적으로 정착해 삶으로 자랑스러운 한민족의 상을 구현하는 데 있다. 이를 위해서는 영주 동포와 일시 체류자의 목표가 구분된다. 영주동포는 한민족으로서의 동질성과 정체성을 갖게 모국이해 교육을 하는 한편 현지에 적응하여 살 수 있게 현지 적응교육을 해야 한다. 그리고 일시 체류자는 귀국한 뒤 고국에 적응할 수 있게 국내 연계교육을 하는가 하면, 또한 현지 적응교육도 아울러 꾀한다는 것이다.

2.2. 교육의 기본 방향

첫째, 영주 동포에 대해서는 거주국(居住國) 교육기관에서 현지 교육과정에 의한 교육을 받음으로써 거주국 안에서 안정된 생활을 하고, 모범적 구성원으로 성장할 수 있게 한다. 그러기 위해서는 국제법, 국내법 및 거주국의 법과 제도 안에서 지원을 한다. 그리고 한민족으로서의 동질성과 정체성이 유지·신장되도록 우리나라의 말과 글, 역사 문화 등 민족교육을 받게 한다. 이를 위해서는 다음과 같은 지원사업에 역점을 둔다.

① 한국학교 및 한국교육원의 설치·운영 지원

② 한글학교 운영 지원
③ 민족교육 담당 교사 파견
④ 민족학 교사의 자질 향상을 위한 연수 및 지원
⑤ 민족교육 프로그램 개발 제공
⑥ 교과서 및 교재 개발·공급
⑦ 재외동포 학생 모국 수학 및 장학사업 실시 등

둘째, 체류민에 대해서는 자녀들이 한국에 귀국 후 학교와 사회에 쉽게 적응할 수 있도록 다음과 같은 사업에 역점을 둔다.

① 체류자 집중 거주지역을 중심으로 한국학교를 설치·운영해 한국
   과 연계된 초·중등 과정의 교육 실시 및 지원
② 교과서 개발·공급
③ 한국학교에 교사 파견
④ 귀국 자녀 국내 적응 교육 등의 실시(1995 문교부 자료).

이상에서 알 수 있듯 재외동포의 교육 정책은 일시 체류하는 사람이 아닌 영주 동포인 경우 거주국에서의 생활이 전제가 되기 때문에 안정적인 현지 정착을 우선하고, 여기에 민족적 정체성을 유지·신장하고자 하는 것이다. 이는 재외동포의 현실을 수용한 보편적 교육 목표라 하겠다. 이는 이론상 당연한 것이다. 그러나 그것을 구체적으로 수행하려 할 때 문제가 야기될 수도 있다. 그것은 앞에서 잠시 언급한 바와 같이 거주국에 따라 교육 여건이 다르기 때문이다. 따라서 이러한 교육 목표는 거주국의 여건에 따라 강도가 조절되지 않으면 안 된다. 예를 들어 동화정책을 펴고 있는 일본에서 민족적 정체성·유지 신장을 강조한다는 것은 곤란하다. 중국의 경우는 소수민족의 언어를 존중하는 정책을 펴 다행스러우나, 민족 분파는 가장 경계하는 대상임으로 주의하여야 한다.

한때 재외동포법 제정과 관련하여 중국이 예민한 반응을 보였던 것도 이와 무관하지 않다.

3. 한국어교육의 현황

재외동포의 한국어교육은 외국어로서의 한국어교육의 한 영역이다. 따라서 이를 수행하기 위해서는 그 기반이 되는 한국어교육의 현황 전반을 바로 알아야 한다. 그것은 이러한 현황을 바탕으로 할 때 비로소 바람직한 재외동포교육이 수행될 수 있기 때문이다.

교육을 하자면 교육과정이 구안되고, 학습자료가 마련되어야 한다. 그리고 적절한 교수법을 선택하여 교육을 하고 이를 평가해야 한다. 따라서 한국어교육의 현황을 알아보기 위해서는 교육과정, 학습자료, 교수법, 평가에 대해 살펴보아야 한다. 그리고 교육의 주체인 교사에 대해서 알아보는 것도 필요하다. 다음에는 한국어교육의 이러한 현황에 대해 간단히 살펴보기로 한다.

3.1. 교육과정

교육에는 그 주체와 대상이 있고 교육 내용과 방법이 있어야 한다. 교육과정은 이 가운데 교육 내용에 해당한 것으로 "단위 과정에서 이수해야 할 내용의 목록"을 의미한다.

한국어도 그것이 교육의 대상이 되기 위해서는 교육과정이 마련돼야 한다. 이는 학습과정, 학습자, 학습 목표 등에 따라 달리 구안되게 마련이다. 학습과정은 그 과정이 초·중·고급 과정이거나, 초·중·고등학

교 과정 등으로 나뉘는 것을 말한다. 학습자는 그가 어린이인가, 학생인
가, 성인인가를 말한다. 학습 목표는 여행, 취직, 유학 등 학습자의 학습
목표가 무엇인가를 의미한다. 교육과정은 이러한 학습과정, 학습자, 학
습목표 등에 따라 달리 구성되어야 한다. 이러한 교육과정은 코스 디자
인(course design)을 하며 구안하게 된다. 한국어교육의 경우 이러한 교육과
정은 각종 과정에 따라 어느 정도 이루어져 있는 것으로 보인다. 각 대
학에 부설된 언어교육원의 교육과정이 그것이다.

그런데 문제는 이 교육과정이 바람직하게 구안되었느냐 하는 것이다.
그것은 한국어 능력을 단계별로 평가할 때 그 기준이 바람직하게 잘 설
정되었느냐 하는 것이다. 한국어능력시험의 경우 그 능력을 6단계로 나
누어 평가하거니와 교육과정을 반영한 교재가 이와 어느 정도 조화를
이루느냐 하는 것도 검토 대상이 된다. 그리고 한국어 능력시험의 단계
별 인정기준은 또 얼마나 타당한가도 검토되어야 할 대상이다. 이러한
논의를 하는 것은 그것이 국가 수준의 교육과정과는 어떤 관계를 가지
느냐 하는 것이 문제가 되기 때문이다.

국가 수준의 한국어 교육과정이란 국가적 기준의 "단위 과정에서 이
수해야 할 한국어의 내용 목록"을 의미한다. 이를 달리 말하면 국가에서
제정한 구조적, 기능적 실러버스라 해도 좋다. 이러한 목록을 만듦으로
비로소 각종 과정의 교육과정이 이를 바탕으로 만들어질 수 있다. 그리
고 신뢰도와 타당도가 높은 한국어 능력 평가도 할 수 있게 된다. 그런
데 아직 우리에게는 이러한 "교육과정"이 만들어져 있지 않다. 따라서
각종 교육과정의 신뢰도도 문제가 된다. 그러니 국가적 수준의 교육과정
을 빨리 구안해야 한다. 이는 다른 교육과정과 달리 학습자의 요구 등을
고려하지 않아도 좋은 절대적인 것이다. 한국어능력시험의 인정기준은
전문가의 검토 끝에 마련된 것이다. 따라서 우선은 부족한 대로 이를 바

탕으로 교육과정을 설정할 수 있다. 아니면 이를 대용할 수도 있다. 더구나 현재의 한국어능력시험 평가기준은 2002년 종전의 것을 개선한 개정된 기준이니 좀더 신뢰할 수 있을 것이다. 따라서 시간을 가지고 국가 수준의 교육과정은 가능한 한 서둘러 구안토록 할 일이다.

3.2. 학습자료

학습자료는 중핵적(中核的) 자료와 보조자료로 나누어진다. 중핵적 자료란 물론 교과서를 말한다. 이는 교육과정을 충실히 반영한 하나의 학습자료이다. 학습이 물론 이 중핵적 자료에 의해서만 꾀해지는 것은 아니다. 보조자료에 의해서도 꾀해진다. 아니 중핵적자료가 완전한 것이 아니기 때문에 반드시 보조자료를 필요로 한다.

한국어교육에 있어서 중핵적 자료는 대학의 경우에는 비교적 잘 만들어져 있다. 오랜 동안 개정에 개정을 거듭하면서 개선되었기 때문이다. 이러한 것의 대표적인 것이 서울대, 고대, 연대의 한국어 교과서이다. 이들의 체재는 독본식 편제에, 통합 단원 형식의, 구어 위주로 되어 있다.

외국어 학습에는 학습자의 모어 간섭이 심하다. 따라서 언어권에 따라 다른 교재를 개발하는 것이 바람직하다. 그런데 한국어의 경우 이러한 것이 제대로 개발되어 있지 않다. 개발되었다는 것도 범용교재(汎用敎材)를 개발하여 다른 언어로 번역한 것이 고작이다. 국제교육원의 "한국어", 연세대학의 "한국어"가 이러한 것이다. 대조언어학적 연구를 바탕으로 개별언어의 교재가 개발되어야 한다. 이런 의미에서 서울대학교 어학연구소의 "Korean through English for improved Korean conversational skills"와 북경대학에서 개발한 "韓國語"는 의미 있는 것이다. 그리고 미국의 KLEAR의 Intergrated Korean은 수행중심 교수법을 바탕으로 한 새로운 스타일의 교재라 하겠다. 이 교재의 단원 체재를 보면 다음과 같다.

Objectives(Culture/ Grammar/ Task · Function)/ Conversation 1, 2/ Narration/
New Words and Expressions/ Culture/ Grammar/ Task · Function/ Conversation
(영문 번역)

　교재의 내용은 학습자의 니즈(needs)와 상황이 고려된 것이어야 한다. 사회문화적인 배경도 고려하여야 한다. 그래야 학습자가 흥미를 가지고 학습에 임하게 된다. 이런 의미에서도 위의 세 대학의 교재는 그 가치를 인정받을 만하다.

　대학의 교재와는 달리 어린이나 청소년 및 일반인을 대상으로 한 교재는 별로 개발되어 있지 못한 실정이다. 이들을 위한 교재로는 국제교육진흥원의 재외동포를 위한 "한국어", 명도의 "한국어", 한림출판사의 "한국어" 등이 있다. 최근에는 한국교육과정평가원과 국제교육진흥원에서 "한국어"와 "한국어회화"가 개발된 바 있다. "한국어"는 도입과 학습 목표를 밝힌 과제중심 교재로 만들어져 있다. 미국에서는 재미한인학교연합회에서 "한국어(Korean : A Modern Text for Children)"(全6卷)라는 교재를 개발하여 사용하고 있기도 하다. 이는 진귀한 경우로 대부분의 나라에서는 이러한 교재를 개발하고 있지 못한 형편이다. 재외동포가 거주하는 나라의 언어로 된 교재가 귀하거나, 없는 경우가 많다. 따라서 재외동포의 한국어교육을 위하여 무엇보다 학습자의 모어에 의한 해설을 곁들인 교재개발이 시급하다.

　이 밖에 한국어 학습교재로서는 비디오 테이프, **CD ROM** 등의 개발을 들 수 있다. 이러한 것으로는 일찍이 호주의 Austrailian Capital Schedule Authority가 개발한 한국어교육 비디오가 있고, 고려대학교 민족문화연

구소에서 개발한 일본어권 CD 교재가 있다. 이 밖에 국제교육진흥원에
서는 재외동포와 외국인을 대상으로 한 인터넷 학습 프로그램인 KOSNET
(Korean Language Study on the Internet)을 개발한 바 있다. 이는 영어, 일어,
중어의 3개 언어로 학습자료를 제공하는가 하면, 학습자료를 연령에 따
라 4단계로 나누어 운영하고 있어 학습자가 선택하여 활용할 수 있는
유용한 프로그램이다(안장현 2002). 또한 재외동포재단에서는 2003년에
웹 교재로 "Teenager Korean"을 개발하여 선을 보였다. CD ROM이나
인터넷 학습은 학습자가 산재해 있는 지역, 정시 학습이 불가능한 학습
자에게 그 효력을 드러낼 것이다. 그리고 주입식 아닌, 상호작용에 의한
완전학습이 가능하다는 것도 장점이다. 거기에다 해외의 경우는 교재가
부족한가 하면 젊은이들이 인터넷을 즐긴다는 점에서도 유용하게 활용
될 수 있을 것이다.

보조자료는 대표적인 것에 사전과 문법서가 있다. 재외동포가 참고할
대역 한국어 사전이나, 문법서는 몇몇 언어를 제외한 대부분의 언어의
경우는 없거나 부족한 형편이다. 고급의 학습자를 위해서는 문학작품과
같은 많은 문서 자료가 필요하다. 이 밖에 다양한 녹음 자료, 영상 자료
가 있어야 한다. 이러한 학습 보조자료는 특히 고급 학습자를 위해 필요
하다. 이들 학습 보조자료는 다소 개발된 것이 있으나 턱없이 부족하거
나 없는 편이다.

끝으로 여기 덧붙일 것은 문화관광부에서 한국어세계화사업의 일환으
로 한국어 학습자료를 개발하고 있다는 것이다. 그리하여 2001년 "한국
어" 초급(말하기 · 듣기), 및 "한국어" 중급(말하기 · 듣기) 교재가 개발되었고,
이의 교사용 지침서도 아울러 개발되었다. 이 밖에 외국인을 위한 "한국
어학습사전", "한국어발음교육", "한국어 문형사전" 등 보조자료도 개발
되었다. 이는 한국어교육을 위한 좋은 수확이라 하겠다. "한국어"의 체

재는 KLEAR의 Intergrated Korean과 비슷하다. 단원의 체재는 다음과
같다.

> Objectives(영문)/ 들어가기(Introduction)/ 어휘(Vocabulary)/ 문장 읽기
> (Reading Sentences)/ 연습(Practice)/ 과제(Task) (과제 1, 2, 3)/ 새 단어(대
> 역)/ 마무리(Following up : 영문)/ 자기 평가(Self-Assessment : 영문)

이는 "한국어"초급(읽기·쓰기) 교재의 단원 체재로, "한국어" 중급1 교
재는 약간의 변형이 이루어져 있다. 그 체재는 다음과 같다.

> Objectives/ 들어가기(Introduction)/ 예시글(Sample Text)/ 어휘(Vocabulary)/
> 문법(Grammar)/ 과제(Task)/ 문화(Culture)/ 자기 평가(Self-Assessment)

3.3. 교수법

외국어 교수법은 이미 많은 것이 개발되어 있다. 대부분의 영어 교수
법은 자국어로서의 영어 교수법이라기보다 제2언어로서의 영어 교수법
을 다룬 것이다. 한국어교육은 이러한 외국어 교수법을 원용하거나 개선
하여 활용할 수 있다. 그러기에 오늘날의 한국어 교수법은 이러한 것을
빌려 쓰거나, 이를 바탕으로 개선한 독자적 교수법을 활용하고 있다.

역사적으로 볼 때 외국어 교수법은 많은 것들이 생성 소멸되면서 오
늘에 이르고 있다. 이 가운데 큰 흐름을 이루는 것이 전통적 교수법인
문법-번역법과 청각-구두법(audio-lingual approach), 그리고 의사소통법
(communicative approach)이다. 재외동포의 한국어교육에도 이러한 방법이
주로 활용되고 있다.

문법-번역법은 중세의 라틴어 학습에 기원을 두는 것으로, 19세기

중반 프뢰츠(Karl Ploetz)에 의해 체계화되고 근대화한 교수법이다. 이는 먼저 어휘를 암기시키고, 다음에 목표언어의 문장을 모국어로 번역하고, 문장의 의미를 이해시킨다. 이를 통해 그 언어의 문법 규칙을 잘 알게 하여 다른 문장을 접했을 때 그 지식을 응용할 수 있게 훈련하는 것이다. 이는 한국어교육에서 다소간에 활용되고 있다. 이는 전통적, 보수적 교수법으로, 의사소통 능력 신장을 교육 목표로 하는 경우에는 그리 바람직한 방법이 못 된다. 그러나 학습의 목적이 학술 서적을 읽는 데 있거나, 초급 단계에서 읽기 위주의 학습을 하는 경우라면 효과를 거둘 수 있는 방법이다.

청각-구두법은 제2차대전 후의 언어교육에 많은 영향을 끼친 교수법으로, 오늘날에도 많은 외국어 교육 분야에서 중요한 이론으로 수용되고 있다. 이는 구조언어학과 행동주의 심리학에 바탕을 둔 것으로 프리스 (Fries, C. C.)에 의해 교수 이론으로 개발된 것이다. 청각-구두법에서는 외국어 학습을 "무의식적 자동적으로 목표 문형을 말할 수 있을 때까지 반복 연습하고, 그것에 의해 새로운 언어습관을 정착시키는 것"이라 생각했다. 따라서 구두 연습, 형태 학습, 반복연습을 그 특징으로 한다. 이의 교수 기법으로는 밈-멤연습(mim-mem practice), 문형연습, 최소대립연습 등이 사용된다. 문형연습을 위해서는 단순대입연습, 복식대입연습, 다각적대입연습, 전환연습, 합성연습, 응답연습, 확대연습 등을 활용하게 된다. 한국어 교수법으로는 이 청각-구두법이 많이 활용되며 주축을 이룬다. 이 교수법의 장단점을 고려하여 적의 사용하여야 하겠다. 이 교수법은 철저한 구두 연습을 통해 말하기·듣기 연습을 잘 할 수 있다는 것, 학습자의 인원수나 실력과 관계없이 사용할 수 있다는 것 등이 그 장점이다. 이에 대해 기계적 연습으로 실용에 이어지지 않으며, 학습이 단조롭고 학습의욕을 잃게 할 수 있다는 것은 그 단점으로 들린다.

의사소통법은 의사전달 능력 육성에 중점을 두는 교수법이다. 이는 교육 내용을 개선함에 의해, 또는 교육방법을 혁신함에 의해 목표언어의 기능과 운용 능력을 양성하고자 하는 두 가지가 있다. 이는 할리데이 (Haliday, M.A.K.) 등의 기능언어학과, 윌킨스(Wilkins, D.A.)의 개념/기능 실러버스(notional/functional syllabus)가 기초가 된 것이다. 의사소통법에서는 지도의 중심 목표를 언어의 구조를 철저하게 가르쳐 바른 문장을 짓게 하는 데에 두지 않고, 실제 커뮤니케이션의 장에서 목적을 가진 전달행위가 가능하도록 하는 데 둔다. 따라서 개개 문장의 문법적 정확성보다 어떤 목적의 실현으로 기울어져, 발화하는 모든 문장의 디스코스를 중시한다. 이는 모로(Morrow, Keith)의 의사소통법의 원칙에 잘 나타난다.

① 학습을 하면 무엇을 할 수 있는지 알아야 한다
② 발화 이상의 흐름을 알아야 한다.
③ 전달 과정, 곧 장면에 부합한 말하기가 중요하다.
전달과정에는 인포메이션 갭(information gap), 선택(choice), 피드 백(feed back)이 있어야 한다.
④ 교실 밖의 실제적 경험이 중요하다.
⑤ 잘못은 정확한 표현을 향한 하나의 과정이다.

이는 내용도 없는 말만 번드르르하게 잘하는 것이 아니라, 장면에 맞는 언어를 사용하여 문제를 해결하고, 목적을 수행하는, 기능적(機能的) 언어 사용 능력을 신장하자는 것이다. 이러한 것이 진정한 언어교육의 목표이며, 외국어 교육의 목표라 할 것이다. 한국어교육에도 이러한 의사전달법이 많이 도입되고 있다. 이는 바람직한 현상이다.
이상에서 살펴본 교수법 외에 인지학습법, 전신반응법, 침묵법, 공동체언어학습법, 암시법, 자연법 등이 있으나 이들은 교수법의 주류를 이루는 것은 아니다. 이는 필요한 장면, 필요한 대상에 적용할 때 유용할 것이다. 이러한 교수법들 가운데 전신반응법, 침묵법 등은 한국어교육에 시험적으로 적용되고 있기도 하다.

그리고 여기 하나 덧붙일 것은 문화관광부에서 한국어 해외보급사업의 하나로 2002년 한국어 교육총서로서 "한국어 교수법"이 개발되었다는 것이다. 여기에는 한국어교수법의 이론과 실제, 수업준비 및 유형이란 기초 위에 언어의 네 기능 지도와 "발음 지도, 어휘 지도, 문법 지도, 문화 지도"와 "교육 목표에 따른 교수법"이 상세하게 제시되어 있다(한재영 외, 2002). 따라서 앞으로 한국어교육에서 이를 활용할 수 있을 것이다.

3.4. 평가

평가란 가치를 평정(評定)하는 것을 말한다. 교육은 가치를 실현하기 위해 꾀해지는 것이다. 따라서 교육 목표 달성을 위해 평가는 필요 불가결한 것으로, 교수・학습이 꾀해지는 곳에는 반드시 평가가 따르게 마련이다. 한국어교육의 경우도 예외가 아니다.

평가는 흔히 학습평가와 수업평가로 나뉜다. 그런데 이 중 수업평가가 흔히 도외시된다. 한국어교육에서도 마찬가지다. 그리고 평가가 학습자에 관한 것이라는 미시적 관점에 사로잡혀 교재, 교수법, 교육과정 등 프로그램의 평가라는 거시적 관점이 한국어교육에서 제대로 챙겨지는 것 같지 않다. 이러한 현상들은 한국어교육의 개선, 발전을 위해 바람직한 현상이 못 된다.

또한 평가는 흔히 테스트, 곧 시험이나 고사와 같은 뜻으로 받아들여지는 것을 보게 된다. 이는 잘못된 생각이다. 테스트는 평가의 한 방법일 뿐이다. 이 밖에 면접법, 질문법, 관찰법 등의 방법도 있다. 한국어교육 평가의 경우 면접법, 관찰법은 좋은 평가의 방법이 될 수 있다. 평가의 객관성, 수치화 때문에 이들이 외면되는 것은 평가의 교수기능, 학습기능으로 볼 때 바람직한 현상이 못 된다.

또한 한국어교육에서는 진단평가나 형성평가가 제대로 꾀해지지 않고, 목표 달성 여부를 확인하는 총괄평가만이 중시되는 것으로 나타난다. 학습자의 학습상황을 파악하여 교수·학습활동을 개선하기 위해서는 학업 성취도를 평가하는 형성평가가 중시되어야 한다. 이때 종합력 테스트와 함께 요소별 테스트도 꾀해져야 한다. 그럼에도 한국어교육에는 흔히 종합력 테스트 위주의 평가가 꾀해지고 있다.

한국어교육에서는 이러한 목표준거 테스트(criterion-referenced test) 외에 집단준거 테스트(norm-referenced test)에 속하는 능력시험(proficiency test)으로, 한국어 능력시험이 치러지고 있다. 이는 일찍이 일본에서부터 시작되었다. 재일 "한글능력 검정협회"가 1993년부터 "한글능력 검정시험"을 실시한 것이다. 이는 한국어를 모어로 하지 않는 일본인 및 재일동포의 한국어 능력을 측정하기 위한 것으로 북한의 언어규범이 주로 적용되는 것이었다. 그 뒤 이와는 달리 "재단법인 한국교육재단 한국어능력 검정위원회"에서 1996년부터 "한국어능력 검정시험"을 실시하였다. 이는 남한의 언어규범을 준용한 것이다. 1997년부터는 세계화 정책의 일환으로 한국 정부에서 "한국어 능력시험"을 실시하게 되었다. 그리하여 일본의 "한국어 능력 검정시험"은 자연히 이에 통합되었다. 그러나 일본의 "한글능력 검정시험"은 계속 실시되고 있다. "한국어 능력시험"은 등급제로 되어 있으며, 평가 영역은 언어의 네 기능과 어휘 및 문법으로 되어 있으나, 말하기는 시행의 어려움이 있어 아직 실시하지 못하고 있다. 출제는 객관식을 주로 하고 주관식을 곁들이고 있다. 평가 영역은 무난하다 하겠으나, 언어교육의 평가 영역을 일반적으로 언어의 기능과 지식 및 문학을 포함하는 것으로 볼 때 확장하는 것이 바람직하겠다. 그리고 이 중언어 사용자를 위해서는 문화 학습이 필요하므로 이것도 시험 대상에 포함시키도록 하여야 하겠다.

"한국어 능력시험"은 2002년 현재 10개국 32개 지역에서 실시되고 있다. 2002년의 지원자는 8,788명이었고, 응시자는 7,306명이었다. 2003 년에는 10개국 33개 지역에서 실시될 예정이다. 능력시험이 실시되고 있는 국가는 일본, 중국, 카자흐스탄, 키르기스스탄, 우즈베키스탄, 미국, 몽골, 러시아, 호주, 한국의 10개국이다. 이들 국가와 지역도 점차 확대해 나가야 할 것이며, 수험자의 수도 증가하도록 독려해야 할 것이다.

그리고 여기 덧붙일 것은 평가의 기준이다. 종전에는 "한국어 능력시험"의 인정기준에 따른 "등급별 수준"에 따라 출제를 하고 평가를 하였다. 그런데 이 기준을 조정하고 개선할 필요가 있어 2002년 "한국어 능력시험의 등급별 평가기준"을 다시 개발하였다. 한국어 능력시험의 평가기준은 1급에서 6급에 이르기까지 "총괄기준, 영역(어휘·문법, 쓰기, 듣기, 읽기), 평가기준"의 틀로 그 기준을 제시하고 있다(김왕규 외, 2002). 따라서 등급에 대한 명확한 평가기준이 제시되어 출제 및 평가를 수월하게 하고, 등급 조정을 용이하게 할 수 있게 되었다. 이 평가기준은 2002년의 제6차 "한국어 능력시험"에서부터 적용하고 있다. 따라서 한국어교육에 종사하는 사람은 이러한 사실을 숙지하고 대처해야 할 것이다.

3.5. 교사

교육의 질은 교사의 질을 능가하지 못한다는 말이 있다. 교사의 자질이 교육의 성패를 좌우한다는 말이다. 이렇듯 교사의 자질은 교육에서 중요한 의미를 지닌다.

한국어교육의 교사는 유능한 사람도 많지만 그렇지 않은 경우도 있어 종종 교사의 자질이 문제가 된다. 특히 해외의 한국어교육 기관에 이런 경우가 많다. 원어민(原語民)이라는 이유 하나만으로 비전공자가 교편을 잡는 경우도 많으니 문제가 안 되는 것이 오히려 이상하다 하겠다. 교사의 자질이 문제가 되는 것은 유능한 교사가 부족한가 하면 대우가 좋지 않다는 것이다. 이러한 시대는 빨리 정리되어야 한다.

유능한 교원은 전문 기관에서 양성하거나, 자격시험을 보여 선발할 수 있다. 그런데 제도권에는 아직 이러한 것을 할 수 있는 법적 뒷받침이 없다. 입법 조치부터 하여야 한다.

이러한 상황 하에서도 현재 미미하게나마 교육을 하고 있고, 자격시험을 보이고 있다. 학부의 양성기관으로는 한국 외국어대학교에 한국어교육 전공이 있고, 대학원으로는 이화여대 대학원 한국학과 및 교육대학원, 연세대 교육대학원, 경희대 교육대학원, 고려대 교육대학원, 한양대 교육대학원, 한국 외대 교육대학원, 선문대 교육대학원, 서울대 대학원에 한국어교육 전공이 개설되어 있다. 서울대 대학원에는 유일하게 박사과정도 개설되어 있다. 이 밖에 대학 부설 기관으로, 서울대학교 사범대학의 "외국인을 위한 한국어교육 지도자과정", 연세대학교 한국어교사 연수과정, 한양대학교 한국어교사 양성과정 등이 있다.

외국에서도 한국어 교사를 양성하고 있다. 미국의 캘리포니아 주에서 교사 양성을 하고 있는 것이다. 샌프란시스코 소재의 Interectural Institude of California와 San Francisco State University의 사범대학이 공동으로 주관하는 2년 과정의 프로그램과, California State University 사범대학의 한국어－영어 이중언어 분야의 2년 과정 등이 그것이다. 이 과정을 수료하고 주 정부에서 실시하는 시험에 합격하면 자격증을 받을 수 있다(손호민, 1999). 이 밖에 중국의 연변대학, 우즈베키스탄의 타슈켄트 사범대학 등에서도 한국어 교사가 양성되고 있다.

서울대학교의 "한국어교육 지도자 과정"은 한국어의 지식, 언어학의 지식, 한국 사정, 한국어 교수법을 네 기둥으로 한 교과과정으로 과정을 시작하였다. 이러한 교과과정은 일본어 교사 자격시험의 출제 범위를 참고한 것이다. 이는 그간 약간 개정되었다. 한양대학교의 교과과정은 서울대학교의 그것과 대동소이하다. 이에 대해 연세대학교의 교과과정은 원론보다 각론에 치중하고 있다. 그 일부를 보이면 "말하기 지도법 및 보충교재 작성, 듣기 지도법 및 보충교재 작성, 읽기 지도법 및 보충교재작성, 쓰기 지도법 및 보충교재 작성, 발음 지도법, 어휘 및 문형제시 방법"과 같은 것이 그것이다.

교원 자격시험은 2002년 한국어세계화재단에서 최초로 실시하였는데, 이의 공식 명칭은 "한국어교육 능력 인증시험"이다. 이는 "한국어교육 지도자의 자질 향상을 꾀하고, 한국어 교사 양성체계의 공공성을 확보하여 한국어 해외보급의 효율성을 제고하고자" 실시하는 것이다. 시험은 2002년 11월 9일 치러졌고, 응시자격은 4년제 학사 학위 이상, 내·외국인으로 하였으며, 전공에는 제한을 두지 않았다. 제1회 응시자는 243명, 합격자는 51명이었다.

앞에서 말한 바와 같이 교육의 질은 교사가 좌우한다. 따라서 유능한 교사를 기르고 이를 잘 선발하여 한국어교육을 발전시키도록 해야 한다. 더구나 한국어교육의 수요가 늘어나고, 교육이 발전하며 세계 도처에서 유능한 교사를 찾고 있으니 교사 양성에 더욱 관심을 가져야 하겠다. 교사의 대우도 개선의 길을 모색하여야 한다. 외국의 경우, 그것도 한글학교의 경우가 특히 그러하다.

4. 재외동포의 한국어교육 실상과 과제

재외동포의 한국어교육 기반으로서의 한국어교육 전반에 관한 현황을 앞에서 살펴보았다. 그러면 구체적으로 재외동포의 한국어교육의 실상은 어떠한가? 그것은 한 마디로 아직 열악한 형편이라 하여 좋을 것이다.

오늘날 재외동포의 교육은 교육인적자원부, 국제교육진흥원, 재외동포재단 등의 지원을 받아 주로 외국 현지에서 한국학교, 한국교육원, 한글학교 등에서 꾀해지고 있다. 우선 2002년의 이들 교육기관의 현황을 보면 다음과 같다(엄상현, 2002).

교육기관			지원기관
한국학교(전일제)	한국교육원	한글학교(정시제)	해외공관 교육관
15개국 24개교 -학급수 : 311개 -학생 : 5,918명 -교원 : 746명(파견55)	14개국 35개원 -파견교원수 : 45명	97개국 1,688개교 -학생수 : 105,673명 -교원수 : 10,777명	6개국(10기관) 12명

이 밖에 중국의 조선족 소·중학교, 일본의 민족학급 등, 거류국 또는 이의 교육기관에서 운영하는 기관이 있다.

세계에 흩어져 있는 재외동포의 한국 교육기관은 이처럼 초라하다. 이런 현실 속에 교육이 꾀해지고 있는 것이 재외동포의 한국어교육의 현실이다. 여기서는 이러한 재외동포의 한국어교육을 대표적인 거주지역 중심으로 살펴보기로 한다. 따라서 미국, 중국, 독립국가연합, 일본 지역으로 나누어 살펴보게 될 것이다.

4.1. 재미동포의 한국어교육

미국의 소수민족에 대한 언어정책은 근래에 접어들어 단계적 변화의 추세를 보이고 있다. Gordons(1964)에 의하면 3단계의 과정을 겪어 오늘에 이르고 있는데, "앵글로 일치화(Anglo-Conformity)"와 "용광로(melting pot)", "문화적 복수주의(cultural pluralism)"가 그것이다.

미국은 최근 외국어교육의 중요성을 강조하며, 1970년대 말 카터 정부이래 강력한 외국어교육정책을 추진해 오고 있다. 특히 소수민족언어(less commonly taught languages)에 대해 많은 배려를 하고 있다. 역사적으로 보면 1964년 인권법이 제정되어 민족의 주체성이 법으로 보장받는 다문화사회가 확립되었으며, 이로 말미암아 소수민족의 언어가 존중을 받게 되었다. 1968년에는 이중언어교육법, 1974년에는 교육기회균등법 등이 제정되어 이중언어교육이 합법화되었다. 그리하여 현재 40여 개의 크고 작은 외국어가 각급 학교에서 교수되고 있다(손호민, 1999).

1966년에는 미국 정부에서 21세기를 대비한 초·중고등학교의 외국어교육 발전을 도모하기 위하여 "21세기를 대비한 외국어 습득의 기준(Standards for foreign language learning : Prepareing for the 21st century)"을 제정하였다. 이 지침의 기본 원리에는 두 가지 중요한 기본 원칙이 반영되어 있다. 그것은 모든 학생으로 하여금 외국어와 외국문화를 필수적으로 습득하도록 하는 교과과정을 각급 학교가 마련하여야 한다는 것과, 비영어권 학생들은 자기 모국어 능력을 개발할 수 있는 기회를 가져야 한다는 것이다. 이 기본원리를 효과적으로 수행하기 위해서는 다섯 가지 원리가 제시되었다. 이것이 이른바 5C로, Communication, Cultures, Connections, Comparisons, Communities이다.

재미동포의 한국어교육의 여건은 이렇게 좋은 편이다. 그러나 Gordon

이 이르는 문화적 동화 아닌 구조적 동화는 쉬운 일이 아니다. 재미동포의 경우 비백인(non-white)이라는 한계를 느낀다. 따라서 주류사회(host society)의 주변인(marginal man)으로서의 소외감을 떨치지 못하게 한다. 이것은 자신의 정체성을 찾게 한다. 그래서 이는 오히려 한국어교육을 강화하는 계기가 되기도 한다.

재미동포를 위한 한국어 교육기관은 2001년 현재 한국어교육원 6개, 한국학교 1개, 한글학교 956개인 것으로 되어 있다(교육인적자원부 자료). 한국학교의 하나인 남가주 한국학교는 로스앤젤레스에 있는 것으로 전일제 학교이다. 이는 유치원, 초·중고등학교를 갖추고 있는데, 여기에서는 미국 일반 학교의 교육과정에 한국어와 한국역사, 한국문화 과목을 병행 이수시키고 있다. 이 밖에 뉴저지의 우리한국학교가 있는데 이는 일반 한글학교와 다른, 주말 정시제 학교이다. 이 학교는 체류상사 주재원과 공무원의 자녀를 위해 설립된 것으로, 한국의 교육과정에 준하여 국내 연계교육을 실시하고 있다. 따라서 여기 한국어교육은 국어교육이라 할 성질의 것이다. 한글학교는 공관이 있는 지역별로 볼 때 1998년의 현황이 다음과 같다(이광호, 1998).

공관	학교 수	학생 수	교사 수
워싱턴	54	3,228	433
뉴욕	163	10,790	1,353
시카고	102	5,813	806
휴스턴	74	3,112	550
보스톤	27	1,017	111
애틀랜타	46	2,662,	368
마이애미	25	1,062	160
LA	276	21,103	2,308
상항	84	4,128	563

공관	학교 수	학생 수	교사 수
시애틀	80	4,422	538
호놀룰루	25	1,011	133
계	956	58,348	7,323

이러한 한글학교의 수는 증가추세에 있다. 그것은 2001년 975개, 2003년 998개로 늘어나고 있기 때문이다(김왕복, 2003).

한글학교는 대부분 주말학교로, 그 수업은 대체로 토요일 오전에 3시간 실시된다. 이 가운데 두 시간이 한국어 수업이고, 나머지 한 시간은 한국문화와 관련된 특별활동 시간이다. 학급은 대체로 기초, 초급, 중급, 고급의 네 반으로 편성되어 있고, 1년은 4학기, 한 학기는 12주로 구분하였다. 학생의 구성 비율은 유치원을 포함한 초등학생이 70~80%이고, 나머지가 중고등학생과 성인이다. 최근에는 상급반에 SAT Ⅱ의 시험을 준비하려는 학생이 늘고 있다. 교육방법은 대체로 청각-구두법이다.

1999년의 통계에 의하면 미국에는 한국어를 가르치는 초등학교가 전무한 상태이고, 중고등학교는 34개교인데 학생들의 대부분은 한국계이다(손호민, 1999). 이들 학교 가운데 초기부터 이중언어교육을 실시해 오던 학교들은 한국어와 영어의 이중언어로 수업을 진행하는 프로그램을 채택하여 효과를 거두고 있다(S. Sohn, et al. 1999). 이러한 과도기적 이중언어교육은 이제 차차 한국에 관한 여러 과목을 한국어로 가르치는 정규 한국어교육을 지향하는 경향도 나타나고 있다.

재미동포를 위한 교재는 재미한인학교협의회와 남가주 한국학교연합회, 한국 교육부에서 개발한 것이 대표적인 것이다. 두 연합회에서 교재를 개발하여 한글학교에서 사용하게 된 것은 참으로 다행스러운 일이다. 이는 다른 지역에서 볼 수 없는 현상이다. 그런데 문제는 중·고등학교

학생들에게 어울리는 내용의 마땅한 교재가 별로 없다는 것이다. 한글학교의 교원은 한국 유학생과 관련 교회의 교인, 한국에서 교사 경험이 있는 일반인이 하고 있다. 이들은 대부분 한국어 또는 한국어교육을 전공한 교사가 아니다. 여건이 좋지 않기 때문에 자격을 갖춘 교사를 채용하지 못하는 것이다. 거기에다 한국어 전공 교사를 배출하는 기관도 제대로 갖추어져 있지 못해 더욱 이러한 현상이 빚어지고 있다. 앞에서 언급한 바와 같이 미국에서는 일부 지역에서나마 교사를 양성하며 자급책을 강구하고 있으나 여의치 못한 형편이다.

미국에서의 재외동포 교육에 대한 과제는 SAT Ⅱ에 한국어가 포함되고 있으니 종래와 달리 좀더 우리 동포들이 한국어교육에 관심을 가지고 이를 발전시키는 것이다. 그리고 중·고등학교의 교재를 적극적으로 개발하고, UCLA, Hawaii 대학 등에서 한국어 교사를 양성하도록 하는 것이 무엇보다 필요한 과제라 할 것이다.

4.2. 재중동포의 한국어교육

거류하는 나라가 어떤 언어정책을 쓰느냐에 따라 소수민족의 민족어교육은 천양지판으로 달라진다. 이러한 현상을 단적으로 보여 주는 나라의 하나가 중국이다. 문화혁명 시기의 민족어의 박해는 민족어교육을 천당과 지옥을 넘나들게 하였기 때문이다.

중화인민공화국은 헌법 총규와 제1조에 "각 민족은 모두 자기의 언어 문자를 사용하고 발전시킬 자유가 있다."고 규정하였고, 제121조에서는 "민족자치지방의 자치기관에서 직무를 집행할 때에는 민족자치지방 자치조례의 규정에 따라 본지에서 통용되는 한 가지 또는 몇 개의 언어 문자를 사용한다."고 규정하였다. 그리하여 1985년 10월 "연변조선족 자치주조례"는 "자치주 기관은 직무를 집행할 때 조선어와 조선문, 한어(漢語)와 한어문(漢語文)을 통용하되 조선어와 조선문을 위주로 한다."고 우리 민족어문의 지위를 법적으로 분명히 규정하였다. 그리고 이 조례의 제18조에서 자치기관은 조선족 어린이에게 본 민족 어문에 대한 훈련사업을 중시해야 하며, 주내 조선족 중학교나 소학교의 교수용어는 본 민족의 언어로 해야 하며, 어문 교수에서는 조선어문 교수를 위주로 하고 한어문 교수도 강화해야 한다고 규정하였다. 이렇듯 중국은 언어평등을 인정하며, 민족어를 중시하는 이중언어교육을 실시하고 있다. 그런데 중국의 개혁 개방이 실시되면서 조선족이 도시 및 한국으로 진출하여 집거지역(集居地域)이 축소·상실되게 되었다. 그리하여 조선족 학교가 감소되면서 민족어 및 민족 교육이 위기를 맞고 있다(강위원, 2002).

먼저 2000년의 조선족 각급 학교의 현황을 보면 다음과 같다(김중섭 외, 2001).

구분	소학교	초급중학	고급중학	중등전업 대학	계
학교 수	984	211	3	9	1,207
학생 수	156,865	88,304	4,780(8,781)	5,575	255,524
교직원 수	16,078	9,734	2,541(3,321)	1,009	29,362

* ( ) 안의 숫자는 총 학생 수임

이렇듯 중국에는 많은 조선족 학교가 있다. 그것도 한국 정부로부터 지원도 받지 않는 학교이다. 그러나 이렇게 많은 학교가 있지만 연변과 같은 조선족 집거지역엔 96%의 소학생과 90%의 중학생이 조선족 민족 학교에서 이중언어교육을 받고 있으나, 산거지역(散居地域)이나, 잡거지역(雜居地域)에서는 약 40%의 학생이 한족학교(漢族學校)에 다닌다.

이들 학교에서의 민족어 교육은 소학교에서는 한어에 비해 상대적으로 강조되나, 중·고등학교로 올라가며 이것이 역전된다. 그것은 소학교에서 민족어 교육을 시킨 다음 중고등학교에서 한어교육을 강화함으로 이중언어교육을 시키자는 것이다. 1980년대 이후의 각급 학교의 조선어의 주당 시간을 한어 시간과 대비해 보면 다음과 같다(박태형, 1995).

과목	소학교						초중			고중					총 수업시간
	1	2	3	4	5	6	1	2	3	1	2		3		
조선어	12	8	8	5	5	5	4	4	4	3	文	理	文	理	文 2588
											5	3	5	3	理 2460
한어		5	5	6	6	6	5	5	5	5	文	理	文	理	文 1980
											5	4	5	4	理 1826

이 밖에 민족어 교육 기관으로 한글학교가 있는데 이는 다른 나라와는 달리 그 수가 많지 않다. 그것은 각급 조선족 학교에서 한국어교육을 하고 있기 때문에 다른 지역과는 달리 그 필요성이 절실하지 않기 때문이다. 한글학교는 16개이며, 이 가운데 북경한국어학교(교장 황유복)는 지방에 10개의 분교를 두고 있다. 이들 학교에서는 교재로 고려대학교의 "한국어"를 번역 사용하고 있다.

재중동포의 한국어교육은 다른 지역과는 사정이 많이 다르다. 대부분의 학교는 중국정부에서 개발한 교재를 사용하고, 자격을 갖춘 교사에 의해 정상적인 교육이 꾀해지기 때문이다. 그러나 앞에서 언급한 바와 같이 개혁개방 이후에는 많은 문제가 발생되고 있다. 한국어교육의 중요한 요소의 하나인 각급 학교의 교재는 소학교 12권, 초중 6권, 고중 6권으로 되어 있다. 1993년의 교과서를 보면 소학교와 초중은 단원 체재의 독본식으로 되어 있다. 내용은 통합교재로 구성되어 있다. 초중 교과서에는 책머리에 편찬 목적이 밝혀져 있는데 이를 보면 다음과 같다.

"우리는 이 교과서를 편집할 때 조선민족언어문자를 리해하고 응용하
는 학생들의 능력을 높이고 지능을 발전시키며 동시에 학생들에게 사회
주의 사상품성과 애국주의정신을 키워주는데 그 목적을 두었다."

단원 구성은 "단원학습요점 – 제재1(예습제시 – 본문 – 사고와 련습) – 제재2
– 제재3 – 듣기말하기 훈련1 – 작문훈련1"과 같은 체재로 되어 있다. 사
고를 중시하고 지식을 제공하며, 문제 해결 학습을 하도록 구성하였다.

제재의 내용은 1956년 정풍운동(整風運動) 때까지 전국 통용교과서에서
뽑아 번역한 것이 약 70%였고, 이러한 경향은 그 뒤 증가하였다. 그러
나 1962년 좌적(左的) 경향이 시정되며 민족의 개성과 문화유산들이 폭
넓게 선택되게 되었다(오상순, 1998). 그래서 현재의 교재는 사회주의 색채
가 두드러지지 않은가 하면, 우리 동포의 글이 많이 실려 있다.

교원 양성의 문제도 중국의 경우는 큰 문제가 없는 것 같다. 중학교
교원은 연변대학에서 양성되고 있고, 소학교 교원은 연변 중등사범학교,
요녕성의 청원과 송강성의 조선족 사범학교, 연변 한어사범학교 등 조선
족 사범학교를 위주로 하여 양성되고 있다(오상순, 1998).

중국 거주 재외동포의 한국어교육의 문제점은 한국어교육 자체에 있
다기보다 좀 더 재중동포의 여건에 있다고 하겠다. 그것은 개혁개방 이
후 소위 "조선족 위기설"과 관련된 것이기 때문이다. 인구 분산으로 중
국에 동화되는 속도가 빨라진다는 것, 유능한 교사가 유실된다는 것, 민
족어를 상실한 학생이 증가한다는 것과 같은 것이 그것이다. 이를 해결
하기 위해서는 어떻게 하든지 민족교육의 장을 넓힐 수밖에 없다. 그것
은 조선족 학교가 부족하거나 없는 곳에 사립 한국어 교육기관을 설치
하는 것이고, CD ROM의 개발 및 인터넷에 의한 교육이 원활히 꾀해질
수 있도록 하는 것이다. 이를 위해서는 조선족의 민족적 자각(한글학교 설

립 등)과 조선족 학교 진학 및 한국 정부의 조선족에 대한 민족교육 차원의 배려와 지원이 이루어져야 할 것이다.

그리고 여기에 덧붙일 것은 어문규범에 관한 것이다. 동북3성에서는 맞춤법, 표준어규정 등을 따로 만들어 이에 따른 어문생활(語文生活)을 하고 있다. 이는 북한의 언어규범에 가까운 것이다. 따라서 중국과 일본에서 한국어교육을 할 때는 이러한 점도 심각한 문제가 된다. 현실적으로 중국의 대학에서는 남북 양쪽에 대비하는 교육까지 수행하고 있는 것으로 알려진다. 통일 조국을 위해서 언어규범의 통일을 위한 정책 시행을 서둘러야 할 것이다.

4.3. 재독립국가연합 동포의 한국어교육

옛 소련은 일관된 민족 정책으로 "러시아化"를 추진해 왔다. 그러나 이는 지도자에 따라 외형적으로는 민족문제에 대해 유화정책과 통제정책이라는 차이를 보인다. 언어 문제는 자연 이러한 정책에 따라 영욕을 달리해야 했다. 1920년대의 언어정책은 개별민족어의 사용과 러시아어의 보급이 상보적이었다. 그리하여 1937년 중앙아시아로 이주하기 전에는 가정과 학교 직장 어디서나 민족어가 사용되었다. 그러나 1930년대 중반 이후에는 개별 민족어의 권장이나 공공기관에서의 사용이 엄격히 통제되었다. 1938학년도를 앞두고는 非러시아인 학교들에 러시아어 교육을 집중적으로 강화하는 문제가 제기되고, 아동교육에서 민족교육이 탄압되었다. 옛 소련 거주 고려인은 1937년 연해주에서 중앙아시아로 강제 이주된 뒤 민족학교에서의 한국어교육이 중단되었고, 러시아어 교육으로 개편되었다. 그리하여 1986년 이후의 페레스트로이카에 이르는 약 50년 동안에 재소 고려인의 대부분은 민족어를 상실하게 되었다. 노년층에 의해 한국어의 명맥이 겨우 유지되게 되었다. 이러한 상황은 페레스트로이카 이후 바뀌었다.

외형상 민족어의 발전과 러시아어의 확산이란 전통적인 두 정책은 페레스트로이카에 이르기까지 공존하였다. 그러나 이는 외형만 그러할 뿐, 내면은 앞에서 본 바와 같이 다양한 민족주의와 다양한 언어 현상이 옛 소련 안에 남아 있을 수 없게 하였고, 언어와 민족이 러시아화로 내몰리었다(조정남, 1988).

페레스트로이카 이후 소련은 해체되고 우즈베키스탄 등 공화국들이 독립하는가 하면, 마침내 독립국가연합을 형성하게 되었다. 이들 독립국가연합에 거주하는 동포들은 심각한 언어문제에 봉착하게 되었다. 그것은 거주 공화국의 공식언어를 배워야 하고, 공화국간의 교제언어인 러시아어를 배워야 하며, 여기에 민족어를 배워야 하는 3중 부담을 져야 하기 때문이다. 더구나 도시에서 전문직종에 종사하기 위해서는 공화국의 언어와 러시아어를 배워 이를 능숙하게 구사할 수 있어야 한다. 이는 민족어의 학습을 어렵게 하는 요인이 된다.

그러면 독립국가연합의 한국어교육의 현황은 어떠한가? 2002년 현재 대표적 교육기관의 현황은 다음과 같다(김중섭 외, 2001).

기관	학교 수	교사 수	학생 수
한국교육원	7	84	3,518
한글학교	480	706	21,445
계	487	790	24,963

한국교육원은 러시아의 사할린, 하바로프스키, 블라디보스톡, 로스토프 나 도누와, 우즈베키스탄의 타슈켄트, 카자흐스탄의 알마티, 키르기스스탄의 비쉬켁에 있다. 여기서 쓰이는 대부분의 교재는 국제교육진흥

원에서 개발된 재외동포용 "한국어"이다. 따라서 범용교재이어 이 지역
의 특성에 맞는 교재 개발을 필요로 한다.

한글학교는 위의 도표에 보이는 바와 같이 480개교이다. 이들의 분포
와 학생 수는 다음과 같다.

	모스크바	사할린	하바로프	알마티	타슈켄트	비쉬켁	블라디	로스토프
학교 수	7	28	30	159	147	62	23	23
학생 수	232	1964	1048	4923	9744	1487	1140	907
교사 수	25	41	53	219	180	89	70	29

옛 소련에서는 오늘날 한글학교를 찾는 학습자가 증가 추세를 보이는
가 하면 학교 수도 증가하고 있다. 따라서 한국어를 모르는 동포가 대다
수였는데, 이러한 현상은 머지 않아 사라질 것으로 기대된다. 한글학교
의 교재도 대부분 국제교육진흥원의 "한국어" 1-4가 사용되고 있다. 이
는 러시아판이 있으므로 다른 교재에 비해 편리할 것이나, 앞에서 언급
하였듯 범용교재의 번역본이라는 단점이 있다.

옛 소련에서는 교사의 자질과 부족한 교사가 문제가 된다. 이는 연해
주에 있던 국제고려사범대학과 소왕령사범학교가 강제 이주 후 없어졌
고, 한국어교육이 금지된 때문이다. 교사의 자질에 대한 한 조사보고는
능력 있는 교사가 극소수이고 대부분의 교사가 보조교사 수준이라 지적
하고 있다. 이는 교사들의 한국어능력시험 결과를 볼 때 이해된다(심영섭,
2002). 이러한 현상은 하루빨리 지양되어야 할 것이다. "현지 한국어 교
사 능력 현황"을 보면 다음과 같다.

	알마타권	동부권	서부권	남부권	북부권	중부권	계
학교 수	68	23	8	37	7	18	161
무급	1	3	2	9	·	5	20
1급	7	14	2	11	1	5	40
2급	9	2	1	6	2	2	22
3급 이상	11	1	·	·	·	·	12
현지교사 수	28	20	5	26	3	12	95
한국인교사 수	53	6	2	16	3	4	84

그리고 여기 덧붙일 것은 중·고등학교 과정의 한국어교육 현황이다. 재외동포를 위한 중등학교는 따로 없다고 할 수 있다. 중등학교의 한국어교육은 구소련의 정규학교의 커리큘럼에 한국어 및 한국문화를 추가하거나, 한국어반을 개설한 경우가 고작이었다. 쉬콜라의 대표적 한국어 학교로는 모스크바 제1086 한민족학교와 유즈노사할린스크 제9학교(동양어문학교)를 들 수 있다. 특히 제1086학교는 민족교육을 하는 학교로 잘 알려져 있다. 이 학교는 한국어 교사가 9명, 학생이 약 800명으로, 이들 학생의 45%가 우리 동포이다. 이 학교는 기숙학교 방식으로 운영함으로 한국어교육을 강화하는가 하면, 자연스럽게 친교를 통해 학습 효과를 올리도록 하고 있다. 교재는 국제교육진흥원의 "한국어"(전4권) 등을 사용하고 있다. 교사는 주로 고려인 3, 4세이며 이들의 한국어 사용 수준은 아주 낮은 것으로 알려진다. 제9학교는 조선족 밀집지역의 학교로, 교사 6명, 학생수 900여명인데 과반수가 고려인 3, 4세대이다. 교재는 한국의 초등학교 "국어"(1-1~4-1)를 사용하고 있다. 이 밖에 한국어반을 개설한 8개의 쉬콜라가 있다. 이들은 대부분 국제교육진흥원의 "한국어"를 교재로 사용한다.

이상 옛 소련의 한국어교육의 현황을 살펴보았거니와, 옛 소련에서는 특히 한국어 교사의 질이 문제가 된다. 교재는 국제교육진흥원의 "한국어"와 한국 초등학교의 교과서 "국어"가 쓰이고 있다. 일시 체류자가 아닌 재외동포에게 한국의 "국어" 교재를 사용하는 것은 문제다. 교사와 교재의 문제가 시급히 해결되어야 하겠다. 제1086학교와 같은 기숙학교 제도는, 가능하다면 산거하고 있는 재외동포를 위해 도입을 권할 만한 제도라 하겠다.

4.4. 재일동포의 한국어교육

일본의 재일동포에 대한 정책의 근간은 탄압정책과 동화정책이라 할 수 있다. 교육정책도 마찬가지다. 일본 당국은 해방직후 1948년과 1949년의 두번에 걸쳐 한민족의 민족 교육을 탄압하였다. 1948년 1월에는 문부성이 "조선인학교의 취급에 대하여"란 통달에 의해 자주적인 민족교육의 권리를 부인하고, 민족학교를 폐쇄하려하였다. 이때 재일동포들은 완강히 반대하여 투쟁하였는데, 이것이 유명한 "4·24 한신교육투쟁사건(阪神教育闘争事件)"이다. 그리고 1949년 10월에는 "조선인학교조치요강"이란 통달로, 재일동포 학교에 대해 "학교 폐쇄령"과 "개조령"을 내려 전대미문의 탄압을 가하였다. 그리하여 많은 학교가 강제 폐쇄되었다. 이때 많은 학생이 일본 학교로 전학을 하여 동화교육을 받게 되었다. 또한 1965년 12월의 문부성 차관의 통달은 재일동포의 민족학교를 규제하면서 이들 청소년을 일본학교에 취학시키려는 의도가 담긴 것이었다. 이는 "외국인학교법안"으로 입법화하려 하였으나, 재일동포의 반대에 부딪쳐 좌절되었다. 이러한 재일동포의 꾸준한 교육운동에 의해 민족학교들은 각종학교라는 법적인가를 받게 되었다. 그리고 1970년 이후 광범위한 민족차별 철폐운동과 민족교육에 대한 관심의 고조로 자주적인 민족학급, 즉 "민족 클럽"이 개설되게 되었다. 그리고 2002년부터 한국어가 일본의 대학시험인 센터시험에 채택되게 되었다. 이는 한국어교육에 긍정적 영향을 미치게 될 것으로 보인다. 그러나 대부분의 재일동포 자녀가 일본학교의 교육을 받고 있으며, 귀화, 결혼 등에 의해 점점 일본에 동화되어 가고 있는 것이 현실이다.

재일동포 가운데 현재 한국 국적을 가진 동포는 전체의 80%, 북한 국적을 가진 동포는 20% 정도이다. 1955년 총련이 결성될 당시에 총련계 46만7천, 민단계 7만 7천이었던 것과는 다른 모습이다. 최근에 북한 국적을 포기하고 한국 국적을 취득하고 있기 때문이다. 최근의 총련계 동포 수는 13-14만에 불과한 것으로 알려진다(조정남, 2002).

그러면 재일동포의 교육현황은 어떠한가? 재일동포의 교육은 일본 공립 또는 이에 준하는 학교교육과, 민단계 학교와 총련계 학교라는 두 민족학교에 의해 행해지고 있다. 1985년의 통계에 의하면 취학 상황이 민단계 학교 1%, 총련계 학교 13%, 일본 공·사립학교 86%로 나타난다. 민단계와 총련계의 대표적인 교육기관의 현황은 다음과 같다.

	소학교	중학교	고등학교	대학교	한글학교
민단계	3	4	4		117
총련계	80	57	12	1	

* 총련계 자료는 김덕룡(2004)의 2003학년도 자료임

이 밖에 위에서 언급한 "민족학급"이란 또 하나의 교육기관이 있다. 이는 1948년의 "阪神教育鬪爭" 이후 조인된 각서에 따라 "조선인 아동·생도가 재학하는 大阪府下 공립 소·중학교"에서 과외시간에 "조선어·조선의 역사, 문학, 문화" 등에 대하여 수업을 할 수 있다는 조항에 따라 설치된 것이다. 1991년 한일 외상(外相)간에 서명 교환된 "재일 한

국인의 법적 지위와 대우에 관한 각서"에서도 "금후에도 지장 없이 실시되도록 일본국 정부로서 배려한다"고 하여 과외로서 민족 교육을 인정하였다. 총련 쪽에서도 민족학급을 운영하고 있다. 이는 大阪, 京都 등 동포들이 많이 거주하는 지역에서 운영되고 있다(김홍규, 1993).

그러면 각급 학교의 한국어(국어) 시간의 배정은 어떠한가? 우선 제1조 학교인 백두, 금강학원의 경우는 일본의 정규 교육과정 외에 부과되는 것으로 주당 시간은 다음과 같다.

학교	소학교						중학교			고등학교		
학년	1	2	3	4	5	6	1	2	3	1	2	3
국어(금강)	4	4	4	4	4	4	3	3	3	3	3	3
국어(백두)	4	4	4	4	3	3	3	3	3	3	3	3

이에 대해 총련계 학교는 소위 "자주학교"로, 1993년 개편된 교육과정을 기본으로 하고 있다(조정남 외, 2002). 그러나 이러한 도표와는 달리 김덕룡(2004)에 의하면 2003학년도 수업 시간은 대체로 이보다 1시간씩 적은 것으로 되어 있다.

	초급						중급			고급						
										1	2	3				
	1	2	3	4	5	6	1	2	3	보통	문과	자연	문과	자연	문과	자연
													(1~2학기)		(3학기)	
국어	10	9	8	8	7	7	5	5	5	5	5	5	5	4	4	3
일어	4	5	5	5	5	5	5	4	4	4	4	3	4	3	4	2

총련계의 재일 조선인의 교육목표는 "모든 재일동포 자녀가 민족적 주체를 갖고 '지·덕·몸'을 두루 갖춘 조선인으로서 자신의 조국과 민

족에 기여할 수 있는 인재를 양성한다"에 두고 있다(조선대학교 민족교육연구소, 1987). 한국어교육은 주체적 "국어"교육으로서 꾀해진다. 그리하여 표에 보이는 바와 같이 많은 시간을 할애하고 있다. 이는 일본어와 비교할 때 민족교육이 얼마나 강조되고 있는지 알 수 있다.

재일동포의 교육에서 문제가 되는 것은 다른 나라의 경우와 마찬가지로 교재와 교사이다. 금강학원, 백두학원, 동경한국학교, 경도한국학교 등 민단계 학교에서는 본국 교과서와 국제교육원에서 발행한 일본지역 재외국민용 교재 "한국어"를 사용하고 있다. 본국 교과서는 일시 체류인에게 국내 연계교육을 하기 위해서는 필요하나, 영주자에게는 어울리는 것이 못 된다. 일본 현실에 맞는 교재 개발을 해야 한다. 그리고 교사는 모국어와 일본어를 능숙하게 구사할 수 있는 자격증을 가진 교사를 구하기가 용이하지 않다는 것이 문제다. 특히 민족학교의 경우 이 교재와 교사의 문제가 심각하다. 1991년의 각서에 의해 공립학교 교원으로 채용되는 길이 열려 일반교원 채용시험 수험이 인정되게 된 것은 다행스러운 일이다. 1991년의 각서에 이어 일본 당국은 일본 국적을 가지지 않은 사람에게도 수험을 거쳐 상근강사로 채용될 수 있게도 했다. 그러나 공·사립학교에서 민족교육이 과외로만 제한되게 된 것은 앞으로 해결해야 할 정책적 과제이다. 이는 이중언어 교육으로 확대 발전되어야 할 것이다.

총련계의 한국어교육은 민단계와 성격을 달리하는 것이다. 이들도 이중언어 교육으로서 실시하는 것이나, 이들은 한국어교육을 재외동포의 민족어 교육 아닌, 국어교육으로서 실시하고 있다는 것이 다른 점이다. 따라서 재일동포의 교육을 논의할 때는 이러한 차이점이 분명히 의식되어야 한다.

또 하나 일본의 한국어교육의 특색은 민단계와 총련계가 다른 언어

규범을 준거로 한다는 것이다. 민단계는 한국의 규범을, 총련계는 북한의 규범을 따른다. 이러한 차이가 앞에서 언급한 두 종류의 한국어 능력시험을 일본에서 치르게 한 것이다. 이는 민족적 비극이 아닐 수 없다. 남북의 언어규범이 통일되고, 나아가 재외동포의 언어규범이 통일됨으로 동일한 규범에 의한 교육이 꾀해지도록 하여야 할 것이다.

이상 재일동포의 한국어교육의 현황을 살펴보았다. 일본의 경우도 다른 나라에서와 마찬가지로 교재와 교사의 부족이 문제이다. 교사의 문제는 민족학교의 경우 심각하다. 다행한 것은 민단계나 총련계의 모든 학교는 한국어 시간을 많이 배정하고 있다는 것이다. 그러나 민단계와 총련계가 언어규범을 달리한다는 것은 문제이다. 이는 하루 속히 통일해야 할 과제이다. 총련계가 한국어교육의 목표를 국어교육 목표로 설정한 것은 재일동포를 재외국민으로 보기 때문이다. 다만 이들도 민족교육과 함께 일본에서의 생활능력을 기른다는 실용주의적 목적, 세계를 이해하고 친선우호관계를 유지할 수 있는 인재 육성을 인정하고 있어 동일한 교육목표를 지향할 수 있는 가능성은 지니고 있다 하겠다.

5. 한국어교육의 개선 방안

한국어교육의 현황을 재외동포 교육을 중심으로 살펴보았다. 재외동포의 한국어교육은 그간 많은 발전을 거쳐 오늘에 이르렀다. 그러나 앞에서 살펴본 바와 같이 많은 과제를 안고 있는 것이 사실이다. 그렇다면 이러한 과제를 해결하고 극복할 개선 방안은 무엇인가? 이는 거주국의 상황에 따라 그 처방을 달리해야 할 것이다. 여기서는 이러한 문제를 고려하며 포괄적 개선 방안을 모색해 보기로 한다.

첫째, 민족어 교육의 목표를 분명히 한다.

한국의 재외동포 교육의 목표는 모국이해교육, 현지적응교육, 국내연계교육의 세 가지로 되어 있다. 이를 통해 "안정적인 현지 정착과 정체성 유지·신장"을 하며, 나아가 "세계 속에서 자긍심 높은 한민족상의 구현"을 하자는 것이다. 이러한 정책은 바람직한 것이다. 오늘날은 국제화시대요, 세계화시대이다. 따라서 민족교육도 폐쇄적, 배타적인 것이 아닌 현지사회에 기여하는 개방적, 포용적 민족교육이 돼야 한다. 민족어 교육도 배타적이 아닌, 이중언어 교육으로서 꾀하는 것이 바람직하다. 그래야 현지사회와 조화를 이루고, 함께 다채로운 문화를 발전시키며 살 수 있다. 그렇지 않으면 민족분파주의로 오해를 받아 대립과 분쟁이 빚어지고, 불화하게 된다. 민족어 교육은 획일적으로 꾀할 것이 아니요, 거주국의 언어정책을 고려하여 조화롭게 수행해야 한다. 그리고 여기 덧붙일 것은 일본의 경우 같은 동포임에도 민단계와 총련계의 교육목표가 같지 않다는 것이다. 따라서 재일동포 교육에서는 이러한 특수성을 인식하고 목표를 바로 세워 교육을 하도록 하여야 한다.

둘째, 정책적 지원이 있어야 한다.

민족어 교육은 모국과 거주국에 다 같이 기여하는 것이 되어야 한다. 이런 의미에서 정책적 조율과 지원이 필요하다. 예를 들어 탄압과 동화를 강요받는 재일동포를 위해 이중언어 교육을 주선하는 것과 같은 것이 그것이다. 한국어가 정규 교과과정에 삽입되고, 제2외국어로 선택되게 함으로 재외동포가 보다 많은 학습기회를 갖게 하는 것, 한글학교의 한국어 학습을 이중언어 교육으로 인정받게 하는 것, 일반 학교에 필요한 민족학급을 부설하는 것도 정책적으로 배려하여야 할 사업이다. 한국학교, 한국교육원의 확충도 하여야 한다. 열악한 한글학교 등의 물질적 지원도 꾀해져야 한다. 민족어 교육을 강 건너 불로 바라볼 것이 아니라,

동화교육 아닌, 이중언어 교육을 꾀함으로 상호간에 혜택을 받는 방향으로 한국 정부나 재외동포는 거주국과 부단한 정책적 조율을 하여야 한다. 그리고 뿌리를 찾는 민족 교육의 차원에서 지원해야 한다.

셋째, 현지에 어울리는 교재를 개발한다.

재외동포들의 교육에서 가장 문제가 되는 것 가운데 하나가 교재가 부족한 것이다. 학습자에게 어울리는 교재는 거의 엄두도 못 낼 실정이다. 교육효과를 제대로 거두기 위해서는 언어권에 따라 거주국에 어울리는 교재, 학습자에게 어울리는 교재를 개발하여 학습에 활용하도록 해야 한다. 이는 대조언어학적인 연구 성과를 바탕으로 한, 범용 교재 아닌 개별언어에 따른 교재 개발을 하여야 함을 의미한다. 언어간섭을 줄이고 효과적인 학습을 하기 위해서다. 내용면에서는 사회 문화적인 것이 고려되어야 한다. 민족문화만을 지나치게 강조해서도 곤란하다. 이러한 교재는 한국어교육 전문가와 현지의 연구자가 공동으로 다양한 것을 개발하도록 해야 한다. 교재 개발을 위해서는 국가적 투자가 따라야 한다.

넷째, 한국어교육 요원을 적극 양성한다.

한국어교육에서 교재와 함께 가장 문제가 되는 것이 교사다. 그것은 자격을 갖춘 교사가 거의 없다고 할 정도로 부족하기 때문이다. 그것도 그럴 것이 한국에는 교사를 양성할 수 있는 법의 뒷받침이 없어 교사 양성을 제대로 할 수 없다. 따라서 빨리 한국어교사를 양성할 수 있는 법적 뒷받침, 자격을 갖출 수 있는 법적 뒷받침을 마련해야 한다. 곧 한국어 교사 양성에 관한 법을 제정하고, 이에 따라 필요한 유능한 교사를 양성해야 한다. 그래서 세계 도처에서 찾고 있는 유능한 한국어 교사를 공급할 수 있도록 해야 한다. 한국어 교사 자격시험도 치러 자원 인사를 확보하도록 하여야 한다.

다섯째, 한국어 학습에 대한 유인책을 마련한다.

해외에서 영주하는 동포의 경우는 민족교육, 또는 민족어 교육의 필요성을 실감하지 못할 수도 있다. 이럴 경우 한국어교육의 유인책을 마련하여 한국어 학습을 하도록 하여야 한다. 이는 진학(SAT Ⅱ, 센터시험 등), 취업과 같은 실리적인 면에서의 유인책을 마련할 수도 있고, 주류사회의 주변인으로서 소외를 받는 것이 아니라, 한민족으로서의 정체성을 찾아 떳떳하게 살게 하는 정신적인 면에서의 유인책을 마련할 수도 있다. 이러한 유인책은 거주국의 실상을 바탕으로 마련할 때 효과를 거두게 된다.

여섯째, 원격교육의 방법을 최대한 활용하도록 한다.

재외동포가 집거(集居)하는 경우는 가까운 교육 기관에 가서 한국어교육을 받을 수 있다. 그리고 각급 학교의 학생은 또 학교에서 일정한 시간에 교육을 받을 수 있다. 그러나 이와 달리 산재지역, 교육기관이 먼 경우나, 일정한 시간을 내기 어려운 경우는 특정 교육기관에 가서 학습을 하기 곤란하다. 재외동포 가운데는 이러한 사람이 많다고 보아야 한다. 따라서 이런 재외동포들을 위해서는 원격교육을 받거나, 자학자습을 할 수 있도록 해야 한다. 그러기 위해서는 **CD ROM**의 개발이나, 인터넷, 웹에 의한 교육 등이 확충되어야 한다. 멀티미디어에 의한 교육이 꾀해져야 한다. 이를 위해서는 양질의, 다양한 인터넷, 웹 등의 교재가 개발되어 학습자가 선택적으로 활용할 수 있게 하여야 한다.

일곱째, 언어규범을 통일하여야 한다.

언어는 하나의 사회적 계약이다. 이 계약이 여러 가지로 되어 혼란이 빚어져서는 곤란하다. 그런데 불행히도 한국어의 규범은 서로 다른 것이 세 가지나 있다. 남북한의 언어규범이 각각 제정되어 있고, 여기에 중국 조선족의 언어규범이 따로 마련되어 있는 것이다. 이렇게 되면 어떤 언어규범에 따른 한국어교육을 받느냐에 따라 차이가 나는가 하면, 의사소통이 제대로 되지 않아 오해가 빚어질 수도 있다. 따라서 효과적인 언어

소통이란 언어의 기능을 최대한 발휘할 수 있도록 한국어의 언어규범을 통일해야 한다. 그렇지 않으면 한국어 능력시험도 사실상 문제가 된다. 언어규범의 통일은 관련국의 한국어학자, 언어교육학자들의 논의를 거쳐 정책적으로 결정해야 한다. 이는 통일조국을 위해서도 서둘러야 할 사업이다.

여덟째, 기숙사 시설을 마련한다.

재외동포의 산재지역에서는 원격교육과 함께 통학의 어려움을 고려하여 기숙사 제도를 활용할 수도 있다. 이렇게 함으로 한국어교육을 강화할 수 있을 것이다. 이는 모스크바의 제1086학교에서 이미 시행되고 있는 것이기도 하다. 이러한 제도는 재외동포나, 한국 정부의 지원이 있을 때 정체성을 확인할 수 있고, 민족의 동질성을 느껴 보다 자랑스러운 한인(韓人)으로 성장할 수 있게 할 것이다. 재외동포는 우리의 자산이다. 정부는 이들에 대한 투자에 인색해서는 안 된다.

참고문헌

강위원(2002), 조선족의 오늘, 도서출판 신유.

김중섭 외(2001), 러시아 및 중국 지역 한국어교육 실태조사 및 지원방안 연구, 교육인적자원부.

남일성 외(1995), 중국조선어문교육사, 동북조선민족교육출판사.

박갑수(1997), 한국어교육개론, 서울대학교 한국어교육 지도자과정.

박갑수(1998), 한국어교육 논고, 서울대학교 한국어교육 지도자과정.

조정남 외(2002), 북한의 재외동포 정책, 집문당.

김덕룡(2004), 재일 조선학교의 발걸음과 미래에의 제안, 세계, 3-4월호.

김송이(1993), 재일 자녀를 위한 총련의 민족교육 현장에서, 이중언어학회지, 제10호, 이중언어학회.

김왕복(2003), 재미동포 교육현황 및 향후 과제, 한인교육연구, 제14권 1호, 재미 한인학교 연합회.

김홍규(1993), 재일동포들의 민족교육에 대하여, 이중언어학회지, 제10호, 이중언어학회.

박갑수(1991), 재외동포의 한국어교육, 국어과 교육학의 이론과 방법론 연구, 교학사.

박갑수(2002), 한국어교육의 현황과 과제, 중국에서의 한국어교육 III, 연변과학기술대학 한국학연구소

박갑수(2003), 중국 조선족의 민족어 교육과 21세기, 외국인을 위한 한국어교육연구, 제6집, 서울대학교 사범대학 외국인을 위한 한국어교육 지도자과정.

박태형(1995), 중국 조선족 학교에서의 이중언어교육, 이중언어와 해외 한국어교육, 제12호, 이중언어학회.

손호민(1999), 미국에서의 한국어 교육 방법, 국어교육연구, 제6집, 서울대학교 국어교육연구소

심영섭(2002), 중앙아시아 한국어교육의 현황과 과제, 효과적인 한국어 보급과 지원체제의 활성화 방안, 한국어 세계화 추진위원회.

엄 넬리(2002), 러시아 속의 한민족 교육, 새 시대를 여는 교사, 재미 한인학교 협의회.

오상순(1998), 중국의 한글학교 교육현황, 해외 한민족과 차세대, 계명대학교 아카데미아 코리아나.

이광호(1998), Korean Heritage School Abroad, 해외 한민족과 차세대, 계명대학교 아카데미아 코리아나.

최은수(1999), 한국 재외국민교육정책에 관한 고찰, 해외한민족과 차세대, 계명대학교 아카데미아 코리아나.

한재영(2002), 한국어 교육총서 2 "한국어 교수법" 개발 최종 보고서, 문화관광부·한국어세계화재단.

■ 이 글은 재외동포교육진흥재단의 "2003 한국학 국제학술대회(2003년 7월 29일~ 8월 1일, 서울신라호텔)"에서 발표한 주제논문으로, "재외동포의 정체성 확립과 교육의 방향"(pp.23~ 45)에 수록된 것이다.

제2부

재외동포 민족교육의
실상과 과제

제1장 재중동포의 교육기관과 민족교육

1. 서언

중국에는 우리 동포가 약 180만 살고 있다. 이들은 주로 길림성(吉林省) 연변조선족자치주, 흑룡강성(黑龍江省) 목단강지구, 요녕성(遼寧省) 단동지 구, 길림성 장백산조선족자치현과 길림지구에 분포되어 있다. 1982년 통 계에 의하면 이들 지역의 동포 수는 다음과 같다.

길림성	110만 3,402명
흑룡강성	43만 1,140명
요녕성	19만 8,397명

이 밖에 몽골자치지구에 1만7,564명이 살고 있으며, 나머지는 하북성 에 1,759명, 북경(北京)에 3,909명, 천진(天津)에 828명, 상해(上海)에 461명 이 흩어져 살고 있다(김상원, 1990).

역사적으로 볼 때 중국의 "조선족(朝鮮族)"은 명말(明末) 청초(淸初)에 일 부가 중국의 동북경내에 이주해 살고 있었으나, 대량으로 동북 변경에 이주해 간 것은 19세기 이후인 것으로 알려진다.

청조(淸朝)는 만주, 특히 연변(延邊) 지역을 선조 발상의 신성한 땅이라 하여 "봉금령(封禁令)"을 내려 한족(漢族)이나 그 밖의 비만주족이 이 지역에 들어와 사는 것을 엄금하였다. 이러한 봉금령은 1885년 폐지되었고, 조선족이 연변과 동변도지구에 거주하는 것이 허용되었다. 그 뒤 우리 동포가 이 지역에 몰려들었다. 그것은 첫째 경제적 핍박에서 벗어나 살 곳을 찾아 나선 것이었고, 둘째 항일지사와 반일(反日) 인사들이 망명해 간 것이었으며, 셋째 일본의 식민지 야망에 따라 조선 농민들이 강제로 이주해 간 것이었다. 이 때 만주의 조선인 증가 추세를 보면 다음과 같다(이채진, 1888 : 20).

1881년	10,000명	1915년	282,070명
1930년	607,119명	1940년	1,145,018명
1943년	1,414.44명		

해방 후의 통계를 보면 1964년 133만9,569명, 1982년 176만 3,870명으로 되었다. 오늘날 조선족은 중국에서 11번째로 인구가 많은 소수민족이 되었다. 그러면 이러한 재중동포의 교육은 어떻게 꾀해지는가?

우리 민족은 "돈 모아 줄 생각 말고 자식 글 가르쳐라", "황금 천 냥이 자식 교육만 못하다"고 교육을 중시하는 민족이다. 따라서 중국에 이주 정착하자 교육을 우선 생각하고, 사숙(私塾), 서당(書堂)을 마련하는가 하면 학교를 세웠다. 이러한 현상은 재일동포의 경우와는 다른 점이다. 이 글은 "중국에서의 한국어교육 연구"의 일부로 한국어 교육기관을 살피게 되어 있어, 이들 학교의 운영을 역사적으로 살핌으로 재중동포의 교육 현실을 고찰하기로 한다.

중국에 있어서 조선족의 교육은 크게 중공(中共) 건국 전후를 2단계로 나누어 살펴볼 수 있다. 전기는 수난 속에 나를 지키려는 시기였으며, 후기는 부단한 민족교육을 추구한 시기였다. 이에 근본적으로 우리 동포의 교육은 모국어 교육을 바탕에 깔고 있었다. 따라서 이러한 교육기관에 대한 고찰은 그대로 한국어 교육기관에 대한 고찰이 된다고 하여도 과언이 아니다. 다음에 이러한 교육기관을 중공(中共) 건국 전후기로 대별하여 살펴보기로 한다.

2. 중공 건국 이전의 교육기관

1949년 10월 중화인민공화국이 건설되기 이전의 교육기관은 세단계로 나누어 살펴볼 수 있다.

첫째, 조선족의 초기 이주에서 1931년 9·18사변(만주사변)까지의 시기

둘째, 9·18사변 이후 1945년 해방까지의 시기

셋째, 해방 이후 1949년 중공(중화인민공화국) 건국까지의 시기

그러면 이들 세 시기의 재중동포의 교육기관을 살펴보기로 한다.

2.1. 1931년 9·18사변까지의 교육기관

우리 동포들이 모여 사는 곳에서는 생계 다음에 제기되는 것이 자녀 교육문제였다. 그리하여 중국 동북지방에 이주해 온 우리 동포도 1885년 "봉금령"이 폐지되어 이곳에 정착하게 되자 사숙과 서당을 운영하기 시작하였다(전병선, 1990에서는 1983년부터 서당이 세워진 것으로 본다). 이들은 초등 교육기관으로, 조선어문, 천자문, 4서5경 등을 교육내용으로 하였다.

그 뒤 근대문화의 유입과 조선의 애국, 문화 계몽운동의 영향으로 우리 동포들은 신학문을 중시하고, 반일(反日)을 교육 목적으로 하는 근대적 학교를 설립하였다.

1906년 이상설(李相卨)과 그의 동지들은 용정(龍井)에 첫 근대학교인 "서전서숙(瑞甸書塾)"을 창립하였다. 이어 용정에 "광동서당"이 세워졌고, 1910년을 전후하여 "창동강습소, 명동강습소, 정동강습소, 광성강습소" 등이 창립되었다. 한일병합 이후에는 반일 애국지사와 지식인이 압록강과 두만강을 건너 동북지방 조선족 집거지역에 들어와 학교를 설립, 청소년들에게 반일교육을 시행하였다. 이 후 조선족의 교육사업은 신속한 발전을 가져왔다.

1912년 이후 연변 각 지방에서는 각종 학교를 경영하기 시작하였는데, 상기한 4개 강습소를 중학교로 발전시킨 외에 화룡현에 호천포, 이도구, 용정현의 덕신, 장도, 중평과 용정 등지에 중학교를 세웠다. 불완전한 것이기는 하나 1916년 통계에 의하면 연변지방의 조선족 학교는 158개소가 있었으며, 학생 수는 3,879명이었다.

1910년을 전후하여 요녕, 흑룡강, 통화, 길림 등지의 조선족 교육도 새로운 발전을 하였다. 민족주의자들은 1908년 유화현 삼원포에 신흥중학교를 설립한 뒤, 통화현의 반랍배 투도구, 신민현의 왕청문 홍묘자와, 안동, 집안, 관전, 임강, 장백 등지에 신식학교를 세웠다. 이 시기에 북만의 동녕, 영안, 밀산 등지에도 22개소의 학교가 세워졌다.

그때 문화교육의 영향 아래 남녀평등이 되었으며, 1910년 이후 여성교육도 뚜렷한 발전을 하게 되었다. 화룡현 명동여학교, 연길현 신명여학교, 한성여학교, 용정 상정여학교, 연길시의 길신여학교 등 많은 여학교가 설립되었다. 당시 여학생 수는 연변 학생의 5%를 차지했다. 1916년 12월의 일제조사에 의하면 전 동북의 사립학교는 239개, 연변은 156

개였던 것으로 나타난다.

1920년에는 일제가 "경신년 대토벌"을 자행하였고, 이때 동북 각 지방에 있는 조선족 학교를 마구 불태웠다. 이는 일제에 대한 반항심을 불러일으켰다. 자산계급 민족주의자들은 "교육구국론"을 제창하며 각 지방에 소학교를 운영하는 외에, 용정에는 동흥, 영신, 대성 등 중학교를 새로 설립하였다. 대립자 이도구 및 연길 등지에도 중학교가 세워졌다.

그리고 종교계의 반일지사들도 용정의 은진, 명신 등의 중학교를 세웠으며, 공산주의 사상을 가진 지식인들도 1923년 용정 등지에 동양학원, 1924년 노동학원 등을 설립하였다. 이때 남만 북만의 민족주의 단체 및 종교인사도 학교를 세웠다. 화전의 화전의숙, 신민의 화흥중학, 남한학원, 통화의 양진학교 등이 세워져 많은 반일지사가 양성되었다.

이렇듯 이 시기의 조선족의 교육사업은 활발히 전개되었다. 1931년 통계에 의하면 반일지사 및 민중이 경영하는 동북 각지의 학교는 280개로, 학생 수가 7,070여 명이었으며, 종교계 학교는 108개로, 학생이 6,433명이었다. 따라서 이들을 합하면 388개교, 13,503명의 학생이 있었던 것이 된다.

그리고 여기 덧붙일 것은 이때 조선족이 설립한 학교 외에 일본 침략자들이 설립한 학교와 청조(淸朝)의 지방관서에서 설립한 학교 및 서구 열강들의 천주교와 개신교에서 설립한 학교가 있었다는 것이다. 일제는 간도중앙학교 등 친일학교를 세웠고, 40여개의 보조(補助)학교를 세워 민족의식과 반일사상을 말살하려 하였다. 이러한 "문화통치"로 조선족 학교는 유지하기 어려워 문을 닫게 되었고, 친일진지가 확대되었다. 그리고 청조(淸朝)도 근대학교를 꾸려 조선족을 유치하였고, 1924년부터 봉천(奉天) 군벌 당국이 일제의 사주 하에 "교육권을 회수한다"는 미명 아래 조선족 교육에 대해 "제한하고 문을 닫는" 정책을 폈다. 이로 인해 남만

각지의 조선족 학교가 핍박을 당하고 문을 닫게 되었다. 이때의 조선족 학교와 학생 수는 다음과 같다(이채진, 1988 : 37).

	학교 수	학생 수	교사 수
남만주 철도회사가 관리하는 초등학교	7	1,798	49
서울의 조선총독부가 직접 관리하는 학교	5	2,312	46
서울의 조선총독부가 보조금을 내는 학교	54	4,123	154
종교단체가 경영하는 교구학교	108	6,432	259
반일단체가 경영하는 사립학교	34	?	?
순수한 조선인 단체가 경영하는 사립학교	246	7,070	373
중국 당국이 설립한 학교	167	7,529	379

이상 9·18사변(만주사변) 이전의 조선족의 교육기관을 중심한 민족교육을 살펴보았거니와, 이 시기의 교육은 1906년까지 봉건 윤리도덕을 강조하였고, 1919년 5·4운동 때까지는 신교육으로 교체하였으며, 9·18사변까지는 마르크스－레닌주의와 신문화를 가르치는 것이었다. 이 시기의 모국어 교육은 서당 교육 이래 줄곧 꾀해졌다. 우리 동포의 사립학교는 말할 것도 없고, 중국 지방정부에서 운영하는 학교 및 일제가 운영하는 학교까지 모두 국어(조선어), 한문(한어)을 정식 학과로 배정하여 교육하였다. 1915년의 "획일간민교육판법", 1930년의 "연변간민 교육변통판법" 등에는 명문으로 조선어를 학과목에 배정하고, 교수 시간을 정해 놓았다.

2.2. 9·18사변에서 해방까지의 교육기관

1931년 9월 18일 일제(日帝)가 심양(瀋陽)을 습격하고 북대영(北大營)을 점거함으로, 중국의 동북지방은 일제의 손아귀에 들어가게 되었다. 이로 말미암아 조선족의 교육은 이를 파괴하려는 일제의 노예교육과의 투쟁 속에 진행되게 되었다.

일제는 황민화(皇民化), 직업화, 군사화의 교육을 실시하였다. 이는 민족의식을 말살하고 반일 투지를 마비시키며, 조선족을 황국신민화 하려는 것이었다. 그리하여 이들은 민족의 역사와 어문을 가르치지 못하게 하고, 민족어를 사용하지 못하게 하였으며, 일본어의 학습과 사용을 강요하였다.

1932년 만주국이 세워진 뒤 일제의 통치구에 속해 있던 조선족 학교는 조선총독부의 관할 하에 들어갔고, 반일 경향을 지니는 학교를 운영하지 못하게 하였다. 그리하여 1932년의 통계에 의하면 이때 조선족의 사립학교 109개 가운데 77개가 폐교되었다.

1937년에는 소위 신학제가 공포되었고, 이에 따라 새 교과서가 편찬되었다. 이때의 교과서는 민족사상 의식과 조국 관념을 타파하고 친일정서를 조장하는 것이었다. 일어(日語)가 국어가 되고 조선어문은 폐기되었다. 그리하여 학교에서는 조선어 사용이 금지되고, 수업은 일어만으로 실시되었다. 이러한 식민지 정책의 결과 많은 학생이 조선인 학교를 떠나 일본이 후원하는 학교로 옮겨가게 되었다. 그러나 한편 뜻있는 조선인들은 일제의 노예화 교육에 반대하여 완강히 투쟁하였다. 용정의 대성중, 동흥중, 은진중, 광명중 등의 진보적 교원과 학생은 공개적으로, 또는 비밀리에 조선어와 민족의 역사를 강의, 학습했으며, 동흥학교는 동맹휴학을 하였고, 훈춘의 국민고등학교는 "조선문예보급회"를 발기, 활동을 전개하다가 체포·투옥 희생되기까지 하였다. 대성중학은 반일투쟁과 사회주의 활동의 본거지가 되었다. 이에 일제는 반노예교육 투쟁을 진압하기 위하여 민족 사립학교를 폐교, 개편, 인수 등 갖은 방법을 동원하여 탄압하였다. 그리하여 이때 조선인이 경영하는 사립학교 100개교 이상이 폐교된 것으로 보인다(이채진, 1988 : 42). 가장 민족주의적인 학교 대성중학과 동흥중학도 이때 통합되어 일본의 관리 하에 들어갔으며, 기독교계 학교는 문을 닫거나 교육적 특색을 포기하였다. 저간의 사정을 중국의 "조선족간지(朝鮮族簡志)(1963)"는 이렇게 쓰고 있다(이채진, 1988 : 41~42).

> 제국주의 일본 지배 기간에 사람들의 생활은 극도로 가난했다. 노동자와 농민의 자녀 대부분은 학교에 갈 수 없었다. 숱한 고생을 하며 학교에 다닐 수 있었던 사람들조차도 제국주의 일본에 봉사하는 교육을 받았다. 일구(日狗)들은 동화정책을 펴 학생들에게 일본어와 일본문학을 강제적으로 배우게 했고, 수업할 때에 조선어 사용하는 것을 엄금했다. 그들은 모국어를 사용하는 학생들을 처벌하였다.

이와는 달리 항일유격(抗日遊擊) 근거지에서는 조선족의 민족교육이 착실히 수행되었다. 유격지의 조선족은 항일전쟁 교육정책을 집행하고, 장기적 전쟁을 위해 그들의 임무를 수행하였다. 1932년 겨울 동만 항일유격 근거지의 노동병 정부에서는 "소학교의 의무교육법"을 제정하고 적령 아동들의 소학교의 의무교육을 실시하도록 하였다. 이에 동만 항일유격 근거지에도 많은 학교가 세워졌다. 연변 왕청현 유격근거지에 4개, 연길현 유격근거지에 9개, 화룡현 유격근거지에 2개 등 도합 30개소의 공산학교(共産學校)가 설립되었다. 여기서는 항일유격전쟁에 필요한 지식과 기능, 민족어문, 혁명투쟁 상식, 항일전쟁 정세, 군사지식 등을 학습하였다.

1935년 초에는 연길, 왕청, 훈춘, 화룡 등 유격근거지의 인민들이 처장즈와 왕청 라자구로 옮겨가게 되었고, 여기서 초근목피로 연명하면서도 학교를 계속 운영하였다. 또한 1936년 동만 유격근거지의 교육 사업은 근거지 해산으로 잠시 중단되었으나, 항일 연군 2군이 남만에서 장백(長白)유격지구를 개척하자 밀영에서 수영학교(隨營學校)를 운영, 학습을 지속하였다.

유격지에서는 아동교육 외에 성인교육도 중시하였다. 그리하여 식자반, 야학교 등을 운영 소망운동을 벌였고, 이를 통해 정치사상 교육과 문화교육을 꾀하였다.

그리고 산해관내(山海關內) 조선인 반일독립단체에서도 1932년 반일을 목적으로 하는 학교를 적극적으로 운영하였다. 의열단의 조선혁명 간부학교, 중국 육군사관학교 낙양분교 부설 한국독립군 특별반, 화북조선독립동맹의 조선의용군 간부훈련반, 화북조선청년 혁명간부학교(뒤에 화북조선청년 혁명군사학교), 조선혁명 군정학교 등이 그것이다.

이상 9·18사변 이후 해방 이전까지의 조선족의 교육 및 그 기관에 대해 살펴보았거니와, 이 시기의 교육은 한 마디로 일제의 조선족 교육탄압에 맞서 항일 민족교육을 수호하는 것이었다. 이로 말미암아 조선족은 자기 민족의 언어와 문화를 보전 발전시킬 수 있었다.

2.3. 8·15 해방에서 1949년 중공(中共) 수립까지의 교육기관

1945년 8월 일본이 패망하고 조국이 해방되자 동북지방의 조선족은 잠시 어떻게 해야 할 지 향방을 가늠하지 못했다. 그러나 140만 명으로 추산되는 대다수의 조선족이 여러 가지 이유로 중국에 눌러앉게 되었다.

8·15 해방에서 1949년 중화인민공화국의 수립까지의 4년은 소위 "해방전쟁 시기"로, 이 시기의 교육은 인민 해방전쟁과 토지개혁을 위한 것이었다. 이 시기에 중국 공산당은 소수민족의 평등을 인정하고, 그들의 언어·문화·종교·관습의 존중을 약속하였다. 이에 민족교육이 발전할 수 있는 소지가 마련되었다.

이 시기에는 새로운 교육사상과 교육제도를 수립하는 한편, 새로운 정규화 교육을 위한 제도적 변화를 마련하였다.

해방 후 조선족은 민족간부 양성에 힘을 기울였다. 군정학교, 교도대 군정대학, 간부학교를 설립한 것이 그것이다. 이와 달리 빈약한 경제적 여건 및 불안정한 정치적 여건 속에서도 자녀교육을 위해 노력하였다. 이것은 물론 1945년 연변행정독찰원의 10개항의 정책강령 및 동북 인민 행정위원회의 8개항의 강령 중 소수민족의 평등 및 "한국인의 합법적 보호"가 바탕이 되었다. 조선족은 "민영학교"라 불리는 사립 조선인학교를 만주 전역에 창립하거나, 재설립하였다. 그리고 1945년에는 조선인 사범학교도 개교하였다. "연변조선족자치주개황(延邊朝鮮族自治州槪況)"(1982)에 따르면 1949년 연변에는 647개의 소학교가 있었으며, 이 가운데 561개교가 사립학교였다. 이것은 일제시대와 비교할 때 16% 증가한 숫자이다. 그리고 중학교는 31개교가 있었는데, 이 가운데 3개교만이 조선인학교가 아니고, 22개교가 모두 조선족의 사립학교였다. 중학교의 수는 1944년에 비해 72% 증가하였다. 이제 이들 학교와 학생 수를 도시하면 다음과 같다(이채진, 1988 : 54).

연도	소학교		중학교	
	학교 수	학생 수	학교 수	학생 수
1944	557	96,800	18	6,700
1949	647	129,800	31	13,797

조선인 학교의 확산은 동북지방의 다른 지역도 마찬가지였다(허청선, 1989).

연도	소학교		중학교		사범학교	
	학교 수	학생 수	학교 수	학생 수	학교 수	학생 수
해방전	1,493	183,000	17	5,223		
1949	1,531	261,417	70	16,700	4	850

이때의 조선어 교육은 연변의 경우, 1947년의 조선족 중학교의 과정 안에서 초중 6시간, 고중 4시간이 배정되어 있었다. 이에 대해 중국어는 각각 3시간씩 배정되었다.

1949년 4월에는 연길시에 동북조선인민대학교(연변대학의 전신)가 창립되었다. 이 대학은 문과, 이과, 농과, 의과로 이루어졌으며, 모든 수업은 우리말로 실시하였다.

이상과 같은 정규학교 외에 노농(勞農) 과외교육도 뚜렷한 발전을 보였다. 1949년 1월의 통계에 의하면 연길현 군중학습소조가 2,940개나 있었고, 1948년 통계에 의하면 연길시 11개상은 182개 군중학습소조에 참가 학습한 것으로 되어 있다.

해방 후 조선족의 교육은 급속도로 발전하였다. 이러한 발전의 이유를 허청선(1989)에서는 다음과 같이 들고 있다.

> 해방 후 조선족 교육이 이와 같이 발전하게 된 것은 중국 공산당이 정확한 민족정책을 시달한 외에 조선인민들이 예로부터 남달리 문화를 숭상하고 교육을 중시하는 우수한 전통을 계승하고 발양하여 인민들 자체가 돈을 내여 학교를 꾸리고, 정부에서 방조해 주는 학교 경영방침을 드팀없이 관철 집행한 데 있다.

중국에서 우리 민족교육이 성공하게 된 것은 확실히 일본과는 달리 중국 당국이 이중언어교육 정책을 편 것과, 조선족의 교육 열의에 말미암은 것이라 할 것이다.

3. 중공 건국 이후의 교육기관

1949년 10월 중화인민공화국이 수립된 이후의 교육기관은 네 단계로
나누어 살펴볼 수 있다.

첫째, 1949년 건국에서 1956년 정풍운동 개시 이전까지의 시기

둘째, 정풍운동 이후 1966년 문화혁명(文化革命) 발발 이전까지의 시기

셋째, 1966년 문화혁명 발발로부터 1976년 문화혁명 종료까지의 시기

넷째, 1976년 문화혁명 이후 현재에 이르는 시기

그러면 다음에 이들 시기에 따라 조선족의 교육기관을 중심으로 조선
족의 교육을 살펴보기로 한다.

3.1. 중공 건국 이후 정풍운동(整風運動) 이전의 시기

이 시기는 전기(前期)와 함께 조선족의 민족교육이 추구되던 시기로,
조선어문 정책으로 보면 형성·발전기에 속한다. 그러기에 허청선(1989)
은 다음과 같이 적고 있다.

> 이 시기 당의 민족사업의 로선과 정책이 정확하였으므로 각 민족은
> 평등하고 단결된 사회주의 신형의 민족관계를 형성하였다. 하여 민족교
> 육이 번영 발전하는 황금시대를 이루었다.

이때의 교육은 일제의 노예교육 체제와 파쇼교육 내용을 철저히 배격
하고, 사회주의를 내용으로 하는 민족교육을 실시하였다. 이 시기에는
소·중학교가 정돈되었으며, 고급중학교가 어느 정도 발전하였다. 그리
하여 교육이 점차 정상궤도에 들어서게 되었다. 이때의 교육기관은 1950

년도의 통계에 의하면 다음과 같다(허청선, 1989 ; 황룡국 외 1988 : 629).

	학교	교원	학생
소학교	1,241	6,600	187,836
중학교	55		21,317
대학교	1	195	577
계	1,297	6,795	209,730

이 통계에 의면 유하, 장백 2개현의 통계 숫자가 빠져 있다. 그리하여 1949년의 통계에 비해 중소학교의 수가 줄어든 것으로 보인다(자료에 오식이 보인다. 황룡국 외(1988)에는 중학생이 21만317명으로 되어 있고, 허청선(1989)에는 대학생이 5,770명으로 되어 있다. 전체 학생 수는 각각 209,773명과 209,730명으로 차이를 보인다.).

중국 정부에서는 6·25동란 중인 1950년에 조선인 사립학교를 공판(公辦)학교로 바꾸었고, 조선인 학교의 수를 규제하였으며, 5학년 이상의 모든 학생들에게 중국어 학습을 하도록 하였다. 1951년에는 제1회 전국 소수민족교육회의가 열려 민족교육을 강조하였다. 이 회의는 소수민족 학생을 그들의 민족어로 교육할 필요가 있으며, 이를 위해 국가의 특별 기금이 지급돼야 한다고 강조하였다. 그리고 민족교육의 방법은 그 민족의 역사적 발달단계 및 수준과 부합되어야 한다고 주장하였다.

이러한 소수민족의 교육은 1952년 소수민족 지역의 자치에 관한 정령이 비준됨으로 활기를 띠게 되었다. 조선족의 경우도 1952년 연변에 조선족자치지구가 성립된 후(1955년 조선족 자치주가 됨) 교육 사업이 진일보하게 되었다. 조선족 사회의 자치는 조선족 자치주가 설립되면서 동북지방의 다른 지역에도 확산되었다. 그리하여 1956년 흑룡강성에는 33개 조선족 향(朝鮮族鄕)이, 요녕성과 내몽고 자치구에는 3개 향이, 길림성에는 7개의 조선족 향과 조선족－만족 혼합향이 설립되었다. 길림성 조선족 향의 하나는 1958년 장백 조선족자치현으로 승격되었다. 자치지구가 되면서 연변인민정부는 모든 공식문서는 중국어와 조선어의 두 가지로 작성할 것을 결정하고, 중국어 문서를 조선어로 번역하는 부서를 정부기관 안에 두었다. 현(縣) 정부에서는 요원을 두었다. 이렇게 조선어문은 중시되고 높은 비중을 차지하게 되었다. 이러한 민족문화교육은 1956년 제2회 전국소수민족교육회의에서 12개년 계획을 채택함으로 좀 더 강조되었다. 이때 소수민족의 언어로 수업하는 것을 강화할 것, 소수민족 언어로 된 교과서를 작성할 것, 소수민족 교사를 훈련시킬 것 등이 결의 채택되었다. 이는 두어 달 전에 행한 모택동(毛澤東)의 연설 내용과 합치되는 것이었다. 이렇게 하여 민족적 동질성은 강력히 추구되었고, 이러한 새로운 전통주의는 교육·문화·예술·사회활동에 반영되게 되었다. 이러한 민족교육의 강화로 이때 연변의 소학교 취학률은 100%였다(이채진, 1988 : 64).

이 시기 중학교에서의 조선어 학습시간은 한어(漢語)에 비해 큰 차이가 있었다. "1950학년도 조선족 중소학교 과정표"를 보면 다음과 같다(전병선, 1990).

학교	소 학 교						초중			고중		
학년 과목	1	2	3	4	5	6	1	2	3	1	2	3
조선어	12	12	9	9	7	7	6	6	6	6	6	6
한어					3	3	3	3	3	3	3	3

3.2. 정풍운동 이후 문화혁명 이전까지의 시기

이 시기는 1957년 정풍운동(整風運動)이 벌어진 뒤로부터 1966년 문화혁명(文化革命)이 일어나기까지의 10년으로 민족교육이 갖은 우여곡절을 겪으며 발전한 시기이다.

정풍운동의 제1단계에는 비판의 화살이 주로 반당(反黨) 인사와 자본주의적 우파(右派) 인사에게 돌아갔다. 제2단계는 대약진운동과 때를 같이 하였는데, 이는 민족정풍운동(民族整風運動)이라 불렸다. 이때의 반우파 투쟁은 특히 소수민족 지도부를 겨냥한 것이었다. "자본주의적 우파", 및 "지방민족주의자"에게 공격이 퍼부어졌다.

중국의 모든 민족은 한족(漢族)을 중심으로 단합해야 하며, 의사소통의 공통적 도구로 중국어가 우위성을 부여 받았다. 중국어는 이에 민족교육에 제1수업 용어가 되었다. 그리하여 조선족 학생은 소학교 1학년 때부터 중국어를 배워야 했다. 조선문학 교과서는 폐기되었고, 조선의 문화적 특징의 독자성이나 우월성을 강조하는 조선족 문학작품의 집필은 금지되었다. 많은 조선족의 교육자와 지식인이 우파분자나, 지방민족주의자로 낙인찍혀 추방되었다. 대부분의 조선족 학교는 민족차별을 없앤다는 구실 아래 한족 학교와 통합되었다. 그리하여 많은 민족소학교가 없어졌다. 이때 조선어 시간은 최대한 축소되었다.

한편 인민공사운동에 따라 지역관리 학교가 연이어 설치되기도 하였다. 연변에는 인민공사 하나에 1.7개의 학교가 세워졌고, 중학교도 90개나 신설되었다. 1959년 장백조선족자치현에는 3개의 정규 중학교와 6개의 직업학교가 있었다. 이와 같이 급속히 교육기회가 확대됨으로 중등교육의 질이 떨어지는 것은 어쩔 수 없었다.

1960년 초 극좌적(極左的) 조치가 온건 정책으로 바뀌게 되었다. 중국 정부는 민족융합을 뒤로 미루었다. 이로 말미암아 조선족의 교육도 다소 엄격한 제약에서 벗어나게 되었다. 연변의 경우 1962년 혼합민족학교를 분리 독립시키기 시작했고, 조선어로 하는 학습에 중점을 두었으며, 조선족 1학년 아동에게 중국어 학습을 면제해 주었다. 조선어와 중국어 교과서개편위원장이었던 연변 당서기는 1963년 조선어교육의 대강을 발표하였다. 그는 여기서 조선어의 도구교과로서의 기능을 강조하고, 조선문학 교과서는 조선인 작가의 작품을 더 많이 실어야 하며, 조선어 문법 및 조선어의 언어습관과 일치해야 한다고 하여 민족주의를 고취하는 방향을 내세웠다(이채진, 1988 : 82~83). 그러나 이러한 중국의 온건 정책은 오래 가지 않았고, 1966년 프롤레타리아 문화혁명을 맞게 되었다.

3.3. 문화혁명 발발로부터 종료까지의 시기

이 시기는 1966년 5월부터 1976년 10월까지 소위 문화혁명(文化革命)이 일어났던 때이다. 이때 민족정책은 수난을 겪었으며, 민족교육은 전면적으로 파괴되었다.

문화혁명은 중국 소수민족정책의 기본이 되는 전제를 근본부터 흔들어 놓았으며, 중국 전역의 소수민족교육에 치명적 타격을 가하였다. 이러한 사정은 1979년 연변교육위원회가 밝힌 다음과 같은 보고서에 잘 나타나 있다(이채진, 1988 : 86).

> 1966년 이래로 10년 동안에 우리 주의 소수민족 교육은 임표(林彪)와 4인방이 저지른 파괴 때문에 사상 유례없는 재난을 입었다. 소수민족 교육의 특성은 뿌리째 뽑혔고, 소수민족어의 사용은 금지되고 제한되었으며, 소수민족 교육요원을 훈련하거나 소수민족어로 된 교과서를 만드는 프로그램은 완전히 파괴되었다. '3개교'의 직업학교가 없어졌고, '2개교'의 고급중학교는 직업중학교로 바뀌었다. 연변대학교는 다행히 남았으나 가차 없이 유린당했기 때문에 소수민족의 교육기관으로서의 성격을 상실했다. …… 낙제생의 비율은 증가했고, 문맹 및 반문맹 청년의

비율은 13.9%로 증가했다. 각급 학교에서의 질은 급격히 떨어졌다.

위의 보고에 보이는 바와 같이 문화혁명 때 소수민족이 겪은 재난은 유례없는 것이었다. 이 재난은 정풍운동 때보다 더 근본적이고 광범한 것이었다.

문화혁명 때도 정풍운동 때와 마찬가지로 중소학교에서 민족어를 사용하는 것이 공격의 대상이 되었다. 조선족의 경우도 동화와 융합의 이론에 근거해서 10년에서 15년 안에는 사용하지 않게 될 조선어를 구태여 배울 것이 없다는 "조선어 무용론"이 제기되었다. 이러한 선전에 속아 자녀를 조선학교에서 한족학교로 전학시키는 조선족의 부모가 많았다. 그리하여 1976년 연변의 조선족 아동·학생 가운데 한족 소학교에 다니는 아동의 비율은 12.5%, 중학생의 비율은 25%에 이르렀다(연변교육 3, 1979 : 2). 이러한 학생의 이동은 다른 지역에도 나타나, 길림성의 어떤 지역에서는 중학교가 폐쇄되기도 하였다. 따라서 혼합 민족학교에서의 조선족 학교에 남은 학생들도 조선어 대신 중국어 학습에 많은 시간을 들이도록 요구되었다. 연변의 고급중학교에서는 조선어 학습이 폐지되었고, 소학교와 초급중학교에서는 반으로 줄었다(연변교육 10, 1982 : 40). 몇몇 직업학교에서의 조선어에 의한 수업은 중국어로 바뀌었다. 민족 사범학교는 해산되었고, 연변대학은 조선어문학부가 하나의 전공분야로 축소되는가 하면, 조선어학 및 조선문학의 전공학과를 제외하고는 중국어로 강의하게 되었다. 1955년 연변의 학교는 90% 이상이 단일 민족학교였는데, 통합해야 한다는 움직임이 일어 혁명 기간 내내 줄어들었다. 연변의학원과 연변농학원은 폐쇄되었고, 연변대학은 기구가 축소되었을 뿐 아니라, 정치적 경쟁력이나 계급적 배경에 따라 입학을 시켰으며, 조선족 학생의 비율이 3% 이하로 떨어졌다. 따라서 연변대학은 민족대학의 성격을 잃게 되었다.

문화혁명으로 말미암아 조선어 자료는 출판이 중지되거나 제한을 받았다. 교과서의 경우는 특히 심했다. 도서관의 조선어로 된 책은 폐기되거나 열람하지 못하게 하였다. 조선어 교과서는 전국 공통의 교과서에서 번역 수록하도록 하였다. 따라서 조선족의 문화적 배경, 생활관습, 언어의 특성을 반영할 수 없었다. 조선어와 조선문학의 교과서는 "명확한 계급의식과 전투적 사회주의 문화를 강의하고, 프롤레타리아 독재를 공고히 하기" 위한 수단으로 기능해야 한다는 것이 강조되었다.

문화혁명 기간에는 이렇듯 민족교육이 철저히 탄압되었다. 그럼에도 1957년에는 우리말로 중국어에 능통한 동포 교사를 양성하기 위한 몇 개의 직업중학교와 이밖에 예술, 공중위생, 농학 분야의 직업 중학교가 설립되었다. 1958년에는 연변의학원과 연변농학원이 연변대학에서 분리 독립되었다. 연변공학원도 개원하였으나, 3년 뒤 재정 부족으로 폐원되었다. 용정 동성(同盛)인민공사에서는 1958년 새벽 업여(業餘)농민대학이 설치되었는데, 이런 종류의 학교로는 중국 최초의 것이었다.

3.4. 문화혁명 이후 현재에 이르는 시기

이 시기는 1976년 10월 4인방(四人幇)이 추방되고, 오늘에 이르기까지 저들의 잘못을 바로잡는 시기다. 이때 다른 소수민족의 교육과 마찬가지로 조선족의 교육도 급속하게 발전하였다. 특히 당의 제11기 3중전회 이래 조선족 교육의 발전은 중공 건국 이래 유례없는 새로운 황금시대를 펼치게 된 것으로 본다(허청선, 1989).

중국의 지도자들은 4인방 추방 이래 소수민족에 대해 현실적이고 화합적인 정책을 폈다. 그것은 소수민족 지역의 긴장 대립을 완화하며, 소수민족 간부와 지식인의 희생을 시정하며, 중국의 네 가지 현대화 정책 수행에 교육 및 기술향상이 필요하였으며, 소수민족의 동질성 회복 및 지방자치가 국가 이익과 배치되지 않는다고 보았기 때문이다. 이에 중국 정부는 소수민족의 언어사용을 부활하고, 소수민족 학교 건설자금을 증액하고, 소수민족 언어로 교과서를 편찬하게 하며, 소수민족의 간부와 교사의 훈련에 좀 더 많은 관심을 기울였다. 그리하여 제5기 전국인민대표대회 제5차 회의에서는 투표용지가 중국어, 조선어, 몽고어, 티베트어, 위구르어, 카자흐어 등 6개 언어로 인쇄되었다. 그리고 교육부는 소수민족 대학 입학생을 늘리기 위해 각 민족어로 대학 입학시험을 치르게 하였다. 1981년 제3회 전국소수민족교육회의에서는 북경대학 등 전국 주요 10개 대학과, 이밖에 21개 대학에 5년 과정의 소수민족의 민족반(民族班)을 개설하게 함으로 많은 소수민족 학생이 합격점 이하의 성적으로 대학에 입학할 수 있게 되었다. 이러한 입시제도의 개선은 중소학교에서의 민족어 학습을 촉진시키는 요인이 되었다.

이러한 정책의 변화로 지난 10년 동안의 조선어 학습시간 축소의 경향도 사라지고, 단일민족학교가 혼합민족학교로 바뀌는 일도 없어졌다. 조선족의 민족중심의 교육은 다시 부활하게 되었다.

조선어 학습시간은 연변자치주의 경우 1985년 "연변 조선족자치주조례", 및 1986년 "연변 조선족자치주 조선어문 사업조례"가 발표되어 법적 보장을 받게 되었다. 전일제 조선족 소학교의 경우는 176시간, 중학교의 경우는 696시간 배정되었다.

그러면 이때의 교육기관의 현황은 어떠하였는가? 연변인민출판사의 부편심(副編審) 문창덕(文昌德)씨가 제공해 준 1980년도 통계에 의하면 다음과 같이 약 2,000개 학교가 있었다.

지구별	소학교	중학교	합계
연변지구	516	160	676
길림성	324	53	377
흑룡강성	399	83	482
요녕성	258	30	288
하북성	1		1
북경성	1		1
상해시	1		1
계	1500	326	1826

그런데 이러한 통계는 차이를 보인다. 그것은 조사의 부정확함도 있겠고, 7년제, 8년제, 9년제 소학교, 및 6년제 완전중학을 어떻게 다루느냐 하는 데도 문제가 있었을 것으로 보인다. 이에 동북 3성의 다른 통계를 보면 다음과 같다.

성	소학교		중학교		계	
	A	B	A	B	A	B
길림성	795	823	147	116(118)	942	941
흑룡강성	378	413	110	59(75)	488	472
요녕성	245	(206)	31	(64)	276	(270)

위의 도표에서 A는 1990년 7월 연변의 이중언어 국제학술토론회에서 발표한 동북3성 조선어문사업 판공실의 안운(1990)의 자료이고, B의 길림성의 자료는 길림성 교육학원 민족교연부(民族敎硏部)에서 조사한 "길림성 조선족 중소학 명책(名冊)"(1983)에, 흑룡강성 자료는 흑룡강성 민족교육 연수부에서 조사한 "흑룡강성 조선중학 명책"(1989)에 따른 것이다. 요녕성의 경우는 명책이 입수되지 못해 허청선(1989)으로 메워 넣은 것이다.

초·중학교 외에 전문학교로 연변사범학교, 연변재정무역학교, 연변
위생학교가 있는데, 뒤의 두 학교는 한어(漢語)로 강의한다. 대학으로는
연변대학, 연변의학원, 연변농학원이 있는데, 이들도 연변대학을 제외하
고는 한어로 강의한다. 이 밖에 북경대학, 북경중앙민족학원, 대외경제
무역대학, 낙양외국어학원 등에 조문과(朝文科)가 설치되어 있다.

그러면 조선족 초·중학교의 아동과 학생은 얼마나 되는가? 약 40만
이 된다. 통계를 보이면 다음과 같다(강영덕, 1990).

1985	연변	14만 4,000여명
	길림지구	9만 4,000여명
	흑룡강성	3만 6,000여명
1987	내몽골자치지구	3,600여명
1988	화북성	80여명

이와 같이 동북3성에 35만 5,000여명이 몰려 있다.

조선족의 교육 사업은 앞에서 언급한 바와 같이 자치주가 성립되면서
뚜렷한 발전을 보았다. 그리하여 1963년도 통계에 의하면 연변 조선족
의 소학교 입학률은 98.1%, 초중 진학률은 93.1%, 요녕성의 경우도
1984년 통계로 소학교 입학률이 95.5%, 초중 진학률이 97%, 초중 졸업
생의 진학률이 55%였다. 이와 같이 조선족의 진학률이 높아 1982년 제
3차 인구의 전면적 조사 자료에 의하면 조선족 매 1,000명에 각종 문화
정도를 가진 인수를 뽑아보면 다음과 같다(허청선, 1989).

	소학교 이상	대학(졸업생·재학생 포함)	고중	초중
전 국	604	6	66	178
한 족	614	6	68	182
소수민족	473	4	45	122
조 선 족	795	20	183	307

위의 도표에 보이는 바와 같이 조선족의 문화 정도는 한족이나 다른 소수민족에 비해 월등한 것을 알 수 있다. 이러한 현상은 문맹의 비율을 볼 때도 분명히 드러난다. 1982년 제3차 전국인구조사자료에 의하면 조선족의 12세 및 12세 이상의 인구는 138만 1,625명인데, 이 가운데 글자를 모르거나 겨우 아는 사람은 14만 5,055명으로 문맹의 비율은 10.5%에 불과하다. 이것은 전국 문맹율 33.74%, 남자 문맹률 21.09%에 비해 아주 낮은 것이다.

오늘날 조선족은 초등교육을 보급한 바탕 위에 중등교육을 보급하는 방향으로 전진하고 있다.이들은 보통교육과 전문교육, 정규교육과 과외교육을 병행하는 민족교육 체계를 형성하고, 보통교육과 각급 중등기술학교를 동시에 발전시키고 일반 고등교육을 공고히 하며, 성인 고등교육을 적극적으로 발전시키고 있다.

그러면 이러한 구체적 실례를 대표적 조선족 집거지구(集居地區)인 연변을 중심하여 살펴보기로 한다. 이의 주요한 자료는 연변조선족자치주개황 집필소조가 엮은 "연변조선족자치주개황"(1984)에 따른다.

첫째, 유치원 교육의 발전

유치원 교육은 1947년 농업소조 시기부터 시작되었다. 최초의 유치원은 1951년 연길시에 설립되었고, 1980년에는 연변 전역에 유치원이 발족되었다. "연변조선족자치주개황"에 의하면 1980년 881개의 유치원에 1,743개 반이 있었다(970개 반은 소학교에 부설되어 있었음.). 1983년에 연변에서는 취학 전의 적령기 아동의 41%가 유치원에 다녔다. 화룡현은 전국 유치원교육 모범지역인 선진단위가 되었다. 유치원에서는 언어, 상식, 계산, 체육, 음악, 미공(美工) 등을 학습하였다.

둘째, 소학교 교육의 발전

연변에는 1952년에 거의 모든 지역에 소학교가 보급되어 있었다. 1980년에는 1952년에 비해 학교 수가 1.25배(이채진(1988 : 105)에는 2.25배로 되어 있다.)인 1,300개 학교에 275,800명이 취학하고 있었다. 1981년 중국 전체 인구 1만명당 소학교 아동의 수는 1,428명이었고, 다른 소수민족이 1,094명이었는데, 연변 조선족의 경우는 1,520명으로 앞의 두 경우보다 훨씬 높은 비율을 보여 주었다.

셋째, 중등학교 교육의 발전

중학교는 3년제 초급중학과 고급중학 및 6년제 완전중학이 있다. 제2차 대전 직후에는 사립 초급중학교가 난립하였는데 이들은 모두 1950년에 공립학교가 되었다. 그리고 이때 고급중학교와 중등전문학교가 계획적으로 설립되었다. 1980년에 연변에는 241개 정규중학이 있었고, 학생수는 191,330명이었는데, 이 가운데 47%가 조선족이었다. 이러한 숫자는 1949년과 비교할 때 학교 수는 6.7배, 학생 수는 12.1배 늘어난 것을 의미한다. 조선족 중학생 수는 연변 조선족 인구 1만명당 1,214명으로, 이는 전국평균 484명, 소수민족 평균 263명과 비교할 때 현격한 차이를 보이는 숫자이다. 연변의 조선족 학생들이 조선어를 학습하는 시간은 소학교 1학년이 주당 13시간, 2~5학년이 8~9시간, 초급중학생이 4시간,

고급중학생이 3시간이었다(管野, 1983). 이를 중국어 수업시간과 비교 제시해 보면 다음과 같다.

학교	학년	조선어	중국어
소학교	1학년	13시간	0시간
	2~5학년	8~9시간	6시간
초급중학	1, 2학년	4시간	6시간
	3학년	4시간	5시간
고급중학	1학년	3시간	6시간
	2, 3학년	3시간	5시간

특수중학교로는 연변사법학교 하나가 있었으나, 1980년에는 7개교가 되었다. 연변 제1사범학교, 연변 제2사범학교, 연변 한어사범학교와 예술, 위생, 체육, 재정, 무역, 4개 기술중학이 그것이다. 이밖에 유치원 및 소학교 교원을 양성, 훈련하는 교원진수학교가 각 현, 시에서 운영되었다. 그리고 연변에는 15개의 농업중학과 4개의 직업중학이 있는데, 이는 시나 현(縣) 정부에서 관리한다.

넷째, 고등교육기관 교육의 발전

연변에는 4개의 대학이 있었다. 연변대학, 연변의학원, 연변농학원, 연변사범대학이 그것이다. 연변대학은 정규학부 및 대학원 외에 통신과정을 두었다. 연변대학은 1980년 조선어문학, 중문학, 외국어학, 정치학, 역사학, 수학, 화학, 물리학, 체육학의 9개 학부(系)와 11개의 전공학과를 두고 있었다. 그런데 1983년에는 예술학부를, 1984년에는 공학부를 설치하였다.

연변의학원은 일본의학전문학교에 기원을 두는 것으로, 1958년 연변대학에서 분리되어 나왔으며, 문화혁명 기간에는 거의 문을 닫았다가

1970년대 중반에 다시 2년제로 문을 열었다. 현재는 5년의 정규의학과정, 4년의 약학과정, 6년의 일본어의학과정의 3개 전문과정을 두고 있다.

연변농학원도 연변대학에서 분리되어 나온 것으로, 1980년 현재 4년제 농학, 목의, 농기계 등 3개 학부와 농학, 과수, 축산, 수의, 농기계 등 5개 전공이 설치되어 있다.

연변사범대학은 2년제 교사 양성기관으로, 수학, 화학, 물리, 중국문학, 영어의 5개 전공이 있다. 이밖에 중등교사를 재교육하는 연변교육학원이 있다.

그리고 대학수준의 "여업(餘業)"교육 프로그램이 연변에는 널리 보급되어 있다. 1958년 용정에 새벽농민대학이 설립되었는데, 이것은 앞에서 말한 바와 같이 중국 최초의 농민대학이었다. 이 대학이 1980년 새벽업여농민대학으로 개칭되어 농업전문가를 배출하였다. 학생은 대부분 조선족 농민이었다. 이들은 3년간 농업과학과 목축을 학습한다. 이밖에 연길시립 업여노동자대학이 있다.

연변의 대학생 수는 주민 1만명당 24.5명이며, 조선족 1만명당 33.2명이라 한다. 연변의 한족 1만명당 한족 대학생 수가 18.9명 이하임을 생각할 때 조선족의 교육 열의는 짐작되고도 남는다.

다섯째, 노농 과외 교육기관의 발전

노농(勞農) 과외교육은 해방 초기의 "야학" 및 "동학(冬學)"에서 비롯된 것이다. 1952년 자치주와 각 현(縣), 향(鄕), 공장, 광산 등에서는 과외교육위원회, 또는 영도소조를 만들어 계절적인 "야학"을 장기과외 문화학교로 바꾸었다. 이것은 1955년 국무원에서 "농민 과외교육을 강화할 데 관한 지시" 이후 고조되었다. 이 뒤 점차 소학교에서 대학에 이르는 과외교육망이 형성되었다.

1980년 연변자치주 전주에서 과외학교가 도합 1919개소 있었는데, 그 가운데 고등학교가 5개소, 중등기술학교가 525개소, 중학교가 277개소, 소학교가 1,112개소였다. 7만 4,470명의 학생이 있었고, 2만 8천여 명의 농민이 과외학습에 참가하였다. 그리하여 연변지구는 1958년 이미 청장년의 문맹을 퇴치하였으나 문화대혁명 기간에 다시 생겨나 1980년에는 22,800여 명이 문맹퇴치반에서 학습을 하였다.

고등교육기관인 새벽농민대학에 대해서는 앞에서 언급한 바와 같다. 이밖의 고등교육기관으로는 연길시 종업원과외대학이 있다. 이는 1952년 설립된 연길시 종업원과외학교를 1980년 성정부(省政府)에서 개명한 것으로, 공업기업자동화, 기계제조, 공예 등의 전공이 설치되어 있다. 돈화 농업기술전문학교, 석현 제지공장종업원 과외대학 등 과외대학들은 농공업 생산 제일선의 간부를 양성하는 역할을 하고 있다.

이밖에 연변 통신교육은 1956년부터 시작되었는데, 1980년도에 들어서 3개 고등학교에서는 중학교 교원과 재직 간부를 대상으로 교육을 강화하였다. 연변대학의 통신대학은 학제를 5년으로 하고 동북, 내몽골, 북경 등지에서 학생을 모집하여, 조선어, 한어, 정치, 수학, 물리, 지리 등 여섯 개 전공을 두어 통신교육을 하고 있다.

4. 결어

재중동포의 민족교육을 구체적으로 살피기에 앞서 역사적으로 조선족의 교육기관을 살펴보았다. 조선족의 교육기관이란 민족어를 중심으로 한 우리 민족의 역사와 문화 등 민족교육을 수행하는 기관으로, 대부분 우리 민족 스스로가 설립한 기관이다. 중국에 이주하여 우리 민족은 어려운 가운데 민족교육 기관을 부지런히 설립하였고, 항일 유격지에서까지 끊임없이 민족교육을 수행하였다.

중국의 조선족은 중국 국적을 가진, 조선족으로 우리와 피를 나눈 동포들이다. 이들은 중국인이면서 우리말을 모어(母語)로 유창하게 사용하고 있다. 이러한 현상은 일본에서와는 달리 역사적으로 조선족 교육기관에서 민족교육을 잘 수행하여 왔기 때문이다. 그리고 이러한 민족교육이 수행된 것은 우선 우리의 교육열이 높았고, 중국 정부의 소수민족에 대한 정책적 지원이 있었기 때문임은 말할 것도 없다. 오늘날 중국에는 약 2,000개의 조선족 소·중학교에 약 40만 명의 조선족 아동과 학생이 취학하고 있다.

그러나 오늘날 민족교육, 이중언어 교육(二重言語敎育)은 딜레마에 부딪치기 시작한 것으로 우려한다. 그것은 자녀들이 우리말을 익히고 사용하는 것은 바람직하나, 우리말 공부에 지나친 비중을 두어 지배족인 한족(漢族)의 문화 환경 속에서 사회적인 출세·승진 기회를 위협받지나 않을까 걱정하는 것이 그 하나요, 젊은 세대가 1세대처럼 조국인 한국에 대해 강한 문화적 애착심을 가지고 있지 않다는 것이 다른 하나이다. 나이든 세대는 학교교육에서 민족적 특질이 뚜렷한 교육적 문화적 프로그램이 보존되기를 바라나, 젊은 세대는 그렇지 않다. 중국 안의 조선족은 또한 교육 수준이 높고, 직업이 확실할수록 중국의 통합 압력에 잘 순응하는 것으로 알려진다. 이러한 경향은 연변 이외의 도시 지역에서 좀 더 분명하게 드러난다. 그리하여 중국에 거주하는 우리 동포 10%가 "언어 유실(言語流失)" 현상을 보이고 있다.

나라는 바꿀 수 있지만, 민족은 바꿀 수 없다. 중국에서의 이중언어 내지 이중문화 교육은 우선 민족적 동질성을 심어주어야 한다. 그리고 나아가 민족교육 내지 넓은 의미의 이중언어 교육이 상류지향의 지름길이 되도록 하여야 한다. 이것은 물론 한중외교(韓中外交), 한중 정책적 차원에서 해결이 모색되어야 할 것이다. 지금까지 중국과는 적대적인 관계에 있으면서도 중국에서의 이중언어 내지 이중문화 교육은 잘 수행되어 왔다. 한중 관계가 우호관계로 발전하고 있는 오늘의 현실이고 보면 앞으로 중국의 조선족에게 보다 활기찬 민족교육이 실현되는 시기가 다가올 것으로 기대된다. 그러나 이에 앞서 민족교육 자료와 함께 교재 및 언어 문학 자료의 적극적인 지원이 필요하다 하겠다.

그리고 현실적으로 필요한 것은 중국의 현실을 볼 때 우리민족 특유의 인문교육 선호, 직업교육 천시, 대학진학 제일주의 사상을 불식해야 한다는 것이다. 이러한 의식과 사상을 지니고 있는 한 민족교육은 한계에 부딪치고, 현실적으로 개인의 활로도 막히게 된다. 민족지구 경제건설과 사회발전, 나아가 한족(漢族)에 유용한 조선족임을 이해시키고, 입증하기 위해서도 직업기술교육이 강화되어야 하겠다.

이밖에 고려해야 할 것으로 조선족 산재지구(散在地區)의 정책적 배려와, 교육방법의 모색이 있다. 산재지구, 혼재지구의 교육은 기숙제 학교를 생각할 수 있다. 이는 러시아에 그 예가 보인다. 교육방법은 열의 있는 교원들에 의해 다양한 방법이 추구되고 있는 것으로 보여(고금숙, 1990 등) 기대된다.

참고문헌

연변 조선족자치주개황 집필소조(1984), 연변조선족 자치주 개황, 연변 인민출판사.

황룡국 외(1988), 조선족 혁명 투쟁사, 료녕 민족출판사.

이채진(1988), 중국 안의 조선족, 청계연구소.

管野裕臣(1983), 연변조선족자치주방문보고, 조선학보 제103호, 일본, 조선학회.

허청선(1989), 중국 조선족교육의 형성과 발전, 조선연구 편집위원회, 조선학연구, 연
　　　　변대학 출판사.

강영덕(1990), 중국 조선학교에서의 이중언어교육의 실태와 과제, 이중언어학 국제학
　　　　술토론회 발표요지.

고금숙(1990), 산재지구 가정에서의 우리말 조기교양 방법에 대하여, 상동.

김상원(1990), 중국 조선민족 제3, 4세대의 민족어상실 실태와 그 방지대책, 상동.

안 운(1990), 중국에서의 민족어문정책과 조선어문사업의 발전, 상동.

전병선(1990), 중국연변조선족의 학교 이중언어교육에 대한 력사적인 고찰, 상동.

최희수(1990), 중국조선민족 이중언어력사 개황, 상동.

■ 이 글은 이중어학회지 제7집(1990)에 "중국에서의 한국어 교육기관에 대한 연구"라는 제목
으로 발표된 논문이다.

제2장 재일동포 민족교육의 실상과 과제

1. 서언

세계는 국제화 세계화의 방향으로 발전하고 있다. 이러한 시대 상황에 재외동포는 훌륭한 자산이다. 우리나라는 재외동포의 대국이라 한다. 175개국에 720여만 동포가 나가 살고 있다.

일본에는 100여만 동포가 산다. 이들은 오늘날 민단계와 총련계로 나뉘어 동족이 반목을 하고 있다. 참으로 슬픈 사실이다. 이는 제2차 대전 후에 애매하게 뒤집어쓴 분단의 비극이 빚어 놓은 후유증이다.

국적이란 2차적인 것이다. 이는 바꾸고자 하면 쉽게 바뀔 수 있는 것이다. 이에 대해 혈연을 바탕으로 한 민족이란 영원불변의 것이다. 민족이란 구심점을 바탕으로 이데올로기를 초월해 공동선(共同善)의 방향을 모색해 봄직하다. 특히 재일동포의 경우가 그러하다. 이들은 일반적으로 남이나 북으로 귀국하겠다는 사람들이 아니요, 일본에서 영주하겠다는 사람들이기 때문에 더욱 그러하다.

이 글에서는 재일동포 교육의 실상과 과제를 살펴보기로 한다. 한국적

(韓國籍) 재일동포의 교육실상과 과제에 대해서는 어느 정도 논의가 되었다고 할 수 있다. 그러나 조선적(朝鮮籍) 동포의 교육 실상은 한동안 장막에 가려져 있었고, 또 논의를 금기하여 알려진 바가 많지 않다. 이에 재일동포 교육의 실상을 살펴보되 조선적(朝鮮籍) 동포의 교육에 중점을 두고 민족교육의 실상과 과제를 살펴보고, 소개하고, 논의해 보기로 한다. 여기서는 필자의 논고 외에, 주로 다음과 같은 자료가 활용될 것이다. 이들 저자와 필자에게 감사의 뜻을 표한다.

- 金德龍(2004), 朝鮮學校の戰後史 1945-1972, 社會評論社
- 眞田信治 外編(2005), 在日コリアンの言語相, 和泉書院
- 강영우(2003), 일본의 민단 산하 한민족 교육의 현황, 재외동포교육
  진흥재단, 재외동포의 정체성 확립과 교육의 방향, 재외동포교육진
  흥재단
- 김덕룡(2004), 在日朝鮮學校의 발걸음과 미래에의 제안, 世界(2004년
  3-4월호), 岩波書店
- 申昌洙(2005), 民族教育の歷史と朝鮮學校における朝鮮語教育, 眞田
  信治 外編(2005), 在日コリアンの言語相, 和泉書院
- 前田眞彦(2005), 韓國系 民族學校の事例, 眞田信治 外編(2005), 在日コ
  リアンの言語相, 和泉書院

2. 재일동포의 초기 민족교육

재일동포는 역사적으로 볼 때에는 고대에 한국에서 일본으로 건너간 사람도 있겠고, 임진왜란 때 포로로 잡혀간 사람도 있다. 그러나 오늘날의 재일동포(在日同胞)의 대부분은 일제 식민지 정책 하에서 일본에 끌려가 거기에 정착하게 된 사람과, 그 후손들이다.

해방 직후 일본에는 약 230만 명의 "조선인"이 있었다. 그들은 대부분 귀국하고, 약 60만 명이 자의 또는 타의에 의해 계속 남아 살게 되었다. 그리하여 오늘날 한국적(韓國籍) 영주권자가 46만 여명, 조선적(朝鮮籍)의 동포가 약 15~20만명, 도합 60여만이 거주하고 있는 것으로 추산된다. 그리고 이 밖에 한국인 일반 체류자, 유학생이 116,000여명, 시민권자가 326,000여명이 살고 있어 2006년 현재 조선적을 제외한 재외동포의 수는 약 905,000명 정도 되는 것으로 알려진다(외교부 사이트).

그러면 이들 재일동포의 모국어 교육, 혹은 한국어교육은 그 동안 어떻게 꾀해졌으며, 오늘날 꾀해지고 있는가 보기로 한다(박갑수, 1992).

역사적으로 볼 때 고대에 일본으로 건너간, 소위 "도래인(渡來人)"은 모국어 교육을 상당히 꾀했던 것으로 보인다. 이러한 추단은 日本書紀나 古事記에 보이는 삼국시대의 어휘나, 일본의 고어에 스며 있는 우리말로 볼 때 가능하다. 그리고 임진왜란 때에는 적어도 3, 4만 명의 조선인이 일본에 포로로 잡혀간 것으로 보이는데 이들도 모어를 가르치고 지켰다는 기록을 확인할 수 있다. 곧, "西遊雜記"에는 그들이 九州의 薩摩藩에 끌려가 200년이 되는 1783년까지 "언어는 지금도 조선어를 섞어 쓴다."고 하였다. 그리고 "野翁物語"에는 "지금도 자손들은 조선 그대로의 의복을 입고 언어를 쓴다. 일본에 건너와서 장수하는 집은 4대, 단명한 집은 8대에 이른다. 벌써 일본에 건너온 지 200년이 넘어 언제부턴가 이 나라의 말을 섞어 쓰게 되었다"(鄭光, 1988)고 하여 4대에서 8대, 일본에 건너와 200년이 넘기까지 모국어를 가르치고, 지켜온 것이다.

해방 이후 자타의 제반 사정에 의해 일본에 남아 살게 된 재일동포는 "재일본조선인연맹(1945. 10. 15. 결성 : 약칭 朝聯) 주도하에 조선인 학교를 창설하여 민족교육을 시작하였다. 이때의 학교 수는 대소 규모의 것을 모두 합쳐 600개 내외였다. 그런데 朝聯은 뒤에 사회주의 세력을 지지하게 되었다. 이에 따라 민족학교의 교육 목적을 "공산주의자 육성"에 두게 되었고, 이는 GHQ(연합군 총사령부)와 일본 정부의 경계를 받게 되었으며, 마침내 폐쇄의 철퇴를 맞게 되었다. 또한 朝聯이 조선인민공화국(이하 "조선", 혹은 "조선공화국"으로 약칭)을 지지하며 공산화되어, 이에 반대하는 우익의 동포들이 1946년 10월 3일 "재일본조선인거류민단(약칭 民團)"을 결성하게 되었고, 이로 말미암아 재일동포사회는 오늘날과 같이 양분되었다.

조련계 학교의 극단적 공산주의 사상 교육을 문제시한 GHQ는 1947년 10월 "조선인 학교는 일본의 교육법에 따르라"는 지령을 내렸고, 이에 따라 문부성(文部省)은 1948년 1월 24일 "조선인 학교 취급에 대하여"란 "통달"을 전국 都・道・府・縣 知事 앞으로 내렸다. 이것이 소위 "1・24통달"이다. 통달의 내용은 "일본에 재류 중인 조선인은 총사령부 발표에 의해 일본의 법령에 따르지 않으면 안 된다. 조선인 자제라도 학령(學齡)에 해당한 자는 일본인과 마찬가지로 시・정・촌립(市町村立), 또는 사립의 소학교 또는 중학교에 취학시키지 않으면 안 된다. 또한 사립의 소학교와 중학교의 설치는 학교교육법이 정하는 바에 따라 都, 道, 府, 縣 감독청(知事)인가를 받지 않으면 안 된다. 학령아동 또는 학령생도의 교육에 대해서는 각종학교의 설치는 인정하지 않는다."는 것이었다. 그리고 사립 소・중학교에는 교육기본법 제8조(정치교육), 설치폐지, 교과서 등의 교과내용에 대해서도 학교교육법의 총칙, 소・중학교의 규정이 적용된다고 하였다(김덕룡, 2004). 이로 말미암아 조선어교육은 정규과목으로 인정을 받지 못하게 되었고, 각종학교를 부정함에 따라 지금까지 운영되던 조선학교는 법적 근거가 말소되게 되었다. 이러한 통달은 학교 폐쇄령 외에 다름 아니었고, 재일조선인의 민족교육 부정으로, 재일동포의 자주적 민족교육을 봉쇄하는 것이었다(김환, 1988 ; 박병윤, 1990). 이에 민족어와 민족문화 학습의 기회를 박탈당한 재일동포들은 민족교육의 자주권을 확보하기 위해 각지에서 맹렬히 반대운동을 전개하였다. 4월 24일에는 神戸에서 일대 반대시위를 벌였고, 이에 점령군은 이 지역에 "비상사태선언"을 발령하였다. 이때 소학교 4학년이던 김태일(金太一) 군이 일경(日警)의 총탄에 숨지는 비극이 발생되기도 하였다. 이것이 소위 1948년 4월의 "한신교육탄압(阪神教育彈壓)" 사건이요, "4·24 한신교육투쟁"이다. 이 사건은 동년 5월 5일 문부성과 "조선인교육대책위원회"가 조선인 교육의 자주성을 인정한다는 내용의 각서(5·5覺書)에 서명함으로 일단 종결되었다. 합의 내용은 다음과 같은 것이었다(김덕룡, 2004).

① 조선인의 교육은 교육기본법 및 학교교육법에 따를 것.
② 조선인학교는 사립학교로서 자주성이 인정되는 범위에서 조선인 독자의 교육을 한다는 전제로, 사립학교의 신청을 한다.

그러나 그 뒤 조선학교에 대한 탄압은 본격화하였다. 1949년 9월 조련은 폭력단체라 하여 해산명령을 받았고, 문부성은 동년 10월과 11월의 두 차례에 걸쳐 전국의, 조련과 민단의 조선인 학교 349개교(소학교 290, 중학교 16, 고등학교 4, 각종학교 38)에 대해 "폐쇄명령"을 내렸다(강영우, 2003).

이때의 민족학교 폐쇄 상황을 구체적으로 살펴보면 다음과 같다. 1946년 10월까지 민족학교는 소학교가 593개교로 아동수가 62,500명이었고, 중학교가 11개교로 학생수가 2,670명이었다. 그 3년 뒤인 1949년 10월까지는 소학교 86개교, 중학교 1개교, 고등학교 2개교, 총 89개교가 폐쇄되었다. 그리고 소학교 223개교, 중학교 16개교, 고등학교 6개교, 총 245개교가 학교교육법 제1조학교의 인가신청을 하도록 권고를 받았다. 인가신청 권고를 받은 민족학교 가운데 117개교는 신청을 하지 않아 자동적으로 폐쇄되었고, 128개교가 인가신청을 하였으나 문부성(文部省)은 일괄 심사하여 1학원, 3개교 곧, 백두학원(白頭學院)의 건국(建國) 소·중·고등학교만을 승인하고, 나머지는 모두 불가처분을 내려 폐쇄되었다. 백두학원의 건국 소·중·고등학교는 1949년 5월 31일 제1조학교 인가를 받았다. 금강학원(金剛學院)은 1950년 3월 14일에 소학교가 인가를 받았고, 중·고등학교는 이보다 35년 뒤인 1985년 11월 19일 제1조 학교의 인가를 받았다(박갑수, 1988 ; 박병윤, 1990).

두 번의 학교 폐쇄령으로 민족교육은 파멸상태가 되었다. 이에 민단은 재건 의욕을 상실하였다. 이에 대해 조련의 민족교육을 승계한 "민전(재일본조선통일민주전선, 1951년 1월 9일 결성)"은 재건에 박차를 가하였다. 그리고 1957년부터 조선공화국에서 "교육원조 및 장학금"이 전달되어 재건에 크게 도움을 받았다(제5장 참조).

폐쇄된 민족학교의 일부 및 그 뒤 신설된 민족학교는 1973년까지 총련(재일조선인총연합, 1955년 5월 25일 결성) 계통의 학교를 포함하여 대부분의 학교가 학교 교육법 제83조의 "각종학교"로 인가를 받아 운영되고 있다. 이러한 학교로는 東京 한국소·중·고등학교, 名古屋 한국학교 및, 총련계의 민족학교(民族學校) 등이 있다.

재일동포의 교육은 이러한 전일제(全日制) 학교교육 외에, 사회교육으로도 실시되고 있다. 전일제 민족학교의 교육을 받는 사람은 겨우 14% 안팎에 불과하다. 대부분의 학생은 민족학교 아닌, 일본계 학교에 취학하고 있다(3장 참조). 사회교육 기관으로는 정시제 한국학원, 한국 교육원, 모국 수학 및 춘·하계 학교, 임해(臨海) 및 임간(林間)학교 등을 들 수 있다. 이 밖에 일본인의 소, 중학교에 설치되어 있는 "민족학급"이란 특별학급이 운영되고 있다.

다음에는 재일동포의 민족교육을 한국적의 민단계(民團系)와 조선적의 총련계(總聯系)로 나누어 살펴보기로 한다.

3. 민단계 교육과 교육기관

3.1. 학교 교육과 교육기관

일본에는 민단계 전일제 한국학교가 4개 있다. 도쿄(東京) 한국학교, 백두학원, 금강학원, 교토(京都) 국제학원이 그것이다. 도쿄 한국학교는 각종학교로, 초·중등부가 1954년, 고등부가 1956년에 개설되었다. 이 학교에는 주로 한국 정부 파견 공무원의 자녀와 상사 주재원의 자녀 등이 취학하고 있으며, 한국 교육과정에 따라 운영된다. 백두학원의 건국 학교는 앞에서 언급한 바와 같이 1949년 제1조학교가 된 우리 민족학교로, 중학교가 1947년, 고등학교가 1948년, 소학교가 1949년, 유치원이 1980년에 개교되었다. 금강학원의 금강학교는 1950년 유치원과 소학교가 개교되었고, 1954년 중학교가, 1960년 고등학교가 개교되었다. 현재는 백두학원과 마찬가지로 제1조학교가 되었다. 京都 한국학원은 1947년에 중학교가 설립되었으며, 1963년 고등학교가 설립되었다. 그러나 2003년 재정난으로, 제1조학교를 신청하여, 현재는 2004년 각종학교에서 제1조학교가 되었고, 학교 이름도 京都국제학원의 중학교와 고등학교로 바뀌었다. 이들 제1조학교는 일본 교육과정에 따라 운영된다. 다만 과외로 민족교육은 할 수 있다. 참고로 京都국제학원의 중학교 교육과정을 보면 다음과 같다(강영우, 2003).

구분		1학년	2학년	3학년
국민 교사	국어	3	3	3
	국사		1(지·역)	
	재일한국인사	1		
	사회	4(지리)	4(역사)	공민
	수학	4	4	5
	이과	3	4	4
	음악	2	1	1
	미술	2	1	1
	보건·체육	2(체육)	3(체육2·보건1)	3(체육2·보건1)
	기술·가정	2(가정)	1(기술·컴퓨터)	1(기술·컴퓨터)
	영어	4	4	5
	일본어	4	4	4
	총합	1	1	1
	HR		1	1
	합계	32	32	32

이렇게 민족교육 과목으로 국어, 국사(지·역), 재일 한국인사(韓國人史)를 주당 11시간 교수·학습한다. 이러한 경향은 다른 제1조학교들도 대체로 비슷하다. 건국학원의 경우를 보면 소학교에서는 주 4시간 한국어 수업을, 5학년에 주 1시간 한국지리, 6학년에 주 1시간 한국역사 수업을 한다. 중학교에서는 주 3시간 한국어, 중2에서 주 1시간 한국지리, 중3에서 주 1시간 한국역사 수업을 행한다. 고등학교에서는 주 3~4시간 한국어 수업을 한다. 경도 국제학원과 다른 점은 국제학원의 "재일한국인사" 대신 "한국역사"를 가르친다는 정도다.

이상 재일동포의 민족교육을 살펴보았거니와 한국 정부에서는 문민정부 이래 재외동포의 교육목표를 "세계 속에서 자긍심 높은 한국인상 구현"에 두고 있다. 그리고 이를 위해 "모국이해교육", "현지적응교육", "국내연계교육"을 한다. 이렇게 볼 때 재일동포의 민족교육은 동경한국

학교의 경우는 "국내연계교육"에, 기타 제1조학교의 경우는 "한국 이해
교육"과 "현지적응교육에" 중점을 두고 있다 하겠다. 이밖에 재외동포의
교육목표의 하나로 민족의 언어·문화의 국제화를 추가하여야 할 것이다.

　다음에는 이들 학교에 있어 민족교육의 대표적 교과목인 한국어(국어)
가 교육과정에 어떻게 반영되고 있는가, 배정시간을 살펴보기로 한다.
한국어의 배정 시간은 한국에서의 국어시간보다 적고, 일본어 배정 시간
의 반 정도이다. 민단계 제1조학교인 백두학원과 총련계 조선학교의 한
국어, 및 일본어의 배정시간을 참고로 비교·제시하여 보면 다음과 같
다. 백두학원은 School Guidance, 조선학교는 김덕룡(2004)에 따른 것이다
(박갑수, 2006).

	소학교(초급부)						중학교(중급부)			고등학교(고급부)						
	1	2	3	4	5	6	1	2	3	1	2		3			
백두학원	4	4	4	4	3	3	3	3	3	4	4		3			
조선학교											문과	자연	문과	자연 (1~2학기)	문과	자연 (3학기)
(국어)	9	8	7	7	6	6	5	5	5 (6)	5	5	4	5	3	3	2
(일어)	4	4	4	4	4	4	4	4	4	4	4	3	3	3	3	2

　백두학원의 경우는 한국어가 일본의 정규 교육과정 외에 부과되는 것
이며, 총련계 학교는 소위 "자주학교"의 국어교육으로 부과되는 것이다.
　그리고 여기 부기할 것은 앞에서 인용한 京都국제학원의 교육과정에
보이는 "국민교사"에 관한 것이다. 이는 일본 "현지교사"에 대해 한국
정부에서 파견한 "파견교사"를 말한다. 이들은 국어(한국어), 한국역사와
한국지리와 같은 민족교육을 담당하고 있으며, 임기는 3년이고, 5년까지

기간을 연장할 수 있다.

민족학교에서는 교육과정에 의한 정규과목의 수업 외에 많은 한국문화와 접촉을 하고, 이를 이해하도록 하려는 노력을 기울이고 있다. 한국어웅변대회, 한국민요 및 가요 콩쿠르, 탈춤 공연, 한래(韓來) 유적 찾기, 명절 및 기념일의 배경, 혹은 의미 알아보기, 모국 방문, 서머스쿨(summer school), 클럽 활동, 방과 후 활동 등의 행사 및 활동을 통해 후대들에게 한민족을 이해하게 하는 교육을 직접, 또는 간접적으로 수행하는 것이다.

민족교육을 살핌에 있어 유의할 것은 앞에서 잠시 언급하였듯, 민족학교에 많은 학생이 취학하지 않는다는 것이다. 재일거류민단(在日居留民團)의 조사에 의하면 한국계 학교에 취학하고 있는 학생은 전체 학생의 불과 1%에 지나지 않고, 총련계(總連系) 학교에 취학하고 있는 학생은 13% 정도다. 따라서 이들을 모두 합치더라도 14%에 불과하다. 나머지 86%는 민족 교육과 관계가 없는 일본계의 공·사립학교에 취학하고 있다(박병윤, 1990, 김덕룡, 1991). 이와 같이 민족학교에 취학하지 않는 커다란 이유는 민족 교육의 필요성을 느끼지 못해, 학교의 자격 또는 일본의 대학 진학을 위해, 교육 내용이 만족스럽지 못해 등이 들려진다(정태우, 1988 ; 박병윤, 1990).

3.2. 사회교육으로서의 민족교육

(가) 한국 교육원

한국 정부(문교부)는 1963년도에 재일동포의 민족교육을 위해 橫濱 교육문화센터 등 9개의 교육문화센터를 설치, 운영하였다. 여기에는 본국 정부에서 파견된 교사가 주재하며, 국어를 비롯한 민족 교과를 지도한다. 이는 뒤에 한국 교육원(教育院)으로 이름이 바뀌어 운영되고 있다. 교육원은 매년 증설되어 1964년에는 11곳, 1970년에는 27곳, 1976년에는 35곳, 1982년에는 42곳으로 확장되었다. 이는 개설 이후 오늘에 이르기까지 재일동포의 한국어교육을 담당하며 큰 성과를 거두었다. 1988년에는 통폐합의 필요성을 느껴 大阪, 東大阪, 奈良, 和歌山의 네 개 교육원을 大阪 종합교육원으로, 福岡, 北九州, 長崎, 佐賀의 네 개 교육원을 福岡 종합교육원으로 통폐합하였다.

(나) 정시제(定時制) 한국학원

일본 당국으로부터 학교법인으로 인가받아 운영하는 기관으로, 교토(京都) 신명학교, 애지원, 名古屋 한국학원 등이 그것이다. 여기서는 저녁, 또는 야간을 이용하여 성인 및, 일본계 학교 재학 중인 중고생에게 한국어와 한국문화를 가르친다. 정시제 한국학원은 국적, 성의 구별 없이 입학이 허용된다.

(다) 민족 대학 운영

민단의 민족학교는 그 수가 적고, 대도시에 편중되어 있어 민족 사회교육과 모국 수학제도에 역점을 두고 있다. 사회교육으로는 강좌제 민족대학을 운영하는 것이다. 이는 1993년 이래 기성세대의 민족의식 각성과 민족문화의 교양을 향상시키기 위해 시민강좌 시스템을 도입하여 운영하고 있다. 강사는 재일동포 교수 및 일본인 인사가 담당한다.

(라) 모국 수학(修學) 및 춘하계(春夏季) 학교

모국 수학제도는 1962년부터 민족교육의 일환으로 실시되고 있다. 이는 예비과정과 단기과정의 두 가지가 있는데, 예비과정은 대학진학을 위한 것이고, 단기과정은 3개월 코스로, 전후반기로 나누어 연 2회 실시한

다. 한국어와 역사를 교수·학습하고, 시찰을 통해 한국인으로서의 의식
과 자각을 갖게 하고자 하는 것이다. 춘·하계 학교는 1966년부터 중·
고·대학생을 대상으로 20일간(뒤에 10일간) 행해지며, 역시 한국어와 역
사 학습, 유적지 답사 등을 통해 한국 문화를 접하게 하고, 한민족으로
서 자각을 하게 하는 데 목적을 둔다.

(마) 임해(臨海), 임간(林間) 학교

민단, 학원, 교육원, 교육위원회, 청년회, 청년상공회 등이 주최 또는
관장하여 매년 2박 3일, 또는 4박 5일의 일정으로 어린이를 위해 산과
바닷가에서 운영한다. 이밖에 어린이 동계친목행사, 어린이 서울 잼버리
행사 등도 행하고 있다(박갑수, 1992).

3.3. 민족학급의 한국어교육

민족학급의 설치는 "5·5각서"를 바탕으로 한 문부성의 통달 "조선인
학교에 관한 문제에 대하여"를 기초로 한다. 문부성은 이 통달에서 "일
반 소학교, 중학교에 있어 의무교육을 받는 외에 방과 후 또는 휴일 등
의 교육을 행하는 것을 목적으로 설치된 각종학교에 재학시켜 조선인
독자의 교육을 받게 하는 것도 무방하다"고 하였다. 이에 1948년 6월 4
일 조선인교육문제 공동투쟁위원회와 大阪 지사(知事) 사이에 교육각서가
교환되어 "정규 수업시간 외"라는 조건부로 특별학급을 설치하게 되었
다. 이것이 오늘날의 민족학급(民族學級)의 시작이다. 이에 따라 "조선인
아동·생도가 재학하는 大阪府 아래 공립 소·중학교"에서 과외 시간에
"조선어·조선의 역사, 문학, 문화" 등에 대하여 수업을 할 수 있게 되
었다. 이 민족학급은 당초 재일동포 자녀가 많이 재적하고 있는 일본 학

교에 생도 50명당 교사 1명의 비율로 설치하였다. 그리하여 발족 당시는 大阪府에만도 33학급이 설치되었다. 민족학급은 오사카(大阪), 교토(京都) 등 동포들이 많이 거주하는 지역에서 운영되고 있는데, 2004년 현재 오사카 시내만 하여도 96개교가 개설되어 있다(박갑수, 2006).

이 민족학급은 강사의 노령화에 의한 퇴직 및 일본 당국의 무대책(無對策) 등으로 한때 쇠퇴되기도 하였으나, 1970년대에 접어들어 새로운 민족학급 또는 클럽이 형성되었다. 이는 민족학급의 증설은커녕 현장 유지조차 어렵다는 생각에서 봉사적, 자주적으로 운영하는 자생적 민족학급이 탄생된 것이다. 이들 민족학급의 "교육목표"는 전문(前文)과 언어·문화 관련 부분을 보면 다음과 같이 되어 있다(大阪市民族講師會, 2004).

> 민족에 대한 학습을 통해 자신에 대해 알고, 발견하거나 긍정하거나 하는 것이 가능하며, 민족적 아이덴티티의 보지·신장을 꾀함과 동시에 자기실현을 하고자 하는 태도를 기른다.
> 1. 자신과 관련된 민족의 언어·역사·문화 등에 대해 아는 동시에, 자신의 생활 가운데서 민족과의 관계를 발견할 수 있게 한다. 또한 이들을 동포 친구들과 공유하는 활동을 통해 자신에 있어서의 민족을 긍정할 수 있게 한다.

이상 민단계 교육기관과 재일동포에 대한 교육을 살펴보았거니와, 재일동포교육은 많은 노력을 기울여 왔으나 결과적으로는 크게 발전을 하지 못하고 있다. 이러한 현상은 재일동포들이 일본에서 모국어를 활용할 기회가 많지 않고, 일본이 동화정책을 펴고 있으며, 언어정책도 개방 아닌, 일본어 단일 언어 교육을 실시하여 소수민족(少數民族) 언어의 동화정책(同化政策)을 펴고 있기 때문이라 할 수 있다. 따라서 모든 것이 세계화·지구화(globalization)하는 오늘날이고 보면 양국 정부 및 재일동포는 재일동포의 교육을 위해 좀 더 진지한 고민을 해야 할 것으로 보인다.

4. 총련계 교육과 교육기관

4.1. 민족교육의 역사적 변모

재일동포는 해방 후 한반도가 정치적으로 혼란스러워 잠시 귀국을 미루는가 하면, 일본에 머물러 살게 되었다. 이들 재일동포의 교육은 "귀국지향형(歸國志向型)"과 "영주지향형(永住志向型)"의 두 시기로 나뉜다. 이러한 경향은 특히 총련계 교육에서 분명히 드러난다.

재일동포는 일본에 눌러 살게 되면서 무엇보다 먼저 민족의 상징인, 일제에 빼앗겼던 우리말을 되찾기 위해 전국에 "국어강습소"를 개설하여 우리말 교육을 시작하였다. 이는 1946년 4월 이후 초등학교로, 1946년 10월 이후 중학교로 발전하였다. 이러한 과정에 주도적 역할을 한 조련(朝聯)은 독자적으로 "학교인가제"를 실시하였고, 이들 학교에 "조련○○초등학교"란 이름을 붙여 오늘의 총련계의 교육체제를 확립하였다. 그리고 이들은 앞에서 언급한 바와 같이 사회주의 조선 정부를 지지하며, "새로운 민주주의 국가를 건설하는데 공헌하는 조선의 국민을 양성하는" 것을 교육이념으로 삼게 되었다.

"귀국지향형"의 교육 시기는 1945년 이후 1970년대 전반까지로 볼 수 있다. 김덕룡(2004)은 이 시기를 "제1차 본국동화주의교육"과 "제2차 귀국지향형 공민교육"의 두 시기로 나누고 있다. "본국동화주의교육"의 시기는 위에 언급한 "국어강습소"에서 우리말을 배우고 민족문화를 학습하여 고향으로 돌아가겠다는 초기의 교육 시기를 말한다. 재일동포의 대부분은 남한 출신이거나 그 후예로, 귀국이란 한국으로 돌아가는 것을 의미하였다. "제2차귀국지향 공민교육"의 시기는 1950년대에서부터 1970년대 전반까지로, 희망의 나라로 생각했던 조선공화국의 공민교육을 받고, 조선으로 귀국하겠다는 민족교육의 시기이다. 이때에 총련(在日朝鮮人總聯合會, 1955년 5월 25일 결성)에 의한 재일동포의 북조선 송환이 이루어졌다. 제1차 귀국선은 975명의 조선인 귀국자를 태우고 1959년 12월 14일 新潟港을 출발하였다. 조선으로의 귀국자 수는 제1차 귀국기(1959~1967)에 89,011명, 제2차 귀국기(1971~1984)에 4,328명, 총 2만 7,695호, 9만 3,215명이었다. 이 가운데는 20세 미만의 젊은이도 4,600명이 있었다. 총련계 민족교육은 이를 계기로 귀국의 꿈에 부풀었고, 조선학교는 최고의 융성기를 맞았다. 학생 수가 증가하고, 학교가 신설, 및 증설되었다. 당시 일본의 경제 사정이 어려운 가운데, 귀국 의욕이 강했기 때문이다.

앞에서 언급한 바와 같이 조련(朝聯)은 1949년 강제 해산되었고, 민전(재일본조선통일민주전선)이 조련의 민족교육 사업을 승계하여 주도하였다. 민전(民戰)은 "재일 조선인 자제를 조선의 아들딸로서 교육한다"는 것을 이념으로 하였다. 그리고 재일조선인을 위해 자주학교, 공립학교, 민족학급, 야간학교 등 각종 형태로 1950년대의 민족교육을 이끌고 나갔다.

그 뒤 재일조선인 유지들은 민족운동을 일본의 민주화가 아닌, 조선의 해외공민조직으로서 재일조선인운동을 전개한다는 방향으로 노선전환을 하게 되었다(신창수, 2005). 그 내용은 다음과 같은 것이다.

① 재일조선인은 일본혁명을 위해서가 아니라, 조국을 위해 싸우지 않으면 안 된다.
② 재일조선인 운동은 조국의 지도와 조국과의 긴밀한 관계를 바탕으

로 진행하지 않으면 안 된다.

③ 재일동포는 자신이 주인이 되어 애국운동을 전개하지 않으면 안
된다.

이러한 재일조선인 운동의 노선전환 방침에 따라, 1955년 앞에서 언
급한 총련(總聯)이 결성되었다. 그리하여 재일조선인의 운동은 일본에서
조선의 해외공민으로서의 운동을 전개해 나갔다. 총련은 결성 당시 강령
제4항에서 교육방침을 다음과 같이 천명하였다.

"우리들은 재일동포 자제에게 모국의 말과 문자로 민주민족교육을 실
시하며, 일반 성인들 가운데 남아 있는 식민지 노예사상과 봉건적 유습
을 타파하고, 문맹을 퇴치하며, 민족문화의 발전을 위하여 노력한다."

이렇게 總聯의 민족교육의 목적은 "재일 조선인 자제를 조선의 충실
한 담당자로서 육성하는 데" 두고, 모든 동포가 단결하여 이를 위해 조
선공민의 정당한 권리의 하나인 교육권을 지켜나가기로 하였다(신창수,
2005). 총련의 민족교육은 분단이 장기화될 것으로 보이는 1970년대까지
는 이렇게 영주지향형이 아닌, 귀국지향형의 교육을 하였다.

이때의 교육 경향을 신창수(2005)에 전재된, 조선신보(2003년 1월 24일호)
의 "총련 결성 이후의 교과서 개편사업의 발자취"를 통해 살펴보면 다
음과 같다.

제1차 1955~1957	사회주의 조국의 건설에 기여할 수 있는 인재의 육성을 목표로 국어교육과 애국주의 강요(强要)를 강화. "사상적으로는 고상한 국제주의적 애국사상으로 무장시키고, 생활면에 있어서는 자각적 규율과 민주적 도덕을 확립시키고, 학식면에 있어서는 독(讀)·서(書)·산(算)을 중심으로 하는 기초학력을 향상시킨다."

제2차 1963~1964	조선의 해외공민으로서의 주체성을 전면(全面)으로. 조국의 교과서와 자료를 대량으로 입수하여 이들을 참고하여 교과서를 개편. "조선민족으로서의 주체성을 확립하여 조국의 건설과 미래를 걺어지고 세계 속의 사람들과 우호를 도모하는 조선인으로 기른다."

이때의 민족교육은 이렇게 조선공화국의 공민으로서 애국을 하고, 주체성을 바탕으로 한 교육을 하며, 조국 건설의 역군이 되고, 국제친선을 도모하는 것을 목적으로 하였다.

"영주지향형" 민족교육의 시기는 1970년 중반 이후이다. 이 시기도 김덕룡(2004)에서는 두 시기로 나누고 있는데, 그것은 "영주지향형 공민교육"의 시기와 "영주지향형 변혁기 공민교육"의 시기이다. "영주지향형 공민교육"의 시기는 1970년대 후반기부터 2003년 교과서 개편 전까지다. 이때는 일본 영주를 전제로, 사회주의 조선의 해외 공민으로서 자녀를 기르려 한 시기다. 이때 재일동포 사회는 세대교체가 본격적으로 이루어지게 되었고, 전기에 비해 학생 수가 현저히 감소되었으며, 교육내용이 일본사회를 의식해 개편되기 시작한 시기이다. 이 시기는 다문화주의 교육을 지향한 시기라 할 수 있다. "영주지향형 변혁기 공민화 교육" 시기는 2003년 교과서 개편 이후 오늘에 이르는 시기로, 재일조선인 사회의 변화에 주목하며 민족교육을 의도적으로 강조하는, 제2의 다문화주의를 지향한 시기다. 이들은 조선화·일본화·국제화를 지향하였다. 재일조선인의 조선학교 이탈, 이에 의한 학교 운영의 어려움, 학생 수감소로 인한 조선학교의 통폐합, 그리고 조선학교를 둘러 싼 정치·경제적 문제 등으로 말미암아 교육의 변혁이 초래되게 되었다. 이러한 상황의 일단을 역시 예의 조선신보(2003년 1월 23일호)의 교과서 개편 자료를 통해 살펴보면 다음과 같다.

제3차 1974~1977	조선과 연대하면서도 시대의 변화에 따라 일본에서 태어나 자라고 있는 동포 어린이들의 실정을 한층 고려. 총련 애국사업에 패턴을 둔 교과서로 개편. 또한 고급부 이수과(理數科) 교과서를 사회과학계반 자연과학계반으로 나누어 편성. "국어의 교과서에서는 아동·생도들이 흥미를 느낄 수 있도록 재일동포 작가 해방 전의 현대작품 등을 폭넓게 다룬다."
제4차 1983~1985	민족교육의 실효성을 보다 높이기 위해 특히 사회일본어교육을 강화. "민족교육이 목표로 하는 이상적 인간상은 민족적 자주성이 확립되고 조국과 일본 및 국제사회의 각 분야에서 십분 활약할 수 있는 창조적 능력을 아울러 갖춘 조선인이다. 민족교육의 현행 커리큘럼은 이와 같은 이상적 인간상을 구현하는 것이라 되어 있다."
제5차 1993~1995	21세기를 전망하고 조선학교 아동·생도들의 보호자들의 니즈에 맞춘 내용으로 개편. 국제화 정보화시대의 재일동포상을 염두에 두고 122점의 모든 교과서를 일신. "과목의 배열과 내용 편성에 있어 민족적 주체성의 원칙을 견지하며 재일 조선인 자녀의 실정에 맞게 개편하였다."
제6차 2003~2006	민족성을 갖추어 21세기의 동포사회를 계승·발전시켜 나갈 수 있는 인재. 북남조선과 일본과 국제사회에서 특색 있는 활약을 할 수 있는 높은 자질과 능력을 아울러 갖춘 인재의 육성을 목표로 교과서를 개편.

"귀국지향"에서 "영주지향"으로 바뀌며, 교육내용은 크게 바뀌게 되었다. 조선어교육은 문어(文語) 위주에서 구어(口語) 중시로 바뀌었고, 이는 일본 지역사회에 한정되지 아니하고 "살아 있는 우리말"을 습득함으로 "조선반도"를 포함한 광범한 범위에 통용되는 언어교육을 지향하게 되었다. 이러한 경향은 재일 사회의 "조선어의 변종"을 지양하는 것, "총련 조선어"를 탈피하는 것을 의미한다.

4.2. 학교교육과 교육기관

앞에서 총련계의 민족교육의 역사적 변모를 살펴보았거니와 다음에는 구체적으로 민족교육의 교육기관과 교육의 실상을 보기로 한다.

조선학교의 실상을 보면 해방 후에는 앞에서 살펴본 바와 같이 600개교 내외의 학교가 있었다. 그런데 이러한 학교는 일본정부에 의한 폐쇄 및, 시대적, 사회적 환경의 변화로 말미암아 많이 감소되었다. 1997년에 는 141개교, 2003년에는 120개교가 되었다. 오늘날은 이보다 더 많이 감소되었을 것으로 추정된다. 이들 조선학교는 東京(18), 大阪(14), 兵庫 (11), 神奈川(7), 愛知(7), 京都(7), 山口(7), 福岡(6) 등지에 집중되어 있다. 이 곳들은 왜정시대 한국 노동자가 많이 동원되어 간 곳이고, 그 후에도 재 일동포가 많이 거주하고 있어 이곳에 조선족학교가 집중되게 된 것으로 추정할 수 있다. 이들 학교의 분포는 다음과 같다(신창수, 2005).

조선학교의 분포 상태(2003년 2월 현재)

都道府縣	大學	高級	中級	初級	(幼)	計
東京	1	1	6	10	2	18
埼玉			1	1	1	3
千葉			1	1		2
神奈川		1	2	4	4	7
茨城		1	1	1		3
とちき			1	1		2
群馬			1	1		
新潟			1	1		2
新潟			1	1		2
宮城		1	1	1		3
北海道		1	1	1		3
福島			1	1		2
愛知		1	2	4	4	11
長野			1	1	1	2
岐阜			1	1	1	2
福井			1	1		2
靜岡			1	1		2
三重			1	1	1	2
京都		1	2	4	4	7

都道府縣	大學	高級	中級	初級	(幼)	計
滋賀			1	1	1	2
奈良				1	1	1
和歌山			1	1	1	2
大阪		1	3	10	10	14
兵庫		1	3	7	7	11
廣島		1	1	1	1	3
岡山			1	1	2	2
愛媛			1	1		2
山口		1	3	3	3	7
福岡		1	2	3	4	6
計	1	12	42	65	(48)	120

조선학교의 교육 내용에 대해서는 앞에서 "교과서 개편사업"에 대해 살펴보았기에 어느 정도 그 윤곽이 드러난 바 있다. 여기서는 시대에 따라 몇 개의 교육과정을 살펴봄으로 학교교육 변화의 실제를 보기로 한다. 먼저 민족교육의 초기단계인 1947년도 "조련 초등학원"의 커리큘럼을 보면 다음과 같다(김덕룡, 2004a).

교과 \ 학년		1	2	3	4	5	6
국어과	독법	5	6	6	7	7	7
	작문						
	습자						
사회과	사회	4	4	4	4	3	3
	지리					1	1
	역사					2	2
이수과	산수	4	5	5	6	6	6
	(주산)						
	이과	2	2	3	3	3	3

교과 \ 학년		1	2	3	4	5	6
예술과	음악	2	2	2	2	2	2
	도공	2	2	2	2	2	2
체육		3	3	3	3	2	2
실습						2	2
자유연구					2	2	2
일본어					2	2	2
총시간	주간	22	24	25	31	34	34
	연간	805	840	875	1085	1190	1190

이렇게 해방 직후에는 민족어 교육에 중점을 두었다. 그것은 어린이들이 일본어를 모어로 배우고, 한국어를 배우지 않아 외국어처럼 학교에서 학습해야 했기 때문이다.

1956학년도의 소·중·고급학교의 커리큘럼은 다음과 같다(김덕룡, 2004a)(자료에 오식이 보이나, 원문대로 인용한다.).

학과목 \ 학년	총계	초급학교						중급학교			고급학교		
		1	2	3	4	5	6	1	2	3	1	2	3
독본	*60	13	12	12	9	9	9						
문법	9			1	1	1	1	1	1	1	1	1	1
문학	27							5	4	5	4	5	4
산수	44	6	6	6	6	7	7	6					
대수									3	3			
기하									2	2			
삼각													
일반수학·해석	17										5	6	6
물리	14								2	3	3	2	4
천문학	1												1
화학	9									2	2	2	3
자연	8				4	5	6						

학과목 \ 학년	총계	초급학교						중급학교			고급학교		
		1	2	3	4	5	6	1	2	3	1	2	3
식물	3							3					
동물	3								3				
인체해부	2									2			
다윈주의	2											2	
조선역사	14				2	2	2	1	1	2	2	1	1
세계역사	10							2	2	1	1	2	2
자연지리	2							2					
세계지리	3									3			
조선지리	7					2	3			2			
세계경제지리	3										3		
조선경제지리	2											2	
헌법	2												1
사회과학	1									1			
사회상식	6			1	1	1		1	1		1		
일본어	*36	*0	3	3	3	3	3	3	3	3	3	3	3
러시아어*								4	3	3			
영어	12										4	4	4
중국어*											2	2	2
체육	24	2	2	2	2	2	2	2	2	2			
음악	14	1	1	2	2	2	2	1	2	1			
도화	14	2	2	2	2	1	1	2	1	1			
제도	3										1	1	1
가사재봉·실업	*5							1	1	2			1
계	377	24	26	27	30	33	33	34	34	34	34	34	34

위의 도표에 보이는 바와 같이 민족교육으로, 독본 60, 문법 9, 문학 27, 조선역사 14, 조선지리 7, 조선경제지리 2와 같이 많은 시간을 민족교육에 할애하고 있다 이는 총 377시간 가운데 119시간으로, 거의 1/3 시간에 해당하는 것이다. 조선어와 일본어 시간을 비교해도 조선어 69(독본 60, 문법 9) 시간 대 일본어 36시간으로 민족어 시간이 거의 배나 된다.

끝으로 가장 최근의 교육과정인 2003학년도의 수업시간 배정을 보면 다음과 같다.

학과목 \ 학년	총계	초급부 1	초급부 2	초급부 3	초급부 4	초급부 5	초급부 6	중급부 1	중급부 2	중급부 3
조선어	58	9	8	7	7	6	6	5	5	5
조선어문법	1									1
사회	13			1	2	2	2	2	2	2
조선역사	6						2	2	2	2
조선지리	4					2		2		
산수	29	4	5	5	5	5	5			
수학	12							4	4	4
이과	24			3	3	3	3	4	4	4
일본어	36	4	4	4	4	4	4	4	4	4
영어	12							4	4	4
보건체육	18	2	2	2	2	2	2	2	2	2
음악	15	2	2	2	2	2	2	1	1	1
도공	12	2	2	2	2	2	2			
가정	1							1		
정보	2								1	1
과목수	80	6	6	8	8	9	9	11	11	12
주시간수	245	23	23	26	27	28	28	30	30	30
수업주수	314	34	35	35	35	35	35	35	35	35

이에 대해 고급부는 다음과 같다.

학과목 \ 학년	총계	1	2 문계	2 이계	3(1·2학기) 문계	3(1·2학기) 이계	3(3학기) 문계	3(3학기) 이계
조선어		5	5	4	5	3	3	2
사회		2	2	2	2	2	1	1
조선역사					3	2	2	1
현대조선사		2	2	2	3	2	2	2

학과목 \ 학년	총계	1	2		3(1·2학기)		3(3학기)	
			문계	이계	문계	이계	문계	이계
세계역사			3					
세계지리		2						
수학		4	2	5	2	5	2	3
이과		3	2		2		2	
물리				3		3		2
화학				2		2		2
생물				2		2		2
일본어	4	4	3	3	3	3	3	2
영어	4	4	3	4	3	3	3	2
보건체육	2	2	2	2	2	2	1	1
음악	1							
정보	1	1						
선택과목			3	2	4	1	1	
과목수	11	10	10	11	9	11		
주시간수		30	30	30	30	30	20	20
수업주수		35	35	35	23	23	35	35

이들의 민족교육의 시간 수를 비교해 보면 초급부의 경우는 국어·지리·역사 시간이 1947년도에는 44시간, 1956년도에는 69시간, 2003년도에는 47시간으로 나타난다. 따라서 1950년대 후반 북송선을 타게 되며 민족교육은 조선학교의 취학률을 절정에 달하게 했을 뿐 아니라, 민족교육의 수업 시간도 최고로 배정해 교육을 강화하였음을 알 수 있다. 중급부의 경우는 1956년도에는 문법·문학·조선역사·조선지리 시간이 23시간 배정되었고, 2003년도에는 조선어·조선어문법·조선역사·조선지리 시간이 22시간 배정되어 그 경향을 같이 하고 있다. 고급부의 경우는 1956년의 경우 문법·문학·조선역사·조선경제지리 시간이 22시간 배정되었다. 2003년도의 경우는 2·3학년을 문과와 이과로 나누

고, 학기도 3학기제를 실시하여 직접 비교할 수 없어 시간 배정표를 생략하였으나 조선어·조선역사·현대조선사 시간 배정은 대체로 1956년도와 비슷하다. 따라서 중·고등학교의 경우는 민족교육이 대체로 큰 변동 없이 운영되었다고 할 수 있다. 조선어와 일본어의 배정 시간은 초등학교에 있어서 1947년도의 경우 조선어 38시간, 일본어 6시간, 1956년도의 경우 조선어 61시간, 일본어 9시간, 2003년도의 경우 조선어 43시간, 일본어 24시간이 배정되어, 1947년도와 1956년도의 경우는 한국어 시간이 6배, 2003년도의 경우는 약 2배 배정되어 있다. 중급의 경우도 1956년도 문법·문학이 17시간, 일본어가 12시간 배정되었다. 이로 볼 때 2003년도 이전에는 조선의 공민교육을 강조하였고, 2003년도 이후에 일본에 영주하기 위해 일본어 교육을 강화하였다는 사실을 확인할 수 있다. 이는 총련계 민족교육이 2,000년대에 접어들어 그 방향이 영주지향으로 크게 전환하였음을 보여 주는 사실이라 할 것이다.

5. 재일동포 민족교육의 과제

재일동포 민족교육의 실상을 민단계와 총련계로 나누어 살펴보았다. 다음에는 이러한 재일동포의 민족교육 실상을 바탕으로 이들의 과제에 대해 살펴보기로 한다.

첫째, 민족교육의 장을 찾게 하는 유인책(誘引策)을 마련해야 한다.
한국적이건, 조선적이건 많은 재일 취학적령기의 아동 생도가 민족교육의 장을 찾지 않는다는 것이 오늘의 현실이다. 앞에서 살펴본 바와 같이 민단계와 총련계를 합쳐도 86%가 일본인 학교를 찾고, 겨우 14%만이 민족학교를 찾는다. 이렇게 되어서는 재일동포의 민족교육은 제대로 이루어질 수 없다.

우선 민단계는 전일제 민족학교가 별로 없다. 4개 있던 것 가운데 3개는 제1조학교가 되고, 진정한 의미의 민족학교는 동경한국학교 하나라 해도 과언이 아니다. 그런데 이나마 취학 아동이나 학생은 대부분이 일시 체류자의 자녀이고, 영주동포의 자녀는 얼마 되지 않는다. 따라서 이는 "각종학교"로서의 민족학교라기보다, 문자 그대로 해외에 있는 "한국학교"라 할 수 있다. 이에 대해 총련계 "조선학교"는 민단계에 비해 수적으로 학교가 많아 100여개가 되나, 재적자의 이탈현상이 심각해 학교가 감소되는 경향을 보이고 있다. 이는 김덕룡(2004)에서도 지적하고 있듯, 교육내용이 재일(在日) 학습자나 그들의 보호자의 니즈에 부합하지 않기 때문이다. 학습자들이 모여들게 하기 위해서는 메뉴가 좋아야 한다. 그래야 수요자가 모인다. 이를 위해서는 지나치게 민족교육만을 강조하거나, 이와 반대로 민족교육을 홀대해서는 안 된다. 중용을 지켜야 한다. 민족적 주체성의 각성과 더불어, 현실에 적응할 수 있는 능력을 길러 주어야 한다. 이는 달리 말하면 이념적 목적으로서의 민족교육과 함께 현실적 목적으로서의 현지 적응교육을 아울러 수행해야 함을 의미한다. 이는 재일 조선·한국인으로서 민족교육을 하고, 유능한 일본시민으로 성장할 수 있게 현지교육을 해야 함을 말한다. 김덕룡(2004)은 "재일동포가 있고 민족교육이 있다"고 하고 있거니와, 야박한 말 같지만 이것이 민족교육의 현실적 타개책이라 할 것이다. 더구나 "영주지향형"의 민족교육은 이러한 현실적 니즈가 올바로 파악되어 교육에 반영되어야 한다.

둘째, 재일동포는 화합의 장을 마련해야 한다.

조국이 남북으로 분단되어 갈등과 충돌을 빚고 있다. 이러한 불행이 재일동포사회에도 그대로 자행되고 있는 것으로 볼 수 있다. 오늘의 재일동포는 일제(日帝)에 의해 끌려와 고난을 겪던 순박한 1세의 가엾은 후손들이다. 같은 민족으로 특정 이데올로기를 지녀 나뉘어야 할 사람들이 아니다.

오늘날은 세계가 지구촌이 되었다. 국가와 국경이 크게 문제시되지 않는 시대가 되고 있다. 국민(nationality)이 아닌, 민족(ethnity)이 강조된다. 이념(ideology) 아닌, 유대(solidarity)가 좀 더 의미를 갖는다. 자유세계는 지난날 철의 장막, 죽의 장막이라 하던 소련이나 중국과도 교제(communication)를 하고 있다. 한국은 이들과 수교를 하고, 우호적 관계를 지니고 있다. 그런데 같은 민족인 재일동포가 둘로 나뉘어 화합을 하지 못할 이유가 없다. 더구나 남이나 북과 상관없이 제3국 일본에서 영주하려는 동포이기에 더욱 그러하다. 그래서 오늘날 재일동포 가운데는 남이나 북과 일정한 거리를 두고, 통일 조국을 전제로 민족적 결속을 다지려는 사람들이 많아지고 있는 것 같다. 재일동포가 화합의 장을 마련하여 바람직한 민족교육의 장을 만들고, 통일의 계기까지 마련해 줄 수 있었으면 한다.

셋째, 어려운 민족교육에 국가적 지원 대책이 마련되어야 한다.

민족교육 기관은 민단계나 총련계나 다 같이 어려운 처지에 놓여 있는 것 같다. 이러한 경향은 총련계의 조선학교의 경우 더욱 심한 것으로 보인다. 조선학교가 어려움에 처해 있던 1957년 4월, 1차로 조선정부는 "교육원조비 및 장학금"의 명목으로 재일본조선인교육회 앞으로 막대한 자금(12,100만 엔)을 송금해 왔고, 이후에도 계속돼 2003년 4월까지 149회 총액 451억 616만 3,000엔을 송금해 왔다(김덕룡, 2004b). 이후는 자료의 불비로 분명치 않다. 초기의 이러한 송금은 조선학교에 "생명수"가 되었다고 한다. 그런데 이것이 2,000년대에는 액수가 줄어들고 지원이 끊겨 어려움에 처하게 되었다. 월급마저 제때 주지 못하는 형편인 것 같다. 1950년대 후반에서 1960년대 전반까지 한국은 일본과 수교조약을 맺지 않아 소위 "기민정책(棄民政策)"을 펴게 되었다. 따라서 조선의 송금은 재일동포를 정치적으로 사회주의 조선과 밀착시키는 결과를 빚어냈다.

1970년대에 접어들어 조선학교 재적생 수는 감소가 가속되었고, 2002년 9월 17일 "조일수뇌회담" 이후 조선적의 동포가 한국적으로 국적을 바꾸는 현상이 격증하였다(김덕룡, 2004b). 이러한 가운데 조선학교에 재학하고 있는 아동·생도의 1/3~1/4이 한국적이라 한다(김덕료, 2004b). 신명직(2003)에서는 "과반수이상이 한국국적"이라 하고 있다. 그리고 "고급(고등)학교"의 경우 다소 낮아지기도 하지만, 초급 혹은 중급학교의 경우 한국 국적은 대개 60%에 이르기도 한다."고 한다.

재일동포의 민족교육의 실상이 이러하고 보면 남북 정부는 이들 민족교육기관을 지원해 후세들이 제대로 교육을 받을 수 있게 하여야 할 것이다. 재일동포는 1958년 4월 현재 60만 3,702명이었고, 그 가운데 조선적이 44만 3,133명(63.8%), 한국적이 16만 569명(36.2%)이었다. 오늘날은 이러한 경향이 역전되었다. 따라서 지난날 부득이 "기민정책"을 펴기도 하였으니 한국에서 투자를 많이 해야 할 것이다. 계파를 떠나 어려움을 타개할 수 있게 해야 한다. 조선학교는 총련계 학교라 하나, 앞에서 언급한 바와 같이 많은 한국적 아동·생도가 재학하고 있는 것이 오늘의 현실이다. 따라서 인도적 차원에서 어려움에 처한 이방인도 돕는데, 동족의 어려운 교육여건에 지원을 외면한다는 것은 있을 수 없는 일이라 하겠다. 민족교육이 제대로 수행될 수 있게 물심양면의 원조를 해야 한다. 일본 정부도 재일동포의 세금을 받고 있고, 결과적으로 일본에서 기여할 인재를 양성하는 것인 이상 학교가 무너지는 것을 방치해서는 안 될 것이다.

넷째, 외교 차원에서 소수민족 교육을 지원·보호하는 정책을 강구해야 한다.

세계적 교육의 추세는 이중언어, 다중언어를 사용하는 경향으로 나아가고 있다. 그리고 자국 안의 소수민족의 언어와 문화를 보호 육성하는 정책을 편다. 미국을 위시하여 중국, 독립국가 연합 등이 그 대표적 예다. 이러한 정책을 펴는 것은 그것이 동화정책보다 결과적으로 자국에 도움이 되는 정책이라 보기 때문이다. 그런데 일본의 경우는 이와 달리 동화정책을 펴고 있다. 그래서 민족교육 기관을 탄압하고 폐쇄하고 있다.

앞에서 언급한 바와 같이 오늘날의 흐름은 국경이 무의미해지고, 큰 블록으로 결속하고 있다. 이러한 의미에서 자국 안의 소수민족을 보호하는 정책을 펴 끌어안는 것이 바람직한 외교정책이요, 문화정책이라 할 것이다. 남의 나라 국정과 관련된 문제여서 매우 조심스러운 말이나 일본정부는 우리 재외동포에 대해 동화 정책을 펼 것이 아니라, 민족교육을 양성화하여, 이들로 하여금 소수민족으로서 자긍심을 가지고 살며, 나아가 일본의 발전에 기여하게 함이 바람직할 것이다. 따라서 한국·조선·일본 정부는 외교적 차원에서 재일동포의 민족교육을 활성화하는 방향으로 공조할 일이다. 이렇게 되면 상호 우호관계를 다지게 될 것이며, 자타의 문화발전에 상승효과를 드러낼 것이다. 특히 이러한 교육정책은 일본으로 하여금 문화 발전과 세계화에 크게 기여할 것임을 명심할 일이다.

다섯째, 남북의 국어로서의 조선어교육을 실시한다.

민족교육의 가장 핵심적 대상이 모어(母語)요, 소위 "국어"다. 이는 민족의 핵심요소의 하나다. 따라서 마지막으로 재일동포의 모국어 문제를 살펴보기로 한다.

영주지향 동포들의 모국어는 그간 조국과 오랫동안 떨어져 살아 많이 변모되었다. 소위 "재일동포의 언어"가 되었다. 거기다가 조국의 남북은

언어규범이 달라 이에 따른 문제도 있다. 총련계의 6차 교과서 개편(2003~
2006)에서는 "조선반도"에서 통용되는 "살아있는 말"의 학습을 지향하고
있다. 이는 재일동포의 교육이 민족교육과 함께 일본화, 국제화 교육을
지향하고 있어 당연한 결과라 하겠다. 이러한 방향은 바람직한 것이다.
그러나 현실적으로 남북의 언어규범이 달라, 표준발음이 다르고, 표기법
이 다른 것이 꽤 있고, 많은 어휘가 차이를 보인다. 따라서 통일된 조국
의 언어를 수립하기란 용이하지 않을 것이다. 해결의 방법이 하나 있다
면 우리말이 본래 조선학회의 "한글맞춤법 통일안"을 바탕으로 정리된
것이니, 이의 정신으로 돌아가 통일을 꾀하는 것이다. 만일 이것이 어렵
다면 남북의 언어를 같이 사용하는 것이다. 같이 사용해도 현실적으로
크게 문제될 것은 없다. 크게 차이가 나지 않기 때문이다. 같이 사용하
노라면 자연 적자생존의 법칙에 의해 도태될 것은 도태되고, 복수로 살
아남게 될 것은 살아남아 정리가 될 것이다. 이것이 민중에게 부담을 보
다 적게 주는 통일 방법이라 할 것이다. 발음・표기・어휘・문법 등을
굳이 하나로 통일하겠다는 생각도 안 하는 것이 좋다. 복수의 규범을 인
정하는 것이다. 영국 영어, 미국 영어, 캐나다 영어, 호주 영어가 모두
같은 영어는 아니다. 그러나 이들을 통일해야 한다고 생각하지 않는다.
한국어도 세계화하고 있고 세계화를 추진하고 있다. 한국의 언어규범이
있고, 조선의 규범이 있으며, 중국 조선족의 규범도 따로 제정되어 있다.
따라서 하나로 통일하기보다 지역적 특성을 존중하며 다 같이 쓸 수 있
는 통용어를 모색하는 것이 가장 수월하고 바람직한 방법인지 모른다.
급할수록 돌아가라는 속담도 있듯, 좀 더디기는 하겠지만 언중의 부담이
적고 수월한 방법을 선택하는 것이 가장 현명한 방법이라 할 것이다.

참고문헌

박갑수(2005), 국어교육과 한국어교육의 성찰, 서울대학교 출판부.

박갑수(2012), 한국어교육의 원리와 방법, 역락.

박갑수(2013), 한국어교육과 언어문화 교육, 역락.

金德龍(2004), 朝鮮學校の戰後史 1945-1972, 社會評論社.

眞田信治 外編(2005), 在日コリアンの言語相, 和泉書院.

강영우(2003), 일본의 민단 산하 한민족 교육의 현황, 재외동포교육진흥재단, 재외동포
          의 정체성 확립과 교육의 방향, 재외동포교육진흥재단.

김덕룡(2004), 在日朝鮮學校의 발걸음과 미래에의 제안, 世界(2004년 3-4월호), 岩波書
          店.

김송이(1993), 재일 자녀를 위한 총련의 민족교육 현장에서, 이중언어학회지, 제10호,
          이중언어학회.

김 환(1988), 일본에 있어서의 한국어교육-오늘과 내일-, 이중언어학회지, 제4호,
          이중언어학회.

박갑수(1988), 관서지방 한국학교의 국어교육, 이중언어학회지, 제4집, 이중언어학회.

박갑수(1992), 재외동포의 한국어교육-재일·재중동포의 모국어교육을 중심으로, 국
          어교육학의 이론과 방법연구, 교학사.

박갑수(2006), 재외동포 한국어교육의 오늘과 내일, 이중언어학회, 한국어교육의 오늘
          과 내일, 이중언어학회.

박병윤(1990), 재일 한국인 민족교육의 과거, 현재, 미래, 사제본.

신명직(2003), 일본 <조선학교>에서의 민족교육, 재외동포교육진흥재단, 재외동포의
          정체성 확립과 교육의 방향, 재외동포교육진흥재단.

申昌洙(2005), 民族敎育の歷史と朝鮮學校における朝鮮語敎育, 眞田信治 外編(2005), 在
          日コリアンの言語相, 和泉書院.

정 광(1988), 일본 薩摩 苗代川에 정착한 임진왜란 韓國 捕虜人의 모국어 교육, 이중
          언어학회지, 제4호, 이중언어학회.

정태무(1986), 금강학원에 부임하여, 일본정부 정규학교 인가 취득, 창립 40주년 기념
          지, 금강학원.

조의성(2009), 재일교포의 민족어교육과 언어사용 양상, 국립국어원·한국어교육학회

공동국제학술회의, 남북 국어교육 및 해외 민족어교육, 한국어교육학회.
前田眞彦(2005), 韓國系 民族學校の事例, 眞田信治 外編(2005), 在日コリアンの言語相, 和泉書院.

■ 이 글은 재일동포 민족교육의 실상을 하나의 논문으로 정리할 필요가 있어 새로이 집필한 것으로, "한국어교육연구, 제17호(서울대 외국인을 위한 한국어교육지도자과정, 2013)" 에 발표한 것이다.

제3장 재외동포 교육과 언어문화의 교육과정

1. 서언

우리의 민족과 국가는 그간 많은 성장 발전을 거듭해 왔다. 동방의 조그마한 나라가 세계 10대 강국에 진입하게 된 것이다. 인구로 볼 때에도 수적으로 많이 성장했다. 기미년에 독립을 선언할 때만 하여도 우리의 인구는 "2천만 민중의 성충을 합하여…"라고 고작 2천만에 불과했다. 그런데 지금은 약 7천만에 이른다. 이들은 대부분 한반도에서 거주한다. 그러나 이 가운데 약 10분의 1인 700만이 170여개 나라에 나가 살고 있다. 그래서 우리는 재외동포의 대국이라 한다.

세계에 산재해 있는 우리 재외동포는 역사적으로 대부분 많은 고난을 겪었다 그러나 오늘날 이를 극복하고 자랑스러운 민족으로 성장했다. 이 글에서는 이러한 우리 재외동포의 교육, 그 가운데도 주로 언어문화의 교육과정(敎育課程)에 대해 살펴보기로 한다.

재외동포 교육을 살펴보기 위해서는 우선 "재외동포"의 개념부터 분명히 할 필요가 있다. 이는 흔히 혼란이 빚어지기 때문이다. 재외동포의 개념은 "在外同胞法(1997)"에 다음과 같이 명시되어 있다.

> 第2條 [定義] 이 法에서 "在外同胞'라 함은 다음 各號의 1에 해당하는 者를 말한다.
> 1. 大韓民國國民으로서 外國에 長期 滯留하거나 永住權을 취득한 者
> 2. 國籍을 불문하고 韓民族의 血統을 지닌 者로서 外國에 居住·生活 하는 者

"재외동포"란 대한민국 국민으로서 외국에 살고 있는 사람과, 국적을 불문하고 외국에 거주하는 한민족의 혈통을 지닌 사람이란 두 부류의 대상을 가리킨다. "在外同胞의出入國과法的地位에관한法律(1999)"에는 이를 좀 더 분명히 하고 있다. 곧 전자를 "재외국민", 후자를 "외국국적 동포"라 명명하고 있는 것이다.

"재외동포"는 이와 같이 "재외국민"과 "외국 국적 동포"라는 서로 다른 개념의 두 대상을 가리킨다. 같은 재외동포라 하더라도 그 대상에 따라 교육의 성격도 다소간에 달라진다. 따라서 재외동포의 교육 문제를 다룰 때에는 이러한 점에 충분한 주의를 기울여야 한다.

2. 재외동포 교육의 목표와 현황

재외동포들은 우선 거주지에서 현지교육을 받고, 여건이 허락하는 한도 안에서 민족교육을 받는다. 재외동포들에게 민족교육을 실시하는 것은 한마디로 正體性(identity)을 확립하자는 것이다. 한민족에게 한국어를 가르치고, 한국문화와 역사를 가르치는 것은 "한민족"으로서의 민족적 정체성을 확립하고, 다문화사회에 기여할 수 있게 하기 위해서다. 한국어를 모르고, 한국문화를 모른다면 한민족이라 하기 어려울 것이다.

민족은 "언어와 문화상의 공통성에 기초한 사회집단"이다. Wundt는 이러한 문화의 바탕으로 "혈연"을 들고 있다. 따라서 같은 피붙이로, 언어·문화의 공통성을 지니는 사회집단을 같은 민족이라 할 수 있다. 민족교육을 한다는 것은 뿌리를 찾는 것이다. 뿌리 없는 식물이 살 수 없듯이, 뿌리 없는 민족도 살아남을 수 없다. 이는 개인의 경우도 마찬가지다. 민족교육의 의의는 무엇보다 이러한 정체성 확보에 있다.

재외동포의 민족교육은 앞에서 언급한 바와 같이 그 대상에 따라 성격을 달리한다. 재외국민, 곧 교포(僑胞)에 대한 민족교육은 내국인과 같이 국어·국사교육으로서 행해진다. 이에 대해 외국국적동포에게는 국어 아닌, 외국어로서의 한국어·한국사를 교육하게 된다. 이렇게 재외동포는 그가 교포냐 아니냐에 따라 민족교육의 성격을 달리한다. 그러나 이들이 다 같이 정체성을 확보하게 하는 민족교육임에는 다름이 없다.

정부의 재외동포의 교육목표는 문민정부 이래 국민의 정부나 참여정부에 이르기까지 다 "세계 속에서 자긍심 높은 한국인상 구현"에 그 목표를 두고 있다(박갑수, 2005). 이는 외국국적동포에 대한 민족교육을 하기 이전의 목표로 오늘날은 교육 목표를 "세계 속에서 자긍심 높은 한국인/한민족 상 구현"으로 바로잡혀야 한다. "재외국민"만이 아닌, "외국국적동포"가 다 같이 교육의 대상이 되어야 하기 때문이다. 재외동포는 민족적 정체성을 유지·신장하고, 현지에서 안정적으로 정착해 삶으로써 자랑스러운 한민족의 상을 구현하는 것이다. 이를 위해 영주 동포와 일시 체류자에게는 "현지 적응교육"을 하며, 영주 동포에게는 한민족으로서의 동질성과 정체성을 갖게 "모국 이해교육"을 하고, 일시 체류자에게는 귀국한 뒤 고국에 적응할 수 있게 "국내 연계교육"을 하도록 한다는 것이다. 참여정부는 2005년 4월 "재외동포교육 강화방안"을 확정 발표하며, "한민족의 정체성 확립 및 국내 교육과의 연계교육 강화"란 목표를 "국가의 소중한 해외 인적자원 개발활용"으로 바꾸었다. 이는 종전의 상징적 표현에 대해 "인적자원 개발활용"을 강조한 것이라 할 수 있다.

이렇게 볼 때 재외동포의 민족교육, 또는 민족어 교육의 목표는 국내 연계교육, 한민족(모국) 이해교육, 현지 적응교육의 세 가지로 요약된다. 그러나 여기에 한국문화의 세계화교육을 하나 더 추가하는 것이 바람직하다. 오늘날은 국제화시대, 글로벌 시대라 한다. 지구촌 시대에 홀로 고립하여 살 수는 없다. 인류의 보편적 가치와 윤리를 존중하고 협동하며 살아가야 한다. 따라서 지구촌의 발전과 세계문화의 창조 발전을 위해 민족문화가 기여하는 교육을 해야 한다. 문화적 교류에 의해 상호간의 이해를 도모하고, 세계문화의 창조 발전에 기여하도록 하는 것이다. 이러한 교육은 내국인이 아니고, 다른 문화사회에 거주하는 재외동포이기 때문에 더욱 현실적이고 강조되는 목표다. 세계화의 교육은 편협한 국수주의적 교육정책이 아니요 열린 교육으로서, 세계문화 창조와 발전에 기여하게 하려는 교육이다.

재외동포의 교육 내용은 여러 가지를 생각할 수 있다. "재외동포교육의 목표 및 기본 방향(1995)"에서는 "우리나라의 말과 글, 역사, 문화 등"을 그 대상으로 보고 있다. 이 가운데 근본이 되는 것은 물론 민족 어문(民族 語文)의 교육이라 할 것이다.

한국어교육은 준비가 제대로 되지 않은 상황에서 피동적으로 시작되었다. 그래서 교육여건이 열악한 편이다. 이는 재외동포의 경우도 마찬가지다. 그러나 그런 가운데도 많은 발전을 이루었다.

민족어교육은 한글학교, 한국학교, 거주국 소학교, 교육원, 기타 교육기관에서 행해지고 있으며, 한글학교가 근간을 이룬다. 한국어교육은 두 가지 면에서 살펴볼 수 있다. 그 하나가 교육 기반이 되는 여건으로서의 교육과정, 학습자료, 교수법, 교사와 같은 것이고, 다른 하나가 듣기, 말하기, 읽기, 쓰기와 같은 현장 교육이다. 여기서는 민족교육의 중심 기관인 한글학교를 중심으로 재외동포교육의 현황을 교육기반을 중심으로 살펴보기로 한다. 다만 이에 대해서는 박갑수(1996)에서도 논의 한 바 있기에 간단히 보기로 한다.

첫째, 교육과정의 문제

국가적 수준의 교육과정, 또는 실러버스가 단계별로 만들어져 있어야 한다. 한국교육과정평가원에서는 이러한 교육과정을 2차에 걸쳐 개발한 바 있다. 그 1차 보고서가 "재외동포용 한국어 교재개선을 위한 교육과정 개발연구"(류재택 외 2002)이고, 2차 보고서가 "재외동포용 한국어 교육과정 및 교재 체제 개발 연구"(류재덕 외, 2004)이다. 그런데 이들 교육과정은 특정 교재를 개발하기 위한 교육과정으로 받아들여져서인지 잘 알려지지도 않고, 활용도 제대로 되고 있지 않는 것 같다. 이는 초급(1-6급), 중급(7-10급), 상급(11-12급)의 12급에 걸친 교육과정으로 원용할 만한 좋은 교육과정이다. 그리고 근자에는 학회에서도 교육과정에 대해 논의가 활발히 전개되고 있다. 따라서 보다 바람직한 국가적 수준의 교육과정이 개발될 것으로 기대된다. 국가 수준의 교육과정은 각급 과정의 기초가 되는 것이니 바람직한 것이 개발되어야 하겠다. 재외 현지에서의 교육과정은 재미한인교육협의회(재미한인학교 교육과정, 1992) 등에서 구안된 것이 다소 있다. 이들은 단편적인 것으로 만족스러운 것이 못 된다. 각 과정에서는 우선 상기 교육과정평가원의 교육과정과 한국어 능력시험의 기준 등을 참고로 현지 사정에 부합하는 교육과정을 자체 제작하여 활용함이 바람직하겠다. 교육과정이 있는 것과 없는 것은 교육의 질을 크게 좌우할 것이기 때문이다.

둘째, 학습 자료의 문제

재외동포를 위한 교재는 아직 부실한 편이다. 대표적인 것에 국제교육 진흥원 및 한국교육과정평가원에서 개발한 "한국어", "한국어 회화" 등 이 있다. 이들은 범용교재(汎用敎材)로 개발되어 몇 개 언어로 번역된 것 이다. 학습 자료는 원칙적으로 학습자의 언어에 따라 대조분석을 바탕으 로 제작되어야 한다. 이런 의미에서 현지에서 제작한 교재가 좀 더 바람 직할 것이다. 재미한글학교연합회와 남가주한국학교연합회의 "한국어" (全6卷)나, 중국의 조선족 소학교 및 중학교의 교재는 이런 의미에서 값진 것이다.

이 밖에 국제교육진흥원의 KOSNET(Korean Language Study on the Internet), 및 재외동포재단의 "Teenager Korean"은 특수 자료로 참고할 수 있을 것이다. 재외동포교육진흥재단의 "한글"(기초) 등도 좋은 교재가 될 것이 다. 중요한 것은 어떤 중핵적(中核的) 자료도 그것만으로는 부족하다는 것 이다. 보조 자료를 필요로 한다. 이런 의미에서 많은 보조 자료가 개발 되어야 하고, 교사 자작의 학습 자료도 개발되어야 한다.

셋째, 교수법의 문제

역사적으로 볼 때 외국어 교수법은 많은 것들이 생멸(生滅)되면서 오늘 에 이르렀다. 이 가운데 주류를 이루는 교수법은 문법-번역법(grammar-translation method)과 청각-구두법(audio-lingual approach), 그리고 의사소통법 (communicative approach)이라 할 수 있다. 재외동포의 민족어 교육에도 이 러한 교수법이 원용되어 왔고, 또 지금도 활용되고 있다. 오늘날은 이 가 운데 구어 학습을 위주로 하는 의사소통법이 애용되고 있다 할 것이다.

교수법은 학습자, 학습 내용, 학습 목적에 따라 그 방법을 달리해야 한다. 따라서 어떤 교수법이 좋다고 한마디로 단언하는 것은 곤란하다.

어린이를 대상으로 하는 경우에는 모방·기억법(mim·mem practice)이 어울릴 것이다. 이와 달리 중·고교생인 경우는 의사소통법을, 대학생인 경우에는 문법-번역법을 즐겨 쓸 수 있다. 따라서 각종 교수법의 장단점을 고려하여 그 과정에 어울리는 것을 선택, 운용하도록 해야 한다. 한글학교 어린이의 경우는 의사소통법을 위주로, 모방·기억법을 가미하는 것이 바람직할 것이다. 그리고 여기 덧붙일 것은 그간 의사소통법에서 문법(언어지식) 지도를 소홀히 했으나 오늘날은 문법의식을 고양하고 있다는 것이다. 문법지도는 제시모형인 소위 PPP모형이거나, 과제모형인 TTT모형을 선택하는 것이 바람직하다. PPP 모형은 제시(presentation)-연습(practice)이란 정확성을 목표로 하는 전형적 수업방식에 유창성을 더하기 위하여 "생성(production)"을 추가한 것이다. TTT모형은 유창성에서 정확성으로 역행하는 순서를 밟는 지도 모형으로, 의사소통을 바탕으로 한 과제 수행 모델이다. 이는 과제(task)-교수(teach)-과제(task)란 순서를 밟는다(박갑수, 2006).

넷째, 교원의 문제

교사의 자질은 교육의 성패를 좌우할 정도로 중요한 의미를 지닌다. 한국어교육은 앞에서도 언급하였듯 자발적이라기보다 피동적으로 발전해 왔다. 따라서 유능한 교사가 제대로 양성되지 못했고, 아직도 국내외를 가릴 것 없이 교원 양성기관이 제대로 갖추어져 있지 못한 실정이다. 다행스러운 것은 2005년 국어기본법이 제정된 뒤, 자격시험을 거쳐 교사가 되는 길이 열렸다는 것이다. 국어기본법 시행령 제14조에는 "한국어교육 능력검정시험의 영역"이 명시되어 있다.

　　1. 한국어학 : 국어학개론, 한국어음운론, 한국어문법론, 한국어어휘론,

한국어의미론, 한국어화용론, 한국어사, 한국어어문규범 등
2. 일반언어학 및 응용언어학 : 응용언어학, 언어학개론, 대조언어학, 사회언어학, 심리언어학, 외국어습득론 등
3. 외국어로서의 한국어교육론 : 한국어교육개론, 한국어교육과정론, 한국어평가론, 언어교수이론, 한국어표현교육법(말하기, 쓰기), 한국어이해교육법(듣기, 읽기), 한국어발음교육론, 한국어문법교육론, 한국어어휘교육론, 한국어교재론, 한국어문화교육론, 한국어한자교육론, 한국어교육정책론, 한국어번역론 등
4. 한국문화 : 한국민속학, 한국의 현대문학, 한국의 전통문화, 한국문학개론, 전통문화 현장실습, 한국현대문화비평, 현대한국사회, 한국문학의 이해 등
5. 한국어교육 실습 : 강의 참관, 모의 수업, 강의 실습 등

이러한 내용은 박갑수(2004)의 "교사교육의 기본교과의 모델"과 대동소이한 것이다. 한국어교육에 관심이 있는 사람은 이들 영역을 참고하여 연마하는 것이 바람직하겠다. 자격시험은 한국어세계화재단이 관장하고 있고, 이의 공식 명칭은 "한국어교육 능력 인증시험"이라 한다.

3. 언어교육과 문화의 교육과정

3.1. 언어교육에서의 문화교육

모든 형식의 언어학습은 문화에 대한 학습이며, 외국문화와의 만남은 그 외국어 수업의 첫째 시간부터 시작된다는 말이 있다. 이토록 언어와 문화는 밀접한 관계를 갖는다. 그래서 Porter & Samovar(1991)은 "원활한 의사소통을 하기 위해서는 상대방 문화의 이해가 반드시 필요하다"고

하고 있다. 이에 여기서는 언어교육에 중요한 의미를 갖는 문화교육에 대해 살펴보기로 한다.

언어교육이란 문화교육이며, 언어의 표현은 문법성 못지않게 사회적 수용성(social acceptability), 사회적 적격성(social appropriateness)이 문제가 된다. 예를 들어 영어의 경우라면 "You" 하나로 족할 것을, 한국어의 경우에는 "어르신, 당신, 자네, 너" 같은 여러 대명사 가운데서 적당한 것을 선택해 사용해야 한다. 이것을 잘못 선택하여 사용하게 되면 정확성이 문제가 아닌, 언어적 사단이 벌어진다. 언어문화는 이렇게 중요한 의미를 갖는다.

Seelye(1988)의 문화교육의 목표는 이런 의미에서 그것이 그대로 언어교육에 문화교육이 필요하다는 사실을 명시적으로 보여 주는 것이라 하겠다. H. N. Seelye의 문화교육의 목표는 다음과 같다.

① 사회의 구성원에게 문화적 조건으로 인하여 나타나는 행위에 대한 이해를 돕는다.
② 연령, 성, 사회계층, 주거지역과 같은 사회언어학적 변인이 말과 행동에 어떻게 영향을 미치는가에 대한 이해를 돕는다.
③ 목표문화의 일반적 상황에서 나타나는 관습적 행동을 인지하도록 돕는다.
④ 목표언어에서 문화적 함의(connotation)가 있는 어구를 인지하도록 돕는다.
⑤ 목표문화를 일반화한 것에 대해 평가하고, 정밀화하는 능력을 발전시키도록 돕는다.
⑥ 목표문화에 대한 정보를 정리하거나 조직하는 데 필요한 방법을 발전시키도록 돕는다.
⑦ 목표문화에 대한 학생들의 지적 호기심을 자극하고, 해당 민족에 대해 공감하도록 격려한다.

언어교육에 대한 문화교육의 필요성은 미국 정부의 "21세기를 대비한 외국어 습득의 기준(Standards for foreign language learning : Preparing for the 21st century, 1966)에서도 확인된다. 여기에서는 초·중·고등학교의 외국어교육 발전의 기본원리로 5C를 들고 있기 때문이다. 5C란 Communication, Culture, Connection, Comparison, Communities의 다섯 개의 C를 가리킨다.

이러한 언어교육에서의 문화교육의 필요성은 박갑수(2005)에서 좀 더 구체적으로 제시되고 있다. 그것은 다음과 같다.

1) 문화교육을 통해 바람직한 한국어를 학습한다.
2) 문화교육을 통해 한국어를 효과적으로 학습한다.
3) 문화교육을 통해 한국어의 문화적 표현을 익힌다.
4) 문화교육을 통해 문화적 충격을 완화한다.

1)은 문화교육을 통해 한국어다운 한국어를 학습한다는 것이고, 2)는 한국어 학습을 용이하게 한다는 것이다. 3)은 관용적 표현 등 특유한 한국어 표현의 문화적 배경을 이해하고, 그 표현 형식을 익힌다는 것이며, 4)는 목표 언어와 문화에서 받는 충격을 문화교육을 통해 완화하고 이해한다는 것이다.

이러한 언어교육에서의 문화교육의 필요성은 언어교육의 목표와 직접 관련된다. 외국어 교육의 목표는 효과적인 의사소통, 수용 가능한 의사소통을 하는 데 있으며, 문화교육은 이를 돕는 역할을 하게 된다.

그러면 한국어교육의 학습 대상이 되는 문화 항목으로는 어떤 것을 들 것인가?

문화란 한 민족의 생활양식의 총체, 개개의 인간이 집단으로부터 받아들이는 사회적 유산을 의미한다. 따라서 같은 민족은 같은 문화를 지닌다. "재외동포교육의 목표 및 기본방향(1995)"에 보이는 "우리나라의 말과 글, 역사, 문화 등"을 교육 내용으로 한다는 "문화"도 이러한 것이다.

문화의 종류는 다양하다. 기준에 따라 다양하게 분류되기 때문이다. 정신문화/물질문화, 고유문화/외래문화, 전통문화/현대문화, 무형문화/유형문화, 대중문화/고급문화의 분류 같은 것이 그것이다. 이와 달리 정보문화(informational culture), 행동문화(behaviaral culture), 성취문화(achievement culture)로 삼분하기도 하고, 정신문화, 언어문화, 예술문화, 생활문화, 제도문화, 학문문화, 산업기술문화 등으로 다양하게 구분하기도 한다.

이러한 문화교육은 크게 두 가지로 나누어 볼 수 있다. 그 하나가 사회교육으로서 수행되는 문화교육으로, 문화 전반을 교육하는 포괄적 문화의 교육이다. 이는 민족문화를 이해하기 위한 교육이다. 이에 대해 다른 하나는 언어교육으로서 수행되는 문화교육으로, 언어와 관련되는 제한적 문화의 교육이다. 언어를 이해하기 위한 문화교육은 다시 직접적 언어문화와 간접적 언어문화의 교육으로 나눌 수 있다. 전자를 언어의 구조적(構造的) 문화라 한다면, 후자는 언어의 운용적(運用的) 문화라 할 수 있다. "앞(<南), 맛(<食品), 노래(<遊), 붉다(<火)"와 "눈물, 두루마기, 바늘귀, 빨래말미, 열없다"와 같은 명명·조어, 또는 "삼청냉돌, 바가지를 긁다, 오라질 놈, 혼나다"나, "간에 기별도 안 간다, 아닌 밤중에 홍두깨, 절에 간 색시"와 같은 관용어나 속담과 관련되는 문화 같은 것은 구조적 문화라 할 수 있다. 이에 대해 "Thank you!"라 할 자리에 "미안합니다"라 하고, 진수성찬을 차리고도 "차린 것은 없지만 많이 드시라"고 인사하는 문화, 사죄해야 할 자리에 "드릴 말씀이 없다"고 하는 언어문화는 운용적 문화라 할 수 있을 것이다. 구조적 문화교육은 언어능력(linguistic competence)을 기르고, 운용적 문화교육은 의사소통 능력(communicative competence)을 기르게 할 것이다. 언어교육에서 사회교육으로 수행되는 포괄적 문화교육은 반드시 필요한 것은 아니다. 이는 필요 없다는 말이 아

니요, 제한된 언어교육 교과에서 다루기에는 벅차다는 말이다. 따라서 언어와 직접 관련을 갖는 문화 내용, 그 가운데도 구조적 문화 내용에 많은 비중을 두고 교육을 하고 있는 것이 오늘의 현실이다.

3.2. 국어 교육과정에 반영된 문화교육

재외동포의 민족어 교육에서 문화교육과정은 어떻게 구안되어야 할 것인가? 이는 물론 이론과 실제를 바탕으로 개발되어야 한다. 그런데 앞에서 언급한 바와 같이 아직 국가 수준의 교육과정이 제대로 확립되어 있지 않다. 따라서 문화교육과정은 엄두도 못 내고 있는 현실이다. 그러나 언제까지고 방치해 둘 수는 없는 일이다.

우리에게는 각 급 학교에 국가적 교육과정이 마련되어 있다. 이는 적어도 제1차 교육과정(1955) 이래 반세기의 역사를 지니는 것이다. 더구나 새로운 교육과정은 2007년 제정되어 "교육인적자원부 고시 제2007-79호"로 공포된 것이다. 따라서 이 교육과정은 참신한 것으로, 이를 참고하게 되면 어느 정도 재외동포의 문화 교육과정을 구안할 수도 있을 것이다. 우선 국어교육과정은 재외국민의 교육과정의 기초를 마련해 줄 것이며, 각종 외국어교육과정은 외국국적 동포의 교육과정을 구안하는 데 큰 얼거리를 제공해 줄 것으로 생각된다. 이에 이 교육과정에 대한 비판과 함께 재외동포의 민족어 교육에서 다루어야 할 문화의 교육과정 내용을 구안해 보기로 한다.

국민공통 기본교육과정으로서의 국어과 교육과정은 일시 체류하거나, 영주하고 있는 재외국민의 한국어 교육과정에 원용할 수 있다. 그런데 이 교육과정에는 교육 내용으로서의 문화가 별로 반영되어 있지 않다. 문화에 대한 언급은 "1. 성격", "2. 목표", "3. 내용"의 세 군데에 보이는

데, 그 내용이 매우 간략하고, 단편적이다.

> 성격 : "국어교과는… 국어 발전과 국어문화 창달에 이바지하려는 뜻
> 을 세우게 하기 위한 교과이다."
> "또한 국어 문화에 대한 관심을 높이고 국어를 발전시키려는
> 태도를 강조한다."
> 목표 : "국어의 발전과 민족의 국어문화 창조에 이바지할 수 있는 능
> 력과 태도를 기른다."
> "다. 국어 세계에 흥미를 가지고 언어 현상을 계속적으로 탐구
> 하여, 국어의 발전과 미래 지향의 국어 문화를 창조한다."

이렇게 "성격"과 "목표"에서는 국어의 발전과 미래 지향의 국어 문화 창조에 이바지할 수 있는 능력과 태도를 기른다는 선언적 내용만을 담고 있다. 그리고 "내용"에서는 언어의 네 기능과 문법 및 문학의 "맥락" 항에서 간단히 "사회·문화적 맥락"이라고 언급만 하고 있고, "학년별 내용"에서는 이것이 전혀 명시적으로 드러나 있지 않다. 이러한 사정은 정부의 교육과정이 내국인을 대상으로 하기 때문에 문화적인 내용을 구체적으로 예시하지 않은 것으로 추론하게 한다. 그러나 이는 바람직한 처사가 못 된다.

재외국민의 경우는 상황이 다르다. 영주 동포의 경우, 또는 2세·3세 이렇게 후대로 내려갈수록 대부분의 재외동포는 한국문화를 모른다고 보아야 한다. 따라서 문화 학습을 필요로 한다. 이러한 경우에는 그가 비록 재외국민이라 하더라도 외국인 또는 외국 국적 동포가 외국어로서 한국어를 학습할 때처럼 문화가 교수·학습 내용으로 다루어져야 한다.

3.3. 외국어 교육과정에 반영된 문화교육

교육인적자원부의 외국어 교육과정은 영어의 경우는 국민공통 기본 교육과정 및 선택과목으로서의 교육과정에 다 같이 해당되나, 다른 외국어 과목의 경우는 선택과목으로서의 교육과정에만 해당된다. 이들 외국어 교육과정의 문화 내용 기술은 영어(英語)만이 체재를 달리 하고, 독(獨)·불(佛)·서(西)·노(露)·중(中)·일어(日語)는 같이 하고 있다. 영어 교육과정의 경우는 "성격, 목표, 소재, 교수 학습 방법"의 네 항목에, 나머지 외국어의 경우는 "성격, 목표, 내용, 교수학습 방법, 평가" 등의 다섯 항목에 걸쳐 문화 내용을 담고 있다.

그러면 바람직한 재외동포 교육과정의 문화 내용을 추출하기 위해서 이들의 문화 내용을 살펴보기로 한다. 여기서는 번거로움을 피하기 위해 외국어 교육과정의 교육 목표와 교육 내용만을 보기로 한다. 이러한 고찰은 재외동포의 문화 교육의 내용을 선정하는 하나의 기준을 제공해 줄 것이다. 먼저 각종 영어 교과의 문화교육의 목표를 보면 다음과 같다.

- 초등 영어 : 라. 영어 학습을 통하여 다른 나라의 관습이나 문화를 이해한다.
- 중등 영어 : 라. 영어 학습을 통하여 다양한 문화를 이해하고, 우리 문화를 영어로 소개한다.
- 영어 I : 마. 외국인의 문화와 언어 표현을 이해하고 우리 문화를 소개한다.
- 영어 II : 마. 외국인의 생활태도, 사고방식, 가치관 등에 나타난 문화적 차이를 이해한다.
  바. 우리 문화의 특성을 외국인에게 소개한다.
- 실용 영어 회화 : 외국문화를 이해하고 우리 문화를 소개한다.
- 심화 영어 회화 : 외국문화를 이해하고 우리 문화를 소개하며 설명

한다.

위에 보는 바와 같이 영어 교육과정에서는 문화교육의 목표를 주로 외국문화의 이해와 우리 문화 소개에 두고 있다. 영어의 효과적이고 바람직한 사용과 이해를 위한 문화교육의 목표는 거의 보이지 않는다. 이에 대해 다른 교과의 교육목표는 다음과 같이 되어 있다.

독어 : (1) 독일어권 문화의 특성에 주목하여 일상생활 문화를 올바로 이해한다.
　　　(2) 독일어권 문화의 가치를 올바로 인식한다.
　　　(3) 독일어권 문화를 올바로 적용하여 독일어로 효과적인 의사소통을 한다.
　　　(4) 독일어권 문화와 우리 문화의 비교를 통해 문화의 보편성과 특수성을 인식한다.
불어 : (1) 프랑스어 학습을 통해 프랑스어권 사람들의 일상생활 문화를 이해한다.
　　　(2) 프랑스어권 국가의 주요 정치 경제 사회 역사 등 다양한 문화적 특성에 관심을 가진다.
　　　(3) 프랑스어권 문화를 이해함으로써 프랑스어 의사소통의 효율을 극대화한다.
　　　(4) 프랑스어권 문화와 우리문화의 비교를 통해 문화의 보편성과 특수성을 인식한다.
서어 : (1) 스페인 및 중남미 일상생활 문화의 기본적 특징을 이해한다.
　　　(2) 스페인 및 중남미 문화에 대해 공감하면서 그 가치를 존중하는 세계인으로서의 기본자세를 가진다.
　　　(3) 스페인 및 중남미의 기본적인 문화 내용을 이해하고, 스페인어 의사소통에 활용한다.
　　　(4) 스페인 및 중남미 문화와 우리 문화의 비교를 통해 문화의

보편성 및 특수성을 인식한다.

노어 : (1) 우리나라 일상문화와 비교되는 러시아 일상문화의 변별적 특징을 파악하면서 러시아 문화 내용을 이해한다.

(2) 러시아의 주요 정치 경제 사회 역사 지리 등 다양한 문화적 특성에 대해 관심을 가진다.

(3) 러시아 문화 내용을 러시아 의사소통 상황에 적절히 적용한다.

(4) 러시아 문화와 우리 문화의 비교를 통해 문화의 보편성 및 특수성을 인식한다.

중어 : (1) 중국인의 일상생활과 관련된 문화를 이해하고, 이를 중국어의 이해와 의사소통의 실제에 활용한다.

(2) 중국의 정치 경제 사회 역사 등 기본적인 문화를 올바로 이해한다.

(3) 문화적 차이를 올바로 인식하고 우리 문화 발전에 기여하려는 태도를 갖는다.

일어 : (1) 일본인의 기본적인 언어행동 문화를 이해한다.

(2) 일본인의 기본적인 일상생활 문화를 이해한다.

(3) 일본의 중요한 전통문화와 대중문화를 이해한다.

(4) 한일 양국 문화의 공통점과 차이점을 이해하여 문화의 다양성을 인식한다.

위에 보이는 바와 같이 독(獨)·불(佛)·서(西)·노(露)·중(中)·일어(日語)의 경우는 외국어교육에서의 문화교육의 목표를 그 나라 문화를 이해하고, 문화의 보편성과 특수성을 인식하며, 나아가서 그 문화를 통해 효과적 의사소통을 하는 데 두고 있다. 그러나 이들 언어는 그 교육 목표를 "의사소통"이란 언어교육 본래의 목표 외의 일반 문화교육에 상당한 비중을 두고 있다. 이는 문화교육을 수행할 적당한 교과나 시간이 없어 그러한 것으로 생각되나 바람직한 현상은 아니다.

다음에는 이들 교육과정에 반영된 문화 내용을 보기로 한다. 영어 교육과정에서는 [별표 1]에서 다른 교과의 교육과정에서 "문화 내용"이라할 것을 "소재"라 하여 제시하고 있다. 그런데 다른 교육과정과는 달리비체계적으로 잡다하게 열거하고 있다. "소재"는 아래와 같이 19가지다.

1. 개인생활에 관한 내용
2. 가정생활과 의식주에 관한 내용
3. 학교생활과 교우 관계에 관한 내용
4. 주변의 생활과 대인관계 등에 관한 내용
5. 생활습관, 건강, 운동 등에 관한 내용
6. 취미, 오락, 여행 등 여가 선용에 관한 내용
7. 동·식물, 계절, 날씨 등 자연 현상에 관한 내용
8. 영어 문화권에서 사용되는 언어적, 비언어적 의사소통 방식에 관한 내용
9. 타문화에 속한 사람들의 생활습관, 학교생활 등 일상생활을 이해하는 데 도움이 되는 내용
10. 다양한 문화와 우리 문화의 언어·문화적 차이에 관한 내용
11. 우리 문화와 생활양식을 소개하는 데 도움이 되는 내용
12. 공중도덕, 예절, 질서 등 건전한 가치관 형성에 도움이 되는 내용
13. 환경 보전, 봉사, 협동 정신 등 건전한 사고를 기르는 데 도움이되는 내용
14. 정치, 경제, 역사, 지리, 과학, 정보 통신, 우주, 해양, 탐험 등 교양을 넓히는 데 도움이 되는 내용
15. 예술, 문학 등과 같이 심미적 심성을 기르는 데 도움이 되는 내용
16. 근로, 진로 문제 등 개인 복지 증진에 도움이 되는 내용
17. 남녀평등, 인권과 민주 시민생활 등 민주의식을 고취하는 데 도움이 되는 내용
18. 정서 순화와 합리적 사고력 배양에 도움이 되는 내용
19. 애국심, 통일 및 안보 의식 함양에 도움이 되는 내용

이는 아래의 비교에서 드러나듯 다른 교과의 교육과정에서 예시하고
있는 내용과 함께 폭넓게 일반 문화를 포함하고 있다. 영어 이외의 다른
교과 교육과정은 유형화하여 제시되어 있다. 다음에 그 이동(異同)을 알
기 쉽게 요약하여 도시(圖示)하기로 한다.

獨語	佛語	西語	露語	中語	日語
(1) 기본적 의사 소통을 위한 일상문화	(1) 기본적 의사 소통을 위한 일상문화	(1) 기본적 의사 소통을 위한 일상문화	(1) 의사소통을 위한 일상 문화	(1) 의사소통을 위한 일상 문화	(1) 언어행동 문 화 이해에 도움
가. 인사와 소개	가. 소개와 인사	가. 인사와 소개	가. 소개·인사	가. 언어문화	가. 언어행동
나. 개인 및 가정 생활	나. 감정 및 견해	나. 감정·견해	나. 감정·견해	나. 취미·여가	나. 비언어행동
다. 학교생활	다. 취미·여가	다. 사회생활·예 절	다. 취미·여가	다. 가정·학교	(2) 일상생활 문 화
라. 취미·여가	라. 가정	라. 학교생활	라. 가정생활	라. 의식주	가. 가정
마. 일상생활	마. 학교	마. 가정	마. 학교		나. 학교
바. 사회적 관습	바. 일상생활·예 절	바. 통신	바. 일상생활		다. 사회
사. 여행·교통	사. 통신	사. 여가 선용	사. 통신		라. 교통·통신
아. 교통수단	아. 언어문화	아. 의식주	아. 언어문화		마. 의복
(2) 동기 흥미 유 발, 간접 관 련 내용	(2) 동기 흥미 유 발, 간접 관 련 내용	(2) 동기 흥미 유 발, 간접 관 련 내용	(2) 흥미 관심 유발, 간접 관련 내용	(2) 흥미 관심 유발, 간접 관련 내용	바. 음식
가. 생활문화	가. 사회적 문화	가. 左同	가. 左同	가. 左同	사. 주거
나. 제도	나. 환경적 문화	나. 左同	나. 左同	나. 문화유산	(3) 전통문화
다. 역사·지리· 문화	다. 문명적 문화	다. 左同	다. 左同	다. 예술문화	가. 지역문화
라. 예술					나. 연중행사
					다. 전통예능
					라. 놀이문화
					마. 대중문화
(3) 구성상 유의 사항	(3) 구성상 유의 사항	(3) 구성상 유의 사항	(3) 구성상 유의 사항	(3) 구성상 유의 사항	(4) 구성상 유의 사항
가. 실용적·최근 자료	가. 左同	가. 左同	가. 左同	가. 左同	가. 左同
나. 흥미·필요 등 고려	나. 左同	나. 左同	나. 左同	나. 左同	나. 左同
다. [별표1] 참고	다. 左同	다. 左同	다. 左同	다. [별표2] 참고	다. [별표1]
라. 필요시 우리 말 사용	라. 左同	라. 左同	라. 左同	라. 左同	라. 左同
마. 이해·상호활용	마. 左同	마. 左同	마. 左同		마. 이해, 異同인 식

이상의 6개 교과의 교육과정은 의사소통과 직결되는 일상문화와, 기

본적인 의사소통과 간접적 관련을 갖는 사회 문화, 문화내용을 구성할
때의 유의사항의 세부분으로 되어 있다. 먼저 기본적 의사소통과 관련이
있다는 일상문화(1) 항목을 영어까지 포함하여 비교해 보면 다음과 같은
경향을 보이는 것으로 나타난다(○ : 공통, △ : 유사).

	英語	獨語	佛語	西語	露語	中語	日語
(1) 인사와 소개	△	○	○	○	○		
(2) 가정생활	○	○	○	○	○	○	○
(3) 학교생활	○	○	○	○	○	○	○
(4) 취미	○	○	○		○	○	
(5) 일상생활(습관)	○	○	○		○		○
(6) 여가	○	○	○	○	○	○	
(7) 사회적 관습/ 예절	○	○	○	○			○
(8) 통신	○		○	○			○
(9) 감정 및 견해	△		○	○	○		
(10) 언어문화	○				○	○	○
(11) 의식주				○		○	○
(12) 여행·교통	○	○					△
(13) 개인생활	○	○					

이들은 일상생활에서 행해지는 언어 사실을 문화 항목으로 제시한 것
이다. 문화내용을 "이해와 표현에 도움을 줄 수 있는 것으로 한다"고 되
어 있으나, 이를 이해함으로 목표 언어의 이해를 돕게 한다기보다 특정
한 영역의 표현을 학습할 대상으로 제시한 것뿐이기 때문이다. 따라서
의사소통을 위한 문화 항목이라 보기 어렵다. 이들 문화항목의 대부분은
학습자의 흥미유발이나 실용을 위해 선정된 것이다. 이들 문화 내용은
도표에 보이는 바와 같이 10여 항에 집중 분포되어 있으며, 상호간에 공
통되는 부분이 많다. 영어의 "소재"에 보이는 "자연현상, 언어문화적 차

이, 환경 보전 등 건전 사고, 정치·경제·역사 등 교양, 예술 문학 등 심미적 심성, 근로·진로 문제 등 개인 복지, 민주의식 고취, 정서 순화·사고력 배양, 애국심·안보의식 함양" 등과 같이 상이한 것도 다소 보인다. 의사소통과 관련이 적은, 기본적 의사소통과 간접적 관련을 갖는 문화 내용은 사회적 문화, 환경 문화, 문명적 문화가 주류를 이룬다. 이들은 언어교육이기보다 일반 문화교육의 대상이 될 내용이다. 구성상 유의사항은 실용적이고, 흥미를 유발할 수 있도록 한다는 것으로 문제될 것이 없다.

이상 교육인적자원부의 국가적 교육과정에 반영된 외국어교육에서의 문화 교육의 목표와 문화 내용을 살펴보았다. 이번에는 한국교육과정평가원의 "재외동포용 교육과정"의 문화교육을 검토해 보기로 한다.

2004년에 개발한 "재외동포용 한국어 교육과정 및 교재 체제 개발 연구"(2004)는 "연구 요약"에서 "더 나은 재외동포용 '한국어' 교재를 개발하기 위해 기존의 교육과정을 다시 한 번 살펴보고, 수정·보완하였다."고 하듯, 재외 한국학교용 "한국어" 교재를 개발하기 위해 수정 보완한 것이다. 이 교육과정은 "가. 성격, 나. 목표, 다. 영역별 교육과정"으로 구성되어 있는데, 이들 세 항목에서 다 문화교육에 대해 언급하고 있다. "성격"에서는 "문화면에서는 의사소통으로서의 생활문화와 역사적으로 이루어진 성취문화로 나누어 구성한다"라 하였고, 문화교육의 "목표"는 "② 한국문화에 대한 이해도를 높여 정체성을 함양한다"고 하여 문화육의 목표를 언어교육 아닌, 추상적 문화교육에 두었다. 그러나 "영역"에서는 의사소통적 문화는 학습자의 인지적, 정의적, 사회적 측면을 고려하여 의사소통적 기능과의 통합성을 꾀하였다고 하고 있다. 문화 영역의 "교육과정 내용"으로는 다음과 같은 13가지를 들고 있다.

가) 연령에 적합한 문화적인 활동에 참여하도록 한다.(예 : 전통놀이,
    노래 등)

나) 한국 상황에서 규칙적으로 일어나는 문화적 활동을 인식한다.
    (예 : 가정, 학교, 교실에서의 상호작용)

다) 한국에서 친숙한 사물, 관습, 생활양식의 기준, 문화적 산물 등을
    관찰하고 인식한다.(명절, 전통 음식, 의복 등)

라) 한국의 문화적, 언어적 특징을 인식한다.(속담, 관용어)

마) 문화적으로 적절한 비언어적 표현을 사용할 수 있다.(예 : 인사법,
    대화의 태도, 시선 등)

바) 한국 문화에서 받아들여지는 말하기 예절을 안다.

사) 일상생활의 다양한 상황에서 받아들여지는 문화적으로 적절한 행
    동 양식을 이해한다.(음식 주문, 교통시설 이용, 공공시설 이용 등)

아) 한국의 또래 집단의 행동 양식과 가치관, 관점 등을 이해한다.

자) 동료 혹은 교사와 일상적인 행동을 수행하기 위하여 문화적으로
    적절한 언어적, 비언어적 행동을 할 수 있다.

차) 지역사회와 관련하여 간단한 사회적 상호작용의 언어적 문화적
    차이점을 이해할 수 있다.(예 : 병원, 우체국 등)

카) 한국문화를 잘 나타내는 영화 또는 드라마를 보고 한국문화의 전
    반적 특징을 대체로 이해한다.

타) 한국의 가정생활, 학교생활, 사회생활, 여가생활에 관련된 관점,
    가치관, 태도 등을 이해한다.

파) 한국의 다양한 측면을 인식하고 토론할 수 있다.(예 : 교육제도, 교
    통 수단, 다양한 사회적 관습 등)

이들 영역은 외국어과 교육과정과 비교할 때 소재(장면) 위주로 선정되
었으나, 라), 마), 바), 자), 차)와 같이 언어(기능)와 관련 된 것도 5항목이
열거되어 차이를 보인다. 그만큼 재외동포용 교육과정은 언어 사항이 강
조된 것이라 하겠다. 문화 내용은 외국어과 교육과정과 비교할 때 약

2/3쯤의 일치를 보인다. 앞에 제시한 (1), (2), (3), (5), (6), (7), (10), (11)
의 내용이 한국교육과정평가원의 교육과정에도 반영된 것으로 보게 하
기 때문이다. 그러나 이 교육과정은 위에 제시한 "영역"에도 드러나지만
각급 영역에 대한 해설을 보면 언어의 기능은 전적으로 문화 내용의 이
해에 초점이 놓였음을 알게 한다.

4. 교육과정에 반영할 언어문화

재외동포용 한국어 교육과정에 반영할 바람직한 문화 내용은 무엇인
가? 이를 탐색하기 위하여 지금까지 교육인적자원부의 국가적 교육과정
과 한국교육과정평가원의 재외동포용 한국어 교육과정 등을 살펴보았다.
다음에는 재외동포용 교육과정에 반영할 문화 내용을 구체적으로 살펴
보기로 한다.

한국어교육은 궁극적으로 의사소통 능력(communicative competence)을 함
양하기 위한 것이다. 이는 Chomsky의 언어능력(linguistic competence)에 대
한 Hymes의 의사소통 능력(communicative)을 말한다. 의사소통능력은 문
법적 지식에 그치지 아니하고, 사회적·문화적으로 적절한 커뮤니케이
션을 할 수 있는 자질을 가리킨다. Hymes의 전달능력 이론을 발전시킨
Canale & Swain(1980)은 이 의사소통능력을 세분하여 문법능력(grammatical
competence)과 사회언어능력(sociolinguistic competence) 및 전략적 능력(strategic
competence)의 셋으로 나누고, 사회언어적 능력을 다시 사회문화적 능력과
담화능력으로 나누고 있다. 이렇게 볼 때 한국어교육은 언어의 기능(技能)
을 중심으로 한 언어교육과 여기에 문화교육을 추가해야 할 것이다.

그러면 그 동안 한국어교육에서 거론된 문화 내용부터 살펴보기로 한

다. 박갑수(2000, 2005)는 다음과 같은 7가지를 들고 있다.

① 의식주에 관한 기본적이고 전통적인 어휘
② 대표적인 문화 예술 작품과 관련한 어휘
③ 전통문화, 제도, 풍습, 민속에 관한 어휘
④ 언어예절과 관련된 표현
⑤ 대표적인 고사 성어와 관용적 표현
⑥ 대표적인 속담
⑦ 대표적인 신어와 유행어

언어는 "문화의 색인"이라 하거니와 문화를 반영하는 어휘와 표현을 문화교육의 내용으로 본 것이다. 이러한 경향은 조항록(2004)에도 마찬가지로 나타난다. 그 내용은 다음과 같다.

① 언어자체(문자, 형태, 통사, 의미[한국어의 문자론적, 형태론적, 의미론적 특징])
② 문화어구 1(호칭어, 지칭어, 색채어, 감정어, 어원 등)
③ 문화어구 2(인사말, 속담, 수수께끼, 고사 성어, 은어 등)
④ 언어예절
⑤ 언어와 사고방식
⑥ 언어의 산물(문학작품, 광고 등)
⑦ 방언
⑧ 이름
⑨ 비언어적, 반어적 의사소통
⑩ 매체와 언어
⑪ 언어와 사회 1(의식주, 관념과 가치관 등)
⑫ 언어와 사회 2(역사, 정치, 경제, 제도, 예술 등 한국인이 성취한 문물 관련 어휘와 표현)

이들 가운데 ⑩, ⑪은 다소 모호하나, 나머지는 모두가 언어·어휘·표현이거나 직접 언어와 관련된 것이다. 따라서 이들은 의사소통과 직접 관련이 있는 문화로서의 언어를 문화교육의 대상으로 본 것이라 할 수 있다.

그런데 Canale & Swain(1980)에서 보듯 언어능력은 사회문화적 능력과 담화적 능력을 포함하는 것으로 보는 것이 바람직하다. 이렇게 볼 때 박갑수(2000)나, 조항록(2005)의 문화 항목은 문화 아닌, 언어교육에 치우치고 있다는 인상이 짙다. 이러한 현상은 앞에서 살펴본 국가적 교육과정인 외국어교과 교육과정과는 상반되는 현상이다. 외국어교육과정은 오히려 문화교육이 강조되는 것으로 볼 수 있기 때문이다. 재외동포의 한국어 교육과정은 이렇게 한쪽으로 지나치게 기울어져서는 곤란하다. 조화를 이루도록 해야 한다. 언어교육에서의 문화교육은 언어의 기능을 씨로 하고, 문화를 날로 하는 교육, 언어교육이 기본이 되고 문화교육이 보조하는 교육으로 교육과정이 구안되어야 바람직할 것이기 때문이다. 더구나 민족어 교육의 목표의 하나가 정체성을 확보하는 것이라면 종래와 같이 언어 일방으로 기울어지는 것은 바람직한 것이라고 보기 어렵다 할 것이다.

언어의 내용은 Jakobson의 여섯 가지 언어기능에 바탕을 둘 수 있다. 곧 정서적(emotive) 기능, 명령적(conative) 기능, 친교적(phatic) 기능, 관어적(matalingual) 기능, 시적(poetic) 기능, 지시적(referential) 기능이 그것이다. 문화는 목표언어의 이해와 표현에 도움을 줄 수 있는 것을 그 내용으로 해야 한다. 이러한 것으로는 다음과 같은 열 가지를 들 수 있을 것이다.

① 전통문화(儒彿仙巫), 전통놀이
② 역사·제도·문물

③ 의식주 문화

④ 관습·풍습·사고방식

⑤ 언어문화(어원·속담, 관용적 표현 및 고사성어)

⑥ 일상생활 양식

⑦ 언어생활 태도(예절, 인사, 경어)

⑧ 문학·예술 작품

⑨ 비언어적 표현

⑩ 방언, 신어, 유행어

이상과 같은 문화 내용을 소재로 하여 언어 기능과 조합하여 지도하도록 교육과정을 구안하는 것이다. 예를 들어 ① 전통문화, ② 역사·제도·문물, ④ 관습·풍습·사고방식은 지시적 기능과, ③ 의식주 문화, ⑦ 언어생활 태도는 친교적 기능과, ⑤ 언어문화, ⑩ 방언, 신어, 유행어는 관어적 기능과, ⑥ 일상생활 양식은 명령적 기능 및 친교적 기능과, ⑧ 문학·예술 작품은 정서적 기능 및 시적 기능과, ⑨ 비언어적 표현은 정서적 기능 및 친교적 기능과 관련을 지어 교육과정을 짜는 것이다.

그러면 다음에 이러한 원리 아래 언어교육에서의 문화교육의 교육과정안을 제시해 보기로 한다.

① 한국의 전통문화를 이해한다. <지시적 기능>

② 역사 제도 문물에 대해 이해한다. <지시적 기능>

③ 과거와 현재의 의식주 문화를 알고 이에 대처한다. <지시적·친교적 기능>

④ 관습·풍습·사고방식과 언어와의 관계를 알고 이에 적응한다. <지시적 기능>

⑤ 어원·속담·관용적 표현 등의 배경을 알고 언어생활을 풍요롭게 한다. <관어적 기능>

⑥ 일상생활 문화를 파악하여 적절한 언어생활을 한다. <친교적·명령적 기능>

⑦ 일정한 장소(기관)에서 반복적으로 사용되는 일상 표현을 익혀 의사소통을 원만히 한다. <지시적 기능>

⑧ 한국의 언어생활 태도를 바로 파악하여 원만한 대인관계를 갖는다. <지시적 기능>

⑨ 한국인의 정서(감정 태도)의 표현 방법을 알고 이에 적절히 대응한다. <정서적 기능·친교적 기능>

⑩ 존댓말 등 언어예절을 바로 파악하여 적절한 언어생활을 한다. <지시적·친교적 기능>

⑪ 문학·예술 작품을 통해 한국의 언와 문화에 대한 인식의 폭을 넓힌다. <정서적 기능·지시적 기능>

⑫ 비언어적 표현의 이해와 표현을 통해 언어생활을 부드럽게 하고 친밀감을 갖게 한다. <정서적 기능·친교적 기능>

⑬ 방언의 이해를 통해 지역간의, 신어 유행어 등을 통해 젊은 세대와 유대감을 깊게 한다. <친교적 기능>

오늘날의 언어교육은 지난날과는 달리 문화교육에 많은 관심을 기울인다. 이러한 문화교육은 자국어 아닌, 외국어 교육에 더욱 절실하다. 학습자가 목표언어의 문화에 대해 아는 것이 거의 없거나 적기 때문이다. 이는 재외동포의 경우도 마찬가지다. 우리의 재외동포의 한국어교육에서는 그 동안 문화에 대해 주의를 제대로 기울여 보지 못했다. 앞에서도 언급한 바와 같이 문화교육은 외국어교육의 첫째시간부터 필요한 것이다. 학습하고자 하는 외국어와 함께 그 문화의 교육이 필요하다. 문화의 교육과정에 관심을 갖는 것도 이 때문이다. 한국어교육에 국가 수준의 바람직한 문화교육과정이 하루 속히 마련되어 바람직한 교육이 이루어지도록 하여야 하겠다.

참고문헌

류재택 외(2004), 재외동포용 한국어 교육과정 및 교재 체제 개발 연구, 한국교육과정
　　평가원.

박갑수(2005), 국어교육과 한국어교육의 성찰, 서울대학교 출판부.

Canale & Swain(1980), Theoretical basis of communicative approaches to second
　　language teaching and testing. Applied linguistics, 1/1, 1-47.

Kramsch, C.(1993), Context and Culture in Language Teaching, Oxford University
　　Press.

Kramsch, C.(1998), Language and Culture, Oxford Univergity Press.

Porter, R. E., L.A. Samovar(1991), Basic Principles of Intercultural Communication,
　　Wadsworth Publishing Company.

Samovar, L. A. et al(1998), Communication Between Cultures, Wadsworth Publishing
　　Company.

國廣哲彌(1992), 發想と表現, 大修館.

外山滋比古(1996), 英語の發想・日本語の發想, 日本放送出版協會.

高見澤孟(1989), 新しい外國語教授法と 日本語教育, アルク.

松本靑也(1994), 日米文化の特質, 研究社.

山內進 編(2003), 言語教育學入門, 大修館書店.

민현식(2005), 한국어교육에서 문화교육의 방향과 방법, 한국어교육연구 8, 서울대 사
　　대 외국인을 위한 한국어교육 지도자과정.

박갑수(1998), 외국어로서의 한국어 교육과 문화적 배경, 선청어문 제26호, 서울사대
　　국어교육과.

박갑수(2003), 한국어교육의 과제와 개선 방향—재외동포교육을 중심으로, 재외동포의
　　정체성 확립과 교육의 방향, 재외동포교육진흥재단.

박갑수(2005), 언어와 문화, 그리고 한국어교육, 제9회 조선—한국 언어문화교육 학술
　　회의, 연변대학.

박갑수(2006), 한국문화의 세계화와 그 방안, 자국문화의 세계화 전략과 과제, 충남대
　　학교 인문과학연구소.

박갑수(2006), 한국어 문법교육의 바람직한 방향, 중국 한국(조선)어교육연구회.

박갑수(2006), 한국어와 한국 언어문화 교육, 韓國專家學術講座 학술강연집, 중국 烟台
     大學 外國語學院.
박갑수(2006), 재외동포 한국어교육의 오늘과 내일, 이중언어학, 제33호, 이중언어학
     회.
박갑수(2007), 한국어교육과 언어문화의 교육, 외국인을 위한 한국어교육 연구 10, 서
     울대 사대 외국인을 위한 한국어교육 지도자과정.
박갑수(2007), 재외동포 교육과 언어문화의 교육, 유럽 한글학교 연수회, 한국어교육과
     언어문화 교육, 역락(2012)에 재록.
황적륜(1997), 사회언어학과 외국어 교육―Communicative Competence의 문제, 사회언
     어학과 한국어 교육, 서울대 외국인을 위한 한국어교육 지도자과정.
황적륜(1997), 언어와 문화: 영어와 한국어의 경우, 사회언어학과 한국어 교육, 서울대
     외국인을 위한 한국어교육 지도자과정.

(2007. 11. 19. 初雪이 내리던 밤)

■ 이 글은 "한국어교육연구, 제11집, 서울대학교 외국인을 위한 한국어교육지도자과정(2007.
12.)에 게재된 논문을 다소 수정·보완한 것이다.

제4장 재외동포 한국어교육의 오늘과 내일

1. 서언

우리 민족은 그간 수적으로 많은 성장 발전을 해 왔다. 기미독립선언을 할 때만 하여도 우리는 "2천만 성충을 합하여…"라고 인구가 고작 2천만이었다. 그런데 지금은 약 7천만에 이르게 되었다. 이들의 대부분은 한반도에 산다. 그러나 이 가운데 약 700만은 해외(海外)의 곳곳에 나가 살고 있다. 우리의 재외동포가 170여 개국에 6,638,338명이 살고 있어, 중국, 이스라엘, 이탈리아, 필리핀의 뒤를 잇는 재외동포의 대국으로 일러진다.

재외동포는 증감의 폭은 그리 크지 않으나 증가 추세를 보여 준다. 미국과 CIS 지역은 감소 추세를 보인다. 이들의 현황과 변화 추세는 다음과 같다(www.korean.net).

지역별	국가별	2001	2003	2005	백분율 (%)	전년비 증가율 (%)
아주지역	합계	2,670,723	3,239,904	3,590,411	54.09	10.82
	일본	640,234	898,714 (1)(260,168)	901,284 (2)(284,840)	13.58	0.29

지역별	국가별	2001	2003	2005	백분율 (%)	전년비 증가율 (%)
아주지역	중국	1,887,558 (3)(1,923,800)	2,144,789 (3)(1,923,800)	2,439,395 (3)(1,923,800)	36.75	13.74
	기타	142,931	196,401	249,732	3.76	27.15
	합계	2,375,525	2,433,262	2,392,828	36.05	-1.66
구미지역	미국	2,123,167 (4)(1,076,872)	2,157,498 (4)(1,076,872)	2,087,496 (4)(1,076,872)	31.45	-3.24
	캐나다	140,896 (5)(101,715)	170,121 (5)(101,715)	198,170 (5)(101,715)	2.99	16.49
	중남미	111,462	105,643	107,162	1.61	1.44
구아지역	합계	595,073	652,131	640,276	9.65	-1.82
	유럽	73,379	94,399	107,579	1.62	13.96
	CIS	557,732	557,732	532,697	8.02	-4.49
중동지역	합계	7,208	6,599	6,923	0.10	5.55
아프리카 지역	합계	5,280	5,095	7,900	0.12	55.05
총계		5,653,800	6,336,951	6,638,338	100	4.76

*(1) 1952-2002년간 재일동포 귀화자 총수(조선족 포함)
*(2) 1952-2004년간 재일동포 귀화자 총수(조선족 포함)
*(3) 2000년도 중국 전인구조사상의 조선족(중국국적) 총수
*(4) 2000년도 미국통계청 인구센서스상의 한인 총수
*(5) 2001년도 캐나다통계청 인구센서스상의 한인 총수

　　우리의 재외동포는 역사적으로 수난을 겪으며, 이를 잘 극복하고 오늘날 자랑스러운 민족으로 성장해 왔다. 여기서는 이러한 재외동포의 교육, 그 가운데도 민족어 교육의 오늘과 내일에 대해 살펴보기로 한다.

　　재외동포의 한국어교육을 살펴보기 위해서는 "재외동포"의 정체성부터 확인하는 것이 바람직하다. 재외동포의 개념은 "在外同胞法(1997)"과 "在外同胞의 出入國과 法的 地位에 관한 法律(1999)"에 분명히 규정되어 있다(본서 p.58 참조).

　　"재외동포"는 "재외국민"과 "외국국적동포"라는 서로 다른 두 부류의

대상을 지칭한다. 따라서 같은 재외동포라 하더라도 그가 "재외국민"이
냐, 아니면 "외국 국적 동포"냐에 따라 상당한 차이를 드러낸다. 우리의
논의의 대상인 민족교육이나, 민족어 교육의 성격을 규정할 때도 그러하
다. 다음에는 이러한 재외동포의 정체성(正體性)을 고려하며 민족어 교육
의 문제를 살펴보기로 한다.

2. 재외동포 교육의 목표와 의의

재외동포의 민족어 교육은 앞에서 언급한 바와 같이 재외동포의 성격
에 따라 그 내용이 달라진다. 재외국민, 곧 교포(僑胞)에 대한 민족어 교
육은 국어교육(國語敎育)으로서 수행하게 된다. 이에 대해 외국 국적 동포
에 대해서는 국어 아닌, 외국어로서의 한국어교육(韓國語敎育)으로서 수행
하게 된다. 이렇게 같은 재외동포라 하더라도 그가 교민이냐 아니냐에
따라 민족어는 국어와 외국어라는 다른 교육의 대상이 된다.

국어(國語)로서의 한국어는 일시 체류자의 경우는 그렇지 않으나 모어
를 상실한 영주 동포의 경우엔 외국어나 다름없는 낯선 외국어가 된다.
따라서 이런 경우 그 교육은 비록 국어교육이라 하더라도 외국어로서의
한국어교육이나 다름없게 된다.

그러면 이러한 국어교육으로서의 민족어 교육 및 외국어로서의 민족어
교육은 왜 하는가? 그 목표는 무엇인가? 국어교육으로서의 민족어 교육은
비록 학습자가 해외에 있다 하더라도 내국인(內國人)과 마찬가지로 같은 국
민으로서 국가 공용어를 교수·학습하게 된다. 국어(國語)는 국가를 배경으
로 하는 언어로, 국어와 국가는 동질성을 지닌다. 따라서 어떤 나라의 국
민이 그 나라의 말(국가공용어)을 제대로 구사하지 못한다면 그 나라의 국

민이라 보고자 하지 않는다. 국어의 사용은 이렇게 그 "국민"에게 정체성 (正體性)을 갖게 한다. 한국어는 한국의 국어로, 이의 사용은 한국인에게 동질성·정체성을 확립해 준다. 따라서 한국 국적을 가진 사람에게는 한국 국민으로서 원만한 시민 생활을 하게 하기 위해 국어교육을 행하게 된다.

외국 국적 동포에게 민족어를 교육하는 것도 한마디로 정체성을 부여하기 위해서다. 한민족(韓民族)에게 한국어를 가르치는 것은 "국민" 아닌, "한민족"으로서의 민족적 정체성을 확립해 주고, 이에 의해 의사소통을 할 수 있게 하기 위한 것이다.

민족이란 무엇인가? 민족은 "언어와 문화상의 공통성에 기초한 사회 집단"이다. Wundt는 이러한 문화의 바탕으로 "혈연"을 들고 있다. 곧 민족이란 "혈연을 바탕으로 한 태생(出身)·언어·조상숭배·종교·습속· 법률·생활 등의 역사 및 문화의 공통성의 기초 위에 연계하여 유지되고, 협동체 의식에 의해 얽혀진 인간의 사회결합 집단이다."(豊田, 1960)라 한 것이 그것이다. 같은 피붙이로, 언어·문화의 공통성을 지니는 사회 집단이 같은 민족(民族)이란 말이다. 따라서 민족어를 교육한다는 것은 뿌리를 찾아 주는, 민족의 정체성을 확보해 주는 것이다. 이는 민족어 교육의 제일 목표가 정체성 확보에 있음을 말해 준다.

그러면 과연 우리 정부에서는 재외동포 교육의 목표를 어디에 두고 있는가? 문민정부 및 국민의 정부에서는 "세계 속에서 자긍심 높은 한국 인상 구현"에 그 목표를 두었다(박갑수, 2005).

교육인적자원부의 "재외동포교육의 목표 및 기본 방향"(1995)은 이를 도표로 보이고 있다(p.112 참조). 그런데 여기 교육 목표는 "세계 속에서 자긍심 높은 한국인상 구현" 아닌, "한민족 상 구현"으로 바꾸어야 한다. "재외국민" 아닌 "재외동포"의 교육목표를 제시한 것이기 때문이다. 한 국 정부의 재외동포의 교육 목표는 민족적 정체성을 유지·신장하고, 현

지에서 안정적으로 정착해 살게 함으로 자랑스러운 한민족의 상을 구현
한다는 것이다. 이를 위해서는 영주 동포와 일시 체류자에게 현지 적응
교육을 하며, 영주 동포에게는 한민족으로서의 동질성과 정체성을 갖게
모국 이해교육을 하고, 일시 체류자에게는 귀국한 뒤 고국에 적응할 수
있게 국내 연계교육을 꾀한다는 것이다. 이러한 교육 목표는 바람직한
것이다. 참여정부는 2005년 4월 "재외동포교육 강화방안"을 확정 발표
하며, 그 목표를 "한민족의 정체성 확립 및 국내 교육과의 연계교육 강
화"에서 "국가의 소중한 해외 인적자원 개발활용"으로 확대하기로 하였
다. 재외동포교육 강화방안을 제시하면서 "정책 비전과 목표"를 도시한
것을 보면 다음과 같다(교육인적자원부 보도자료, 2005. 4. 3.).

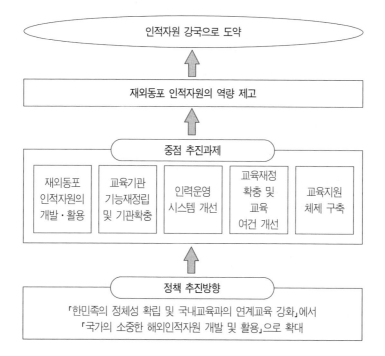

이는 종전의 상징적 표현을 좀 더 구체화·현실화 한 것이라 할 수 있다.

이렇게 볼 때 재외동포의 민족교육, 또는 민족어 교육의 목표는 대체로 국내 연계교육, 한민족 이해교육, 현지 적응교육의 세 가지로 정리할 수 있을 것이다. 그러나 여기에 국내외의 추세에 따라 한국 언어문화의 세계화교육을 추가하는 것이 바람직하다. 세계화교육은 문화적 교류에 의해 상호간의 이해를 촉진하고, 문화발전의 상승효과에 의해 좀 더 문화의 창조 발전에 기여하는 교육을 수행하는 것이다. 오늘날은 국제화시대, 글로벌 시대라 한다. 지구촌 시대에 홀로 고립하여 살 수는 없는 것이고, 인류의 보편적 가치와 윤리를 존중하고 협동하며 살아야 한다. 따라서 지구촌의 발전과 세계문화의 창조 발전을 위해 민족 문화가 기여하는 교육을 해야 한다. 다양한 민족문화에 의해 세계문화는 다채롭게 피어날 수 있기 때문이다. 이러한 교육은 내국인이 아닌, 다문화사회에 거주하는 재외동포이기 때문에 이들에게 더욱 강조하게 된다.

재외동포의 교육은 이와 같이 "재외국민", 또는 "외국국적동포"를 대상으로 민족교육, 또는 민족어교육을 수행함으로, 일시 체류자는 국내 연계교육을 받아 귀국 후 원만한 생활을 하며, 영주 동포는 안정적인 현지 정착과 뿌리를 잊지 않고 민족적 정체성을 유지 신장하고, 나아가 현지의 사회와 문화 발전에 기여하게 한다는 의의를 지닌다. 그리고 이는 한 걸음 더 나아가 세계 문화 발전에 자긍심을 가지고 참여할 수 있는 한민족으로 성장하게 한다는 의의도 아울러 지니게 한다. 따라서 민족교육, 또는 민족어 교육은 편협한 국수주의적(國粹主義的) 교육정책이 아니요, 열린 교육으로서 다양한 세계문화 창조에 기여하는 교육으로 수행되는 것이다. 이런 면에서 재외동포의 민족교육, 또는 민족어 교육은 현지 정부에서도 지원·장려해야 할 교육이라 하겠다.

3. 재외동포 한국어교육의 여건

재외동포의 교육 내용은 여러 가지를 생각할 수 있다. 교육부의 "재외동포교육의 목표 및 기본 방향(1995)"에서는 "우리나라의 말과 글, 역사, 문화 등"을 그 대상으로 보고 있다. 이 가운데 근본이 되는 것은 민족어문의 교육이다.

한국어교육은 외부자극에 의해 촉진되었다고 할 수 있다. 준비가 제대로 되지 않은 상황 속에서 시작되었다. 따라서 그 여건이 열악하다.

한국어교육 현황은 두 가지 면에서 생각할 수 있을 것이다. 그 하나는 교육의 기반이 되는 교육과정, 학습자료, 교수법, 교사와 같은 교육의 여건이고, 다른 하나는 한국어교육이 집행되고 있는 구체적 실상이다. 여기에서는 이 가운데 교육 여건을 살펴보고, 교육의 실상은 다음 장에서 보기로 한다.

재외동포의 교육은 청소년의 교육과 성인의 교육으로 나누어볼 수 있는데, 청소년 교육이 중심을 이룬다. 이는 한글학교, 한국학교, 거주국 소학교, 교육원, 기타 교육기관에서 행해지고 있으며, 한글학교가 근간이 된다. 따라서 한글학교를 중심으로 교육 여건을 살펴보기로 한다.

첫째, 교육과정의 문제

교육과정은 교육 내용에 해당한 것으로, 이는 코스 디자인(course design)을 하며 구안하게 된다. 각 단위 과정에서 교육과정을 구안하기 위해서는 우선 국가적인 수준의 교육과정, 또는 실러버스가 단계별로 만들어져 있어야 한다. 그런데 우리는 이것이 아직 제정되어 있지 않다. 따라서 각종 과정(course)의 교육내용과 재외동포 교육이 혼란을 빚고 있다. 다행히 교육과정평가원에서 얼마 전 "재외동포용 한국어 교재개선을 위한

교육과정 개발연구"(류재택 외 2002)가 발표되었다. 그리고 재미한인교육
협의회에서도 "재미한인학교 교육과정(1992)"이 만들어진 것이 있다. 전
문가들에게 자문하고 심의하여 하루 빨리 바람직한 교육과정 하나를 확
정하는 것이 바람직할 것이다. 그래야 교육이 정상화된다. 그렇지 않으
면 언제까지고 한국어교육은 표류하게 될 것이다.

둘째, 학습 자료의 문제

한국어교육의 중핵적 자료는 대학의 경우는 비교적 잘 만들어져 있다.
그러나 재외동포를 위한 교재는 아직 이들 수준에 이르지 못하고 있다.
국내에서 개발된 교재로는 국제교육진흥원에서 "한국어"를 범용교재(汎
用敎材)로 개발하여 다른 언어로 번역한 것이 대표적인 것이다. 최근에는
한국교육과정평가원에서 "한국어"와 "한국어회화"를 개발한 바 있다.
"한국어"는 도입과 학습목표를 밝힌 과제중심 교재이다.

이 밖에 국외에서 개발된 교재로는 미국의 재미한글학교연합회와 남
가주한국학교연합회의 "한국어"(全6卷)가 있다. 이는 아주 다행스런 경우
다. 대부분의 국가에서는 거주국 언어로 된 교재가 귀하거나, 없는 형편
이다. 또 하나의 특수한 경우가 중국의 조선족소학교 및 중학교의 교재
이다. 이는 연변교육출판사에서 간행한 것으로, 소학교 조선어문 12권,
초급중학교 조선어문 6권, 고급중학교 조선어문 3권으로 되어 있다. 재
외동포교육진흥재단에서도 한글학교 학생용 교재 "한국문화", "한국역
사", "동요모음", "음악"과, 교사용 참고 도서로 "한국의 민속", "한국의
음식" 등을 간행하였다. 재외동포의 한국어교육에서 무엇보다 필요한 것
은 학습자의 모어에 의해 해설을 곁들인, 현지에 알맞은 교재를 개발하
는 것이다.

이 밖에 국제교육진흥원에서는 재외동포와 외국인을 대상으로 KOSNET

(Korean Language Study on the Internet)을 개발·운영하고 있고, 재외동포재단에서는 웹 교재로 "Teenager Korean"을 개발하여 선을 보이고 있다. 보조 자료도 근자에 몇 개의 사전과 문법서 등이 출간되었다. 재외동포가 참고할 대역(對譯) 한국어 사전이나, 문법서는 몇몇 언어를 제외한 대부분의 언어의 경우는 없거나 부족한 형편이다.

셋째, 교수법의 문제

외국어교수법은 이미 많은 것이 개발되어 있다. 한국어교육 현장에서는 오늘날 이러한 외국어 교수법이 원용되거나, 이를 바탕으로 한 독자적 교수법이 활용되고 있다.

역사적으로 볼 때 외국어 교수법은 많은 것들이 생성 소멸되면서 오늘에 이르고 있다. 이 가운데 주류를 이루는 것은 문법－번역법(grammar-translation method)과 청각－구두법(audio-lingual approach), 그리고 의사소통법(communicative approach)이다. 재외동포의 민족어 교육에도 이러한 교수법이 주로 활용되었고, 지금도 활용되고 있다. 오늘날은 이 가운데 구어 학습을 위주로 한 의사소통법이 주로 많이 활용된다.

그러나 교수법은 학습자, 학습 내용, 학습 목적에 따라 그 방법을 달리하므로 일괄적으로 어떤 교수법이 좋다고 말하기 곤란하다. 어린이를 대상으로 하는 경우에는 밈·멤 연습법(mim·mem practice)이 주로 활용된다. 이와는 달리 중고등학교 학생의 경우는 문법－번역법이 애용된다. 이러한 교수 방법은 전통적 방법이나 오늘날에도 가치 있는 교수법으로, 이들의 장단점을 고려하여 과정에 맞는 것을 골라 활용하면 좋은 수확을 거둘 수 있을 것이다.

의사소통법은 지도의 중심 목표를 실제 커뮤니케이션의 장에서 목적을 가진 전달행위가 가능하도록 하는 데 둔다. 따라서 이는 장면에 맞는

언어를 사용하여 문제를 해결하고, 목적을 수행하는, 기능적 언어 사용
능력을 신장하고자 할 때는 이 방법을 사용할 것이다. 재외동포의 민족
어 교육도 이러한 교수 방법에 중점을 두는 것이 바람직할 것이다.

넷째, 교사의 문제

교육의 질은 교사의 질을 능가하지 못한다고 한다. 이렇듯 교사의 자
질은 교육의 성패를 좌우할 정도로 중요한 의미를 지닌다.

한국어교육 담당 교원은 유능한 사람도 많으나 그렇지 못한 경우도
있어 종종 자질이 문제가 된다. 특히 재외동포의 교육기관이 그러하다.
수요는 많고, 인원은 부족해 원어민(原語民)이라는 이유 하나만으로 비전
공자를 활용하게 되니 문제가 되는 것은 당연하다 하겠다.

유능한 교원은 전문 기관에서 양성하거나, 자격시험을 치러 선발할 수
있다. 그런데 국내외를 가릴 것 없이 양성기관이 제대로 갖추어져 있지
않다. 국내의 한국어교육 관련 학부를 가진 대학은 세 개가 있을 뿐이다.
외국에도 한국어 교사를 양성하고 있는 곳이 몇 군데 있다. 미국에는 샌
프란시스코 소재의 Interectural Institude of California와 San Francisco
State University의 사범대학이 공동으로 주관하는 2년 과정의 프로그램
과, California State University 사범대학의 한국어—영어 이중언어 분야
의 2년 과정 등이 있다. 이들 과정은 수료 후 주정부(州政府)에서 실시하
는 시험을 치러야 한다(손호민, 1999). 그리고 중국에서는 연변대학(延辺大
學)에서 중학 교원을, 연변 중등사범학교, 요녕성의 천원과 송강성의 조
선족 사범학교, 연변 한어사범학교 등에서 교원을 양성하고 있다(오상순,
1998). 독립국가연합에서도 교원을 양성하고 있는데, 우즈베키스탄의 타
슈켄트 국립 나자미사범대학과, 카자흐스탄의 국립 알마티사범대학이
그것이다.

이 밖에 한국에서는 시험을 치러 자격증을 취득하는 길이 있다. 정부에서 2005년 1월 27일 "국어 기본법"을 제정 공포하며, "문화부장관은 재외동포나 외국인을 대상으로 국어를 가르치고자 하는 자에게 자격을 부여할 수 있다"(제19조 국어의 보급)고 명문화한 것이다. 국어기본법 시행령 제14조에는 "한국어교육 능력검정시험의 영역 및 검정방법을 '별표 2'와 같다"고 제시하고 있다. 제시된 영역과 예시된 과목은 다음과 같다.

1. 한국어학 : 국어학개론, 한국어음운론, 한국어문법론, 한국어어휘론, 한국어의미론, 한국어화용론, 한국어사, 한국어문규범 등
2. 일반언어학 및 응용언어학 : 응용언어학, 언어학개론, 대조언어학, 사회언어학, 심리언어학, 외국어습득론 등
3. 외국어로서의 한국어교육론 : 한국어교육개론, 한국어교육과정론, 한국어평가론, 언어교수이론, 한국어표현교육법(말하기, 쓰기), 한국어이해교육법(듣기, 읽기), 한국어발음교육론, 한국어문법교육론, 한국어어휘교육론, 한국어교재론, 한국어문화교육론, 한국어한자교육론, 한국어교육정책론, 한국어번역론 등
4. 한국문화 : 한국민속학, 한국의 현대문학, 한국의 전통문화, 한국문학개론, 전통문화 현장실습, 한국현대문화비평, 현대한국사회, 한국문학의 이해 등
5. 한국어교육 실습 : 강의 참관, 모의 수업, 강의 실습 등

이러한 내용은 박갑수(2004)의 "교사교육의 기본교과의 모델"과 대동소이한 것으로 대체로 바람직한 것이다. 자격시험은 2002년 한국어세계화재단에서 최초로 실시하였는데, 이때의 명칭은 "한국어교육 능력 인증시험"이었다. 그 뒤 국어기본법에 따라 시험을 치르며 국어기본법에 따라 그 명칭이 "한국어교육능력검정시험"이 되었다.

4. 재외동포 한국어교육의 지역별 실상

재외동포 한국어교육의 기반에 대해 앞에서 살펴보았다. 그러면 이번에는 이러한 기반 위에 실시되고 있는 재외동포 한국어교육의 실상을 살펴보되 재외동포의 대표적 거주 지역을 중심으로 하여 보기로 한다. 따라서 미국, 중국, 독립국가연합(CIS), 일본 지역 등을 살펴보게 된다.

재외동포의 한국어교육은 수난의 역사였고, 오늘날도 그것은 한 마디로 열악한 형편에 놓여 있다.

오늘날 재외동포의 교육은 교육인적자원부, 외교통상부, 문화관광부에서 담당하고 있는데, 관련 기관과 주요 업무를 알기 쉽게 도시하면 다음과 같다.

소관부처	기관명	재외동포교육 관련 업무
교육인적자원부	국제교육진흥원	국내 초청 교육, 해외동포 현지 연수, 입양인 문화체험 연수, 재외동포교육자 초청연수, 해외파견 교육 공무원 직무연수, 교재보급 및 교육정보 제공
	한국교육과정평가원	한국학교 교재 개발 및 지원, 한국어 능력시험
외교통상부	재외동포재단	모국 연수, 민족교육자 초청 연수, 한글학교지원, 재외동포 장학사업, 재외동포 IT 직업연수
문화관광부	국립국어원	한국어교재 연구, 한국어 교사 연수
	한국어세계화재단	한국어 국외보급, 외국인 한국어교육, 한국어교육능력 검정시험

한국어교육은 이렇게 정부의 지원을 받아 주로 현지의 한국학교, 한국교육원, 한글학교 등에서 수행된다. 이 밖에는 현지 정규학교, 민족학급, 사설학원 등에서도 행해지고 있다.

세계에 흩어져 있는 재외동포의 한국어 교육기관의 현황을 보면 다음과 같다.

지역	일본	중국	아주	북미	주남미	CIS	유럽	이중동	합계
한국학교	4	6	6	1	3	1	-	4	15개국 25개교
한국 교육원	14	-	1	7	3	7	3	-	14개국 35개원
한글학교									96개국 2,554개교
교육관 (실)	3	2	-	2	-	1	2	-	10개기관

　　한국학교(전일제)와 한국교육원은 그 수가 매우 적다. 그러나 한글학교(정시제)는 그 수가 많기도 하거니와 증가일로에 있다. www.korean.net의 한국어교육기관에는 96개국 2,033개교로, 같은 www.korean.net의 재외동포 현황에는 84개국 2,553개교로 되어 있다. 후자에 볼리비아 등이 빠진 것으로 보아 수가 많은 쪽이 현황에 가까울 것으로 보인다. 이들 한글학교의 지역별 분포는 다음과 같다(www.korean.net 재외동포재단).

지역	한글학교 수
아주(167)	일본(91), 중국(31), 필리핀(15), 인도네시아(7), 태국(4), 베트남(1), 인도(7), 타이완(2), 말레이시아(1), 몽골(1), 방글라데시(2), 라오스(1), 파키스탄(2), 아프가니스탄(1), 캄보디아(1)
대양주(91)	오스트레일리아(75), 뉴질랜드(13), 피지(2), 파프아뉴기니(1)
북미(1372)	미국(1,248), 캐나다(124)
중미(16)	멕시코(8), 도미니카공화국(4), 자메이카(1), 코스타리카(3)
남미(51)	브라질(24), 아르헨티나(7), 과테말라(2), 파라과이(5), 칠레(1), 페루(4), 에콰도르(2), 콜롬비아(1), 파나마(2), 베네수엘라(1), 니카라과(1), 우루과이(1)
CIS(724)	러시아(209), 우즈베키스탄(174), 카자흐스탄(245), 키르키즈스탄(75), 우크라이나(21)
유럽(103)	독일(37), 스페인(3), 영국(22), 프랑스(10), 이탈리아(3), 스위스(1), 네덜란드(2), 스웨덴(5), 터키(2), 폴란드(1), 벨기에(2), 헝가리(1), 노르웨이(1), 덴마크(4), 그리스(3), 루마니아(1), 아일랜드(1), 포르투갈(1), 체코(1), 불가리아(2)
중동(8)	레바논(1), 리비아(1), 모로코(3), 사우디아라비아(1), 요르단(1), 이스라엘(1)

지역	한글학교 수
아프리카(22)	이집트(1) 카타르(1), 쿠웨이트(1), 튀니지(1), 가나(1), 가봉(1), 나이지리아(1), 아프리카공화국(5), 세네갈(1), 에티오피아(1), 짐바브웨(1), 카메룬(2), 케냐(1), 코트디부아르(2), 탄자니아(1), 토고(1)

4.1. 재미동포의 한국어교육

미국은 1970년대 말 카터 정부 이래 강력한 외국어교육 정책을 추진해 오고 있다. 특히 소수민족 언어(less commonly taught languages)에 대해 많은 배려를 하고 있다. 미국은 역사적으로 볼 때 1964년에 인권법, 1968년에 이중언어교육법, 1974년에 교육기회균등법 등이 제정되며 이중언어교육이 합법화되었다. 그리하여 미국에는 현재 40여 개의 크고 작은 외국어가 각급 학교에서 교수 학습되고 있다(손호민, 1999).

재미동포의 한국어교육의 사회적 여건은 이렇게 좋은 편이다. 그러나 Gordon이 이르는 문화적 동화(同化) 아닌 구조적 동화는 쉽게 되지 않아, 재미동포는 비백인(non-white)이라는 한계를 느끼고, 주류사회(host society)의 주변인(marginal man)으로서 소외감을 받고 있다. 그래서 이는 오히려 정체성을 찾게 하고, 한국어교육에 관심을 갖게 하고 있다.

재미동포를 위한 한국어 교육기관은 한국교육원 6개, 한국학교 1개, 교육관실 2개, 한글학교 1,248개이다. 미국 유일의 한국학교인 남가주 한국학교(월셔초등학교)는 로스앤젤레스에 있는데, 유치원을 갖추고 있는 정규 사립학교다. 따라서 교육과정은 미국 일반 학교의 교육과정에 한국어와 한국문화를 병행 이수시키고 있다. 한국어는 주당 평균 6시간이 정규 교육과정에 편성되어 있다. 이 밖에 뉴저지의 우리한국학교는 한국학교와 한글학교의 중간적 성격을 지니는 학교다. 이 학교는 체류상사 주재원과 공무원의 자녀를 위해 설립되어 한국의 교육과정에 따라 국내

연계교육을 실시하고 있다. 따라서 여기서의 한국어교육은 국어교육의 일환으로 꾀해지는 것이라 할 수 있다.

미주지역 재외동포 교육의 근간을 이루는 것은 한글학교다. 이들은 대부분 교회에서 운영하고 있다. 한글학교는 대부분 주말학교이며, 수업은 대체로 토요일 오전에 3시간 실시된다. 이 가운데 두 시간이 한국어 수업이고, 나머지 한 시간은 한국문화와 관련된 특별활동 시간으로 운영된다. 반(class)은 대체로 기초, 초급, 중급, 고급의 네 단계로 편성되어 있고, 1년은 4학기, 한 학기는 12주로 나누고 있다. 학생의 구성은 유치원을 포함한 초등학생이 70~80%이고, 나머지가 중·고등학생과 성인이다. 최근에는 상급반에 SAT II를 준비하려는 학생들이 늘고 있다. 교수법은 대체로 청각-구두법이 쓰인다.

1999년의 통계에 의하면 초등학교에서는 한국어가 가르쳐지지 않고, 34개 중·고등학교에서 한국어가 가르쳐지고 있는데 대부분의 학생들이 한국계이다(손호민, 1999). 이들 학교 가운데 초기부터 이중언어교육을 실시해 오던 학교들은 한국어와 영어의 이중언어로 수업을 진행하는 프로그램을 채택하여 효과를 거두고 있다(S. Sohn, et al. 1999). 이러한 과도기적 이중언어 교육은 점점 한국에 관한 과목은 한국어로 가르치고자 하는 경향이 나타나고 있다.

재미동포를 위한 교재는 재미한인학교협의회와 남가주 한국학교연합회, 한국 교육부에서 개발한 것이 대표적인 것이다. 그런데 중·고등학교 학생들에게 어울리는 내용의 교재가 마땅한 것이 별로 없어 이것이 문제로 지적된다.

재미한인학교(NAKS)의 "한국어"는 전통적 독본식 교재로, 기능 실러버스(Skill syllabus) 가운데 읽기에 중점이 놓인 것이다. 따라서 이는 구어 아닌 문어, 독해력 육성에 중점이 놓인 것이다. 그러나 이 교재는 <연습문제>에서 다양한 활동을 하게 함으로 이 교재의 결점을 보완하고 있다. 교재는 "한국어 첫걸음" 외에 여섯 권으로 되어 있는데, "한국어 ③" 까지에서 기초 훈련을 쌓고, 그 뒤부터는 "재미를 알고 읽을 수 있도록" 자료를 제공하고 있는 것으로 되어 있다. 체재는 "본문—연습문제"의 단순한 구성으로 되어 있다. <연습문제>에서는 부분적으로 영어와 대조하고 있다. 말미에 <알아 둘 말>이라 하여 어휘, 어구의 대역을 붙였다. 그리고 이 책은 뒤에 부록으로 "이 책을 쓰시는 분들께", "각 주제의 학습 목표"(제4권), 또는 "NAKS 교육과정 중에서 한국어과의 영역별 수준별 학습내용"(제5권)을 제시하고 있어 교수·학습에 도움을 주고 있다.

한글학교의 교원은 주로 한국 유학생과 해당 교회의 교인, 한국에서 교사 경험이 있는 일반인이 하고 있다. 그러나 대부분이 한국어 또는 한국어교육을 전공한 교사가 아니어서 문제가 되고 있다.

4.2. 재중동포의 한국어교육

거류국의 언어정책에 따라 소수민족의 민족어 교육은 상황이 달라진다. 이러한 현상을 단적으로 보여 주는 나라의 하나가 중국이다. 중국에서의 문화혁명 전후의 민족어 교육이 이를 단적으로 보여 준다.

중국의 재외동포 교육기관으로는 한국학교가 6개, 한글학교가 31개, 교육관실이 2개 있다. 이 밖에 중국 정부에서 운영하는 조선족학교가 있다. 이는 우리의 재외동포 교육면에서 볼 때 아주 특이한 경우이다. 한국학교는 상해, 연변, 연태에 있고, 북경, 천진, 홍콩에 한국국제학교가 있다. 이들의 교육과정은 대체로 한국 교육과정에 현지 특성을 가미한 것이다. 한국교육원은 따로 없다.

중화인민공화국은 헌법 총규와 제1조에 "각 민족은 모두 자기의 언어 문자를 사용하고 발전시킬 자유가 있다."고 규정하고 있다. 그래서 연변

조선족 자치주는 1985년 10월 "연변조선족 자치주조례"의 제18조에서
자치기관은 조선족 어린이에게 본 민족 어문에 대한 훈련사업을 중시해
야 하며, 주내 조선족 중학교나 소학교의 교수 용어는 본 민족의 언어로
해야 하며, 어문 교수에서는 조선어문 교수를 위주로 하고 한어문 교수
도 강화해야 한다고 규정하였다. 중국에서는 이렇듯 민족어를 중시하는
이중언어 교육이 실시되고 있다. 그런데 중국의 개혁 개방과 함께 조선
족이 도시 및 한국으로 진출하며 집거지역(集居地域)이 축소 상실되어 민
족어 교육이 위기를 맞고 있다.

　2000년도의 조선족 학교의 현황은 소학교 984개, 초급중학 211개, 고
급중학 3개, 중등전업 대학 9개 총 1,207개였다(김중섭, 2001). 그러나 이
는 이미 지난날의 통계로, 오늘날은 통폐합에 의해 그 수가 많이 감소되
었을 것으로 보인다. 조선족은 집거지역에서는 96%의 소학생과 90%의
중학생이 조선족 민족학교에서 이중언어 교육을 받고 있다. 이에 대해
산거지역(散居地域)이나, 잡거지역(雜居地域)에서는 약 40%의 학생이 한족
학교(漢族學校)에 다니는 것으로 알려진다. 조선족 학교에서의 민족어 교
육은 소학교에서는 한어(漢語)에 비해 상대적으로 강조되고 있다. 이는
소학교에서 민족어 교육을 시키고, 중고등학교에서 한어교육을 강화함
으로 이중언어 교육을 시키고자 함이다. 1980년대 이후의 각급 학교의
조선어의 주당 시간을 한어 시간과 대비해 보면 다음과 같다(박태형, 1995).

과목	소학교						초중			고중			총수업시간
	1	2	3	4	5	6	1	2	3	1	2	3	
조선어	12	8	8	5	5	5	4	4	4	3	文理	文理	文 1890
				2-5			8-9				5 3	5 3	理 1826
한어		5	5	6	6	6	5	5	5	5	文理	文理	文 1980
											5 4	5 4	理 1826

중국의 민족어 교육은 주로 이렇게 현지 정규 조선족학교가 담당하고
있다. 따라서 다른 나라의 경우와는 달리 한글학교 수는 상대적으로 적
어 31개교이다. 이 가운데 북경한국어학교(교장 황유복)는 지방에 10개의
분교를 두고 있다.

한국어교육은 대부분의 학교에서 중국 정부가 개발한 교재 "조선어
문"을 사용하고 있으며, 자격을 갖춘 교사에 의해 교육이 베풀어지고 있
다. 교재는 소학교 12권, 초중 6권, 고중 3권으로 되어 있다. 교과서는
단원 체재의 독본식으로 되어 있으면서 내용은 통합교재로 구성되어 있
다. 2000년도에 개편된 교재는 1990년도의 체재를 많이 개변하였다.

소학교의 경우 각 교재는 7단원으로 구성되어 있다. 단원 구성은 "단
원명－학습목표－제재1(학습목표－제재명－학습안내－본문－해설·연습)－제
재2－제재3－자기절로 해보기－듣기 말하기 쓰기"와 같은 체재로 되어
있다. 개정된 교재는 학습목표를 제시하고 "자기절로 해보기"란 자기평
가를 추가하였다는 것이 전과 크게 다른 점이다.

제재의 내용은 과거의 교재에 비해 사회주의적 색채를 두드러지게 드
러내지 않고 있는 것으로 보인다. 교원 수급도 별 문제가 없다. 그것은
앞에서 언급한 바와 같이 중학교 교원과 소학교 교원을 연변대학과 연
변 중등사범학교 등에서 양성하고 있기 때문이다.

오늘날의 재중동포 한국어교육의 문제점은 한국어교육 자체에 있다기
보다 오히려 소위 "조선족 위기설"과 좀 더 관련된다. 이를 해결하기 위
해서는 어떻게 하든지 민족교육의 장을 마련해야 한다. 그것은 조선족
학교가 부족하거나 없는 지역에 한국어 교육기관을 설치하는 것이고, 인
터넷 등 원격 교육시설을 마련하는 것이다. 외국에서 민족어를 보존하고
지키는 이들을 정부에서는 정책적으로 지원해야 할 것이다.

4.3. 재독립국가연합 동포의 한국어교육

옛 소련에서는 외형상 민족어의 발전과 러시아어의 확산이란 전통적인 두 정책을 페레스트로이카에 이르기까지 유지하였다. 그러나 이는 외형만이고, 내면으로는 "러시아化"를 추진해 왔다. 다양한 민족과 언어는 특히 1938년도를 앞두고 러시아화로 내몰렸다(조정남, 1988). 따라서 고려인들은 1937년 중앙아시아로 강제 이주당한 뒤 민족어교육이 거의 중단되었다. 그러나 김필영(2005)과 남빅토르(2005)에 의하면 카자흐스탄의 일부 지역과 우즈베키스탄에서는 적어도 1939년까지 고려인의 초·중등 학교에서 "고려말" 교육이 행해진 것으로 알려진다. 이렇게 민족어교육이 중단됨으로 그 뒤 대부분의 고려인들은 민족어를 상실하게 되었고, 노년층에 의해 겨우 명맥이 유지되었다.

페레스트로이카 이후 독립국가연합이 형성되며, 민족어교육 상황은 더 심각해졌다. 그것은 거주 공화국의 공식언어를 배워야 하고, 공화국 간의 교제언어인 러시아어를 배워야 하며, 여기에 민족어를 배워야 하는 3중 부담을 안아야 하기 때문이다. 더구나 도시에서 전문 직종에 종사하기 위해서는 공화국의 언어와 러시아어를 능숙하게 구사해야 한다.

독립국가연합의 한국어교육 기관으로는 한국학교 1개, 한국 교육원 7개, 교육관실 1개, 한글학교 724개가 있다. 한글학교는 2002년에 408개였는데 엄청나게 증가한 것이다. 한국학교는 모스크바한국학교로, 여기 교육과정은 한국 교육과정에 현지 특성을 가미한 것이다. 한국교육원은 러시아의 사할린, 하바로프스크, 블라디보스토크, 로스토프 나 도누, 우즈베키스탄의 타슈켄트, 카자흐스탄의 알마티, 키르기스스탄의 비쉬켁에 있다.

한글학교와 함께 한국어 학습자는 커다란 증가 추세를 보이고 있다.

따라서 페레스트로이카 때에는 한국어를 모르는 동포가 대부분이었는데, 이러한 현상은 머지않아 사라질 것으로 보인다. 각 기관의 교재는 대부분 국제교육진흥원의 재외동포용 "한국어"가 사용되고 있다. 이는 러시아판이 있으므로 다른 교재에 비해 편리할 것으로 보인다. 그러나 이 교재가 범용교재의 번역본이기 때문에 현지의 실정과 거리가 있어 문제로 지적된다.

옛 소련에서는 교사의 자질과 부족한 교사가 특히 문제가 된다. 이는 연해주에 있던 국제고려사범대학과 소왕령사범학교가 강제 이주 후 없어졌고, 한국어교육이 금지된 때문이다. 교사의 자질에 대한 한 조사보고는 능력 있는 교사가 극소수이고, 대부분의 교사가 보조교사 수준이라 지적하고 있다(심영섭, 2002). 대부분의 교사가 한국어능력시험의 3급 이하 수준이란 것이다.

여기 덧붙일 것은 중·고등학교 과정의 한국어교육이다. 현지 정규 중등학교의 한국어교육은 구소련의 정규학교의 커리큘럼에 한국어 및 한국문화를 추가하거나, 한국어반을 개설한 경우가 고작이었다. 쉬콜라의 대표적 한국어 학교로는 모스크바 제1086 한민족학교와 유즈노사할린스크 제9학교(동양어문학교)를 들 수 있다. 특히 제1086학교는 민족교육을 잘 하는 학교로 알려져 있다. 이 학교는 기숙학교 방식으로 운영함으로 한국어교육을 강화하는가 하면, 자연스럽게 친교를 통해 학습 효과를 올리도록 하고 있다. 교재는 국제교육진흥원의 "한국어" 등을 사용하고 있다. 교사는 주로 고려인 3, 4세이며, 한국어 수준은 아주 낮은 것으로 알려진다. 제9학교는 조선족 밀집지역의 학교이다. 교재는 한국의 초등학교 "국어"를 사용하고 있다. 이 밖에 한국어반을 개설한 8개의 쉬콜라가 있다. 교재로는 대부분 국제교육진흥원의 "한국어"를 사용한다.

이상 옛 소련의 한국어교육의 현황을 살펴보았거니와, 옛 소련에서는 특히 한국어 교사의 질이 문제가 되고 있다. 교재는 주로 국제교육진흥원의 "한국어"가 쓰인다. 제1086학교와 같은 기숙학교 제도는 산거지역 재외동포를 위해서는 좋은 교육 방안이 된다 하겠다.

4.4. 재일동포의 한국어교육

재일동포에 대한 일본의 교육정책은 탄압과 동화의 정책이라 할 수 있다. 일본 당국은 해방 직후 1948년과 1949년 등 몇 차례에 걸쳐 민족교육을 탄압하였다. 이에 대해 재일동포들은 부단히 반대 투쟁을 펼쳤다. 그리하여 민족학교들은 각종학교라는 법적인가를 받는가 하면, 자주적인 민족학급, 즉 "민족 클럽"의 개설을 보게 하였다. 이 민족학급(民族學級)은 민단계 학교와 총련계 학교라는 양분된 재일동포의 교육기관과 함께 일본의 특수한 교육기관이다. 그러나 대부분의 재일동포 자녀가 일본학교에 다니고 있으며, 귀화, 결혼 등에 의해 점점 일본에 동화되어 재일동포 사회가 위기를 맞고 있는 것이 현실이다.

재일동포의 교육은 일본 공립 또는 이에 준하는 학교교육과, 민단계 학교와 총련계 학교라는 두 민족학교에 의해 주로 행해진다. 이 밖에 민족학급, 한글학교 등에서도 꾀해진다. 민단계(民團系) 교육기관으로는 소학교 3개, 중·고등학교 각 4개, 한글학교 91개가 있고, 총련계(總聯系)의 교육기관으로는 초급부 65개, 중급부 43개, 고급부 12개, 대학교 1개가 있다(김덕룡, 2004). 민단계의 백두학원, 금강학원, 경도국제중고교는 제1조학교이고, 동경한국학교는 각종학교다. 제1조학교에서는 일본 교육과정에 민족교육을 가미하고 있다.

그러면 각급 학교의 한국어(국어) 시간의 배정은 어떠한가? 민단계의 제1조학교인 백두학원과 총련계 학교를 보면 다음과 같다(백두학원 School

Guidance 및 김덕룡, 2004).

	소학교(초급부)						중학교(중급부)			고등학교(고급부)						
	1	2	3	4	5	6	1	2	3	1	2		3			
백두학원	4	4	4	4	3	3	3	3	3	4	4		3			
조선학교											문과	자연	문과	자연	문과	자연
													(1~2학기)		(3학기)	
(국어)	9	8	7	7	6	6	5	5	5 (6)	5	5	4	5	3	3	2
(일어)	4	4	4	4	4	4	4	4	4	4	4	3	3	3	3	2

　백두학원의 경우는 한국어가 일본의 정규 교육과정 외에 부과되는 것이며, 총련계 학교는 소위 "자주학교"의 국어교육으로 부과되는 것이다.
　총련계의 재일 조선인의 교육목표는 "모든 재일동포 자녀가 민족적 주체를 갖고 '지·덕·몸'을 두루 갖춘 조선인으로서 자신의 조국과 민족에 기여할 수 있는 인재를 양성한다"에 두고 있다(조선대학교 민족교육연구소, 1987). 조선어교육이 주체적 국어교육으로서 꾀해진다. 그리하여 표에 보이는 바와 같이 많은 시간이 할애되고 있다. 이는 일본어와 비교할 때 민족교육으로서 강조되고 있음을 분명히 알게 한다.
　위에서 언급한 "민족학급(民族學級)"이란 특수한 교육기관이다. 일본 공립학교에서의 민족교육은 외국인 학교의 폐쇄에 따라 이루어졌다. "민족학급"은 1948년의 "한신교육투쟁(阪神敎育鬪爭)" 이후 조인된 각서에 따라 "조선인 아동·생도가 재학하는 大阪府下 공립 소·중학교"에서 과외시간에 "조선어·조선의 역사, 문학, 문화" 등에 대하여 수업을 할 수 있다는 조항에 따라 설치된 것이다. 민족학급은 大阪, 京都 등 우리 동포들이 많이 거주하는 지역에서 운영되고 있는데, 총련계에서도 운영하고 있다(김홍규, 1993). 현재 재일동포를 위한 민족학급은 大阪시내만 하여도

96개교가 개설되어 있다. 민족학급의 "교육목표"에서 이의 전문과 언어 관련 부분을 보면 다음과 같다(大阪市民族講師會, 2004).

민족에 대한 학습을 통해 자신에 대해 알고, 발견하거나 긍정하거나 하는 것이 가능하며, 민족적 아이덴티티의 보지·신장을 꾀함과 동시에 자기실현을 하고자 하는 태도를 기른다.
1. 자신과 관련된 민족의 언어·역사·문화 등에 대해 아는 동시에, 자신의 생활 가운데서 민족과의 관계를 발견할 수 있게 한다. 또한 이들을 동포 친구들과 공유하는 활동을 통해 자신에 있어서의 민족을 긍정할 수 있게 한다.

교육 내용은 우리말, 사회, 생각해보자, 생활, 음악, 미술, 특별활동 등으로 되어 있다. 大阪市 교육위원회에서는 이들을 위한 지도 자료로 "무지개", "주머니" 등을 간행하고 있다.

재일동포의 교육에서도 역시 교재와 교사가 문제가 된다. 민단계 학교에서는 한국의 교과서와 국제교육원에서 발행한 일본지역 재외국민용 교재 "한국어"를 사용하고 있다. 한국의 교과서는 일시 체류자에게 국내 연계교육을 위해 사용된다. 현지에서는 일본 현실에 맞는 교재 개발을 아쉬워하고 있다. 특히 오늘날의 학습자는 이미 일본 태생 부모의 자녀이어 한국어가 미숙하기 때문에 원어민 교사를 원하고 있기도 하다. 공·사립학교에서 민족교육이 과외로만 제한되고 있는 것은 문제로, 이중언어 교육으로 확대 실현되기를 기대하고 있다.

총련계의 한국어교육이 이중언어교육이 아닌, 북쪽의 국어교육으로서 실시되고 있다는 것도 유념할 문제다. 이들의 대부분은 재일 영주동포이기 때문이다. 이는 언어규범의 차이와도 연결되어 문제가 복잡하다.

5. 한국어교육의 발전 방향

재외동포의 한국어교육은 그간 많은 발전을 거듭해 왔다. 그러나 앞에서 살펴본 바와 같이 많은 과제를 안고 있는 것도 사실이다. 그렇다면 이러한 문제와 과제를 해결하고 극복할 방법은 무엇인가? 이는 거주국의 상황에 따라 처방을 달리해야 할 것이다. 여기서는 이러한 점에 유의하며 재외동포의 한국어교육에 대한 포괄적 발전 방향을 모색해 보기로 한다.

첫째, 재외동포 교육이 질적·양적으로 강화돼야 한다.

현재의 재외동포교육은 700만 재외동포에게 뿌리를 찾고, 정체성을 확립하게 하기에는 턱없이 부족하다. 우선 교육기관이 부족하고, 여건이 열악하다. 따라서 시설을 증설하고 여건을 개선해야 한다. 바람직한 교육의 장을 많이 확장해야 한다. 교사교육의 장도 제대로 마련해야 한다. 그리고 민족어 교육만이 강조되고 있는 현재의 재외동포 교육이 개선돼야 한다. 재외동포 교육은 다만 의사소통 수단으로서 민족어를 배우자는 것이 아니다. 정체성을 찾기 위한 것이다. 따라서 민족문화교육의 일환으로 언어교육이 수행되어야 한다. 거기다 문화를 배제한 언어교육을 생각할 수 없는 것이고 보면 더욱 그러하다.

둘째, 민족어 교육의 목표를 분명히 한다.

한국의 재외동포 교육 목표는 모국이해교육, 현지적응교육, 국내연계교육으로 되어 있다. 이를 통해 "안정적인 현지 정착과 정체성 유지·신장"을 하며, 나아가 "세계 속에서 자긍심 높은 한민족 상의 구현"을 하자는 것이다. 오늘날은 국제화시대요, 세계화시대다. 따라서 민족교육도 폐쇄적, 배타적인 것이 아닌 현지사회에 기여하는 개방적, 포용적 교육이 돼야 한다. 민족어 교육도 마찬가지여서 이중언어 교육으로 수행돼야 한다. 그래야 현지사회와 조화를 이루고, 함께 세계문화 발전에 기여할 수 있다. 그렇지 않으면 민족분파주의로 오해를 받아 대립과 분쟁을 낳게 된다. 민족어 교육은 획일적이 아닌, 거주국의 언어정책을 고려하여 슬기롭게 조정 운영해야 한다.

셋째, 정책적 지원이 있어야 한다.

민족어 교육은 모국과 거주국에 다 같이 기여하는 것이 되어야 한다. 이런 의미에서 정책적 조율과 지원이 필요하다. 한국 정부나 재외동포 사회는 재외동포 교육이 동화 아닌, 이중언어 교육이 되게 함으로 호혜적(互惠的) 방향으로 거주국과 부단히 정책적 조율을 하여야 한다. 한국학교, 한국교육원, 한글학교의 지원도 적극적으로 수행해야 한다. 교육기본법(제29조 2항)에 명시된 바와 같이 재외동포는 필요한 학교교육 또는 사회교육을 받을 권리가 있기 때문이다. 그리고 이들은 우리의 해외의 인적자원(人的資源)으로, 우리 민족문화를 세계화·선진화하는 데 기여할 역군이기 때문이다.

넷째, 법적 정비와 관장기구의 통합이 있어야 한다.

재외동포 교육과 관련된 법령은 "교육기본법", "재외국민의 교육에 관한 규정", "재외국민을 위한 국내교육과정 운영규칙" 등 여러 법령에 분산되어 있는가 하면, 미비한 부분도 있어 문제가 되기도 한다. 따라서 이는 가칭 "재외동포교육법"으로 정비 통일하여, 업무를 효율적으로 수행하게 함이 바람직하다. 그리고 재외동포 교육에 대한 업무도 앞에서 살펴본 바와 같이 세 개 부처에서 관장하고 있어 업무상 혼선이 빚어지는가 하면, 중복되기도 하고 있는 것이 사실이다. 따라서 이도 가능한 한 단일 기관으로 통일하는 것이 바람직하다. 2005년 정부에 한국어국외보급사업협의회가 구성된 것은 만시지탄은 있으나 다행스러운 일이다.

영국의 British council, 미국의 American center, 독일의 Goethe Institute, 프랑스의 Allience Francaise, 일본의 국제교류기금과 같은 국제적 기구의 설립이 추진되어야 한다.

다섯째, 한국어 학습에 대한 유인책(誘引策)을 마련해야 한다.

해외에서 영주하는 동포의 경우는 민족교육, 또는 민족어 교육의 필요성을 실감하지 못할 수도 있다. 유인책을 마련하여 학습자가 스스로 한국어 학습에 관심을 갖고 배우도록 하여야 한다. 국비유학생 초치, 모국 초청방문, 유학·진학·취업 등에 혜택 부여와 같은 실리적인 유인책을 마련하는 것이다. 주류사회의 주변인으로서 소외를 받는 것이 아니라, 한민족의 지도자로서의 성공과 같은 정신적인 면에서의 유인책도 제시할 수 있을 것이다. 이러한 유인책은 거주국의 실상을 바탕으로 마련돼야 한다.

여섯째, 현지에 어울리는 교재를 개발·보급해야 한다.

재외동포들의 교육에서 가장 문제가 되는 것 가운데 하나가 교재가 마땅치 않거나, 부족하다는 것이다. 교육효과를 거두기 위해서는 언어권에 따라 거주국에 어울리는 교재, 학습자에게 어울리는 교재를 개발하여 활용해야 한다. 이는 대조언어학적인 연구 성과를 바탕으로 하여, 범용 교재가 아닌, 거주국의 언어에 따른 교재가 개발되어야 함을 의미한다. 내용면에서도 자문화(自文化)만을 강조할 것이 아니라 거주국의 사회 문화를 고려해야 한다. 또한 이러한 교재는 개발하여 부족함이 없이 공급되어야 한다. 그리고 학습 보조 자료와 읽을거리로서의 많은 도서도 제작 공급되어야 한다.

일곱째, 한국어교육 요원을 연수·격려한다.

교육은 교사의 질을 능가하지 못한다고 한다. 따라서 유능한 교원을 확보하도록 해야 한다. 그러기 위해서는 응분의 정신적 물질적 보상을 해 주는 것이 필요하다. 그리고 무엇보다 연수 기회를 많이 갖게 함으로 재충전하여 유능한 교사가 되도록 하여야 한다. 그러기 위해서는 초청 연수를 하거나, 현지 연수를 하도록 할 것이다. 이때 가능한 한 유능한 현지인을 강사로 활용하거나, 재외동포를 초청 연수하여 재파견함으로 현지 교육의 거점을 구축하도록 하는 것이 바람직할 것이다. 또한 사람 은 보상을 받을 때 의욕과 힘이 나는 법이니 교원들을 초청하여 연수도 하고, 고국의 발전상도 둘러보게 함으로 그들의 노고를 다소 남아 위로 하고 보상을 받도록 할 것이다.

여덟째, 가정이 민족어 교육의 장이 되도록 한다.

학교에서 민족어를 학습하기 전에 가정에서 민족어를 습득하게 되면 그만큼 언어발달을 촉진할 수 있다. 더구나 S. Krashen은 제2언어의 의 사소통 능력은 학습 아닌 습득에 의해 길러진다는 "습득 – 학습의 가설 (the acquisition-learning hypothesis)을 내어놓고 있다. 이런 점에서 볼 때 가정 에서 민족어 교육의 환경을 마련하여 말을 익히고, 실제로 사용하도록 하는 것이 무엇보다 민족어 교육의 지름길이 된다. 그리고 학교에서 학 습한 것을 가정에서 연습·활용할 수 있는 기회를 가질 수 있도록 하여 야 한다.

아홉째, 원격교육의 방법을 최대한 활용한다.

재외동포가 집거하는 경우는 가까운 교육 기관에 가서, 또 일정한 시 간에 교육을 받을 수 있다. 그러나 산재지역에 살거나, 일정한 시간을 내기 어려운 경우는 특정 기관에 가서 학습을 하는 것이 곤란하다. 재외 동포 가운데는 이러한 사람이 많다고 보아야 한다. 따라서 이런 동포들 을 위해서는 최대한 원격교육을 받거나, 자학자습을 할 수 있도록 여건 을 마련해 주어야 한다. 그러기 위해서는 CD ROM의 개발이나, 인터넷, 웹에 의한 교육 등이 확충되어야 한다. 이를 위해서는 양질의 다양한 통신망과 교재가 개발되어 학습자가 쉽게 이용할 수 있게 하여야 한다. 산재지역 학습자를 위해서는 기숙 제도를 갖춘 교육기관의 설치도 하나의 고려할 만한 정책이라 하겠다.

참고문헌

金德龍(2004), 朝鮮學校の戰後史, 社會評論社.

김중섭 외(2001), 러시아 및 중국 지역 한국어교육 실태조사 및 지원방안 연구, 교육
　　　인적자원부.

남일성 외(1995), 중국조선어문교육사, 동북조선민족교육출판사.

박갑수(2005), 국어교육과 한국어교육의 성찰, 서울대학교 출판부.

조정남 외(2002), 북한의 재외동포 정책, 집문당.

진중섭(2003), 재외동포교육 활성화 방안 연구, 교육인적자원부.

Krashen, S.(1981), Second language acquisition and second language learning,
　　　Pergamon.

大阪市民族講師會(2004), 共に生きる- 民族敎育の充實をめざして, 大阪市民族講師會.

김딕룡(2004), 재일 조선학교의 발걸음과 미래에의 제안, 世界 3·4월호, 岩波書店.

김필영(2005), 카자흐스탄의 한국어교육, 국제한국어교육학회 편(2005), 한국어교육론
　　　3, 한국문화사.

김홍규(1993), 재일동포들의 민족교육에 대하여, 이중언어학회지, 제10호, 이중언어학
　　　회.

남빅토르(2005), 우즈베키스탄의 국어교육, 국제한국어교육학회 편(2005), 한국어교육
　　　론 3, 한국문화사.

류재택 외(2002), 재외동포용 한국어 교재 개선을 위한 교육과정 개발 연구, 연구보고
　　　RRC 2002-20, 한국교육과정평가원.

박갑수(1991), 재외동포의 한국어교육, 국어과 교육학의 이론과 방법론 연구, 교학사.

박갑수(2002), 한국어교육의 현황과 과제, 중국에서의 한국어교육 III, 연변과학기술대
　　　학 한국학연구소.

박갑수(2003), 중국 조선족의 민족어 교육과 21세기, 외국인을 위한 한국어교육연구,
　　　제6집, 서울대학교 사범대학 외국인을 위한 한국어교육 지도자과정.

박갑수(2003), 한국어교육의 과제와 개선 방향-재외동포 교육을 중심으로, 재외동포
　　　의 정체성 확립과 교육의 방향, 재외동포교육 진흥재단.

박갑수(2006), 재외동포의 정체성과 민족교육의 방안-민족어 교육을 중심으로, 현장
　　　에서 미래를 준비하자, 중국 길림성 연변교육학원.

박태형(1995), 중국 조선족 학교에서의 이중언어교육, 이중언어와 해외 한국어교육, 제 12호, 이중언어학회.

손호민(1999), 미국에서의 한국어 교육 방법, 국어교육연구, 제6집, 서울대학교 국어교 육연구소.

심영섭(2002), 중앙아시아 한국어교육의 현황과 과제, 효과적인 한국어 보급과 지원체 제의 활성화 방안, 한국어 세계화 추진위원회.

엄 넬리(2002), 러시아 속의 한민족 교육, 새 시대를 여는 교사, 재미 한인학교 협의회.

오상순(1998), 중국의 한글학교 교육현황, 해외 한민족과 차세대, 계명대학교 아카데미 아 코리아나.

윤여탁(2004), 한국의 재외동포 교육 실태와 외국의 동포교육 사례연구, 한국(조선)어 교육연구 제2호, 한국(조선)어 교육연구학회.

이광호(1998), Korean Heritage School Abroad, 해외 한민족과 차세대, 계명대학교 아 카데미아 코리아나.

최은수(1999), 한국 재외국민교육정책에 관한 고찰, 해외한민족과 차세대, 계명대학교 아카데미아 코리아나.

■ 이 글은 2006년 11월 4일, 이중언어학회 창립 25주년 기념 국제학술대회에서 발표된 주제 강연 원고로, 이중언어학, 제33호(이중언어학회, 2007. 2)에 수록된 것이다.

제3부

언어정책과
한국어의 세계화

제1장 중국 조선족 및 남북한의 정서법

1. 서언

어떤 사실을 규정하는 법은 한 가지만이 있어야 한다. 여러 가지 법이 있게 되면 그것은 법의 구실을 하지 못할 뿐만 아니라, 혼란을 빚게 된다.

맞춤법, 철자법(綴字法), 또는 正書法(orthography)이라 하는 것은 글자를 일정한 규칙에 맞도록 쓰게 하는 법이다. 따라서 이도 엄연한 법이고 보면 여러 가지가 있어서는 곤란하다. 그런데 한국어의 "맞춤법"은 몇 가지가 있다. 남쪽의 "한글맞춤법", 북쪽의 "맞춤법", 중국 동북 삼성(東北三省)의 "조선말맞춤법"이 그것이다. 따라서 한국어의 표기법은 세 가지로 혼란을 빚고 있는 것이 현실이다.

이러한 혼란은 광의의 한국어의 문자생활에 균열이 생기게 하고 혼란을 부채질한다. 민족어의 생활에 혼란을 빚고, 특히 교수·학습과 관련될 때 문제를 야기한다. 이들 규범을 어떻게 수용하느냐가 문제가 되기 때문이다. 이는 특히 제3국에서 교육을 하거나, 평가를 할 때 곤란한 문제에 부딪치게 한다. 중국에서의 한국어교육에서도 어떤 기준에 따라 교육을 해야 하느냐가 문제가 되는 것으로 안다. 이는 수요와 관련되는 문제로 학습자가 그것을 중국, 한국, 조선의 어디에서 사용할 것이냐를 고려해야 하기 때문이다.

여기서는 언어 규범이 다양하면 문제가 빚어질 수 있다는 것을 전제로 중국에서의 한국어교육을 효과적으로 수행하게 하기 위하여 맞춤법의 문제를 살펴보기로 한다. 중국의 "조선말맞춤법"은 북쪽의 "맞춤법"의 복사본이라 할 수 있을 정도로 거의 같다. 그러나 이들과 남쪽의 "한글맞춤법"은 상당한 차이를 보인다. 따라서 효과적인 민족어 교육을 수행하기 위해서는 이들 세 맞춤법의 같고 다름을 이해해야 한다. 그래야 사전에 혼란을 막고 바람직한 교육을 할 수 있다. 여기서는 중국의 "조선말맞춤법"과 남쪽의 "한글맞춤법"을 중심으로 그 이동(異同)을 비교 고찰하기로 한다. 먼저 중국의 "조선말 맞춤법"에 따라 남쪽의 "한글맞춤법"을 비교 대조하고, 그 다음 "조선말맞춤법"에 규정되지 않은, "한글맞춤법"의 규정을 살펴보기로 한다. 북쪽의 "맞춤법"은 그때그때 아울러 검토될 것이다. 이러한 맞춤법을 고찰한 뒤에는 바람직한 한국어교육, 곧 민족어 교육의 방향을 모색해 보기로 한다.

2. 세 나라의 "맞춤법" 규정의 비교

2.1. "조선말맞춤법"의 규정

중국의 "조선말맞춤법"은 동북 3성 조선어문사업 실무회의세서 토론 채택된 것이다. 이의 검토 자료는 동북 3성 조선어문사업협의소조 판공실에서 1984년 편찬한 "조선말규범집"으로 하기로 한다. "한글맞춤법"

은 국어연구소에서 1989년 펴낸 "한글맞춤법 및 표준어규정 해설"을 바탕으로 하고, 북쪽의 "맞춤법"은 1988년 조선민주주의 인민공화국 국어사정위원회에서 편한 "조선말규범집"(1988)의 것을 자료로 하기로 한다. 중국의 "조선말 맞춤법"과 북쪽의 "맞춤법"은 다 같이 총칙과 7장, 26항으로 이루어져 있고, 한국의 "한글맞춤법"은 6장, 부록으로 이루어져 있으며, 57항으로 되어 있다. "조선말맞춤법"과 "한글맞춤법"의 비교·대조는 앞에서 언급한 바와 같이 "조선말맞춤법"의 차례에 따라 살펴보기로 한다. 그것은 중국에서의 한국어교육을 위한 맞춤법의 검토이며, 중국의 맞춤법을 모르는 한국인을 위해서도 이렇게 하는 것이 바람직할 것으로 생각되기 때문이다.

　세 가지로 다른 우리말 맞춤법은 조선어학회("한글학회"의 전신)의 "한글맞춤법통일안"을 모태(母胎)로 하여 만들어 진 것이다. 따라서 기본 원리가 같고, 세부 항목도 크게 차이가 나지 않는다. 맞춤법은 다른 언어 영역과는 달리 분단에 의한 이질화가 덜 되어 다행스런 영역이다.

　"조선말맞춤법"은 총칙에서 다음과 같이 표기의 기본 원칙을 제시하고 있다.

　　"조선말맞춤법은 단어에서 뜻을 가진 매개의 부분을 언제나 같게 적
　는 형태주의원칙을 기본으로 한다."

　"조선말맞춤법"은 이렇게 표기법의 기본을 형태주의(形態主義)에 두었다. 이에 대해 북쪽의 "맞춤법"은 형태주의 표기를 원칙으로 하고, 일부 표음주의적(表音主義的) 표기를 한다고 규정하였다.

"조선말맞춤법은 단어에서 뜻을 가지는 매개 부분을 언제나 같게 적
는 원칙을 기본으로 하면서 일부 경우 소리나는대로 적거나 관습을 따
르는것을 허용한다."

남쪽의 "한글맞춤법"은 총칙 제1항에서 "표준어를 소리대로 적되 어
법에 맞도록 함을 원칙으로 한다"고 하여 표음적 표기를 하면서 형태주
의적 표기를 원칙으로 한 절충적 방법을 택하였다. 이 점에서 남북의 기
준은 원칙적으로 같다. 다만 차이가 있다면 "조선말맞춤법"과 북쪽의
"맞춤법"은 형태주의적 표기가 좀 더 강조되고 있다는 것이다.

제1장 자모의 차례와 이름

제1항에서는 자모의 차례와 이름을 규정하고 있다. 자모의 수는 40개
로 "한글맞춤법"과 같고, 그 이름과 순서는 차이를 보인다. "한글맞춤
법" 제4항의 이름과 차이를 보이는 것은 다음과 같은 것이다.

ㄱ(기윽) ㄷ(디읃) ㅅ(시읏)// 기역 디귿 시옷
ㄲ(된기윽) ㄸ(된디읃) ㅃ(된비읍) ㅆ(된시읏) ㅉ(된지읃)// 쌍기역 쌍디
귿 쌍비읍 쌍시옷 쌍지읒

기호(//) 앞의 이름이 "조선말맞춤법"의 것이고, 뒤의 이름이 "한글맞
춤법"의 것이다. "조선말맞춤법"에서는 자음 이름의 둘째 음절 모음을
"으"로 통일하고 있고(기윽, 디읃, 시읏 등), "한글맞춤법"은 "한글맞춤법
통일안"의 이름을 그대로 이어받고 있다. 또한 "조선말맞춤법"에서는
"그느드르므브…"라 부를 수도 있게 규정해 놓았다. 북쪽의 "맞춤법"도
같다. 이러한 이름은 "한글맞춤법"에는 없는 것이다. 모음의 이름은 차
이가 나지 않는다.

한글 자모 24자의 순서는 중국의 "조선말맞춤법"이나 남북한의 맞춤법이 다 같다. 다만 두 개 이상의 자모를 어울러 쓰는 경우 자음의 차례는 같고, 모음은 차이가 난다.

- 자음의 차례 :
ㄱ, ㄴ, ㄷ, ㄹ, ㅁ, ㅂ, ㅅ, ㅇ, ㅈ, ㅊ, ㅋ, ㅌ, ㅍ, ㅎ ; ㄲ, ㄸ, ㅃ, ㅆ, ㅉ
- 모음의 차례 :
조선말맞춤법 : ㅏ, ㅑ, ㅓ, ㅕ, ㅗ, ㅛ, ㅜ, ㅠ, ㅡ, ㅣ ; ㅐ, ㅒ, ㅔ, ㅖ, ㅚ, ㅟ, ㅢ, ㅘ, ㅝ, ㅙ, ㅞ
한글맞춤법 : ㅏ, ㅑ, ㅓ, ㅕ, ㅗ, ㅛ, ㅜ, ㅠ, ㅡ, ㅣ ; ㅐ, ㅒ, ㅔ, ㅖ, ㅘ, ㅙ, ㅚ, ㅝ, ㅞ, ㅟ, ㅢ

북쪽의 "맞춤법"의 차례는 중국의 "조선말맞춤법"과 같다.

사전에 올리는 자모의 순서도 같지 아니하다. 연변사회과학원 언어연구소에서 편찬한 "조선말사전"에는 올림말의 배열 순서를 "이 사전의 모든 올림말은 조선어 자모순에 따라 배열하였다"고 하고 있다. 그러나 실제를 보면 자모순을 따르되 "ㅇ"의 경우 받침은 자모순을 따랐으나, 초성의 경우는 "ㅇ"을 음가가 없는 것으로 보아 맨 끝으로 돌리고 있다. 이에 대해 "한글맞춤법"은 제4항에 "사전에 올릴 적의 자모 순서를 다음과 같이 정한다"고 규정하여 자음의 경우 앞의 순서와 달리 배열하고 있다. 모음의 배열 순서는 위에 제시한 바와 같다.

중국 사전 : ㄱ, ㄴ, ㄷ, ㄹ, ㅁ, ㅂ, ㅅ, ㅈ, ㅊ, ㅋ, ㅌ, ㅍ, ㅎ ; ㄲ, ㄸ, ㅃ, ㅆ, ㅉ, ㅇ
ㅏ, ㅑ, ㅓ, ㅕ, ㅗ, ㅛ, ㅜ, ㅠ, ㅡ, ㅣ ; ㅐ, ㅒ, ㅔ, ㅖ, ㅚ, ㅟ, ㅢ, ㅘ, ㅝ, ㅙ, ㅞ

한국 사전 : ㄱ, ㄲ, ㄴ, ㄷ, ㄹ, ㅁ, ㅂ, ㅃ, ㅅ, ㅆ, ㅇ, ㅈ, ㅉ, ㅊ, ㅋ,
　　　　　　ㅌ, ㅍ, ㅎ
　　　　　　ㅏ, ㅐ, ㅑ, ㅒ, ㅓ, ㅔ, ㅕ, ㅖ, ㅗ, ㅘ, ㅙ, ㅚ, ㅛ, ㅜ, ㅝ,
　　　　　　ㅞ, ㅟ, ㅠ, ㅡ, ㅢ, ㅣ

이렇게 두 나라의 사전 배열순서는 다르다. 북쪽 사전의 배열순서는
중국 사전과 같다.

제2장 한 형태부의 적기

제2항은 받침을 27개로 규정하고 명시한 것이다. 북쪽의 "조선말맞춤
법" 제2항도 마찬가지다. 남쪽의 "한글맞춤법"은 받침을 따로 규정하고
있지 않다. 그러나 그 원칙은 같다. 다만 "한글맞춤법"에서는 "돐"을
"돌"에 통합하였다.

제3항은 받침 "ㄷ, ㅌ, ㅅ, ㅆ, ㅈ, ㅊ" 가운데 어느 하나로 밝혀 적을
수 없는 것은 "ㅅ"으로 적는다고 한 것이다. 북쪽의 "맞춤법" 제3항도
마찬가지다. 이는 "한글맞춤법"의 제7항에서 "'ㄷ'으로 적을 근거가 없
는 것"을 'ㅅ'으로 적기로 한 것과 같은 것이다.(아래의 보기는 특별한 언급
이 없는 경우 "조선말맞춤법"의 것이다.)

　　　"뭇별, 핫옷, 헛소문, 무릇, 얼핏, 싱긋싱긋, 빗나가다"

제4항 한 형태부 안의 두 모음 사이에서 나는 설측음은 "ㄹㄹ"로 적
고, 기타 자음은 받침으로 적지 않는다. 이러한 규정은 "한글맞춤법통일
안"에 있던 것이다. 이를 북쪽의 "맞춤법"에서는 제4항과 제5항에 나누
어 규정하고 있다. "한글맞춤법"에서는 이를 필요 없다고 보아 삭제하였
다. 표기 원리 면에서는 "한글맞춤법"도 "조선말맞춤법"과 같다. "조선

말맞춤법"의 규정은 다음과 같다.

    1) 설측음인 경우
       "걸레, 벌레, 진달래, 빨래, 얼른"

    2) 설측음 이외의 자음인 경우 :
       ① 겨누다(견우다), 디디다(딛이다) ② (길을)비키다(빅히다), 소쿠리(속후
       리) ③ (노을이)비끼다(빗기다), 어깨(엇개), 이따금(잇다금)

    제5항은 한 형태부 안에서 받침 "ㄴ, ㄹ, ㅁ, ㅇ" 다음 소리가 된소리
가 나는 경우엔 된소리(硬音)로 적고, 그렇지 않은 경우는 순한소리(平音)로
적기로 한 것이다. "한글맞춤법" 제5항 및 "맞춤법" 제6항도 마찬가지다.
    1) 받침 "ㄴ, ㄹ, ㅁ, ㅇ" 다음 된소리가 나는 경우 된소리로.
       "말씀, 벌써, 훨씬, 활짝, 옴짝달싹"

    다만 토(語尾)의 경우는 된소리가 나더라도 된소리로 적지 아니한다.(-
ㄹ가, -ㄹ수록, -ㄹ지라도)
    "-ㄹ가"는 "한글맞춤법"의 "-ㄹ까"와 다르다. "한글맞춤법" 제53항
에서는 의문을 나타내는 어미들은 된소리로 적기로 하였다.
    2) "ㄴ, ㄹ, ㅁ, ㅇ" 이외의 경우 순한 소리로.
       "가락지, 막대기, 적삼, 접시, 덥석, 몹시, 깍두기, 왁작(-떠든다)"

    제6항 형태부의 소리가 준 경우 준 음절의 첫소리를 앞 음절의 받침
으로 적는다. "한글맞춤법"제32항, "맞춤법" 제7항도 같다.
    "갖고(가지고), 딛고(디디고), 맞고(미치고), 엊그저께(어제그저께), 엊저녁
    (어제저녁)"

제3장 어간과 토의 적기

제7항 어간과 토가 어울릴 적에 그 원 형태를 밝히는 것을 원칙으로 한다. 이는 물론 형태주의 원칙에 따른 것으로, 남북의 맞춤법도 마찬가지다.

"손이, 손을, 손에/ 꽃이, 꽃을, 꽃에/ 먹다, 먹으니, 먹어, 먹지/ 읊다, 읊으니, 읊어, 읊지"

그러나 어간과 토의 결합으로 보기 어렵거나, 결합된 것으로 인정되는 경우라도 그 뜻이 달라진 것은 그 형태를 밝혀 적지 않는다.

① 나타나다(낱아나다), 바라보다(발아보다), 부러지다(불어지다), 자빠지다(잡바지다)
② (산-) 너마(넘어), (정체가) 드러나다(들어나다), (나무가) 쓰러지다(쓸어지다)

"한글맞춤법" 제14, 15항의 규정과 같은 것이다. "한글맞춤법" 제15항에서는 본뜻에서 멀어진 것이라 하여 "드러나다, 사라지다, 쓰러지다"를 들고 있다. 또한 같은 제15항에서 종결형에서 사용되는 어미 "-오"는 "요"로 소리 나는 경우가 있더라도 "오", 연결형에서 사용되는 "이요"는 "이요"로 적는다고도 규정해 놓았다. 이러한 원리는 북쪽의 "맞춤법"에도 제8, 9항에 규정되어 있다.

제8항은 불규칙활용(不規則活用)을 규정한 것으로, 끝소리가 일정하게 바뀌는 소리는 바뀐 대로 적기로 한 것이다.

1) ㄹ불규칙활용
2) ㅅ불규칙활용
3) ㅎ불규칙활용
4) ㄷ불규칙활용

5) ㅂ불규칙활용

6) 러불규칙활용

7) 르불규칙활용

"한글맞춤법"에는 제18항에 불규칙활용이 규정되어 있다. 이에는 "조
선말맞춤법"에 "ㅜ/ㅡ 불규칙활용, 하 불규칙활용"이 추가되어 있다.
"조선말맞춤법"에서는 "ㅜ/ㅡ 불규칙활용"을 준말로 본다. "하 불규칙활
용"은 "조선말맞춤법" 제9항에서 어간 "하–" 아래 어미를 "–여/였"으로
적기로 하였기 때문에 "하 불규칙활용"이 성립될 수 없어 빠진 것이다.
북쪽의 "맞춤법"은 제18항에 불규칙활용을 규정하고 있는데, 여기에서
는 "ㅡ/ㅜ" 불규칙 활용을 인정하고 있다. "하 불규칙활용"은 "조선말맞
춤법"과 마찬가지로 "맞춤법" 제11항에서 어미를 "–어/었" 아닌 "–여
/–였"으로 적기로 해 인정하지 않은 것이다.

제9항은 어간이 "아, 어, 여" 또는 "았, 었, 였"과 어울릴 적에 어간
모음의 성질에 따라 각각 구분해 적기로 한 것이다. 이는 원칙적으로 모
음조화 규칙에 따라 적게 된다.

1) 어간 모음이 "ㅏ, ㅑ, ㅗ, ㅏㅡ, ㅗㅡ"인 경우 "아, 았"으로 적는다.

"받다–받아 받았다, 얇다–얇아 얇았다"

* 어간 모음이 "ㅏㅡ, ㅗㅡ"이더라도 합성어인 경우는 "어, 었"으로
적는다.

"나뜨다–나떠, 나떴다"

2) 어간 모음이 "ㅓ, ㅕ, ㅜ, ㅡ, ㅓㅡ, ㅜㅡ, ㅡㅡ, ㅣㅡ"인 경우 "어,
었"으로 적는다.

"벗다–벗어 벗었다, 겪다–겪어 겪었다, 부르다–불러 불렀다, 흐르
다–흘러, 흘렀다, 치르다–치러, 치렀다"

3) 어간의 모음이 "ㅣ, ㅐ, ㅔ, ㅚ, ㅟ, ㅢ"인 경우와 어간이 "하"인 경우 "여, 였"으로 적는다.("한글맞춤법"과 표기가 다른 것은 괄호를 쳐 표시한다.)

> "기다—(기여 기였다), 매다—(매여 매였다), 되다—(되여 되였다), 하다—하여 하였다"

다만 이 때 받침이 있는 경우에는 "여, 였" 아닌, "어, 었"으로 적는다.

> "밀다—밀어 밀었다, 심다—심어 심었다, 맺다—맺어 맺었다"

* 부사로 된 다음 단어는 다음과 같이 적는다.

> "(구태여), (도리여), (드디여)"

1) 2)는 "한글맞춤법" 제16항의 규정과 같다. 다만 3)은 어간이 "하"인 경우를 제외하고 나머지 경우는 "한글맞춤법"에서는 "여/였" 아닌, "어/었"으로 적어 차이가 난다. 부사의 경우도 "어"로 적어 차이를 보인다, 북쪽의 "맞춤법" 제11항은 "조선말맞춤법"과 같다.

제10항은 준말(略語)을 규정한 것으로, 준 것은 준 대로 적을 수 있게 허용한 것이다.

> ① 뜨다—뜨이다—띄다, (뜨이여—띄여, 뜨이였다—띄였다)
> ② 모이다—뫼다, (모이여서—뫼여서)—모여서, (모이여야—뫼여야)—모여야, (모이였다—뫼였다)—모였다
> ③ 보다—보아—봐, 보았다—봤다
> ④ 주다—주어—줘, 주었다—줬다
> ⑤ 바치다—(바치여)—바쳐, (바치여서)—바쳐서, (바치였다)—바쳤다
> ⑥ 하다—하여서—해서, 하여도—해도, 하였지—했지, 하였다—했다
> ⑦ 개다—(개여서)—개서, (개여야)—개야, (개였다)—갰다

이들은 "한글맞춤법" 제34, 35, 36, 37, 38항에 규정된 것이나, 허용 (許容) 아닌 원칙(原則)으로 한다는 점에서 차이가 난다. 또한 보기 가운데 괄호 안의 표기는 "조선말맞춤법" 제9항 3)의 규정에 따른 것으로, "한글맞춤법"의 표기와 다르다.

다음 단어들은 준 대로만 적기로 하여 "한글맞춤법"과 같다. ②는 "한글맞춤법"에서 "으" 불규칙활용으로 보는 것이다.

① 지다(치다, 찌다)—져, 졌다
② 가쁘다(모으다, 기쁘다, 슬프다, 치르다)—가빠, 가빴다
③ 사다(자다, 서다, 가다, 켜다, 짜다, 펴다)—사, 샀다

북쪽의 "맞춤법"은 제12항에서 준말을 규정하고 있는데, "조선말맞춤법"의 허용 기준이 "줄어든 것은 준대로 적는다"고 원칙으로 보아 "한글맞춤법"과 원리가 같다.

제11항 어간과 토가 녹아 붙어 소리가 준 경우 준대로 적을 수 있다. 이는 "한글맞춤법" 제33항과 같은 것이다. 다만 표현은 허용과 원칙으로 차이가 있다. 북쪽의 "맞춤법"에는 이 규정이 빠져 있다.(괄호 안의 표기는 한글맞춤법과 다르다.)

"나는—난, 자네는—자넨, 그것이—그게, 그것으로—그걸로, (무엇이요)—뭐요"

제12항 어간의 끝음절 "하"의 "ㅏ"가 줄고 뒤에 오는 소리가 거센소리(激音)로 날 때 거센소리로 적는다. 이는 "한글맞춤법" 제40항, 북쪽의 "맞춤법" 제13항과 같은 것이다.

"다정하다—다정타, 발명하게—발명케, 시원하지—시원치"

그러나 "아니하다—않다, 않고, 않지"와 같이 예외를 인정하여 "ㅎ"을

받침으로 올려 적게도 하였다. 이러한 단어로는 다음과 같은 것이 있다.

　"저러하다-저렇다, 자그마하다-자그맣다, 어떠하다-어떻다, 흔하
　다-(흖다)"

　"한글맞춤법" 제40항에도 예외 규정을 두어 원리가 같다. 다만 "한글
맞춤법"에서는 "흔하다"의 경우 "흔타"로 줄어드는 것을 인정하여 차이
를 보인다.

　이 밖에 "한글맞춤법" 제40항에서 어간의 끝음절 "하"가 아주 줄 때
준대로 적도록 규정한 것은 "조선말맞춤법"이나, 북쪽의 "맞춤법"에는
보이지 않는 것이다.

　"거북하지-거북지, 생각하건대-생각건대, 생각하다 못해-생각다
　못해, 깨끗하지 않다-깨끗지 않다, 넉넉하지 않다-넉넉지 않다, 못하
　지 않다-못지않다, 섭섭하지 않다-섭섭지 않다, 익숙하지 않다-익숙
　지 않다"

　다만 연변사회과학원 어언연구소 편 "조선말사전(연변인민출판사, 1992)"
이나, 사회과학원 언어연구소 편 "조선말대사전(평양 사회과학출판사, 1992)"
에서 "생각다, 깨끗다, 못잖다" 등을 표제어로 올려놓고 있어 어간 끝음
절 "하"가 주는 것을 인정하고 있음은 확인할 수 있다.

　"한글맞춤법" 제40항에서는 다음과 같은 부사도 소리대로 적기로 하
였다.

　"결단코, 결코, 기필코, 무심코, 아무튼, 요컨대, 정녕코, 필연코, 하마
　터면, 하여튼, 한사코"

　이들도 "조선말맞춤법"이나 북쪽의 "맞춤법"에 규정은 따로 없으나,
위의 두 사전에서 다 같이 인정하고 있는 것을 볼 수 있다.

제4장 합성어의 적기

제13항 합성어는 각각 그 원형을 밝혀 적는 것을 원칙으로 한다. 이는 "한글맞춤법" 제27항, "맞춤법" 제14항의 원칙과 같다.

① 걷잡다, 낮보다, 닻줄, 집안, 끓앉다, 옳걸다
② 값있다, 겉늙다, 설날, 젖어미, 팥알, 끝마치다

그러나 어근(語源)이 분명치 않은 것은 밝혀 적지 않기로 하였다.
"며칠, 부랴부랴, 이틀, 이태"

"한글맞춤법"은 제27항 [붙임 2]에서 이를 규정하고 있다. 여기에는 "골병, 골탕, 끌탕, 며칠, 아재비, 오라비, 업신여기다, 부리나케" 등이 예로 들려 있다. 이 밖에 "한글맞춤법"의 [붙임 3]에서는 "이(齒, 虱)"가 합성어나, 이에 준하는 말에서 "니" 또는 "리"로 소리 날 때에 "니"로 적기로 하였다. 이는 "조선말맞춤법"이나, "맞춤법"에는 보이지 않는 규정으로, 차이가 나는 것이다.

"간니, 덧니, 사랑니, 송곳니, 앞니, 어금니, 윗니, 젖니, 톱니, 틀니/ 가랑니, 머릿니"

제14항은 합성어를 이룰 때에 어근 사이에서 "ㅂ"소리와 "ㅎ"소리가 덧날 때 소리 나는 대로 적기로 한 것이다. "한글맞춤법" 제31항, 북쪽의 "맞춤법" 제15항의 규정도 같은 것이다. 아래의 보기에서 // 뒤는 "한글맞춤법"에 예로 들어 놓은 것이다. (이하 같다)

① 멥쌀, 좁쌀, 찹쌀, 부릅뜨다, 몹쓸놈, 휩쓸다// 댑싸리, 볍씨, 입때, 입쌀, 접때, (햅쌀)
② 머리카락, 안팎, 회파람, 수펄, 마파람// 살코기, 수캐, 수컷, 수탉, 암캐, 암컷, 암탉

"햅쌀"은 "조선말맞춤법" 제18항의 표기 "햇쌀"과 다르다.

"한글맞춤법"에서 자웅(雌雄)은 "암, 수"를 표준으로 하여 어근 사이에서 거센소리가 나는 것은 "수캐 수캉아지, 수탉, 수평아리, 수퇘지 수탕나귀, 수컷, 수키와, 수톨쩌귀"의 8개로 한정하였다. 이는 "한글맞춤법 통일안"의 규정을 일부 바꾼 것이다. 따라서 종래 有氣音으로 표기되던 이 밖의 합성어는 "수개미, 수거미, 수게, 수고양이, 수곰, 수꽹이, 수구렁이, 수글, 수벌, 수범, 수비둘기"와 같이 平音으로 적게 된다. 이와는 달리 "숫"을 인정한 것도 있다. "숫양, 숫염소, 숫쥐"가 그것이다. "조선말맞춤법"이나 북쪽의 "맞춤법"에서는 거센소리가 나는 것을 원칙으로 보아 위 보기의 경우 격음 표기를 해 차이가 난다. "숫양, 숫염소, 숫쥐"의 경우도 "ㅅ" 받침을 인정하지 않아 역시 차이가 난다.

제15항 합성어를 이룰 적에 끝소리 "ㄹ"이 빠지는 경우엔 빠지는 대로 적는다. 이는 수의적 변이를 하는 것으로, "한글맞춤법" 제28항, 북쪽의 "맞춤법" 제16항도 마찬가지다.

"마소, 미닫이, 바느질, 버드나무, 보조개, 소나무, 화살// 다달이, 따님, 마되, 무자위, 부나비, 부삽, 부손, 싸전, 여닫이, 우짖다"

그런데 북쪽의 "맞춤법"에서는 이와는 달리 "파생어"를 "합친말"과 구별하여 제20항에 따로 규정하고 있어 규정상 차이를 보인다.

제16항 받침소리 "ㄹ"인 말과 딴 말이 어울릴 적에 "ㄹ"소리가 폐쇄음으로 된 것은 "ㄷ"으로 적는다. 이는 "한글맞춤법" 제29항, 북쪽의 "맞춤법" 제17항과 같은 것이다.

"섣달, 숟가락, 나흗날, 며칟날, 이튿날// 반짇고리, 사흗날, 삼짇날, 잗주름, 푿소, 섣부르다, 잗다듬다, 잗다랗다"

제17항 사이표(')는 특수한 경우를 제외하고는 쓰지 않는다고 규정한 것이다. "한글맞춤법"에서는 "조선말맞춤법"이나, 북쪽의 "맞춤법"과는 달리 제30항에서 사이시옷을 받치어 적도록 규정하고 있다. 이는 두 맞춤법과 크게 다른 점이다. 다만 북쪽의 "맞춤법" 제15항 [붙임]에서는 고유어의 혼동을 피하기 위하여 "새별-샛별, 비바람-빗바람"과 같은 두어 개 사이시옷의 표기 예를 보여 주고 있다. 이는 예외적으로 사이시옷을 인정한 것이다. "한글맞춤법"의 제30항에서는 다음과 같은 경우 사이시옷을 받치어 적는 것으로 규정하고 있다.

1. 순우리말로 된 합성어로서 앞말이 모음으로 끝난 경우
(1) 뒷말의 첫소리가 된소리로 나는 것
   "나룻배, 나뭇가지, 냇가, 모깃불, 선짓국, 쇳조각, 찻집, 핏대, 햇볕, 혓바늘"
(2) 뒷말의 첫소리 "ㄴ, ㅁ" 앞에서 "ㄴ"소리가 덧나는 것
   "멧나물, 아랫니, 아랫마을, 뒷머리, 잇몸, 깻묵, 냇물, 빗물"
(3) 뒷말의 첫소리 모음 앞에서 "ㄴㄴ" 소리가 덧나는 것
   "도리깻열, 뒷윷, 뒷일, 베갯잇, 욧잇, 깻잎, 나뭇잎, 댓잎"
2. 순우리말과 한자어로 된 합성어로서 앞말이 모음으로 끝난 경우
(1) 뒷말의 첫소리가 된소리로 나는 것
   "귓병, 봇둑, 사잣밥, 샛강, 전셋집, 찻잔, 콧병, 탯줄, 텃세, 핏기, 햇수, 횟배"
(2) 뒷말의 첫소리 "ㄴ, ㅁ" 앞에서 "ㄴ"소리가 덧나는 것
   "곗날, 제삿날, 훗날, 툇마루, 양칫물"
(3) 뒷말의 첫소리 모음 앞에서 "ㄴㄴ" 소리가 덧나는 것
   "가욋일, 사삿일, 예삿일, 훗일"

3. 두 음절로 된 다음 한자어

"곳간(庫間) 셋방(貰房), 숫자(數字), 찻간(車間), 툇간(退間), 횟수(回數)"

특별히 여기서 강조할 것은 "한글맞춤법 통일안" 제30항에서는 "잇과 (理科), 갓법(加法), 홋수(戶數), 섯자(書字)"와 같이 한자말의 경우도 제한 없이 사이시옷을 붙였는데, "한글맞춤법"에서는 한자어에는 사이시옷을 붙이지 않는 것을 원칙으로 하고, 위의 6개 한자어에만 붙이기로 한정하였다는 것이다.

제5장 접두사와 어근의 적기

제18항 접두사와 어근이 어울릴 적에는 각각 그 형태를 고정시켜 적는다. 이는 "한글맞춤법" 제27항, 북쪽의 "맞춤법" 제18항의 내용과 같은 것이다.

"덧저고리, 맏아들, 선웃음, 싯누렇다, 샛말갛다, 짓밟다, 풋곡식, 헛걸음, (햇쌀)"

보기 가운데 "햇쌀"은 "한글맞춤법" 제31항에서 "햅쌀"로 적기로 한 것임은 앞에서 언급한 바와 같다.

제6장 어근과 접미사의 적기

제19항 자음으로 시작된 접미사가 어근과 어울릴 때 그 형태를 밝혀 적는 것을 원칙으로 하였다.

1) 새 단어를 만드는 접미사

덮개, 집게, 셋째, 잎사귀, 앞장, 찜질, 늙수그레하다, 정답다

2) 동사의 사역 또는 피동을 나타내는 접미사

돋구다, 담기다, 웃기다, 밟히다, 얽히다, 입히다, 맺히다

3) 강조의 뜻을 나타내는 접미사 "-치"

놓치다, 덮치다, 밀치다, 받치다, 뻗치다, 엎치다

4) 형용사를 동사로 만드는 접미사 "-히", "-추"

붉히다, 밝히다, 넓히다, 굳히다, 낮추다, 늦추다

다만 둘받침(겹받침) "ㄺ, ㄼ, ㄾ, ㅀ"으로 끝난 어근에 접미사가 어울릴 적에 그 둘받침(겹받침)이 받침소리규칙(終聲規則)에 맞지 않게 발음되는 경우에는 그 받침을 밝혀 적지 아니한다.

"말끔하다, 말쑥하다, 말짱하다, (널직하다), (얄직하다), 얄팍하다, 실쭉하다"

이는 "한글맞춤법" 제21항과 같은 규정으로, 여기서는 "1. 명사 뒤에 자음으로 시작된 접미사가 붙어 된 것, 2. 어간 뒤에 자음으로 시작된 접미사가 붙어서 된 것"으로 나누어 규정하고 있다.

그리고 "조선말맞춤법" 제19항의 2), 3)의 규정은 "한글맞춤법" 제22항의 1, 2의 규정과 같은 것이다. 위의 "조선말맞춤법"의 예외 규정도 "한글맞춤법" 제21항의 "다만"에 보이는 아래 규정과 같은 것이다.

(1) 겹받침의 끝소리가 드러나지 아니하는 것 : 할짝거리다, (널따랗다), 말끔하다, 말짱하다, 실쭉하다, 얄팍하다, (짤따랗다), 실컷

(2) 어원이 분명치 아니하거나 본뜻에서 멀어진 것 : 넙치, (올무), 골막하다, 납작하다

괄호 안의 낱말은 "조선말맞춤법"의 표기(넓다랗다, 짧따랗다, 옹노)와 다른 것이다.

"한글맞춤법"에는 용언의 어간과 접미사가 붙어서 된 말로, 어원을 밝히지 않고 소리대로 적는 것이 또 한 가지 있다. 그것은 제22항의 [붙임]에 규정된 것으로, "-업, -읍, -브-"가 붙어서 된 말이다. "미덥다,

우습다, 미쁘다"가 그 예다.

북쪽의 "맞춤법" 제19항의 규정은 "조선말맞춤법"과 원칙적으로 동일하다. 다만 "하다"가 붙을 수 있는 어근과 어울려 부사를 만드는 접미사 "-히"를 밝힌다는 것이 추가되어 있다. "조선말맞춤법"의 예외 규정은 북쪽의 "맞춤법" 제21항에서 규정하고 있다.

제20항 어근과 접미사가 어울려 그 뜻이 달라진 경우에는 어근과 접미사를 밝혀 적지 아니한다.

"거두다(곡식을-), 드리다(선물을-), 미루다, 바치다(공량을-), 부치다 (편지를-), 이루다"

이는 "한글맞춤법" 제22항의 다만 및 북쪽 "맞춤법"의 제22항과 같은 것이다. "한글맞춤법"에서는 "'-이-, -히-, -우-'가 붙어서 된 말이라도 본뜻에서 멀어진 것은 소리대로 적는다"고 규정하였다. 이러한 예로는 위의 보기 외에 "도리다(칼로-), 고치다" 등이 있다.

제21항 모음으로 시작된 접미사가 어근과 어울릴 적에는 다음과 같이 갈라 적는다.

1) 어근과 접미사를 밝혀 적는 경우
(1) 명사나 부사를 만드는 접미사 "-이"

"길이, 깊이, 다듬이, 손잡이, 같이, 굳이, 좋이, 정다이, 집집이, 몫몫 이, 푼푼이"

(2) 명사를 만드는 접미사 "음"

"걸음, 물음, 묶음, 믿음, 졸음, 얼음, 웃음"

(3) 사역 또는 피동을 나타내거나, 형용사를 동사로 만드는 접미사 "-이, -우, -으키, -이키, -애"

"놓이다, 높이다, 먹이다, 돋우다, 일으키다, 돌이키다, 없애다"

(4) "-거리"와 어울릴 수 있는 어근에 붙어 동사를 만드는 접미사
"-이"

　"덜렁이다, 번쩍이다, 움직이다"

2) 어근과 접미사를 밝혀 적지 않는 경우

(1) 어근에 "이, 음" 이외의 접미사가 붙어 이루어진 명사나 부사

　"나머지, 마감, 마개, 마중, 지붕, 끄트머리, 바깥, 너무, 도로, 바투, 비
　로소, 자주, 뜨덤뜨덤, 거뭇거뭇, 오긋오긋"

(2) 의성의태어에 "-이"가 붙어서 이루어진 명사

　"개구리, 꾀꼬리, 귀뚜라미, 기러기, 딱따구리, (더퍼리)"

(3) 어떤 토나 "하다"가 붙어 단어를 이루는 일이 없는 어근에 접미사
"-이"가 붙어서 된 명사나 부사

　"동그라미, 갑자기, 반드시(-하여야 한다), 슬며시"

(4) 접미사 "-앟(-엏)", "-업(-압)", "-읍"이 붙어 이루어진 형용사

　"가맣다, 누렇다, 발갛다, 써느렇다, 간지럽다, 미덥다, 보드랍다, 시끄
　럽다, 우습다"

위의 1)의 (1), (2)는 "한글맞춤법"에서 어간과 붙어서 된 말과 명사와
붙어서 된 말로 나누어 규정한 것이다. 어간과의 결합은 제19항 1, 2, 명
사와의 결합은 제20항의 1, 2에 규정되어 있다. 1)의 (4)는 "한글맞춤법"
제24항과, "맞춤법" 제23항의 (6)과 같은 것이다. 2)의 (1)도 "한글맞춤
법"의 제19항의 [붙임]과 제20항의 [붙임]에 규정되어 있다. 2)의 (2) 의
성의태어 관계는 제23항의 [붙임]에 규정해 놓았다. 여기서는 어근에
"-하다"나 "-거리다"가 붙을 수 있느냐, 없느냐를 어원을 밝히는 기준
으로 삼았다. 붙을 수 있는 경우에는 어원을 밝힌다. "조선말맞춤법"의
"더퍼리"는 한글맞춤법 제23항에서 어원을 밝히는 경우에 "더펄이"로
적게 되어 있어 차이가 난다.

북쪽의 "맞춤법" 제23항은 "조선말맞춤법" 제21항과 원칙적으로 같다. 다만 "맞춤법"에는 어근과 접미사를 밝혀 적는 경우로 "하다"가 붙어서 형용사가 될 수 있는 "ㅅ" 받침으로 끝난 어근과 어울려 부사를 만드는 경우(꼿꼿이, 깨끗이)와, 형용사를 만드는 "없"(덧없다, 부질없다)을 더 추가하고 있다. 그리고 밝혀 적지 않는 경우의 용례로 어떤 토나 "하다"가 붙어서 단어를 이루는 일이 없는 어근에 접미사 "이" 이외에 "애기", "어기(에기)" "아기"를 추가하고 있다((호르래기), (부스레기)). 이는 "조선말맞춤법"과 다른 점이다.

제22항은 부사를 만드는 접미사 "-이, -히"를 규정한 것이다.

1) 어간에 "하다"를 붙일 수 있는 부사

(1) 받침 "ㅅ, ㄱ"을 제외한 기타의 받침과 모음 아래에서는 "히"

　"덤덤히, 마땅히, 부지런히, 영원히 고요히"

(2) 받침 "ㅅ" 아래에서는 "이"

　"깨끗이, 따뜻이, 뚜렷이"

(3) 받침 "ㄱ" 아래에서는 발음에 따라 "이", "히"(한자어는 전부 "히", 고유어는 대부분 "이"로 적는다)

　"엄격히, 정확히, 가득히, 똑똑히, 진득이, 큼직이, 수두룩이, 납죽이"

2) 어간에 "하다"가 붙을 수 없는 부사는 "이"를 원칙으로 한다. 그러나 뚜렷이 "히"로 발음되는 것은 "히"로 적는다.

　"기어이, 번번이, 고이, 공교로이, 감히, 극히, 특히, 가히, 작히"

이는 "한글맞춤법" 제51항에서 "이"로만 나는 것, "히"로만 나는 것, "이, 히"로 나는 것의 세 가지로 구분하여 다소 모호하게 규정해 놓고 있다. 이에 대해 "조선말맞춤법"은 좀더 구체적이다. 이를 규정한 북쪽의 "맞춤법" 제24항은 두 맞춤법의 중간 형태를 취하고 있다.

제7장 한자어의 적기

제23항 한자어는 음절마다 조선어 현대발음에 따라 적는 것을 원칙으로 하였다.

① 인민, 혁명, 녀자(女子), 뇨소(尿素), 로동(勞動), 량식(糧食), 례외(例外)

② 일체(一切)－절실(切實), 당분(糖分)－사탕(砂糖), 성위(省委)－생략(省略), 동북(東北)－패배(敗北)

그러나 습관에 따라 달리 발음되는 것은 발음되는 대로 적는다.

"나팔(喇叭), 나사(螺絲), 노(櫓), 시월(十月), 류월(六月), 오뉴월(五六月), 유리(琉璃)"

"맞춤법" 제25항도 마찬가지다. 이와는 달리 "한글맞춤법"의 한자어 표기는 큰 차이를 보인다. 그것은 "조선어 현대 발음"을 어떻게 보느냐 하는 것으로, 語頭의 "ㄹ"소리와 口蓋音化한 "ㄴ"소리를 "현대발음"으로 인정하느냐, 않느냐에 따라 표기가 달라지기 때문이다. "한글맞춤법" 제10항~12항에서는 이들을 "두음법칙(頭音法則)"에 따라 인정하지 아니한다. 그래서 이를 인정하는 "조선어맞춤법"이나 북쪽 "맞춤법"의 표기와 큰 차이를 보인다.

"한글맞춤법"은 제10항에서 어두의 "녀, 뇨, 뉴, 니"를 "여, 요, 유, 이"로 적고, 제11항에서 "랴, 려, 례, 료, 류, 리"를 "야, 여, 예, 요, 유, 이"로 적고, 제12항에서 "라, 래, 로, 뢰, 루, 르"를 "나, 내, 노, 뇌, 누, 느"로 적기로 하였다. 그리고 다음과 같은 예외를 인정하고 있다.

제10항에서 의존명사에서의 "냐, 녀" 음의 인정 : 냥(兩), 냥쭝(兩-), 년(年)

"조선어맞춤법"과 북쪽의 "맞춤법"도 "량, 량중" 아닌, "냥, 냥중"으로 적는다.

* 접두사처럼 쓰이는 한자가 붙어서 된 말이나 합성어에서 뒷말의 첫 소리는 두음법칙 적용 : 신여성(新女性), 공염불(空念佛), 남존여비(男尊女卑)
* 고유명사를 붙여 쓰는 경우에도 뒷말에 두음법칙 적용 : 한국여자대학(韓國女子大學), 대한요소비료회사(大韓尿素肥料會社)
* 고유어의 경우에도 의존명사의 경우에는 두음법칙 적용 : (고약한) 녀석, (괘씸한) 년, (실 한)님, (엽전 한) 닢.

제11항에서 의존명사 "리(里), 리(理)" 인정

* 모음이나 "ㄴ" 받침 뒤의 "렬, 률"은 "열, 율"로 적음 : 나열(羅列), 비열(卑劣), 분열(分裂), 선열(先烈), 규율(規律), 비율(比率), 선율(旋律), 전율(戰慄)
* 접두사처럼 쓰이는 한자가 붙어서 된 말이나, 합성어의 뒷말의 첫소리는 두음법칙 적용 : 역이용(逆利用), 연이율(年利率), 열역학(熱力學), 해외여행(海外旅行)
* 고유명사를 붙여 쓰는 경우와, 數에도 두음법칙 적용 : 서울여관(旅館), 신흥이발관(理髮館), 육천육백육십(六千六百六十)

제12항에서 접두사처럼 쓰이는 한자가 붙어서 된 말에 두음법칙이 적용되는 것으로 봄 : 내내월(來來月), 상노인(上老人), 중노동(重勞動), 비논리적(非 論理的)

습관에 따라 달리 발음되는 것의 표기는 "한글맞춤법" 제52항에서도 한자어에서 본음으로도 나고 속음으로도 나는 것을 각각 그 소리에 따라 적도록 규정하고 있다. 그러나 구체적 용례는 차이를 보인다. "한글맞춤법"의 예를 보면 다음과 같다.(괄호 안은 다른 맞춤법과 차이가 나는 표기이다.)

"승낙(承諾)－수락(受諾), 쾌락(快諾), 허락(許諾)/ 만난(萬難)－(곤란困

難), 논란論難)/ 안녕(安寧)－의령(宜寧), 회령(會寧)/ 분노(忿怒)－(대로大
怒), 희로애락(喜怒哀樂)/ 토론(討論)－의논(議論)/ 목재(木材)－모과(木瓜)/
팔월(八月)－초파일(初八日)"

이 밖에도 불교용어 "보리(菩提), 도량(道場), 보시(布施)", 및 "댁내(宅內),
모란(牡丹), 통찰(洞察), 설탕(雪糖)"과 같은 속음도 있다.

제24항 한자 "不"의 음은 "ㄷ, ㅈ" 소리 앞에서는 "부"로 적고, 그 외
에는 "불"로 적는다.

"부단(不斷), 부당(不當), 부자연(不自然), 부적당(不適當), 부족(不足), 부
지중(不知中)"

이는 "한글맞춤법"에는 따로 규정되어 있지 않다. 그러나 제28항의
해설에서 "不"의 "ㄹ" 받침소리가 떨어져 "부"로 읽히는 단어는 떨어진
대로 적는다며 예를 들어 놓았다. 북쪽의 "맞춤법"에도 이러한 규정은
없다.

제25항 한자어에서 모음 "ㅖ"는 "계, 례, 혜, 예"만을 인정키로 하였다.

"세계(世界), 계산(計算), 례절(禮節), 혜택(惠澤), 예술(藝術)"

북쪽의 "맞춤법" 제26항도 마찬가지다. 그러나 "한글맞춤법" 제8항에
서는 이와는 달리 "계, 례, 몌, 폐, 혜"의 "ㅖ"를 인정하고 있다. 이는
"조선말맞춤법"에서 인정하지 않은 한자음 "몌, 폐"를 더 인정한 것이
다. 따라서 "조선말맞춤법에 따른 "연몌(連袂)", "개폐(開閉), 심폐(心肺), 폐
기(廢棄), 화폐(貨幣)" 등은 "한글맞춤법"과 차이를 보이게 된다.

제26항 한자어에서 모음 "ㅢ"가 들어 있는 음절로 "희, 의"만을 인정
한다.

"희망(希望), 유희(遊戱), 회의(會議), 의의(意義), 의학(醫學)"

"맞춤법" 제27항도 마찬가지다. "한글맞춤법" 제9항에서는 "ㅢ"는 "ㅣ"로 소리 나는 경우가 있더라도 "ㅢ"로 적는다고 규정하고, 한자음 "희, 의" 외에 고유어 "무늬, 하늬바람, 늴리리, 띄어쓰기, 씌어, 틔어, 희다" 등의 예를 들고 있다. "한글맞춤법"도 결과적으로 한자어의 경우는 "희, 의"만을 인정한 것이다.

2.2. "한글맞춤법"만의 규정

"조선말맞춤법"을 중심으로 세 가지 맞춤법의 같고 다름을 살펴보았다. 그러나 이것으로 맞춤법의 비교·대조가 다 끝난 것은 아니다. "한글맞춤법"은 "조선말맞춤법"이나, "맞춤법"에 비해 표기법을 상세히 규정해 놓았다. "한글맞춤법"에는 "조선말맞춤법"에서 다루고 있지 않은 규정이 있다. 이에 여기서는 "한글맞춤법"만의 독자적 규정을 중심으로 표기법의 문제를 좀더 살펴보기로 한다. 그것은 우리가 맞춤법을 살피는 목적이 한국어교육에 있어 이러한 작업을 필요로 한다고 보기 때문이다. 살피는 순서는 "한글맞춤법"의 차례에 따르기로 한다.

제6항은 "ㄷ, ㅌ"이 口蓋音化하여 "ㅈ, ㅊ"으로 소리가 나더라도 기본 형태를 밝히어 "ㄷ, ㅌ"으로 적기로 한 것이다.(괄호안은 발음)

"맏이[마지], 해돋이[해도지], 같이[가치], 훑이다[훌치다], 걷히다[거치다], 묻히다[무치다]"

이들 표기에 대한 규정은 다른 맞춤법에는 보이지 않는다. 오히려 "조선말표준발음법" 제20항과, "문화어발음법" 제21항에 각각 구개음화 하는 것으로 규정해놓고 있다. 표기법은 같다.

제13항은 한 단어 안에서 같은 음절이나 비슷한 음절이 겹쳐 나는 부

분은 같은 글자로 적는다는 것이다.

"딱딱, 쌕쌕, 씩씩, 똑딱똑딱, 쓱싹쓱싹, 연연불망(戀戀不忘), 유유상종
(類類相從), 누누이(屢屢-), 꼿꼿하다, 놀놀하다, 눅눅하다, 밋밋하다, 싹
싹하다, 쌉쌀하다, 씁쓸하다, 짭짤하다"

이 규정은 북쪽 "맞춤법"에도 보이지 않는다.

제17항은 어미 뒤에 덧붙는 높임의 뜻을 더하는 조사 "-요"는 "-요"
로 적는다.

"읽어-읽어요, 참으리-참으리요, 좋지-좋지요"

북쪽의 "맞춤법"에도 이 규정은 보이지 않는다. 그러나 실제는 다 같
이 "-요"로 적는다.

제25항은 "-하다"가 붙는 어근에 "-히"나 "-이"가 붙어서 부사가 되
거나, 부사에 "-이"가 붙어서 뜻을 더하는 경우 그 어근이나 부사의 원
형을 밝혀 적기로 한 것이다.

1. "-하다"가 붙는 어근에 "-히"나 "-이"가 붙는 경우

"급히 꾸준히, 도저히, 딱히, 어렴풋이 깨끗이"

2. 부사에 "-이"가 붙어서 역시 부사가 되는 경우

"곰곰이, 더욱이, 생긋이, 오뚝이, 일찍이, 해죽이"

"-하다"가 붙지 않는 경우는 "갑자기, 반드시(必), 슬며시"와 같이 소
리대로 적는다.

제25항의 1.은 북쪽의 "맞춤법" 제19항 5)의 규정과 같다.

제26항 "-하다"나 "-없다"가 붙어서 된 용언은 "-하다"나 "-없다"를
밝혀 적는다.

1. "-하다"가 붙어서 용언이 된 것 : 딱하다, 숱하다, 착하다, 텁텁하

다, 푹하다

2. "-없다"가 붙어서 용언이 된 것 : 부질없다, 상없다, 시름없다, 열
   없다, 하염없다

북쪽의 "맞춤법" 제23항 1)의 (5)는 위의 제26항 2.의 규정과 같다.

제39항은 어미 "-지" 뒤에 "않-"이 어울려 "-잖"이 될 때와 "-하지"
뒤에 "않-"이 어울려 "찮-"이 될 때에는 준 대로 적기로 한 것이다.

"그렇지 않은─그렇잖은, 적지 않은─적잖은, 변변하지 않다─변변찮다"

이는 "잖-", "찮-"의 표기를 피하고자 함이다. 표기법은 다 같다.

제41항은 조사를 앞말에 붙여 쓰기로 한 것이다.

"꽃이, 꽃마저, 꽃밖에, 꽃에서부터, 꽃으로만, 꽃이나마, 꽃이다, 꽃입
니다, 꽃처럼, 어디까지나, 거기도, 멀리는, 웃고만"

제41항부터 제50항까지는 띄어쓰기의 규정이다. 중국의 "조선어맞춤
법"이나 북쪽의 "맞춤법"에서는 띄어쓰기를 별도 규범으로 규정해 놓고
있다. 띄어쓰기가 맞춤법 속에 들어와 있는 것은 "한글맞춤법"뿐이다.
따라서 띄어쓰기 규정은 체재상 "한글맞춤법"만의 것으로 보고 여기서
다루기로 한다. "조선말띄여쓰기"는 총칙 및 3장 20항, 북쪽의 "띄여쓰
기"는 총칙과 5장 22항으로 자세히 규정해 놓았다. "조선말띄여쓰기"의
총칙은 다음과 같이 띄어쓰기 전반을 개괄하여 규정하고 있다.

1. 조선말은 단어를 단위로 하여 띄여쓰는 것을 원칙으로 한다.

2. 명사적 단어결합, 학술용어, 굳어진 말 등은 붙여 쓴다.

3. 불완전명사, 일부의 보조적 동사는 앞말에 붙여 쓴다.

이렇게 "조선말띄여쓰기"는 "한글맞춤법"의 띄어쓰기에 비해 좀 더 붙여 쓰는 것이 큰 특징이다.

"한글맞춤법" 외의 다른 규범에는 조사를 앞말에 붙여 쓴다고 명문화한 규정이 보이지 않는다. "조선말띄여쓰기" 제1항의 "명사에 토가 붙은 경우에는 뒤의 단어와 띄여쓴다"고한 것이 이 규정과 연관될 뿐이다. 북쪽의 "띄여쓰기"도 "조선말띄여쓰기"와 같다.

"한글맞춤법" 제42항 의존명사는 띄어 쓴다.

제43항 단위를 나타내는 명사는 띄어 쓴다

다만, 순서를 나타내는 경우나 숫자와 어울려 쓰이는 경우는 붙여 쓸 수 있다.

제44항 수를 적을 때에는 "만(萬)" 단위로 띄어 쓴다.

제45항 두 말을 이어 주거나 열거할 때 쓰이는 "겸, 내지, 대, 및, 등, 등등, 등속, 등지" 들은 띄어 쓴다.

"조선말띄여쓰기" 제5항과, 북의 "띄여쓰기" 제3항에서는 의존명사(불완전명사)와 단위명사(제8항)를 붙여 쓰게 되어 있어 차이가 난다. "조선말띄여쓰기" 제7항에서 수사를 적을 때 "조선문자로 단위를 달아 주거나, 순조선문자로 적을 경우에는 만, 억, 조 등의 단위에서 띄여쓴다"고 한 것은 "한글맞춤법"의 원리와 같은 것으로 볼 수 있다. 그러나 북쪽의 "띄여쓰기"에서는 "백, 천, 만, 억, 조" 단위로 띄어 쓴다고 하여 차이를 보인다. 제45항의 규정은 "조선말띄여쓰기" 제5항, "띄여쓰기" 제3항에서 각각 "등, 대, 겸" 따위를 띄어 쓰게 되어 있어 "한글맞춤법"의 원리와 같다.

제46항 단음절로 된 단어가 연이어 나타날 때 붙여 쓰는 것을 허용한다.

"그때 그곳, 좀더 큰 것, 이말 저말, 한잎 두잎"

이에 대한 규정은 "조선말띄여쓰기"나 북쪽의 "띄여쓰기"에는 다 보이지 않는다.

제47항 보조용언은 띄어 씀을 원칙으로 하되, 경우에 따라 붙여 씀도 허용한다.

다만, 앞말에 조사가 붙거나 앞말이 합성동사인 경우, 그리고 중간에 조사가 들어갈 때에는 그 뒤에 오는 보조용언은 띄어 쓴다.

"조선말띄여쓰기"에서는 총론에서 "일부의 보조적동사는 앞말에 붙여 쓴다"고 붙여 쓰기로 하여 "한글맞춤법"과 차이를 보인다. 제13항의 2)에서는 동사 뒤에 보조적으로 쓰이는 동사(있다, 보다, 나다, 버리다, 싶다, 말다)를 붙여 쓴다고 구체적으로 규정하고 있기도 하다. 그러나 "-아야, -어야, -여야, -게, -도록, -지, -군"형 뒤에 오는 보조적 동사는 띄어 쓰기로 하였다. 북쪽의 "띄여쓰기"에서는 제10항의 2)에서 다음과 같이 규정하고 있다.

(2) "아, 어, 여"형의 동사나 형용사에 보조적으로 쓰이는 동사가 직접 어울린 것은 붙여쓴다.

　"돌아가다, 볶아대다, 짊어지다, 쓸어버리다, 베껴주다, 견디여내다"

(3) "아, 어, 여"형이 아닌 다른 형 뒤에서 보조적으로 쓰인 동사나 형용사는 붙여쓴다.

　"읽고있다, 쓰고계시다, 먹고싶다, 가고말다, 써놓고보니"

제47항의 "다만"은 "띄여쓰기" 제10항에서 "듯, 만, 번, 법, 사, 척, 체…" 뒤에 토가 붙으면 "하다"를 띄어 쓴다고 하여 북쪽의 규정과 같다. "조선말띄여쓰기" 제13항에는 붙여 쓰기만 규정하고, 띄어쓰기에 대해서는 따로 규정을 하고 있지 않다.

제48항 성과 이름, 성과 호 등은 붙여 쓰고, 이에 덧붙는 호칭어, 관직명 등은 띄어 쓴다.

제49항 성명 이외의 고유명사는 단어별로 띄어 씀을 원칙으로 하되 단위별로 띄어 쓸 수 있다.

제50항 전문용어는 단어별로 띄어 씀을 원칙으로 하되, 붙여 쓸 수 있다.

“조선말띄여쓰기” 제2항에서는 “한글맞춤법”과는 달리 호칭어, 관직명도 “붙여쓰는 경우”로 규정해 놓았고, 총론에서 “명사적 단어결합, 학술용어, 굳어진 말 등은 붙여쓴다”고 규정하여 단어별로 띄어 쓰는 “한글맞춤법”의 규정과 차이를 보인다. “조선말띄여쓰기” 제4항에도 “학술용어는 원칙적으로 붙여쓴다”고 규정해 놓은 것을 볼 수 있다. 북쪽의 “띄여쓰기”에서도 제2항에서 호칭어, 관직명을 붙여 쓰는 것으로 규정해 놓았다. 고유명사의 경우 북쪽의 “띄여쓰기”에서는 제2항에서 개념상 “하나의 대상으로 묶어지는 덩이”를 이루는 명칭은 붙여 쓰는 것을 원칙으로 하고 있다. 같은 “띄여쓰기” 제21항에서는 학술용어나 전문용어도 하나의 대상, 하나의 개념을 나타내는 경우 붙여 쓰는 것을 원칙으로 하고 있다. 따라서 “한글맞춤법”의 띄어쓰기는 단어별로 띄어 쓰는 경향을 지니는데 대하여, 다른 두 “띄여쓰기”는 붙여 쓰는 경향을 지닌다고 할 수 있다.

제53항은 어미의 예사소리와 된소리를 구별 제시한 것이다. 특히 의문을 나타내는 다음 어미들은 된소리로 적는다고 규정하였다. “-(으)ㄹ까?, -(으)ㄹ꼬?”는 다른 두 맞춤법과 차이를 보이는 것이다.

“-(으)ㄹ까?, -(으)ㄹ꼬?, -(스)ㅂ니까?, -(으)리까?, -(으)ㄹ쏘냐?”

이에 대해 “조선말맞춤법” 제5항과 북쪽의 “맞춤법” 제6항은 특히 “토에서 ‘ㄹ’ 뒤에서 된소리가 나더라도 된소리로 적지 아니 한다”고 규

정해 놓고 있어 차이를 보인다.(-ㄹ가, -ㄹ고// -ㄹ까, -ㄹ꼬)

제54항은 된소리로 적는 접미사를 제시한 것이다. 여기서는 "개평꾼" 의 "-꾼", "맛깔"의 "-깔", "거적때기"의 "-때기", "팔꿈치"의 "-꿈치", "고들빼기"의 "-빼기", "멋쩍다"의 "-쩍"과 같은 것은 예사소리 아닌 된소리로 적는다. 다른 두 맞춤법에는 규정이 따로 없다.(다만 중국과 북쪽 의 경우 "꾼"은 "군", "맛깔"은 "맛갈", "멋쩍다"는 "멋적다"로 표기하여 차이를 보인 다.)

제55항은 두 가지로 구별하여 적던 다음 말들을 "한글맞춤법"에서 한 가지로 적기로 개정한 것이다. "조선말맞춤법"과 북쪽의 "맞춤법"도 같다.

"맞추다·마추다>맞추다, 뻗치다·뻐치다>뻗치다"

제56항은 "-더라, -던"과 "-든지"의 구별을 규정한 것이다.

1. 지난 일을 나타내는 어미는 "-더라, -던"으로, 2. 물건이나 일의 내용을 가리지 아니하는 뜻을 나타내는 조사와 어미는 "(-)든지"로 적는다.

제57항은 구별하여 적어야 할 여러 가지 말을 제시한 것이다. 이들은 語文生活에 많은 혼란을 빚기 때문에 특히 명문화해 놓은 것이다.

"가름-갈음, 거름-걸음, 거치다-걷히다, 걷잡다-겉잡다, 그러므로 -그럼으로(써), 노름-놀음(놀이), 느리다-늘이다-늘리다, 다리다-달 이다, 다치다-닫히다-닫치다, 마치다-맞히다, 목거리-목걸이, 바치 다-받치다-받히다-밭치다, 반드시-반듯이, 부딪치다-부딪히다, 부 치다-붙이다, 시키다-식히다, 아름-알음-앎, 안치다-앉히다, 어름 -얼음, 이따가-있다가, 저리다-절이다, 조리다-졸이다, 주리다-줄 이다, 하노라고-하느라고, -느니보다(어미)--는 이보다(의존명사), -(으) 리만큼(어미)--(으)ㄹ 이만큼(의존명사), -(으)러(목적)--(으)려(의도), -(으) 로서(자격)--으로써(수단), -(으)므로(어미)-(-ㅁ, -음)으로(써)(조사)"

제55, 56, 57항은 북의 "맞춤법"에도 따로 규정이 없는 것이며, 제55

항은 "한글맞춤법"에서 종전의 용법을 개정한 것으로, 이로 인해 다른 두 맞춤법과 표기가 같아졌다.

3. 정서법과 한국어교육의 방향

언어생활은 대부분 음성언어에 의해 이루어지나, 문자언어에 의해서도 많이 이루어진다. 문자언어 생활이란 곧 읽기·쓰기의 생활이다. 맞춤법은 이 가운데 특히 쓰기생활과 밀접한 관계를 갖는다. 문자에 의한 효과적인 언어생활을 하기 위해 언중은 맞춤법을 익히고, 이를 바르게 사용하도록 강요된다.

"맞춤법"은 이러한 효과적인 언어생활을 하기 위해 사회적인 규범으로 규정해 놓은 실용적 규범이다. 한국어의 경우 표기법이 세 가지가 존재한다는 것은 각기 그것이 사회적으로 필요하기 때문이다. 그러나 남쪽이나, 북쪽이나 중국에서 쓰이는 넓은 의미의 한국어가 같은 언어이고 보면 이렇게 다른 규범에 의해 언어생활을 수행하게 할 일이 아니다. 통일된 규범에 의해 수행하는 것이 바람직하다. 그래야 언어생활이 원활하고, 효과적으로 수행되는가 하면 민족적 정체성도 지니게 한다. 따라서 이는 하루 속히 통일돼야 한다. 다행히 앞에서 살펴본 바와 같이 세 나라의 맞춤법은 그리 심한 차이를 보이지 않는다. 차이를 보이는 대표적인 것은 다음과 같은 것이다(박갑수, 1994).

① 사이시옷의 표기 여부
② 어간 모음 "ㅣ, ㅐ, ㅔ, ㅚ, ㅟ, ㅢ"의 경우 "-어/-었"과 "-여/-였"의 표기

③ 한자의 어두음 "ㄹ"과 구개음화된 "ㄴ"의 표기

④ "이"와의 합성어에서 변이음 "ㄴ"의 표기

⑤ 띄어쓰기

이러한 차이는 남북 공통의 표기법이었던 "한글맞춤법통일안" 시대로 회귀해 통일하는 것이 바람직할 것이다. 그렇게 되면 ①②③의 문제가 해결되고, ⑤도 많은 것을 붙여 씀으로 조절된다. ④는 형태주의 표기 원칙에 의해 변이음을 표기에 반영하지 않는 방향으로 정리하는 것이 바람직하다.

언어생활의 통일을 꾀하기 위해 한국어교육, 곧 민족어 교육은 어떻게 수행하는 것이 좋을 것인가? 여기서는 특히 중국에서의 한국어교육의 방안을 정서법의 문제를 중심으로 모색해 보기로 한다.

첫째, 한국어교육의 강화

중국의 언어 규범은 대체로 북쪽의 언어 규범을 수용한 것이다. 따라서 앞으로는 남쪽의 언어 규범에 의한 교육을 강화함으로 남북의 언어 생활에 적응하도록 해야 한다. 중국에서는 조선족이 급감하고 있고, 集居地域이 줄어드는가 하면, 조선족 학교가 날로 감소·위축되고 있어 조선족 사회의 위기설이 제기되고 있다. 거기다가 한국인의 진출이 날이 갈수록 증가하고 있다. 이렇게 되면 자연 散居地域의 주민이 많게 되고, 한국인과 많은 접촉을 하지 않으면 안 된다. 따라서 중국의 조선족은 한국의 언어 규범에 따른 한국어교육을 외면할 수 없는 상황에 처하게 된다. 거기에다 이미 조선족의 구어는 많은 부분 "조선어" 아닌 "한국어" 화하고 있다. 따라서 "한글맞춤법"을 익혀 문자언어도 "한국어"화하도록 하여야 할 것이다. 더구나 근자에는 韓流의 바람이 불어 한국어의 학습

열기가 뜨겁다. 이런 때 漢族 아닌 우리 동포라면 한국어 학습의 기회를 놓쳐서는 안 될 것이다. 따라서 조선족 학교의 교육은 앞으로 "한국어" 교육을 강화하는 방향으로 나아가야 할 것이다.

둘째, 체계 속의 교육

한국어교육은 교수·학습 목표를 정하고, 체계 속에 교수·학습을 하도록 해야 한다. 이를 위해서는 우선 어떤 맞춤법의 체계를 가르칠 것인가부터 정해야 한다. 중국의 東北 三省의 경우는 "조선말맞춤법"을 기본으로 할 수 있다. 그 밖의 지역은 남북의 어느 표기법을 교수·학습할 것인가 선택해야 한다. 동북 삼성의 경우에도 한반도에 진출할 학습자를 위해서는 남북의 맞춤법 가운데 어느 하나를 지도해야 한다. 이럴 경우 낱말 하나하나의 개별지도를 할 것이 아니라, 맞춤법의 체계 속에서 개별어 지도를 하는 것이 바람직하다. 말을 바꾸면 구성 요소를 구조 속에서 파악하듯, 맞춤법의 틀 속에서 개별적 표기법을 학습하도록 하는 것이 바람직하다. 이는 좀더 구체적으로 말하면 맞춤법의 원리를 인식함으로 개별어만이 아니라, 체계와 구조를 포괄적으로 이해하도록 지도하는 것이 바람직하다는 것이다. 이는 이미 어느 하나의 규범을 익힌 경우에는 비교 설명할 수 있어 더욱 그러하다. 그것은 비교를 통한 차이점에 더욱 비중을 두고 교육할 수 있어 효과를 거둘 수 있기 때문이다. 한국어를 익힌 경우도 마찬가지다.

셋째, 통합적 기능교육

말하기, 듣기, 읽기, 쓰기의 기능 교육은 단일 기능 교육으로 수행하기는 곤란하다. 통합적 기능 교육으로 꾀해져야 한다. 그래서 실러버스도 통합적 기능교육을 하도록 작성하는가 하면, 교재도 그렇게 편찬된다.

표기법의 교육은 더욱 그러하다. 표기법이라는 쓰기 교육은 쓰기 단독으로 운영되기에는 적당치 않다. 그렇게 되면 학습자가 흥미를 잃게 될 뿐 아니라, 학습 효과도 제대로 거둘 수 없다. 말하기와 쓰기, 듣기와 쓰기, 읽기와 쓰기같이 연계하여 통합적으로 운영하는 것이 바람직하다. 관찰 및 조사 기록의 방법도 활용할 수 있다. 그러나 무엇보다 바람직한 것은 짓기와 연계하는 것이다.

넷째, 구조적 실러버스에 의한 교육

언어의 구조적인 면에 초점을 맞추어 표기법 교육을 한다. 음운, 어휘, 문법 등 언어의 구조적 면과 관련지어 맞춤법 교육을 하는 것이다. 우리의 맞춤법은 앞에서 살펴본 바와 같이 "소리대로 적되 어법에 맞도록" 하는 것을 원칙으로 하고 있다. 따라서 발음과 표기가 언제나 일치하는 것이 아니다. 오히려 괴리현상을 보이는 경우가 많다. 이것이 정서법 교육을 음운면과 연계지어야 하는 큰 이유다. 발음과 표기의 차이를 빚게 하는 것은 오용(誤用)과 음운변이현상(音韻變異現象) 때문이다. 이러한 것의 대표적인 것으로는 연음법칙, 절음법칙, 경음화현상, 모음동화, 자음동화(비음화, 설측음화, 연구개음화, 양순음화), 전설모음화, 원순모음화, 구개음화, 음운첨가 따위를 들 수 있다. 이러한 변이현상을 알지 않고는 올바른 표기를 할 수 없다. 발음되는 대로 표기를 함으로 잘못을 빚기 십상이다. 이런 오용과 변이현상의 예를 몇 가지 보이면 다음과 같다.

- 연음법칙 : 닭이>다기, 들녘에서>들녀게서, 무릎에>무르베, 밭을>바틀, 젖을>저슬
- 경음화현상 : 감다>깜다, 닦다>딲다. 등기>등끼, 부러지다>뿌러지다, 창고>창꼬
- 모음동화현상 : 가자미>가재미, 먹이다>메기다, 벗기다>베끼다, 손

잡이>손재비, 아기>애기

- 설측음화 : 건립>걸립, 난리>날리, 신라>실라, 전량>절량, 칼날>칼랄, 한랭>할랭
- 연구개음화 : 갑갑하다>가깝하다, 둔갑>둥갑, 꼼꼼히>꽁꼬미, 젖가슴>적까슴, 한국>항국
- 양순음화 : 꽃밭>꼽빹, 단백질>담백질, 샅바>삽빠, 신문>심문, 젖먹이>점머기, 찬물>참물
- 구개음화 : 가을걷이>가을거지, 같이>가치, 받히다>바치다, 해돋이>해도지, 훑이>홀치

어휘의 면에서는 표준어가 중요한 의미를 갖는다. "한글맞춤법"에서 기본원칙을 "표준어를 소리대로 적되 어법에 맞도록 함을 원칙으로 한다"고 한 것은 이러한 사정을 말해 주는 것이다. 아무리 표기법에 통달하고 있다 하더라도 표준어를 제대로 알고 있지 않으면 바른 말을 표기할 수 없기 때문이다. "낟, 낫, 낮, 낯, 낱"이란 단어를 제대로 파악하지 못하고서는 바른 표기를 할 수 없다. "옻, 녘, 뭍, 짚, 낳이, 샀, 곬, 쏧다"의 받침을 제대로 쓰느냐, 못 쓰느냐 하는 것도 표준어와 관련된 문제이고, "바치다, 받치다, 받히다, 밭치다"를 구별 표기하는 것도 표준어의 문제와 관련된다. 낱말의 어원이나, 합성 및 파생과 같은 조어법(造語法)도 표기상의 문제를 제기한다. 따라서 맞춤법에 맞게 제대로 표기하기 위해서는 낱말을 제대로 알아야 한다. 이런 면에서 표준어 학습과 맞춤법의 지도는 맞물려 돌아가야 한다.

문법면도 마찬가지다. 우선 낱말과 낱말이 이어지면서 나타나는 음운변이나, 피동과 사동 접사가 연결되면서 생겨나는 음운변이 등이 문법적 지식 없이는 바른 표기를 하기 어렵게 할 것이다. 용언의 활용 또한 주의하여야 할 학습 대상이다. 더구나 올바른 표현, 원만한 언어생활을 전

제로 할 때 문법과 표기는 떼려야 뗄 수 없는 관계를 지닌다. 따라서 문법교육을 하는 가운데도 표기법의 지도를 아울러 꾀하도록 하여야 한다.

맞춤법의 지도는 이렇게 서사언어(書寫言語)의 지엽적인 일부분으로서 지도할 것이 아니라, 언어 구조의 전반에 걸친 지도와 상호관련 속에 꾀해져야 한다.

다섯째, 키친 랭귀지의 지양

언어교육은 습득(習得)이나 학습(學習)에 의하여 이루어지게 된다. 일반적으로 언어는 학습보다는 습득에 의해 체득되는 것으로 본다. 그러나 생소한 외국어의 경우는 학습에 의해 많이 익히게 될 것이다. 그런데 재외동포의 경우는 현지어가 아닌 모어의 경우 습득의 과정을 많이 겪게 된다. 우리 동포의 경우 미국이나 중국에 거주하는 2세, 3세가 이러한 경우에 해당될 것이다. 이들은 부모가 하는 말을 어깨너머로 듣고 한국어를 배운다. 따라서 들은 풍월로 배워 말을 하는 것이라, 그것은 바르고 정확한 것이 못 된다. 이러한 말을 흔히 키친 랭귀지(kitchen language)라 한다. 이러한 키친 랭귀지는 학습을 통해 바로잡게 된다. 그리고 문자언어를 학습하며 정확해진다.

모국어를 익힌 자국인의 맞춤법 교육과 한국어를 제대로 모르는 외국인 또는 이에 준하는 재외동포의 맞춤법 교육은 차원이 다르다. 중국의 각급 학교에서 학습하는 우리 동포는 한국어를 잘 모르는, 이런 키친 랭귀지의 소유자들이다. 따라서 이들에게는 바른 음성언어를 가르쳐 주고, 나아가 문자언어를 가르쳐 줌으로 올바른 한국어가 정착되도록 하여야 한다. 이때에 맞춤법 교육은 중요한 의미를 갖는다. 이는 불분명한 음성언어에 분명한 형태를 제공하며, 어법에 맞는 언어생활을 하게 할 것이기 때문이다. 언어능력과 의사소통 능력을 길러 주기 위해서는 키친 랭귀지의 단계를 빨리 벗어나게 해야 한다. 그러기 위해서 맞춤법의 교수・학습이 필요하다.

여섯째, 구체적 정서법 지도

구체적으로 철자법 지도는 어떻게 할 것인가? 이는 앞의 논의에서 다소 그 윤곽이 드러난 바 있다. 그것은 표준어 교육을 강화하고, 작문교육을 통해 맞춤법 지도를 한다는 것이다. 이 밖에는 강의를 하거나, 써 오게 하는 과제를 주기보다 발견・탐구학습을 하게 하는 것이 바람직하다. 특히 앞에서 언급한 바와 같이 철자법의 체계 속에서 개별어의 표기법을 발견하고 탐구하는 교수・학습 방법을 채택하는 것이 바람직하다. 이때 사회 현장이란 실제 장면을 활용하면 훨씬 흥미로운 교수・학습이 될 것이다. 또한 교수・학습은 통합적 교수・학습을 하도록 할 일이다. 교재의 맞춤법과 다른 "맞춤법"을 비교 대조하여 그 차이점을 찾게 하는 것도 좋은 방법이 될 것이다. 맞춤법의 교수・학습은 자칫하면 따분하고 지루한 시간이 되기 쉬우므로, 무엇보다 다양한 교수・방법을 활용하여 학습자로 하여금 흥미를 잃지 않도록 하는 것이 무엇보다 중요하다. 한국어 학습자 모두가 정서법의 달인이 되기 바란다.

참고문헌

박갑수(1999), 아름다운 우리말 가꾸기, 집문당.

박갑수(2005), 국어교육과 한국어교육의 성찰, 서울대학교 출판부.

한글학회(1958), 한글맞춤법 통일안(원본 및 고친 판 모음), 한글학회.

岩淵悅太郎 外(1977), 表記・文法指導事典, 第一法規.

■ 이 글은 중국 조선족 중소학교 조선어문교사 연수회(2005. 12. 10)의 주제강연 원고로, 국어교육연구, 제16집(서울대학교 국어교육연구소, 2005)에 수록된 것이다.

제2장 중국의 조선말과 남북한 말의 비교
-"조선말 소사전"(1980)을 중심으로-

1. 머리말

한국어는 그 사용 인구로 볼 때 세계 15위 내외에 드는 작지 않은 언어다. 이는 한반도에 거주하는 한민족과, 170여개 나라에 나가 있는 약 700만의 재외동포에 의해 사용되고 있다. 물론 재외동포들은 모두가 한국어를 사용하고 있는 것은 아니다. 개중에는 국가적, 사회적 또는 개인적 여건으로 말미암아 한국어를 구사하지 못하는 사람도 있을 것이다.

중국에서는 1966년 문화혁명(文化革命) 때 소수민족의 민족교육이 금지되었다. 그리하여 민족어 교육도 큰 타격을 받았다. 그러나 1976년 문화혁명 이후 다행히 민족교육이 부활되었고, 오늘날은 소수민족의 민족어 교육이 장려되고 있다. 이에 중국에 거주하고 있는 우리 동포 "조선족"은 다른 나라에 살고 있는 동포들에 비해 비교적 민족어를 잘 보존하고 있다. 동북 삼성(東北 三省)의 조선족 자치주나, 자치향의 경우는 오히려 고국의 경우보다도 밀도 있는 언어정책을 펴고 있는 것이 아닌가 생각되기도 한다. 그것은 "조선족"은 중국어보다 "조선말"을 우위에 놓는가

하면, 바람직한 언어생활을 위해 고국에서는 엄두도 못 낼 "조선어문 학습사용 상벌실시 규정"까지 인민정부의 차원에서 제정해 놓고 있는 것을 볼 수 있기 때문이다.

중국에서 사용되고 있는 "조선말"은 한국어의 한 지역방언(地域方言)이라 할 수 있다. 이는 정치·사회·문화·지역적 차이로 말미암아 상당한 언어적 차이를 보인다. 그뿐이 아니다. 중국에서는 동북삼성 조선어문사업 실무회의에서 '토론 채택된' "조선말 규범"을 따로 정해 놓고 있다. 이는 "누구나 다 의무적으로 지켜야 할 사회규범으로서 앞으로 글을 쓰거나 말을 할 때 반드시 이에 준하여야 한다"(동북3성 조선어문사업협의소 조판공실, 1985)고 강제성을 띤 것이다. 이러한 규범의 차이로 말미암아 언어 사용에 차이가 드러날 수밖에 없다. 이에 연변 조선족자치주 역사언어 연구소에서 편찬한 "조선말소사전"의 표제어를 바탕으로 남한("대한민국"의 약칭, "조선민주주의인민공화국"은 "북한"이라 약칭하기로 함.)의 표제어와 비교를 해 보면 약 20%의 차이를 보인다(박갑수, 1997, 1998).

언어의 차이는 한국어의 통일이라는 관점에서 보면 바람직한 것이 못 된다. 그러나 반드시 그렇게 생각할 일만은 아니다. 한국어는 중국만이 아니고, 남북이 다르며, 더 나아가서 아직도 한국 안의 지역방언이 상당한 차이를 보인다. 영어의 경우도 영국영어, 미국 영어, 캐나다 영어, 오스트레일리아 영어가 다르지만 이를 통일하겠다고 나서지는 않는다. 더구나 오늘날은 다문화시대(多文化時代)다. 상대적 가치·특성을 인정해야 한다. 따라서 공통어의 형성을 기대하면서 이들 차이는 관용의 정신을 가지고 타협해 나가도록 하는 것이 바람직할 것이다.

여기서는 재중동포들의 이중언어교육(二重言語教育)을 위해 중국의 조선말과 남북한의 말을 비교·대조해 보기로 한다. 이를 위해서는 앞에서 언급된 연변 조선족 자치주 역사어언연구소에서 편찬한 "조선말소사전"(1980)을 중심으로 하여, 이희승 편 "국어대사전"(민중서림, 1997) 및 "금성판 국어 대사전"(금성사, 1991)과 북한의 사회과학원 언어학연구소 편 "현대조선말사전"(1981)을 자료로 하기로 한다. 자료로 하는 중국의 "조선말소사전"은 "중등학교 문화정도를 가진 조선족 로농군중과 교원, 학생, 간부들을 주요 대상으로 삼아 편찬"된 것으로, 수록 어휘는 2만여 개인, 총 662 페이지의 사전이다. 이러한 비교를 위해서는 또 연변사회 과학원의 "조선말사전"(연변인민출판사, 1992)도 참고하게 될 것이다.

2. 조선어와 한국어의 대조

중국에서 사용되고 있는 조선말(이하 "조선말"이라 한다)을 남한 말과 비교해 볼 때 가장 두드러진 차이는 표기가 달라 형태적인 차이가 드러나는 것이다. 그 다음은 복합어 여부의 문제다. 이는 정오(正誤)의 문제가 아닌, 규정상의 차이로 일반적으로 말해 "조선말"에서 많은 합성어를 인정하고 있다. 파생어, 고유어, 한자어, 방언, 복수 표준어, 사회제도 관계어, 외래어 등도 차이를 많이 보이는 것이다. 이 밖에 관용어, 의미, 신어, 발음도 차이를 보인다. 다음에 이러한 차이를 보이는 대표적인 언어적 사실들을 살펴보기로 한다.

2.1. 표기상 차이를 보이는 낱말이 많다.

중국의 동북3성에서는 표준발음법 · 맞춤법 · 띄어쓰기 · 문장부호 · 어휘규범 등 네 가지 규범을 담은 "조선말 규범집"(연변인민출판사, 1985)을 내어 놓고 있다. "조선말 맞춤법"은 북한의 "맞춤법"과 대동소이하다.

이에 의하면 주지하듯, 한국의 맞춤법과 달리 어두음(語頭音)에 "ㄹ" 및 구개음화한 "ㄴ" 소리를 인정하고 있다. 그리고 "ㅣ"모음동화한 단어를 인정하는가 하면, 사이시옷을 인정하지 않는다. 이들 규범은 북한과 같은 것이다. 이러한 표기의 차이로 많은 단어가 형태적 차이를 보인다.

① 한자음의 표기 원칙

한자어는 "조선말 맞춤법"에서 "한자어는 음절마다 조선어 현대발음에 따라서 적는 것을 원칙으로 한다"(제23항)고 하였고, "조선말 표준발음법"에서는 "'ㄴ, ㄹ'는 모든 모음 앞에서 [ㄴ, ㄹ]로 발음하는 것을 원칙으로 한다"(제4항)고 규정하고 있다. 그리하여 구개음화된 "ㄴ"소리와 "ㄹ"소리가 어두나 합성어의 어중에서 그대로 쓰인다. 이는 남한 말과 차이를 보이는 대표적인 것이다.

또한 중국에서는 모음 <ㅖ>가 들어가는 음절로 「계, 례, 혜, 예」만을 인정한다(조선말 맞춤법 제25항). 이는 북한의 규범과 같은 것으로, 남한의 "한글 맞춤법"이 "몌, 폐"를 더 인정하는 것과 다르다.

가)「ㄴ, ㄹ」음

소위 두음법칙(頭音法則)이라 하는 것이 적용되지 않는다. 이로 말미암아 어휘상의 많은 차이를 보인다.

- 어두음(語頭音) : 녀공, 녀류, 년대, 년장자, 념려, 념, 념원, 뉴대, 니탄, 익명
  라체, 락락장송, 량식, 량해, 려권, 력사, 로동, 로숙, 루락, 루설, 류실, 류곽, 릉지처참, 리윤, 림종, 래방, 랭대, 례년, 례의, 뢰관, 뢰성벽력
- 합성어의 어중음(語中音) : 남존녀비, 지질년대

감언리설, 고정리자, 공중루각, 국제렬차, 군중로선, 개인리기주의, 남녀로소, 농업로동자, 막로동, 몰렴치하다, 미사려구, 민간료법, 백분률, 백화란만하다, 사분오렬, 삼단론법, 상품류통, 서산락일, 생리별, 세습령지, 자유락하, 전기료법, 정신로동, 조직로선, 중로동, 지상락원, 진퇴량난, 집체령도, 천진란만하다, 청산류수, 총로선, 추풍락엽, 칠언률시

이 밖에 남한의 "한글맞춤법"에서는 "모음이나 'ㄴ' 받침 뒤에 이어지는 '렬, 률'은 '열, 율'로 적는다"(제11항)고 예외 규정을 두어 단일어의 어중음(語中音)의 표기에도 차이를 보인다. 북한은 중국의 표기와 같다. 중국 조선말의 예를 보면 다음과 같다.

계렬, 대렬, 분렬, 비률, 배렬, 선렬, 수렬, 세률, 저렬하다, 전률, 조직규률, 준렬하다, 진렬, 재정규률, 철분률, 출근률, 파렬

나) 「폐」음

개페교, 로페물, 밀페, 지페, 페, 페경, 페경지, 페막

이 밖에 속음, 또는 변음과 관련되는 차이도 보인다. "곤난, 강어구, 구감, 사달(事端), 섭씨한난계, 표식, 한난계(寒暖計), 알륵" 같은 것이 그 예다.

② 'ㅣ' 모음동화(母音同化)

한국의 "표준어규정"에서는 "'ㅣ' 역행동화 현상에 의한 발음은 원칙적으로 표준발음으로 인정하지 아니하되"(제9항)라 하여 'ㅣ' 모음동화를 인정하지 아니한다. 그래서 "-내기, 냄비, 동댕이치다"와 같은 몇 개의

낱말만 'ㅣ' 역행동화한 것을 인정하고 나머지는 인정하지 않는다. 그런
데 중국에서는 많은 'ㅣ' 모음 역행동화를 인정하고 있다. 이는 북한도
마찬가지다.

> 건데기, 검부레기, 곰팽이, 구데기, 구뎅이, 금싸래기, 누데기, 본토배
> 기, 부스레기, 지스레기, 지푸래기, 싸래기, 애기

"조선어"는 'ㅣ' 순행동화에 따른 형태상의 차이도 보여 준다. 이러한
광의의 순행동화는 "조선말 맞춤법"(제9항)에서 "어간의 모음이 <ㅣ, ㅐ,
ㅔ, ㅚ, ㅟ, ㅢ>인 경우"에 "어, 었"을 "여, 였"으로 적는다고 규정해 놓
고 있다. 북한의 규범도 마찬가지다.

> 구태여, 도리여, 드디여, 뒤여지다, 쉬염쉬염, 비여지다

③ 사이시옷

남한의 "한글맞춤법"(제30항)에는 합성어에서 뒷말의 첫소리가 된소리
가 날 때, 및 'ㄴ'소리가 덧날 때, 'ㄴㄴ'소리가 덧날 때 등에 사이시옷
을 받치어 적기로 되어 있다. 이에 대해 중국의 "조선말 맞춤법"(1985)에
는 이러한 규정이 따로 없다. 중국의 맞춤법은 북한의 1966년판 규범과
유사한 것이다. 북한의 맞춤법은 1954년의 "조선어 철자법"에서 사이시
옷 대신 사이표(')를 쓰기로 하였으며, 1966년의 "맞춤법"에서는 이를
삭제하기로 하였다. 이러한 원칙을 중국의 "조선말 맞춤법"은 수용한 것
이다. 북한은 1987년의 "맞춤법"에서 이 사이표의 특수 용례 규정을 삭
제하였다. 중국의 이러한 사이시옷 표기 생략은 남한과 합성어의 형태에
많은 차이를 드러낸다.

겨불내, 고간, 곤대짓, 개가(浦), 개물(浦), 귀결, 귀속말, 나루배, 나무
결, 나이값, 놀이배, 눈치밥, 내가(川邊), 다리돌, 대바람, 뒤받침, 뒤심,
뒤전, 뒤짐, 락수물, 리속, 매돌, 방아공이, 벼가리, 보도랑, 보돌, 보라빛,
보리고개, 비발치다, 배내짓, 배내이, 배심, 배전, 사이소리, 서리발, 성에
장, 시내가, 새문, 새별, 쇠소리, 자눈, 자리내, 자리쇠, 주대, 주추돌, 재
더미, 재물, 재빛, 차간, 코날, 코노래, 코대, 콩깨묵, 키값, 피기, 피덩이,
피발, 피자국, 패말, 아라비야수자

이들은 다 북한에서도 합성어로 보는 것으로, 사이시옷을 표기하지 않
는다.

④ 자음(子音)의 변동(變動)

중국 조선말의 단어는 자모음으로 구별해 볼 때 자음 표기에도 상당
한 차이를 보인다. 자음의 차이는 연음화(軟音化)에서 가장 많이 나타나
고, 경음화, 격음화의 예도 상당수 보여 준다.

가) 연음화(軟音化)

어두의 연음화는 나타나는 것 같지 않고, 어중에 주로 나타난다. 이들
예는 다음과 같다.(괄호 안은 남한의 한글맞춤법에 따른 표기이다. 이하 같다.)

갈죽하다, 갈직하다, 걸직하다, 그럴사하다, 길직길직, 갱충적다, 널다
랗다, 널직널직, 널직하다, 논고, 단간, 뒤치닥거리, 맛갈(맛깔), 맛갈지다,
멀지막하다, 멀직멀직, 멀직하다, 버덩이(뻐드렁니), 속눈섭, 사환군, 삯
군, 산듯하다, 짓적다(짓쩍다), 약삭바르다(약삭빠르다), 얄직하다(얄찍하다)

북한에서도 "조선어"와 같은 경향을 보인다. 북한의 "멀찌막하다, 멀
찍멀찍, 멀찍하다"와 같이 일부 어휘는 차이를 보이기도 한다.

나) 경음화(硬音化)

경음화는 "까꾸러뜨리다, 끄스름, 딸리다, 쓸다(産卵)"와 같이 어두에도 나타나고, "곰팡쓸다, 녹쓸다, 동뚝, 산산쪼각, 질끔질끔, 안깐힘"과 같이 어중에도 나타난다. 이들 표기는 북한도 같다.

다) 격음화(激音化)

격음화는 어두, 어중 다 같이 나타난다. "낯판대기(낯바대기), 널판지(널빤지), 라침판(나침반), 살틀하다(살뜰하다), 차칸(찻간), 칼치(갈치), 코리타분하다(고리타분하다)" 따위가 그 예이다. 이들 용례는 북한의 경우도 마찬가지다.

라) 기타

이 밖에 자음의 표기에 차이를 보이는 것도 많다. 몇 개의 예를 보이면 다음과 같다. 이들의 북한 표기도 "조선어"와 같다.

> 넉두리(넋두리), 넙적하다(넓적하다), 넙죽하다(넓죽하다), 두리넙적하다(두리넓적하다), 박실박실(박신박신), 비빗비빗(비빚비빚), 자빠듬하다(자빠름하다), 진탕망탕(진탕만탕)

⑤ 모음의 변동

모음의 변동에는 "계면쩍다(계면쩍다), 나딩굴다(나뒹굴다), 내처(내쳐), 디룩디룩(뒤룩뒤룩), 딩굴다(뒹굴다), 컬레(켤레)"와 같은 단모음화와, "도리여(도리어), 비여지다(비어지다), 쉬염쉬염(쉬엄쉬엄)"과 같은 "어, 었"의 "여, 였"화, 및 "말라쟁이(말라깽이)"와 같은 중모음화한 말이 있다.

이 밖에 모음이 교체된 예도 보여 준다. 이의 대표적인 것은 "ㅗ~ㅜ,

ㅏ~ㅓ, ㅡ~ㅜ"의 교체이다.

> 고루다(고르다), 그러그러(그러구러), 남비(냄비), 늦동이(늦둥이), 달고
> 치다(달구치다), 드레박(두레박), 바사지다(바서지다), 바시시(바스스), 반
> 지럽다(반지랍다), 중둥무이(중동무이), 집게뿔(집게뺨), 찰가머리(찰거머
> 리), 알쏭하다(알쏭하다)

이러한 보기는 북한의 경우도 마찬가지다. 다만 "알쏭하다"는 북한의
경우 "알쏭하다/ 얼쑹하다"의 대를 이루어 차이를 보인다.

⑥ 연철(連綴)·분철(分綴)

연철 또는 분철, 또는 이와 유사한 표기에 의해 형태가 달라진 것도
있다. "관자노리(관자놀이), 나부시(나붓이), 내리다지(내리닫이), 드립다(들입
다), 지꿎다(짓궂다), 추기다(축이다, 使潤), 토배기(토박이), 퍼그나(퍽으나)"는
연철형의 예이다. "나붓기다(나부끼다), 넉근하다(너끈하다), 닭울이(달구리),
뒤치닥거리(뒤치다꺼리), 병졸임(병조림), 설겆이(설거지), 숨박곡질(숨바꼭질),
제길할(제기랄), 아릿답다(아리땁다)" 따위는 분철형의 예이다. 북한의 표기
형태도 이들 "조선어"와 마찬가지다.

⑦ 원말과 변한 말

원말과 변한 말의 어느 것을 인정하느냐에 따라 형태가 다른 경우도
있다. "내흉(내숭), 잘잘하다(자잘하다)"는 원말을 취한 것이요, "넙적하다
(넓적하다), 넙죽하다(넓죽하다), 두리넙적하다(두리넓적하다), 드놀다(들놀다)"
는 중국에서 변한 말을 취한 것이다. 북한의 경우도 이와 같다.

2.2. 합성어(合成語)가 많다

한국어에서 합성어로 보지 않는 많은 말들이 중국의 조선말에서는 합성어로 다루어지고 있다. 이러한 합성어는 습관적인 단어 결합에 의해 자연스레 합성어로 다루어진 것과, 두 말 사이에 다소간에 거리가 있어 소원한 것이 결합된 것의 두 가지로 나누어 볼 수 있다. 이들은 학문적으로 문제가 되는 것이고, 언어생활에 지장을 주는 것은 아니다.

① 습관적인 어 결합(語結合)

습관적인 단어 결합, 다시 말해서 공기관계(共起關係)에 있다고 할 정도로 늘 같이 쓰여 합성어로 다루어진 것이 있다. 이러한 것에는 용언, 체언, 부사어 등이 있다. 어종(語種)으로 보아도 고유어, 한자어가 다 있는데, 고유어가 많은 편이다. 이들 합성어들 가운데는 낱말이라기보다 句로 보아야 할 것이 많다. 이들 가운데는 남한의 사전에서 관용어(구)로 다루고 있는 것도 있다. 이것은 항목을 달리하여 살피기로 한다. 나머지는 남한의 사전에서는 다루어지고 있지 않은 것으로, 이들은 합성어로도, 구(句)로도 보고 있지 않은 것으로 연어(連語)의 성격을 지니는 것이다. 이러한 "조선말" 합성어는 높은 빈도를 보인다.

> 가-닿다, 걸고-들다, 구겨-박다, 굴러-떨어지다, 굴함-없다, 기탄-없다, 나-덤비다, 나래-치다, 나-앉다, 날개-돋치다, 납덩이-같다, 낮추-잡다, 노루꼬리-만하다, 녹아-나다, 누그러-들다, 눈물-머금다, 눈-팔다, 눌러-앉다, 느루-먹다, 느루-잡다, 늦추-잡다, 내쳐-두다, 네모-반듯하다, 다리-놓다, 다함-없다, 달고-치다, 둘도-없다, 둘쳐-업다, 들었다-놓다, 대-바르다, 먹고-들어가다, 먹고-떨어지다, 묶어-세우다, 물고-뜯다, 미쳐-날뛰다, 바라-마지않다, 발가-놓다, 백옥-같다, 사개-맞다, 사심-없다, 삼단-같다, 신물-나다, 새겨-읽다, 자랑-차다, 잡-쥐다, 접어-

놓다, 정성-어리다, 죽여-주다, 차려-놓다, 차려-입다, 털어-내다, 피대
-세우다, 피-비리다, 피치-못하다, 피-어리다, 피여-오르다, 한숨-들이
다, 악-물다, 안겨-오다, 앉아-뭉개다, 암-차다, 앙-다물다, 앙-바라지
다, 야-자하다, 이를데-없다, 이름-없다, 이름-있다

이들은 용언의 보기들인데 연결형 "-아/-어"에 제2의 용언이 이어지
는 형태가 가장 많고, 그 다음이 주술(主述) 형태의 구성이며, 그 다음이
객술(客述) 형태, 연결형 "-고"에 제2의 용언이 이어지는 형태, 부사어에
서술어가 이어지는 형태의 순이다. 이러한 합성어의 인정 경향은 북한도
마찬가지다. 다만 북한에서는 위의 보기 가운데 "날개-돋치다, 납덩이-
같다, 눈물-머금다, 눈-팔다, 다리-놓다, 둘도-없다, 들었다-놓다, 백옥
-같다, 사개-맞다, 사심-없다, 삼단-같다, 신물-나다, 피대-세우다, 이
를데-없다, 이름-없다, 이름-있다"를 句로 다루고 있어 차이를 보인다.
이것은 "조선말"이 남한은 물론, 북한보다도 더 합성어를 많이 인정하고
있음을 보여 주는 것이라 하겠다.

체언의 경우도 많은 용례를 보이는데 이는 체언에 체언이 이어지는
형태가 가장 많다. 이러한 합성어에는 상대적으로 고유어가 많다는 것이
특징적 사실이다. 용언과 체언 다음으로는 부사어가 많다.

  * 긁어-부스럼, 귀-마무리, 나눔-몫, 나무-떨기, 날개-죽지, 노늠-몫,
  노-잡이, 논-고, 누에-판, 눅-거리, 눈-가래, 눈-겨냥, 눈-겨눔, 눈-굽,
  눈-송아리, 눈치-놀음, 눈치-코치, 눈뜬-소경, 눈-뿌리, 눈-안개, 눈-이
  슬, 내림-길, 내림-받이, 다락-논, 닭-울이, 도깨비-놀음, 동네-방네, 두
  -방망이질, 들-저울, 뒤-속, 마른-써레질, 먹임-소리, 목-다심, 무지개-
  다리, 물-안개, 밀-걸레, 매-찜질, 바람-꽃, 비탈-밭, 배짱-놀음, 살-판,
  자국-걸음, 재-거름, 잰-걸음, 쟁기-밥, 제-나름, 제-물, 제-앞차림, 찬-
  눈(寒雪), 첫닭-울이, 키-돋음, 판-씨름, 팔-힘, 풀-거름, 피-바다, 하루-

나절, 하루-한날, 하루-해, 한들-바람, 안-받침, 앉아-버티기, 알-길

 * 날-창, 남향-받이, 늦-작물, 늦-종, 다사-분주하다, 달임-약, 뒤문-거래, 반-달음질, 산산-쪼각, 손벽-장단, 심심-산골, 잔-사설, 죽을-고생, 쟁반-달, 차-굴, 캄캄-칠야, 코-장단, 탄알-받이, 토막-소식, 토-벽돌, 팔방-돌이, 포악-무도하다, 앞-차례, (금이야-옥이야)

 * 계급-사회, 군주-입헌제, 교수-참관, 노예-소유자, 노예-주, 농-목장, 농민-봉기, 농사-차비, 농업-세, 다각-경리, 다수확-작물, 대인-방어, 라사-천, 량적-변화, 립각-점, 만능-선반, 만약-시, 반-혁명분자, 삼동-설한, 시장-교역, 생사-고락, 생산-기금, 생산-능률, 장식-등, 전기-곤로, 전대-미문, 전심-전력, 정신-세계, 집중-공격, 천봉-만악, 천태-만변, 파생적-의미, 페-경지

 * 만능-스파나, 전기-곤로, 파쑈-독재, 파쑈-주의

 * 그래-저래, 금이야-옥이야, 다름-아닌, 마지-못해, 보란-듯이, 봄눈-같이, 제-바람에, 하루-같이, 한-가득

이들 보기는 북한에서도 대부분 인정하고 있는 것이다. 다만 "죽을-고생, 반혁명-분자, 시장-교역, 생산-기금, 파생적-의미, 파쑈-주의, 금이야-옥이야, 봄눈-같이" 등은 북한에서는 합성어로 보고 있지 않다. 그리고 "다름-아닌, 마지-못해"는 관용구로 다루고 있어 차이를 보인다.

② 단어 간의 거리

"습관적인 어(語) 결합"보다는 공기(共起)의 빈도가 작다고 보이는 합성어도 많다. 이들도 고유어의 용언, 및 체언이 높은 빈도를 차지한다.

 * 군눈-팔다, 기름쥐-같다, 괴-짚다, 귀축-같다, 광휘-찬란하다, 나가-눕다, 남에-없다, 눅-늘어지다, 눅-잦히다, 눈심지-돋우다, 내심-있다, 돌려다-붙이다, 들고-꿰다, 먹고-닮다, 밀-막다, 밀-맡기다, 사려-물다, 살판-치다, 샙-뜨다, 지레-채다, 창대-같다, 큰손-쓰다, 큰코-떼우다,

타래-치다, 푸르-누렇다, 피-지다, 한손-늦추다

　* 개바닥-흙, 귀-맛(耳味), 눈-가량, 눈녹이-때, 눈-성에, 눈-셈, 느즈-목, 달팽이-걸음, 담배-쉼, 뒤턱-따기, 마른-땀, 말-밥, 물레-걸음, 물-찰찰이, 팥죽-땀, 푸대-죽, 피-눈, 한-가슴, 앉은-벼락, 알-쌈

　* 그-달음으로, 나면-들면, 날면-들면, 날쑹-들쑹, 다-자꾸, 머리꼬리-없이, 먼-바로, 알알-샅샅이

　* 낮-전, 노-전, 눈-기, 다기대-작업, 다계단-로케트, 다종-경영, 력사-무대, 력사-어, 력학적-운동, 바위-츠렁, 속-심, 집체-주의, 츠렁-바위, 칼-벼랑, 편-폭, 평균-주의, 포전-관리, 폭파-통, 풍류-인물

이들 합성어도 대부분 북한에서 인정하는 것이다. 다만 이들 가운데 "군눈-팔다, 기름쥐-같다, 귀축-같다, 남에-없다, 눈심지-돋우다, 살판-치다, 창대-같다, 큰손-쓰다, 큰코-떼우다, 한손-늦추다, 머리꼬리-없이"는 북한에서 관용구로 보고 있어 차이를 보인다. 그리고 "광휘-찬란하다, 들고-꿰다, 담배-쉼, 뒤턱-따기, 푸대-죽, 나면-들면, 다종-경영, 집체-주의, 편-폭, 포전-관리, 풍류-인물" 등은 북한에서 합성어로 보고 있지 않아 차이를 보이는 것이다.

③ 사회 · 제도 · 문화

언어는 문화의 색인이라고 한다. 이렇듯 언어는 문화를 반영한다. 어휘가 사회·제도·문화를 반영하는 것이다. 이러한 문화의 반영으로서의 어휘는 8)항에 가서 좀 더 자세히 살펴보기로 하고, 여기서는 몇 개의 합성어만을 예로 들기로 한다. 이러한 광의의 문화를 반영하는 합성어도 상당수 보인다. 이러한 것에는 한자어가 많다.

공동-강령, 공산주의-청년단, 국가자본주의-경제, 국방-건설, 군사-관제, 농업-집체화, 농업-합작화, 단능-기계, 단능-설비, 단마디-명창,

단순-문, 마쇄-기, 막간-곡, 사과-배, 자개-바람, 자동-반, 자본주의적-
소유제, 자산-계급, 자연-대(帶), 자연-호, 토리-필림, 필요-로동, 하-중
농, 야생-섬유, 약-비(藥雨)

이들 가운데 "공산주의-청년단, 국가자본주의-경제, 군사-관제, 농업-
집체화, 자본주의적-소유제, 하-중농"은 북한 말에 보이지 않는 것이다.

④ **사자성어(四字成語)**

합성어 가운데는 넉자로 된 숙어 형식의 단어도 상당수 보인다. 이러
한 것 가운데는 중국어를 차용한 것도 들어 있다.

    광풍폭우, 당황망조, 동격서습, 립공속죄, 만년대계, 만년장수, 부화방
    탕, 사리정연하다, 삼동설한, 성동격서(聲東擊西), 자고자대, 자기개조, 자
    만자족, 지고지상, 참림탄우, 천태만면, 초연탄우, 폭풍취우, 풍상고초,
    풍의족식, 필승불패, 악담패설, 안민고시(安民告示)

이들 가운데 "광풍폭우, 립공속죄(立功贖罪), 성동격서, 자기개조, 참림
탄우(槍林彈雨), 폭풍취우, 풍의족식, 안민고시(安民告示)" 등은 북한의 합성
어에는 없는 것이다.

⑤ **기타**

이 밖에 차이를 보이는 복합어로 "너럭배, 능달(음달), 단기, 사득판, 산
코숭이, 피값, 하반년, 안받침, 안속" 같은 말도 있다. 이들 단어는 북한
에서도 인정하는 것이다.

2.3. 파생어도 많은 차이를 보인다

파생어도 남한어와 많은 차이를 보이는데, 이들 파생어는 어근형의 것과, 어근에 접사가 붙은 것의 두 가지가 주류를 이룬다.

① 어근형(語根型)

이는 남한에서 주로 용언으로 쓰이는 것이 중국 조선어에서 그 어근만이 독립하여 자립형태(自立形態)로 쓰이는 것을 말한다. 이러한 용례는 부사와 명사로 쓰이는 것이 많다.

> 거덜거덜(-하다), 건사(-하다), 괴덕(-부리다), 나스르르(-하다), 당실(-거리다), 되룩(-거리다), 뒤룩(-거리다), 뒤스럭(-거리다), 뒤뚝(-거리다), 모걸음(-질), 모개(-로, -흥정), 미장(-이, -공), 민둥민둥(-하다), 민숭민숭(하다), 박작(거리다), 하박하박(-하다), 함치르르(-하다), 안달복달(하다), 안절부절(-하다), 이만저만(-하다)

이들은 어근이 명사 또는 부사와 같은 자립어가 된 것이다. 이에 대해 "제풀(-에/-로), 제깐(-에)"와 같은 말은 어근에 조사가 붙어 부사어가 된 것이다. 이들은 다 북한어와 같은 것이다.

② 파생형(派生型)

파생형은 접미사가 붙어 용언을 이루거나, 명사를 이루는 것이 주류를 이룬다. 어근에 접미사가 붙어 파생어를 이루기도 한다. 이 밖에 조사가 붙어 새로운 파생 부사를 형성한 예도 있다. 접두사가 붙어 파생어를 이루는 경우는 체언보다 용언이 많은 편이다.

* 걸신-스럽다, 고사-하다, 내리-먹이다(-먹다), 담-지다, 드-다루다, 맑-지다, 모모-하다, 발가-지다, 빈고-하다, 사품-치다, 징글-스럽다, 차례-지다

* 군사-화, 군-중화, 관심-조, 내산-성, 농노-제, 농업기계-화, 농업자본-가, 누비-기, 늦-물, 다짐-장, 달-음, 도식-화, 독경-식, 대답-질, 량면-파, 령패-전, 무상-기(無霜期), 물-매, 반-공격, 사령-원, 사별-장, 사활-적, 사양-원, 차비-새, 참혹-상, 창도-자, 체언-형, 코뚜레-질, 타고장, 팔방-동이, 할로겐-족, 아-족, 알-새

* 실-잡다, 실-차다, 지르-밟다, 지르-신다, 지지-벌겋다, 치-가리다, 치-걷다, 치-곧아오르다, 치-개다, 치-꽂다, 치-째지다, 치-오르다, 통-밀다(통밀어), 푸릿-하다

* 겹결-에, 눈결-에, 련달-아, 련-이어, 자의-로, 자비-로

* 첫-입, 풋-기운, 풋-눈,

이들은 대부분 북한에서도 쓰이는 말들이다. 다만 이들 가운데 "빈고하다, 관심조, 농업기계화, 령패전, 무상기, 창도자, 코뚜레질" 같은 말은 사전에 올라 있지 않다.

2.4. 이형태(異形態)의 낱말이 많다

낱말의 변화로 형태가 다른 말도 많다. 이러한 것에는 "조선어"와 남한어 사이에 변화가 일어 장형화한 것과 단형화한 것의 두 가지가 있다. 이와는 달리 서로 다른 낱말이 쓰이는 경우도 있다. 중국 조선말에는 남한어에 비해 그 형태가 다른 말이 많이 쓰이고 있고, 장형화한 것에 비해 단형화한 것이 많다.

① **장형화(長形化)**

가공공업(가공업), 극비밀리(극비리), 나꾸다(낚다), 나꾸어채다(낚아채다), 나으리(나리), 닭의살(닭살), 더넘이(더넘), 들떼여놓고(들떼놓고), 매매혼인(매매혼), 파벽돌(파벽), 편치않다(편찮다)

② **단령화(短形化)**

　* 나긋나긋(나긋나긋이), 나슬나슬(나슬나슬히), 난통(난리통), 넘겨보다(넘겨다보다), 노예사회(노예제사회), 늘쩡하다(늘쩡늘쩡하다), 다닫다(다다르다), 다좇다(다조지다), 드레(드레박), 만신창(만신창이), 판판히(판판히), 포알(대포알), 하다면(그렇다면), 하여(그리하여), 한달음(한달음에),
　* 한껍에(한꺼번에), 할기죽(할기족족), 아궁(아궁이)

이들 가운데 "들떼여놓고, 매매혼인"은 북한어에는 보이지 않는 것이다. 그것은 북한에서는 "들떼여놓다, 매매결혼"을 인정하고 있기 때문이다. 이와는 달리 "조선어"와 남한어가 형태적으로 다른 말로는 다음과 같은 것이 있다.

　가위주먹(가위바위보), 건늠길(건널목), 교수안(교안), 균실(균사), 갱의실(탈의실), 너비뛰기(멀리뛰기), 농악춤(농악무), 눈뜬소경(눈뜬장님), 능글스럽다(능글맞다), 다사분주하다(분주다사), 덕지(더께), 뒤치락엎치락(엎치락뒤치락), 련대수송(연대운송), 막물(끝물), 말참녜(말참례), 망녕(망령), 버지럭버지럭(버르적버르적), 전기마당(전기장), 종이범(종이호랑이), 주뼛주뼛(주뼛주뼛), 풍선구(풍구), 하루빨리(하루바삐), 할기죽(할기족족)

이들은 대부분 북한에서 쓰이고 있는 말로, 이 가운데 "갱의실, 농악춤, 풍선구"만은 보이지 않는다.

2.5. 고유어가 많다

"조선말 소사전"에는 남한 사전에는 수록되어 있지 않은 고유어가 많다. 이러한 사실은 662 페이지, 2만여 단어의 작은 사전인데, 남한의 민중서림과 금성사판 "국어대사전"은 각각 3529, 4772 페이지의 큰사전이란 것을 고려할 때 놀라운 빈도라고 할 수 있다. 이러한 고유어 가운데는 특히 의성 의태어와 이에서 파생된 말이 많다는 것이 특징적 사실이다.

① 의성·의태어

* 가랑가랑, 거들렁거들렁, 넌들넌들, 느직느직, 다르륵, 달강, 답실답실, 덜레덜레, 두리둥둥, 두설두설, 물커덩물커덩, 뭉청뭉청, 뭉틀뭉틀, 바들짝바들짝, 바직바직, 바질바질, 발뺌발뺌, 살름살름, 지적지적, 지종지종, 재갈재갈, 좌르륵, 차분차분, 콜짝콜짝, 킹, 터벌터벌, 털렁, 파들짝파들짝, 팔팔, 푸들푸들, 푸르싱싱, 푸름푸름, 풍덩실, 아글타글, 앙기작앙기작

* 게실게실하다, 넉근하다, 바록하다, 벌렁하다, 사글사글하다, 송송하다, 쉬쉬하다, 쾌쾌하다, 퀴지근하다, 아짜짜하다

이 밖에 "두덕두덕, 사락사락, 사르륵사르륵, 사물사물, 차닥차닥, 아득바득, 아록다록, 맹맹하다"는 남한의 두 국어대사전 가운데 한 곳에만 표제어로 올라 있는 것이다. 이런 단어도 염두에 둘 때 "조선말"의 의성·의태어는 더욱 풍부하다는 것을 느끼게 한다. 그런데 이들은 생소하기만 한 의성·의태어가 아니다. 우리와 친숙한 말도 상당히 많다. 이러한 의성·의태어는 북한에서는 다 인정하고 있는 것이다.

② 기타 고유어

남한말에 없는 중국 조선말 어휘는 상당히 많은데, 이들 가운데는 용언이 가장 많고, 이에 이어 체언, 부사어가 많다. 이들의 예를 보면 다음과 같다.

> * 걸차다, 결결하다, 게잘싸하다, 날아예다, 낫낫하다, 넉적다, 누그리다, 느근하다, 다밭다, 달망지다, 답실그레하다, 답새다, 더벙하다, 동개다, 동시랗다, 둘치다, 댕그렇다, 데면스럽다, 만문하다, 맑지다, 맞춤하다, 모둥키다, 모대기다, 미타미타하다, 바그라지다, 자랑차다, 자살궂다, 짓대기다, 줴치다, 콜콜하다, 크낙하다, 큰손쓰다, 타개다, 턱내다, 아닌보살하다, 야싸하다, 얄죽하다
> * 눅거리, 눈까비, 느침, 능달, 다락논, 다락밭, 마가을, 발대, 자란이, 자장그네, 잔달음, 쥐걸음, 쥐메, 코대답, 타래못, 타발, 토스레, 통곬, 한치보기, 아근, 아다모끼
> * 누릿누릿, 마구다지, 망탕, 지써, 하냥, 함뿍,

이들의 대부분은 북한어에서도 인정하는 것이다. 다만 "큰손쓰다, 턱내다, 아닌보살하다"는 관용구로 보고 있고, "느근하다, 모둥키다, 한치보기"는 사전에 올라 있지 않은 것이다.

2.6. 남한의 방언(方言)이 표준어가 된 것이 많다

표준어가 된 방언은 물론 평안·함경방언이 많고, 이 밖에 기타 지역방언도 상당수 있다. 사전에서 구체적으로 어느 지역 방언이라고 명시한 것은 "특정지역 방언"으로 보고, 그 밖의 것을 "기타지역 방언"으로 나누어 볼 때 이들 방언의 예는 다음과 같다.

① 특정지역 방언

(가) 평안방언 : 갑삭하다(갭직하다), 고다(떠들다), 다문(다만), 당콩(강
  남콩), 들물(밀물), 들쑹날쑹(들쭉날쭉), 락자없다(영락없다), 말째
  다(복잡하고 힘들다), 수태(많이), 숙보다(업신여기다), 새뚝하다
  (새치름하다), 점적하다(점직하다), 하마트면(하마터면), 아수하다
  (아쉽다)

(나) 함경방언 : 거충(거죽), 나래(이엉), 논삶이(진갈이), 답새기다(때리
  다), 덕대(시렁), 마사지다(부서지다), 문다지다(문지르다), 사무럽
  다(사막스럽다), 샘치(샘), 제깍(금세), 피탈(핑게), 아구리(아가리),
  아부재기(겁쟁이), 아츠럽다(애처롭다)

(다) 평안・함경방언 : 날래(빨리), 늘쌍(늘), 내굴(내), 내굴다(냅다), 망
  (매), 망돌(맷돌), 산발(산기슭)

(라) 함경・경상방언 : 내구럽다(냅다)

(마) 평안・황해・경기・제주방언 : 안개비(가랑비)

(바) 평북・함경・강원・경북방언 : 돌개바람(회오리바람)

(사) 황해방언 : 매생이(마상이)

(아) 충청방언 : 다박솔(다복솔), 판대기(판자)

(자) 전라방언 : 실비(이슬비)

(차) 경상방언 : 제절로(저절로), 한다는(한다하는)

(카) 경상・전라・충청방언 : 나락(벼), 말짱(말끔)

(타) 경기 평남 이외 방언 : 달비(다리)

(파) 강원・전북방언 : 장꿩(장끼)

(하) 평안・함경・강원・황해・경기・충청・경상・전라방언 : 벌거지
  (벌레)

② 기타지역 방언

낯판대기(낯바대기), 마무리다(마무리하다), 말기(마루), 말수더구(말수),
발그다(바르다), 발그집다(바르집다), 발다듬이(밟다듬이), 사둥이(등성마

루), 솔곳하다(솔깃하다), 수더구(부피나 수량), 자자부레하다(자잘하다),
자잘부레하다(자잘하다), 잔망궂다(잔망스럽다), 지지콜콜(시시콜콜이),
제격하면(걸핏하면), 죄꼬마하다(조그마하다), 죄꼬맣다(조그맣다), 푸시
시, 푸뜩, 푼전(푼돈), 풍지박산(풍비박산), 한겻지다(한갓지다), 안절부절,
피끗, 아바이, 아시(애벌), 야시꼽다(아니꼽다), 얄포름하다(얄브스름하다)

이들 보기들은 북한에서도 다 같이 문화어로 보는 것이다. 이로 볼 때
중국의 "조선어"는 북한의 문화어를 거의 그대로 수용한 것으로 보게
한다.

2.7. 복수 표준어가 많아, 이것이 많은 차이를 드러낸다

복수 표준어 가운데는 남한어와 일치하는 것도 있으나, 대부분은 그렇
지 않은 것이다. 다음의 복수 표준어 가운데 하나는 남한 사전에는 표제
어로 올라 있지 않거나 방언으로 보는 것이다. 원어(原語) 대 약어(略語)의
예도 남한에서는 이 가운데 하나를 비표준어로 본다. 그러나 북한에서는
다음의 복수 표준어의 보기 가운데 "관병, 과학적사회주의"를 제외한 모
든 단어를 문화어로 본다. 원어 대 약어의 경우 사회제도와 관계가 있는
것은 근본적으로 차이가 있는 것이고, 그렇지 않은 것은 북한어와 거의
다름이 없다. 다만 북한어에는 "기음"이 보이지 않는다.

① **복수 표준어**

가다–가다가, 가파롭다–가파르다, 강서리–된서리, 거꾸러치다–거꾸러
뜨리다, 걸구다–걸우다, 개표구–개찰구, 과학적공산주의–과학적사회주
의, 관병–장병, 날아예다–날아가다, 눈송아리–눈송이, 다문–다만, 두터
이–두께, 드레–드레박, 들물–밀물, 딩굴다–뒹굴다, 런달아–잇달아, 마룩

마록-말똥말똥, 막치기-막바지, 만풍년-대풍년, 말기-마루터기, 삼가하
다-삼가다, 자기딴-제딴, 제까닥-제꺼덕, 젠척하다-젠체하다, 한생-한
평생, 한지-한데, 아리숭하다-아리송하다

② **원어 대 약어**

결-겨를, 공사-인민공사, 구역자치-민족구역자치, 김-기음, 계산기계
-계산기, 넌짓-넌지시, 는개-는개비, 늘쩡하다-늘쩡늘쩡하다, 뇌이다-
뇌다, 다수가결-다수결, 다좆다-다조지다, 당교-당학교, 당중앙-당중앙
위원회, 덕대-덕, 덩더러꿍-덩더꿍, 뒙-두엄, 되려-도리여, 마름개질-마
름질, 막-막상, 삼가하다-삼가다, 초급사-초급농업생산합작회사, 치보-
치안보위, 한생-한평생, 한겁에-한꺼번에

2.8. 사회 · 문물 · 제도의 차이에 따른 어휘에 차이를 보인다

중국은 한국과는 달리 사회주의 국가다. 따라서 이러한 사회제도와 관
계되는 어휘 및 문물을 반영하는 말에 많은 차이를 보인다.

공산주의청년단, 교도대, 구민주주의혁명, 9 · 18사건, 국공합작, <u>계급
적각성</u>, 과도기총로선, 관료자산계급, <u>농민봉기</u>, 농민협회, 당중앙위원
회, 동맹불가담정책, 량표, 려(旅), 련(連), <u>련결차</u>, 로무결합, 로선투쟁, <u>마
루차</u>, 말공부, 말사스인구론, 맑스주의철학, 모택동사상, 무산계급독재,
<u>문화용품</u>, 민족구역자치, 민족민주혁명, <u>민족통일전선</u>, 반무산계급, <u>반봉
건</u>, 반상적(反常的), 반자작농, 사무주의, <u>사상개조</u>, 사상보따리, 사상선
전, <u>사상적소유</u>, 사적소유제, 사탕포탄, <u>사회적필요로동</u>, <u>사회주의공업
화</u>, 사회주의국유화, 사회주의적개조, 사회주의적소유제, 사회제국주의,
산두주의(山頭主義), <u>살번지질</u>, 삼광정책, <u>삼대작풍</u>, <u>삼대차이</u>, 생산대대,
수업증, 숙반운동, <u>자동보총</u>, <u>자동전화기</u>, <u>자동차기중기</u>, 자류지(自留地),
<u>자산계급</u>, 자재적계급, 자제병(子弟兵), 자위적계급(自爲的階級), <u>작잠림</u>

(柞蠶林), 작잠직(柞蠶織), 작탄(炸彈), 작업정량, 적위대, 적십자회(적십자
사), 전투영웅, 전화회의, 지뢰탐침, 지방민족주의, 지시약, 지하궁전, 집
체적지도, 집중영, 징구량, 제2국제당, 제2차국내혁명전쟁, 초급농업생산
합작회사, 치안보위, 탐오(貪汚), 통령, 8·1건군절, 8·1남창봉기, 평화
적공존5항원칙, 평뜨기, 패, 함화(喊話), 알비료, 양걸, 이만오천리장정,
인민공사

　이러한 사회·문물·제도와 관련된 어휘는 북한어와도 상당한 차이를
보인다. 그리하여 위의 보기만 하더라도 "조선어"와 북한어가 다른 것이
오히려 많다. 밑줄 친 말만이 같은 것이다.

2.9. 외래어 형태에 많은 차이를 보인다

　외래어의 형태는 남한과 많은 차이를 보인다. 이러한 차이는 러시아
등 사회주의 국가, 특히 북한의 영향을 받은 것이 사실이다. 북한에서는
1956년 "조선어 외래어 표기법"을 제정, 매개 언어음을 중시하였다. 그
러면서도 제4항에서 러시아어의 국제적 의의와 "조선 인민의 언어 문자
생활"에 미치는 역할을 고려하여 가급적 러시아어의 발음 및 표기법적
특성에 따라 표기하도록 하였다. 이러한 규범이 중국의 조선어에도 영향
을 미쳤다. 그리하여 이들의 표기가 남한의 외래어 표기와 차이를 빚게
되었고, 된소리를 많이 사용하게 하였다. 그리고 종래 써 오던 중국의
관용적 형태가 남한의 원음주의와 차이를 빚게 된 것도 간격을 벌어지
게 한 원인의 하나이다.

① **러시아어식**

　까츄샤포, 땅크, 또치카, 뜨락또르, 마다라스(매트리스), 바드민톤, 바

르(바), 비날론, 빠리꼼뮨, 빨찌산, 뻬치카, 쏘베트, 콕스(코크스), 클로로
미세틴(클로로마이세틴), 아빠트

② **재래어식**

　그람, 나이론, 남비, 놋트(knot), 니꼬찐, 데트론, 다이나마이트, 다이야,
다이알, 라지오, 라지에타, 런닝샤쯔, 로라, 리레, 마라손, 마이싱(마이신),
마이크로메터(마이크로미터), 맑스주의(마르크스주의), 미리, 메터, 바리
케트(바리케이드), 보이라, 보이꼬트, 스레트, 스파나, 쟈끼, 카로리(칼로
리), 카리비료(칼리비료), 카빙총(카빈총), 카텐(커튼), 키로, 딸라, 뻐스,
뽐프, 뻰, 싸이드카, 싼다루, 싸이클, 코크(콕), 콘베아(컨베이어), 콩크리
트(콘크리트), 키로(킬로), 타빈(터빈), 탄도로케트(탄도로켓), 탕크(탱크),
톤키로메터(톤킬로미터), 파마, 파쑈, 팔프, 프로레타리아, 프래트홈, 핀
세트, 필림, 페지(페이지), 함마, 암페아

　북한의 외래어 표기는 대체로 중국 표기와 같다. 그리하여 위의 보기
에서도 표기를 달리하는 것은 보이지 않는다. "까츄샤포, 빠리꼼뮨, 쿠
리" 등 사전에 등재되지 않은 말이 보일 뿐이다.

2.10. 새로운 낱말들도 보인다

　남한어에서 볼 수 없는 한자어가 쓰이는가 하면, 외래어를 순화한 말
이 차이를 보이기도 한다. 이들 가운데는 신어, 중국어에서의 차용어, 그
밖의 것이 포함될 것이다.

① 색다른 한자어도 보인다

　가급금(加給金), 란벌, 란설, 량면파, 량식작물, 력점, 류전대, 만근, 만
출근, 산생(産生), 조학금, 직승기, 질호, 차요, 차요모순, 차요시, 참군,

창격전, 창발력, 창발적, 출미률, 평공, 평비, 폭란, 표달, 품덕, 풍, 풍막,
피면, 함화, 아족

② 기타 비한자어 및 혼종어도 보인다

가락장갑, 가름대(bar), 거님길(遊步道), 남석, 만시름, 말공부, 삭뼈, 자
장그네, 장출근(常勤), 차림, 차례지다, 찬눈(寒目), 코장단, 코집, 탕(蕩)치
다, 허궁다리

이들 보기들은 대부분 북한에서도 쓰이는 것이다. 북한 사전에 보이지
않는 것으로는 "란벌, 란설, 량식작물, 만출근, 조학금, 질호, 차요, 차요
모순, 평공, 평비, 폭란, 표달, 품덕, 피면, 함화, 장출근" 같은 예를 들
수 있다.

2.11. 형태상 복합어와 관용구로 차이를 보이는 말이 많다

"조선어"에서 복합어로 다루어지고 있는 많은 단어가 남북한어에서는
관용구(慣用句)로 다루어지고 있다. 그래서 언어생활 자체에 불편을 끼치
는 것은 아니나, 띄어쓰기 등에 차이를 보이고, 학문적 연구 대상으로
차이를 보인다. 다음의 보기들은 중국의 "조선어"에서 복합어로 보고 있
는 것이다.

간-마르다, 감투-쓰다, 곁불-맞다, 곁쐐기-박다, 고개방아-찧다, 공밥
-먹다, 귀-쏠리다, 낯가죽-두껍다, 넉-좋다(넉살 좋다), 넋-살나다, 노루
꼬리-만하다, 노염-사다, 녹장-나다, 눈치-차리다, 눈코 뜰새-없다, 네
활개-치다, 바가지-쓰다, 바닥-나다, 반기-들다, 발목-잡히다, 사족-못
쓰다, 삼단-같다, 생색-쓰다, 세상-모르다, 자국-밟다, 자리-잡히다, 치
-떨다, 치-떨리다, 코대-세다, 코대-세우다, 코방아-찧다, 코빵-맞다(콧

방 맞다), 피-끓다, 학질-떼다, 한눈-팔다, 한마음-한뜻, 한풀-죽다, 한
풀-꺾이다, 아귀-세다, 아귀-차다, 야단-나다, 이-맞다

이들 가운데 남·북한에서 복합어로 보고 있는 것은 각각 네 개 뿐인
데, 남한에서는 "코방아찧다, 콧방맞다, 아귀세다, 아귀차다"를, 북한에
서는 "넋살나다, 코빵맞다, 피끓다, 아귀차다"를 복합어로 보고 있다. 그
리고 남한에서는 "간 마르다, 감투 쓰다, 곁쐐기 박다, 낯가죽 두껍다,
노염 사다, 눈코 뜰 새 없다, 네활개 치다, 바가지 쓰다, 바닥 나다, 반기
들다, 발목 잡히다, 사족 못쓰다, 생색 쓰다, 세상 모르다, 자국 밟다, 자
리 잡히다, 치 떨다, 치 떨리다, 콧대 세다, 콧대 세우다, 피 끓다, 학질
떼다, 한눈 팔다, 한마음 한뜻, 한풀 죽다, 한풀 꺾이다, 야단 나다, 이
맞다"를 관용구로 보고 있다. 이에 대해 북한에서는 남한보다 좀 더 관
용구를 인정하고 있다. 그리하여 앞에서 제시한 네 개의 합성어 외에
"넋 좋다, 치떨다"를 제외하고는 보기 모두를 관용구로 보고 있는 것이
된다.

2.12. 의미상 차이를 보이는 낱말도 많다

의미상 차이를 보이는 것에는 의미가 전연 다른 것이 있는가 하면, 부
분적으로 의미의 차이를 보이는 것이 있다. 이 밖에 과거 봉건사회에서
쓰이던 말이라 하여 이에 대한 편향된 시각으로 보는 것이 있다. 이러한
부분적인 의미의 차이, 편향된 시각의 의미를 지닌 단어는 그 수가 참으
로 많다.

남한과 의미상 차이를 보이는 몇 개의 단어를 보면 다음과 같다.

① 의미가 전연 다른 말

- 구연[명] 한 사람의 연기자가 감동적인 이야기를 자신이 직접 겪은 것처럼 생동하게 형상적인 화술로 표현하는 예술형식
- 국가[명] 통치계급이 피통치계급에 대하여 독재를 실시하는 폭력적 조직. 국가는 계급적통치의 도구로서 군대, 경찰, 법정, 감옥 등으로 구성된다.
- 동무[명] ①≪공동의 리상과 혁명적 위업을 이룩하기 위하여 함께 싸우는 사람≫을 친근하게 이르는 말 ②일반적으로 남을 무간하게 부를 때 쓰는 말
- 렬사[명] ≪혁명렬사≫의 준말
- 좌경[명] 사물발전의 부동한 단계를 똑똑히 가리지 못하고 혁명투쟁중에서 성급하게 서두르거나 맹동하는 그릇된 경향
- 피바다[명] ≪적들의 살인만행으로 말미암아 수많은 혁명자들과 인민군중들이 무참히 희생당하여 그들이 흘린 피로 붉게 물들여져 있음≫을 비겨이르는 말

② 부분적으로 의미가 다른 말

- 가두[명] ①(도시의) 거리 ②공장, 기관 등에 상대하여 ≪주민들이 살고 있는 주택지구≫를 이르는 말
- 거든하다[형] ①(물건이) 쓰기 간편하다 ②(아픔이나 근심이 없어질 때처럼) 마음이 가볍고 후련하다
- 교양[명] ①사람들을 정치 사상적으로나 문화도덕적으로 옳바른 인식과 품성을 갖추도록 일깨워 주고 가르쳐 주는 일 ②문화적으로나 품성면에서 가지고 있는 수양
- 넘보다[동] ①넘어다보다 ②업신여기여 깔보거나 낮추보다 ③넘겨 짚어서 떠보다
- 민주주의[명] ①정권을 장악한 계급이 자기 자신의 자유와 권리를 행사하는 것을 내용으로 하는 계급적독재의 한 측면 ②어떤 조직이

나 집단의 전체 성원의 의사를 충분히 반영하며 전체의 리익을 보
장하는 사업 방법, 또는 그러한 원칙

③ **의미가 편향된 말**

- 고농[명](낡은사회에서) 토지와 생산도구를 전혀 가지지 못하고 지
  주나 부농에게 고용되여 압박착취를 받는 농촌무산계급
- 고혈[명] (사람의 ≪기름과 피≫라는 뜻으로) ≪착취자들이 착취하
  며 략탈해가는, 인민들의 피땀이 스며 있는 로동의 대가나 재물≫
  을 이르는 말
- 자본주의[명] 생산수단이 자본가들에게 점유되고 자본에 의한 고용
  로동의 착취에 기초하고 있는 사회제도
- 지옥살이[명] 착취사회에서의 ≪더없이 참담하고 고통스러운 생활≫
  을 비겨 이르는 말
- 양풍[명] 서양의 썩어빠진 자산계급적 생활방식이나 풍습

이들 단어는 "거둔하다"를 제외하고는 다 북한에서도 쓰이는 것이다.
북한 말은 이렇게 형태만이 아니라, 의미의 면에서도 중국의 "조선어"와
일맥상통하는 것을 보여 준다.

3. 맺는 말

한국어의 한 방언이라 할 중국의 조선어가 남북한의 말과 어떻게 같
고 다른가를 살피기 위해 연변 조선족의 "조선말 소사전"에 수록된 표
제어와 남한의 말을 중심으로 비교 고찰하였다. 이러한 비교에 의하면
한·중 두 지역의 한국어와 조선어는 음운·형태·의미의 면에서 많은
차이를 드러내었다. 이들 중요한 차이는 다음과 같다.

1. 표기상 차이가 나는 낱말이 많다.
2. 합성어가 많다.
3. 파생어가 많다
4. 남한과 다른 형태의 낱말이 많다.
5. 고유어가 많다.
6. 표준어에 차이가 많이 난다.
7. 복수표준어가 많다.
8. 사회 · 문물 · 제도와 관련된 어휘에 차이가 많다.
9. 외래어 형태에 차이가 많다.
10. 색다른 단어가 보인다.
11. 복합어와 관용구로 형태적 차이를 보이는 말이 많다.
12. 의미상 차이를 보이는 낱말이 많다.

이에 대해 중국의 조선말과 북한의 말을 비교해 보면 많은 일치를 보인다. 중국의 조선어는 북한의 규범을 따랐고, 표준어를 이에 따라 정하였기 때문에 이러한 결과를 낳게 되었다고 할 수 있다. 그러나 생각처럼 그렇게 유사한 것만은 아니다. 그것은 중국의 "조선말 소사전"의 "ㄱ"항의 어휘를 북한의 "현대조선말사전"의 어휘와 따로 비교해 보면 많은 차이를 보인다. "현대조선말사전"은 2,960페이지의 대사전인데, "조선말 소사전"의 표제어를 이와 대조해 보면 "현대조선말사전"에 표제어로 실려 있지 않거나, 형태상 차이를 보이는 어휘가 다음과 같이 많다.

가락맞다, 가슴앓다, 간난곡절, 간마르다, 감조감식(減租減息), 거연하다, 검찰원, 고금중외, 고급농업생산합작사, 고등마, 공동소유제, 공동조약, 공비치료, 공사합영, 공산주의사회청년단, 공상업, 공적금, 공정사, 공회, 공익금, 구민주주의혁명, 구역자치, 국가자본주의경제, 국공연합, 국계민생, 국제가, 국제로동절, 국화, 군눈팔다, 군사관제, 군사법정, 군주립헌제, 군침돌다, 군침삼키다, 굴뚝같다, 굼벵이 같다, 그루박다, 그림

자지다, 극산병(克山病), 근근득식, 금가다, 금융과두, 금이야옥이야, 기
공, 기름쥐같다, 기름짜다, 기혼하다, 기음, 개명신사, 갱의실, 게딱지같
다, 계급립장, 괴죄하다, 귀구멍넓다, 귀기울이다, 귀밝다, 귀잠들다, 귀
질기다, 귀축같다, 귀쏠리다, 귀아프다, 귀어둡다, 귀여리다, 과도기총로
선, 과학실험, 관료자본주의, 관료자산계급, 관병, 관심조, 광돌, 광풍폭
우, 광휘찬란하다

광의의 한국어, 곧 한민족어(韓民族語)는 세 지역으로 블록화하여 달리
쓰이고 있다. 남한, 북한 그리고 중국의 동북 삼성(三省)의 언어가 그것이
다. 그런데 이들 세 지역의 한어(韓語)는 부분적으로 차이를 보인다. 효과
적인 언어생활을 하기 위해서는 하나로 통일하는 것이 가장 바람직하다.
그러나 서언에서도 말했듯 반드시 통일을 하지 않으면 안 되는 것은 아
니다. 블록 간에 상호교섭을 통하여 공통어를 형성한다면 오히려 우리의
민족어(民族語)가 풍요하게 되고, 문체도 다채로워지는 효과도 거둘 수 있
을 것이다. 이제 남북한과 중국이란 세 블록의 한어(韓語)는 샐러드 보울
(salad vowel)에 넣어 새로운 한민족어로 대통합하여야 한다. 그렇게 함으
로 우리는 민족적 공통어를 형상화하여 정체성을 재확립하고, 상호 유대
를 강화하며, 민족문화 및 세계문화 발전에 기여할 수 있을 것이다. 그
런 날이 빨리 오기를 기대한다.

참고문헌

고영근(1989), 북한의 말과 글, 을유문화사.

김민수(1985), 북한의 국어연구, 고려대 출판부.

박갑수(1994), 제3 논설집, 올바른 언어생활, 한샘출판사.

박갑수(1998), 일반국어의 문체와 표현, 집문당.

박갑수(1999), 제4 논설집, 아름다운 우리말 가꾸기, 집문당.

박갑수(2005), 국어교육과 한국어교육의 성찰, 서울대학교 출판부.

박갑수(1990), 중국에서의 한국어 교육기관에 대한 연구, 이중언어학회지 제7집, 이중
    언어학회.

박갑수(1990), 재외동포의 한국어 교육 − 재일 · 재중동포의 모국어교육을 중심으로, 국
    어교육학의 이론과 방법의 연구, 교학사.

박갑수(1993), 남북한 언어의 이질화, 자유공론 제319호, 자유공론사.

박갑수(1995), 남북 맞춤법의 차이와 그 통일 문제, 국제고려학회 학술총서 제3호, 국
    제고려학회.

박갑수(2003), 중국 조선족의 민족어교육과 21세기, 외국인을 위한 한국어교육 제6집,
    서울대학교 사범대학 외국인을 위한 한국어교육 지도자과정.

■ 이 글은 이중언어학회지 제14호(이중언어학회, 1997년12월)에 "중국의 조선말과 남북한어
의 비교"란 제목으로 게재된 논문이다.

제3장 한국어 세계화와 재외동포 교육

1. 서언

우리는 오랜 동안 단일민족이란 의식에 사로잡혀 있었다. 그리하여 자민족심주의, 자문화중심주의, 또는 자문화 우월주의로 똘똘 감싸여 있었다. 이로 말미암아 우리는 단결할 수 있었고, 동족의식을 다질 수 있었다. 그러나 단일민족이라는 의식은 우리에게 개방 아닌, 폐쇄적 경향을 지니게 하였다.

지난날은 민족이나 국가 간의 교류가 활발하지 않았다. 오히려 고립적·독립적 삶을 누렸다 할 것이다. 이런 시대에는 폐쇄적 민족주의가 흠이 되지 않는다. 그러나 오늘날과 같이 개방의 시대, 더 나아가 세계화시대(世界化時代), 다문화시대(多文化時代)에는 폐쇄적 민족주의를 고집할 수만은 없다. 그렇게 되면 그 민족이나 국가의 존립 자체가 어려워진다. 폐쇄주의의 폐해는 우리 재외동포들이 누구보다 실감하는 일일 것이다. 서로 소통하며, 언어·문화를 교류해야 한다. 차이를 인정하며 폐쇄 아닌, 양보와 포용의 자세를 취해야 한다. 그런데 우리는 자민족중심 사상과 생활태도에 젖어 있었기 때문에 이런 성향이 부족하다.

우리가 살고 있는 지구는 지구촌이라 하듯 일일생활권이 되었다. 따라서 정보와 문화가 시시각각 교류된다. 거기에다 우리는 10대의 경제 대국의 대열에 들어서 문화의 수용만이 아닌 보급의 역할도 해야 하게 되었다. 그리하여 세계 각국이 열을 올리고 있는 자국어 및 자국문화의 세계화에도 관심을 기울이고 있다. "아는 만큼 보인다"는 말이 있거니와 아는 만큼 보이는 것만이 아니고, 아는 만큼 서로를 이해하고 친선·우호 관계를 형성하게 된다. 이에 지구촌의 민족과 국가 간의 상호 이해와 친선을 도모하고, 우리나라와 세계의 문화 발전에 기여하기 위해 우리는 외국어를 배우고, 한국어의 세계화에 힘을 쏟는다.

우리나라는 재외동포의 대국이라 한다. 중국, 인도, 이스라엘, 필리핀에 이은 대국이다. 우리 동포는 175개 국가에 약 700만이 나가 살고 있다. 재외동포는 한국의 언어와 문화를 세계에 보급·전파하는 역군이라 할 수 있다. 말을 바꾸면 한국어 세계화의 귀한 전도사인 것이다. 정부 차원에서 한국어 세계화를 위해 우리 동포 700만을 외국에 파송한다는 것은 상상할 수 없는 일이다. 그런데 이미 700만 동포가 해외에 나가 살고 있다. 그리고 이들에 의해 직접·간접으로 우리의 언어문화가 보급·선양되고 있다. 따라서 우리는 이들 귀한 자원 인사를 통해 좀 더 적극적으로 언어문화를 교류·전파함으로 거주국과 친선을 도모하고, 상호 간의 문화를 교류하며 세계문화발전에 기여하도록 하여야 하겠다. 이에 한국어의 세계화(世界化)와 재외동포 교육에 대해 살펴보기로 한다.

2. 한국어 세계화와 교육의 현황

2.1. 한국어교육의 여건

외국어로서의 한국어교육이 언제부터 시작되었는가 하는 것은 분명치 않다. 분명한 것은 다른 민족과 접촉이 시작되면서 한국어교육이 시작되었을 것이라는 것이다. 따라서 선사시대는 차치하고, 유사(有史) 이후를 본다면 적어도 한사군(漢四郡)이 설치됐을 때는 한국어교육이 행해졌을 것이다. 한국어교육에 대한 가장 오래된 기록은 속일본서기(續日本紀)에 보인다. 신라의 경덕왕(景德王)때 일본에서 신라를 정벌하기 위해 신라 말을 가르쳤다는 것이다. "乙未令美濃·武藏二國少年 每國二十八人 習新羅語 爲征新羅也"가 그것이다. 신라를 정벌하기 위해 가르쳤다고 하니 달가운 기사는 아니다. 이는 사실 여부를 떠나 한국어교육에 대한 최초의 기록으로 보인다. 이것이 사실이라면 한국어교육은 신라 경덕왕 때 공식적으로 처음 시작된 것이 된다. 그 뒤에는 송(宋) 나라 손목(孫穆)의 계림유사(鷄林類事), 명(明)나라 때의 조선관역어(朝鮮館譯語)가 한국어교육과 관련을 가질 것이다. 이밖에 임진왜란, 조선 통신사(朝鮮通信使)의 교류도 한국어교육의 계기가 되었을 것이다. 선조대왕실록(宣祖大王實錄)에 보이는 임진왜란 뒤에 도중(都中) 서민(小民)이 왜어(倭語)에 염습된 바 있어 이의 사용을 통금했다는 기록도 한국어교육의 가능성을 시사하는 대목이다(박갑수, 1984). 그 뒤 일본에서는 이들 통신사가 일본에 오는 것을 대비하기 위해 유학자 아메모리(雨森芳洲)의 건의에 따라 1727년에 한국어교육 기관인 한어사(韓語司)를 대마도에 설립하였다. 이 때 조선어 학습서 교린수지(交隣須知)와 인어대방(隣語大方)이 저술되었다. 이들 학습서는 현존하는 한국어 교재 가운데 가장 오래된 것들로 보인다.

근대적 의미의 한국어교육은 일본의 동경외국어학교(1880)와 러시아의 St. Peterburg대학(1897) 등에서 시작되었다. 이보다 앞서 일본에서는 1872년 嚴原 한어학소(韓語學所)가 설립되었고, 1873년 우리나라에 초량관 어학소(草梁館語學所)가 설립되었다. 그리고 본격적으로 한국어교육이 이루어지게 된 것은 20세기 중반에 들어서라고 할 수 있다. 연세어학당은 1958년 설치되었다. 한국어교육은 국제정세에 따라 이방(異邦)에서 먼저 시작되었다. 중국학, 일본학을 하는 통과의례로 한국어 내지 한국학이 연구되기 시작했다. 따라서 한국어교육은 교육과정도, 교재도, 교사도 제대로 갖추어지지 않은 상태에서 시작되었다. 이러한 상황은 20세기 후반에 와서 겨우 개선되어, 본격적으로 한국어교육이 연구·수행되게 되었다. 오늘날 한국어의 교육 여건은 여러 가지로 개선되었다. 그러나 아직도 국가수준의 교육과정이 마련되어 있지 않고, 학습 자료는 약 3,000여 종이 개발되었다고 하나, 여전히 취약한 형편이다. 거기에다 자격을 갖춘 교원은 아직도 턱없이 부족하다. 이것이 오늘날의 한국어교육의 현실이다.

그러면 이들 교육의 여건에 대해 좀 더 자세히 살펴보기로 한다.

교육을 하기 위해서는 우선 교육과정(教育課程)이 만들어져야 한다. 그런데 우리에게는 국가수준의 교육과정이 만들어져 있지 않다. 이는 단계별로 과정이 만들어져야 한다. 그래야 각종 교육기관은 이를 준거로 하여 독자적인 과정을 개설하게 된다. 그런데 이것이 만들어져 있지 않아 일정한 기준도 근거도 없이 교재를 만들고 교육을 하고 있다. 이는 한국어교육을 혼란스럽게 하고, 한국어의 능력 평가를 제대로 할 수 없게 한다. 교육기관에 따라 교육의 질과 내용이 다르고 난이도가 다르기 때문이다.

한국어 학습 자료(學習資料)는 33개국에서 3,399종이 개발된 것으로 조사된 바 있다(진대연 외, 2009). 그러나 실제로는 이보다 훨씬 많을 것으로 추정된다. 그것은 조사가 불충분 한 것으로 보이기 때문이다. 종래에는 한국어 교재가 없어 고민했는데, 이렇게 많은 교재가 개발되었다는 것은 그만큼 한국어교육이 필요하고 성장했음을 말해 주는 것이다. 이들 교재 는 대부분 일본(1,530권), 한국(831권), 중국(424권), 미국(223권)에서 개발된 것이다. 베트남(85권)과 태국(52권)에서도 비교적 많은 교재가 개발되었다. 교재는 주로 실용언어를 다룬 것으로 기초 교재가 대부분이다. 특수목적 교재도 있으나, 이는 많지 않다. 교재는 편찬 목적에 따라 다양한 것이 간행되었으나 교재개발 원리 면에서 보면 함량 미달의 것도 많다. 이렇 게 볼 때 한국의 주요 대학에서 개발한 교재가 비교적 잘 편찬된 것이 다. 그러나 교재는 생태적으로 보조 자료를 필요로 하게 되어 있다. 언 어 교재는 대조분석(對照分析)을 바탕으로 제작하는 것이 바람직하다. 특 히 성인의 교재가 그러하다. 자국어와 목적언어(目的言語)를 비교하며 효 과적 학습을 할 수 있게 하기 때문이다. 이런 점에서 범용교재(汎用敎材) 의 번역본은 바람직한 것이 못 된다. 현지의 전문가가 현지의 사정을 고 려하여 교재를 편찬·개발하는 것이 바람직하다.

교수·학습(敎授學習)의 방법은 대체로 일정한 수준에 도달한 것으로 볼 수 있다. 그것은 외국어의 교수법을 원용하고 있기 때문이다. 외국어 교수법은 크게 세 유형이 주로 활용된다. 문법-번역법(Grammar-translation method), 청각-구두법(Audio-lingual approach), 의사소통법(Communicative approach) 이 그것이다. 물론 이들은 역사적 단계를 거쳐 발달한 것이다. 그러나 이들은 도처에서 오늘날 애용되고 있다. 문법-번역법은 중국 등 외국의 대학에서 애용되고 있고, 청각-구두법은 구두연습과 문형연습을 위해 각처에서 많이 활용되고 있다. 의사소통법은 의사소통을 중시하는 교육 에서 사랑을 받는다. 이는 과제중심의 교육으로까지 확장되어 오늘날 가장 사랑을 받는 교수법으로, 미국을 중심으로 애용된다. 교수법에는 절대적 왕도가 없다. 필요할 때 다양한 교수법을 적절히 활용해야 한다. 이런 면에서 다양한 교수법의 장단점을 잘 알아두고 효과적으로 대처하는 것이 바람직하다.

평가(評價)는 교수·학습의 한 과정이다. 평가에는 학습평가와 수업평가가 있다. 그런데 흔히 교육현장에서는 학습평가에만 신경을 쓰고 수업평가는 등한히 하는 경향을 보인다. 올바른 교육을 하기 위해서는 학습자를 평가하는 미시적 평가에만 사로잡힐 것이 아니라, 교수·교육과정·교재 등 프로그램의 평가라는 거시적 평가에도 주의를 기울여야 한다. 평가는 학습자와 교사를 아울러 대상으로 해야 한다. 이는 학습자만을 대상으로 하는 교육의 작은 문제가 아니요, 교육의 질을 좌우하는 중대사이기 때문이다.

교사(教師)는 교육의 가장 핵심적 존재다. 그러기에 교육의 질은 교사의 질을 능가할 수 없다고까지 한다. 그런데 한국어교육 분야에는 자격을 갖춘 교사가 부족하여 문제다. 국내는 다행히 문제가 없는 편이다. 한국어교육의 인력을 양성하는 기관이 학부와 대학원에 각각 10여개씩 설치되어 있어 국내 수요에는 별 문제가 없기 때문이다. 더구나 국어기본법(國語基本法)(2005)에 따라 "한국어 교육능력 검정시험"을 치러 교원이 되는 길도 열려 있어 더욱 그러하다. 현재의 한국어 교원 자격 취득에 필요한 영역별 필수 이수학점 및 이수시간은 지나치게 적게 책정되어 있다. 물론 최소한의 것을 제시한 것이라 하겠으나, 이는 상향 조정되어야 한다. 외국에서의 한국어 교원의 수급은 많은 문제를 안고 있다. 중국, 독립국가연합 등 몇 나라를 제외하면 한국어 교원 양성기관이 없다. 그렇다고 한국에서 교원을 파견하기엔 여러 가지 문제가 부수된다. 이는 한국어 세계화 차원에서 정부가 해결책을 모색해야 할 것이다.

이 밖에 한국어교육의 여건에서 추가하여 논의해야 할 것에 웹사이트 개설 문제가 있다. 21세기에 들어와 한국어 학습의 수요가 늘며 웹사이트에서 한국과 한국문화, 한국어교육과 학습 등에 대한 내용을 경쟁적으로 다루고 있다. 최근에는 온라인으로 한국어 강좌를 진행하는 것은 물론, 온라인 한국어 교사 양성 과정까지 생겨났다. 이러한 웹사이트의 개설은 바람직한 현상이다. 국립국어원에서 조사한 한국어교육 관련 국내외 웹사이트의 지역별 분포를 보면 다음과 같다(국립국어원, 2008).

국가	한국	미국	일본	중국/대만	프랑스	독일	캐나다	호주	뉴질랜드	영국	태국	오스트리아	이태리	합계
개수	105	100	98	107	8	9	10	7	2	2	2	1	1	452
%	23.2	22.1	21.7	23.7	1.8	2.0	2.2	1.5	0.4	0.4	0.4	0.2	0.2	100

이들 웹사이트의 주체는 아래와 같다.

운영주체	공공기관	교육기관	비영리단체	기업/사설학원	개인	기타	합계
개수	13	125	43	143	80	48	452
%	2.9	27.7	9.5	31.6	17.7	10.6	100

이상 한국어교육의 여건을 중심으로 한국어교육의 현황을 살펴보았다. 다음에는 한국어교육 기관에 대해 간단히 살펴보기로 한다. 정부기관 차원의 한국어교육은 문화부, 교과부, 여성가족부, 외교통상부, 노동부 등에서 관장하고 있으며, 재외동포 외에 유학생, 결혼이민자, 취업이민자 등에 한국어교육을 실시하고 있다. 재외동포의 교육은 주로 재외동포재단에서 맡고 있다. 해외에서의 한국어교육은 국제교류재단과 국제협력단(KOIKA)이 지원 또는 교육 요원을 실제 교육 현장에 투입되고 있다.

그리고 무엇보다 강조할 것은 문화부에서 2007년 세종학당(世宗學堂) 설립 계획을 세워, 한국어를 세계화하고 있는 것이다. 한국어 세계화 사업은 문민정부(文民政府) 때부터 시작이 되었다. 그러나 큰 성과는 거두지 못하였다. 그러다가 2007년 국어기본법에 따라 한국어 세계화를 위한 국어발전 기본계획을 세우고, 세종학당을 설립하게 되었다. 이는 영국의 British Council, 미국의 American Center, 독일의 Goethe Institute, 프랑스의 Allience Française, 일본의 국제교류기금, 중국의 공자학원과 성격이 비슷한 기구라 할 수 있다. 세종학당은 "개방형 한국어 문화학교"로, "한국어와 한국 문화를 보급하는 사회교육원 형태의 현지 교육 시설"(문화부·국립국어원, 2007)이다. 이의 성격에 대해서는 국립국어원의 "2007 세종학당 백서"에 담겨 있는 "세종학당 운영 규정"의 "전문"에 잘 나타나 있다. 이 전문을 보면 다음과 같다.

대한민국 문화관광부는 21세기 문화의 시대에 국내외에서 한국어를 배우고자 하는 외국인과 재외 동포를 대상으로 상대 국가의 문화를 존중하는 문화상호주의 원칙에 입각하여 한국어와 한국 문화를 교육하고 진흥하는 세종학당과 디지털 세종학당을 설립하여 운영함으로써 전 세계 국가와 문화 교류 및 연대를 통해 언어와 문화 다양성의 실현에 이바지하고자 한다.

세종학당의 실제 운영은 한국문화원과 연계하여 한국어학과가 개설된 현지 대학이나, 한국학교 및 한글학교에서 맡고, 기존 기관의 시설을 이용하기로 하였다. 세종학당은 우선 동북아권(東北亞圈)부터 설립하여 한국어 세계화를 추진하기로 하고 있다.

해외의 한국어교육은 주로 현지 대학에서 하고 있다. 한국국제교류재단의 "해외한국학백서"(을유문화사, 2007)에 의하면 62개국 735개 대학에 한국학 강좌가 개설되어 있다. 일본이 335개교, 미국이 140개교, 중국이 42개교로 톱3에 해당된다. 그러나 이 현황은 실상과는 차이가 있다. 실제는 이보다 많은 것으로 보인다. 한 예로 중국의 경우를 보면 2009년도에는 4년제 대학의 한국어학과만 하여도 70여개, 전문대학을 포함하면 180여개에 달하는 것으로 알려지기 때문이다(동아일보, 09. 6. 5.). 참고로 해외 한국학 강좌 개설 대학의 현황을 보면 다음과 같다(한국국제교류재단, 2007).

* 아주 : 중국(홍콩) 42, 대만 9, 일본 335, 베트남 10, 몽골 12, 말레이시아 6, 인도네시아 3, 미얀마 2, 싱가포르 2, 인도 4, 태국 16, 필리핀 2, 호주 7, 브루나이ㆍ스리랑카ㆍ방글라데시ㆍ뉴질랜드 각각 1
* 미주 : 미국 140, 캐나다 7, 멕시코 3, 아르헨티나 3, 칠레 3, 페루 2, 브라질ㆍ과테말라ㆍ파라과이 각각 1
* 구주 : 독일 10, 영국 3, 프랑스 7, 러시아 42, 루마니아 3, 세르비아-몬테네그로 2, 우크라이나 2, 카자흐스탄 10, 우즈베키스탄 5, 키르기스스탄 2, 터키 2, 이탈리아 3, 스페인 2, 체코 2, 폴란드 3, 헝가리 2, 네덜란드ㆍ덴마크ㆍ노르웨이ㆍ스웨덴ㆍ핀란드ㆍ벨기에ㆍ리투아니아ㆍ벨로루시ㆍ불가리아ㆍ아제르바이잔ㆍ에스토니아ㆍ오스트리아 각각 1
* 중동 : 이스라엘 2, 요르단ㆍ이란 각각 1
* 아프리카 : 이집트 2, 튀니지ㆍ수단ㆍ모로코ㆍ알제리 각각 1

이에 대해 초ㆍ중ㆍ고등학교에서의 한국어교육은 그리 활발한 편이 못 된다. 8개국 1,525개 학교에서 행해지고 있다. 이 밖에 각종 공사립 기관에서도 한국어가 가르쳐지고 있다. 이들은 대체로 실용언어 중심의 기초교육에 중점을 두고 있고, 특히 동남아의 경우는 코리안 드림에 따른 한국어교육이 성황을 이루고 있다.

2.2. 재외동포 교육의 현황

재외동포는 법적으로 재외국민과 외국국적동포라는 두 부류로 나뉜다. 전자에는 국어교육(國語教育)이, 후자에는 외국어로서의 한국어교육(韓國語教育)이 행해진다. 정부에서는 재외동포의 교육목표를 일차적으로 일시 체류 동포인 경우는 "국내 연계교육"을, 영주동포의 경우는 "모국 이해교육"을, 그리고 이들 모두에게 "현지 적응교육"을 실시하는 것으로 하고 있다. 그리하여 이들로 하여금 "안정적인 현지 정착과 민족적 정체성을 유지·신장"하게 한다는 것이다. 그리고 재외동포 교육의 궁극적 목표는 "세계 속에서 자긍심 높은 한국인상 구현"에 두었다. 그러나 이는 재외국민의 교육목표로, 재외동포 교육의 목표는 아니다. 1991년 개정된 대통령령의 "재외국민의 교육에 관한 규정" 제23조에는 외국국적동포도 교육의 대상으로 포함되게 하였다. 따라서 재외동포의 궁극적 교육목표는 "한국인상 구현" 아닌, "한민족상 구현"이 되어야 한다.

재외동포교육의 목표는 이렇게 국내 연계교육, 모국(한민족) 이해교육, 현지 적응교육으로 본다. 이는 대체로 무난한 목표 설정이라 할 것이다. 그러나 좀 더 바람직한 교육목표가 되기 위해서는 여기에 "세계화 교육"이 추가되어야 한다. 그것은 오늘날은 국제화 시대요, 세계화시대이며, 다문화시대다. 따라서 국내의 한국인보다 재외동포에게는 한국의 언어와 문화를 세계에 보급 전파하고, 세계 문화 발전에 기여하여야 할 중차대한 임무가 부가되어 있다고 할 수 있기 때문이다.

재외동포 교육의 목표는 이와 같이 "세계 속에 자긍심 높은 한민족상 구현"에 둔다. 이는 곧 정체성 확립의 교육이며, 뿌리 교육이다. 한국어교육은 이러한 재외동포 교육의 핵심을 이루는 것이다. 언어는 민족의 근간을 이루는 요소다. 따라서 한국 언어문화 교육은 민족의 정체성 확립을 위한 교육 가운데도 핵심이 된다.

재외동포교육은 교육과학기술부와 외교통상부가 주로 관장하며, 현지에서는 한국학교, 한국교육원, 한글학교 등이 수행하고 있다. 이들 교육기관의 현황은 다음과 같다(여종구, 2007).

지역	일본	아주	구주	CIS	북미	중남미	이중동	계
교육관	3	2	2	1	3	-	-	5개국 11개관
한국교육원	14	1	3	7	7	3	-	14개국 35원
한국문화원	2	3	3	1	2	1	-	9개국 12원
한국학교	4	14	-	1	-	3	4	14개국 26교
한글학교	73	166	98	536	1,093	68	38	106개국 2,072교

민간기구인 한글학교를 제외한 한국 정부의 기구는 그 존재가 매우 미미하다. 일본의 총련계 초·중·고교가 1993년에 149개교, 2004년에 130개교라는 것을 상기할 때 이는 더욱 빈약하다는 느낌을 갖게 한다(박갑수, 2009). 한국학교의 분포는 일본 4개교, 중국 7개교, 대만 2개교, 베트남 2개교, 사우디아라비아 2개교, 기타 인도네시아, 싱가포르, 태국, 파라과이, 아르헨티나, 브라질, 러시아, 이란, 이집트에 각 1개교가 설립되어 있다. 한글학교를 포함한 이들 교육기관은 주로 재외국민을 교육대상으로 한다.

외국국적 동포의 교육은 현지 정규학교에서 외국어로서의 한국어교육이 행해지고 있다. 중국의 조선족 자치주(朝鮮族自治州)의 조선족학교가 평등원칙에 따라 민족어를 가르치고 있는 것이 그 대표적인 경우다. 이는 조선족이 외국국적동포이므로 현지 공교육 기관에서 한국어 세계화를 해 주고 있는 셈이다. 조선족 학교는 1,000여개에 달한다. 일본의 총련계 조선학교는 '조선사람'으로서의 자각에 기초한 삶을 지향하는 민족교육을 하고 있어 북한의 입장에서 재외국민교육을 하고 있는 것이다.

다음에는 미국, 중국, 독립국가연합, 일본 등 대표적 국가의 재외동포 교육을 간단히 살펴보기로 한다.

미국의 경우는 "21세기를 대비한 외국어 습득 기준"(1966)을 제정하여 모든 학생으로 하여금 외국어와 외국문화를 필수적으로 이수하게 하므로, 한국어교육의 여건은 좋은 편이다. 한국어 교육기관은 한국어교육원 6개, 한글학교 1,248개가 있다. 한글학교는 대부분 주말학교다. 학습자는 대부분 유치원을 포함한 초등학생이며, 최근에는 SAT Ⅱ에 한국어가 포함되어 성인의 참여가 늘고 있다. 교재는 주로 현지 교사연합회에서 개발한 것이 사용된다.

중국의 경우는 언어평등을 인정하며, 민족어를 중시하는 이중언어 교육을 실시하고 있어 여건이 좋은 편이다. 그러나 개혁·개방에 따라 집거지역(集居地域)이 축소·상실되며 조선족 학교가 감소되고 있다. 교육은 자격을 갖춘 교사가 중국정부에서 개발한 교재를 사용하여 하고 있다. 어문규범이 다른 것이 문제다.

옛 소련에서는 1937년 고려인을 중앙아시아로 강제 이주시켰고, 1938 학년도 이후에는 민족교육을 탄압하였다. 그리하여 1986년 이후 고르바초프 정권에 의해 페레스트로이카(개혁)가 이루어지기까지 약 50년 동안에 고려인 대부분은 민족어를 상실하였고, 서울 올림픽과 한·러수교 이후 한국어교육이 회생되었다. 독립국가연합이 된 뒤 이들 나라들은 민족어 교육을 강조하여 고려인은 거주국의 공식언어와 공화국간의 교제언어인 러시아어, 그리고 민족어를 익혀야 하는 삼중고(三重苦)를 겪고 있다. 몇 개의 쉬콜라에서 한국어교육이 행해지고 있고, 한글학교가 증가 추세를 보이고 있다. 자질이 부족한 한국어 교원이 많아 이것이 문제로 지적된다.

일본의 재일조선인에 대한 정책의 근간은 탄압과 동화라 할 수 있다. 일본 정부는 재일동포의 학교에 대해 "폐쇄령"과 "개조령"을 내리는 등 탄압을 가하였다. 그리하여 많은 학교가 폐쇄되고 일부 학교만이 각종학교라는 이름으로 법적 인가를 받고 살아남았다. 1970년 이후에는 민족교육에 대한 관심이 고조되어 자주적인 민족학급의 개설을 보았고, 2002년에는 한국어가 대학 입학시험인 센터시험에 채택되었다. 재일동포의 취학 경향은 민단계(民團系) 학교에 1%, 총련계(總聯系) 학교에 13%, 일본 공사립학교에 86%가 진학한다. 민단계와 총련계의 교육기관 현황은 다음과 같다.

	소학교	중학교	고등학교	한글학교	계
민단계	3	4	4	117	128
총련계(1993)	80	57	12		149
총련계(2004)	65	43	12		120

* 총련계 자료는 김송이(1993), 김덕룡(2004)의 자료다.

민단계 학교의 교재는 한국 초등학교의 국정 교과서와 국제교육원의 재외국민용 교재 "한국어"를 사용하고 있다. 민족학급의 경우는 교사문제가 심각하다. 총련계 학교는 "국어" 교육에 많은 시간을 할애하고 있다. 교재는 자체 개발하여 사용하고 있으며, 어문규범은 북쪽의 것을 따르고 있다.

2.3. 한국어 세계화와 재외동포의 자세

앞 장 "재외동표 교육의 현황"에서는 재외동포의 교육에 대해 살펴보았다. 곧 교육의 대상자로서의 재외동포의 교육에 대해 살펴본 것이다.

여기서는 이와는 달리 한국어의 세계화 차원에서 재외동포의 자세에 대해 살펴보기로 한다.

우리의 재외동포는 175개국에 약 700만이 나가 살고 있다. 따라서 세계 각국에 산재해 있다고 해도 과언이 아니다. 이러한 재외동포는 그 한 사람, 한 사람이 다 한국 문화요, 한국 언어문화의 교육자라 할 수 있다. 이들은 한국어 세계화의 최전선에 서 있는 첨병인 것이다. 현지인은 그들을 통해 한국문화를 이해하고 한국어를 배우기 때문이다. 따라서 재외동포는 우리 언어문화를 잘 알고 이에 대처해야 한다. 만일 재외동포가 우리 언어문화를 잘못 알고 그릇 전수하게 되면 저들은 우리 언어문화에 대해 오해할 수밖에 없다. 따라서 우리 언어문화를 바로 가르쳐 줄 수 있게 해야 한다. 그러기 위해서는 우리말과 글에 대해 자부심을 가져야 하겠고, 이들에 대해 풍부한 지식을 가져야 하겠으며, 우리말에 대한 문화적 배경을 알아야 하겠다. 다음에 이들 요건을 보기로 한다.

첫째, 우리말·우리글에 대해 자부심을 가져야 한다.

자부심을 갖는 것은 내국인도 마찬가지이나, 문만 나서면 외국인과 접하게 되어 있는 재외동포의 경우는 더욱 그러하다. 우리말에 "제 딸이 고와야 사위를 고른다"는 것이 있다. 우리말과 우리글이 훌륭해야 한다. 그렇다면 우리의 어문(語文)은 어떠한 것인가? 우리말은 작은 언어가 아니고, 세계 10대의 언어에 들어가는 큰 언어다. 거기에다 우리말은 2007년 유엔 산하 세계지식재산권기구의 공식언어로 채택된 국제적 언어이고, 미국에서는 국가안보, 국제경쟁력 강화, 국제교류 증진을 위해 Flagship Scholarship 등에서 학습해야 할 10개 안에 선정된, 중요한 외국어 가운데 하나이기도 하다. 그리고 우리 문자는 세계가 공인하는 과학적이고 독창적인 문자다. 그러기에 한글을 반포한 책 "훈민정음(訓民正音)"은 세계문화유산으로 지정된 바 있다. 그리고 유네스코는 世宗 탄신일을 세계 문맹 퇴치일로 정하고, 문맹퇴치 상을 "世宗大王文解賞"이라 이름하기까지 하였다. 이렇게 우리의 말과 글은 세계화하기에 부족함이 없는 언어로서 자부심을 가지기에 충분하다. 특히 우리 한글은 문자가 없는, 인도네시아 바우바우시의 찌아찌아족이 그들의 언어를 기록하는 문자로 채택할 정도다. 바우바우시는 이에 그치지 않고 우리말을 중·고등학교에서 가르치기까지 하고 있다.

둘째, 우리말, 우리글에 대해 올바른 지식을 가져야 한다.

우리말은 계통적으로 알타이어족, 형태적으로 부착어에 속하는 것으로 본다. 한국어의 특징으로는 다음과 같은 것을 들 수 있다.

① 음운상의 특징

우리말에는 분절음소(分節音素)로, 자음 19개, 모음 10개, 반모음 2개가 있고, 이 밖에 비분절음소(非分節音素)가 있다. 음소와 문자가 혼동되어서는 안 된다. 우리말의 음소를 도표로 보이면 다음과 같다.

㉠ 모음

혀의 위치		전설		중설		후설		개구도
혀의 높이	고모음	ㅣ	ㅟ			ㅡ	ㅜ	폐모음
	반고모음	ㅔ	ㅚ				ㅗ	반폐모음
	반저모음	ㅐ				ㅓ		반개모음
	저모음			ㅏ				개모음
입술모양		평순	원순	평순	원순	평순	원순	

ⓛ 자음

조음위치 조음방법	양순	치조 설단	경구개 설면	연구개 설근	성문
파열음	ㅂ, ㅍ, ㅃ	ㄷ, ㅌ, ㄸ		ㄱ, ㅋ, ㄲ	ㅎ
마찰음		ㅅ, ㅆ			
파찰음			ㅈ, ㅊ, ㅉ		
통비음	ㅁ	ㄴ		ㅇ	
유음 측음		ㄹ(l)			
유음 진동음	ㄹ(r)				
반모음	ㅗ/ㅜ	ㅣ			

ⓒ 반모음에 'ㅗ/ㅜ[w]'와 'ㅣ[i])'가 있고, 비분절음소(supra-segmental phoneme)에 장단(duration)과 연접(juncture)이 있다.

ⓔ 음소의 대립에는 양면(兩面)대립, 비례(比例)대립, 유무(有無)대립이 있다.

양면대립 : k : kh, t : th, p : ph, k : k', t : t', p : p' 등

비례대립 : k/ kh : t/ th, t/ t' : p/ p' 등

유무대립 : k : kh(기의 유무), p : p'(후두긴장의 유무) 등

ⓜ 음운상 몇 가지 변동 현상을 보인다.

두음법칙, 말음법칙, 모음조화, 동화작용 등이 그것이다.

② 어휘상의 특징

㉠ 한자어와 고유어가 조화를 이룬다.

고유어보다 외래어 특히 한자어가 많다.

ⓛ 상징어가 발달되었다.

ⓒ 감각어가 발달되었다.

ⓔ 음상(音相)의 차이로 어감과 의미를 분화한다.

ⓜ 대우법이 발달되었다.

ⓗ 조사와 어미가 발달되었다.

ⓢ 단음절어보다 다음절어가 많다.

③ 문장상의 특징

㉠ 어순이 SOV형이다.

㉡ 부가어는 왼가지 뻗기(left-branching structure)를 한다.

㉢ 고문맥 언어다.

다음에는 우리 글자의 특징에 대해 알아보기로 한다.

우리의 표기 수단은 서기체(誓記體), 향찰(鄉札), 이두(吏讀), 구결(口訣)을 거쳐 한글로 정착하였다. 한글은 세종대왕이 친히 지으신 표음문자(表音文字)로, 1446년 해례본인 "訓民正音"을 통해 반포되었다. 이의 창제 정신은 나라의 체면상 문자가 있어야 하겠다(自主主義), 어리석은 백성으로 하여금 문자생활을 하게 해야겠다(愛民主義), 쉽게 배워 편히 쓰게 해야겠다(實用主義)는 것이다. 이러한 훈민정음은 자랑스러운 문자다. 이러한 주장의 근거로는 다음과 같은 것을 들 수 있다.

① 민중의 문자다. 이는 "어리석은 백성(愚民)"을 위해 세종 임금이 친히 만드신 것이다. 그래서 자랑스러운 문자다.

② 과학적으로 만들어졌다. 이는 발음기관을 상형한 것으로, 오늘날의 언어학에서도 지지를 받는 것이다. 제자 원리를 도표로 제시하면 다음과 같다.

㉠ 자음

	기본자	발음기관 상형	가획자	이체자
아음	ㄱ	象舌根閉喉之形	ㅋ	ㆁ
설음	ㄴ	象舌上顎之形	ㄷㅌ	
순음		象口形	ㅂㅍ	
치음	ㅁ	象齒形	ㅈㅊ	
후음	ㅅ	象喉形	ㆆㅎ	
반설음	ㅇ			ㄹ
반치음				ㅿ

㉡ 모음

	자형	발음상태	음감	상형
기본자	·	舌縮	聲深	天圓
	―	舌小縮	聲不深不淺	地平
	ㅣ	舌不縮	聲淺	人立
초출자	ㅗ	口蹙		·―合
	ㅏ	口張		ㅣ·合
	ㅜ	口蹙		―·合
	ㅓ	口張		·ㅣ合
재출자	ㅛ	(起於ㅣㅗ)		(··―合)
	ㅑ	(起於ㅣㅏ)		(ㅣ··合)
	ㅠ	(起於ㅣㅜ)		(―··合)
	ㅕ	(起於ㅣㅓ)		(··ㅣ合)

③ 독창적인 문자다. 차자(借字)한 것이 아니고, 제작자가 분명한, 발음 기관을 상형한 독창적 문자다.

④ 배우기 쉽고 쓰기 쉽다. 해례본에서 "지혜로운 사람은 아침이 다하 기 전에 깨치고, 어리석은 사람이라도 열흘이면 배울 수 있다"고 하였듯,

배우기가 쉽고, 획수가 적어 쓰기 쉽다.

⑤ 음성 표기의 폭이 넓다. 해례본에서 "비록 바람소리, 학의 울음소리, 닭의 울음, 개의 짖음까지 다 쓸 수 있다"고 하였듯, 다양한 소리를 적을 수 있다. 그리하여 오늘날 문자 없는 언어의 표기수단으로까지 활용된다.

"한글"은 이와 같이 다른 문자에서 볼 수 없는 많은 장점을 지닌다. 따라서 우리의 문자언어는 음성언어와는 달리 그 우수성을 얼마든지 강조하여도 좋은 문자다.

그러나 한글이 창제된 이후에도 문자생활은 주로 한문으로 이루어졌다. "한글"은 갑오경장 이후 비로소 국자(國字) 대접을 받았고, 국문 또는 국한문이 공문서에 채택되었다. 그러나 개화기의 문자언어는 한문에 우리말로 토를 단 정도에 불과하였다. 한글이 오늘날과 같이 문자생활의 주류를 이루게 된 것은 겨우 20세기 후반에 들어서서부터다.

셋째, 우리말의 문화적 배경을 알아야 한다.

언어는 문화의 색인이라 한다. 이토록 언어에는 문화가 반영된다. 어휘조직의 충실도나, 조밀도(稠密度) 등도 문화와 관련된다. 우리는 "낮을 씻고, 빨래를 빨고, 머리를 감고, 유리창을 닦는다"고 한다. 영어에서는 이를 "wash"라는 단어 하나로 다 처리한다. 따라서 고급 언어를 구사하려면 이러한 문화적 배경을 알아야 한다. 이는 사회적 배경으로서의 문화와, 조어(造語)와 관련된 문화로 나누어 볼 수 있다.

사회적 배경으로서의 문화는 사회 제도를 반영하는 것이 있고, 정신문화를 반영하는 것이 있다. 사회 제도를 반영하는 것으로는 우선 역사적인 것으로 "화백, 골품제도, 국자감, 훈민정음, 양반, 탕평책, 민적(民籍), 호패, 당나발, 호박, 왜간장" 같은 것을 들 수 있다. 현대적인 것으로는

"문민정부, 운동권, 양심수, 종부세, 수능, 도우미, 기러기아빠, 댓글, 보금자리주택, 먹튀" 등을 들 수 있다. 이들 단어는 그 배경인 사회 제도를 알지 못할 때 진정한 의미를 이해할 수 없다. 정신문화를 반영하는 것으로는 "각하, 영감, 선생, 사장"과 같은 호칭이나, 대우법을 그 예로 들 수 있다.

조어와 관련된 문화적 배경은 명명과, 복합어, 관용어 등에 나타나는 것을 들 수 있다. "앞(南), 뒤(北), 옆(脅), 멋(風流), 붉다(적(赤)), 살(歲), 어른(成人), 품다(懷)"와 같은 단일어나, "경치다, 고뿔, 두루마기(周衣), 목숨, 보쌈, 삼청냉돌(三廳冷突), 어버이, 열없다, 오라질(놈), 옷깃차례, 장기튀김, 집알이, 홀아비김치" 같은 복합어의 문화적 배경을 알아야 한다. "산통 깨다, 먹따는 소리, 머리를 풀다, 시치미를 떼다, 눈코 뜰 사이 없다" 따위는 우리 문화가 반영된 관용어다. 속담도 문화적 배경을 지니는 특별한 언어 표현이다.

이 밖에 언어 운용상의 문화도 알아야 한다. 이러한 것의 대표적인 것에 호칭, 대우법의 사용 및 장면 의존도, 관용적 비유, 문화적 변용(文化的變容) 등이다. 문화적변용의 대표적인 것으로는 겸손지향, 조화지향, 비관지향 등을 들 수 있다.

3. 한국어 세계화와 교육의 방안

한국어 세계화는 앞에서 언급한 바와 같이 문화제국주의를 추구하는 것이 아니다. 호혜성(互惠性)을 바탕으로, 우리 언어문화를 지역적으로 광범하게 보급하자는 것이다. 이러한 문화교류에 의해 서로 이해하고, 소통함으로 우호·친선관계를 맺고 문화를 발전시키는 것이다.

우리 언어문화의 국제화, 세계화는 이제 시작 단계에 불과하다. 거기에다 아직 세계화의 여건도 충분히 갖추어져 있지 못했다. 따라서 우리는 오늘의 이러한 현실을 직시하고 한국어 세계화의 내일을 열어가야 한다.

그러면 이러한 현실을 전제로 한국어 세계화와 한국어교육의 방안을 검토해 보기로 한다.

첫째, 열린 자세로 한국의 언어·문화 교육을 한다.

우리는 고유문화를 강조하며 자민족, 자문화중심의 폐쇄적 생활을 해 왔다. 그래서 국가 경쟁력은 세계 13위라면서, 2007년 글로벌 지수에 의하면 세계화 수준은 72국 중 35위이고, 2009년의 다문화 포용성은 스위스의 국제경영개발원의 조사에 따르면 57개국 중 56위라 한다. 이렇게 한국의 국제화, 세계화의 수준은 후진적이다.

오늘날은 세계화 시대요, 다문화시대다. 고립적, 폐쇄적 태도를 가지고서는 이 지구촌에서 살아남을 수 없다. 상호간의 차이를 인정하고 관용과 포용의 자세를 취해야 한다. 언어문화의 경우도 마찬가지다. 한국어는 한국인만의 언어가 아니다. 한류, 코리안 드림, 그 밖에 정치·경제·문화의 필요에 의해 이미 세계인의 언어가 되어 가고 있다. 그리고 우리는 친선 우호와 문화적 발전을 위해 한국어를 세계화하려 노력하고 있기도 하다. 한국어교육은 세계화를 전제로 하여 수행하되, 호혜성을 바탕으로 교류하는 문화교육으로 추진해야 한다. 문화의 우월주의 아닌 상대주의적 입장에서, 열린 마음의 자세로 교육을 해야 한다. 그래야 바람직한 언어문화 교육이 수행되고 한국어의 세계화가 가능해진다.

둘째, 한국어교육과 문화교육을 병행한다.

외국어교육의 첫째 시간부터 문화교육이 시작된다고 한다. 이렇게 언어교육과 문화교육은 나눌 수 없는 것이다. "진지 잡수셨어요?"는 "喫飯了麽?"가 아니다. 한국어에는 한국의 문화, 어른을 공대하고, "밥"의 존댓말에 "진지"라는 말이 있다는 것이 전제되어 있다. 이것을 알지 않으면 우리말을 이해할 수 없다. 언어는 정확할 뿐 아니라, 수용될 수 있는 적격의 표현을 하여야 한다. 일상 언어생활에서는 정확성(正確性)보다 오히려 적격성(適格性)이 더 중시된다. 그래서 D. Brown(2000)은 "언어습득은 그 언어를 모국어로 사용하는 사람들의 문화를 습득하는 것"이라 하였다. 미국에서 1966년 "21세기를 대비한 외국어 습득 기준"에서 "Communication, Culture, Connection, Comparison, Communities"와 같은 5C를 교육과정의 목표로 정한 것도 이러한 맥락의 조치다. 따라서 한국어교육은 언어문화의 교육으로, 이는 세분하면 언어와 문화의 교육이라 할 수 있다.

언어문화 교육은 앞에서도 언급한 바와 같이 언어의 구조적 면과 운용적 면, 달리 말해 수행의 면이란 두 가지가 있다. 구조적 면에서는 어휘, 호칭, 대우법, 연어, 관용어, 속담, 통사적 구조 등이 대표적 교육대상이 될 수 있다. 명명에 의한 창조와 파생, 합성에 의한 단어의 형성에 이르기까지 한 민족의 어휘는 민족지적 설명을 필요로 한다. 이러한 교육은 특히 고급 학습자에게 좀 더 필요할 것이다. 운용적 면에서는 앞에서 언급한 호칭·대우법·통사구조 외에 장면 의존도, 문화변용 규칙, 비유 등이 추가된다. 언어교육에는 이러한 언어문화교육 외에 광의의 문화교육도 필요하다. 그러나 이는 언어문화 교육을 하기에도 시간이 부족하니, 이른바 "행유여력(行有餘力)"일 때 사회교육 차원에서 하는 것이 바람직할 것이다.

셋째, 재외동포에 의한 한국어 세계화를 활성화한다.

재외동포는 한국어 세계화의 더할 수 없는 자원이다. 이들은 대문만 나서면 현지인들과 만나게 되고, 인간생활의 원칙이 협동에 있고 이것이 언어에 의해 이루어지기 때문에 소통(communication)을 하게 되어 있다. 따라서 자연스럽게 언어문화가 교류되게 된다. 더구나 중국 연변자치주와 같이 한국 언어문화권을 형성하고 있는 곳은 더욱 그러하다. 그리고 중국, 미국과 같은 나라에서는 많은 우리 동포가 한국 언어문화의 교육자가 되어 활동하고 있다. 중국 대학의 경우는 조선어문(한국 언어문화)의 대부분의 교수가 한족(漢族) 아닌 우리 동포이다. 따라서 현실적으로 우리 재외동포가 한국어 세계화를 많이 하고 있다고 하겠다.

그러나 재외동포가 한국어 세계화를 많이 하고 있다고 하나, 실제로 한국어교육을 하고 있는 사람은 많지 않다. 주류사회의 민족이 아닌 주변사회의 소수민족은 그 정체를 잘 드러내려 하지 않을 뿐 아니라, 자기들의 언어를 잘 사용하지 않는다. 그러나 그럴 일이 아니다. 외국국적동포는 현지의 떳떳한 국민으로, 다만 언어문화를 달리 하는 민족일 뿐이다. 주류문화와 주변문화는 교류하면서 발전하게 되어 있다. 따라서 적극적으로 우리 언어문화를 보급·전파함으로 차이를 이해하고 조화를 이루도록 할 일이다. 주류 사회에 우리 언어문화를 적극적으로 보급·전파함으로, 그들이 이를 사용하고 우리의 찬사를 받는 피드백을 받도록 할 일이다. 그렇게 되면 화합과 조화의 장이 마련된다. 그들로 하여금 우리 언어를 사용하게 하는 것은 재외동포의 자세 여하에 달려 있다. 근자에는 한류, 코리언 드림 등으로 말미암아 한국의 언어문화를 배우고자 하는 사람도 많아졌다. 앞으로는 우리 재외동포가 기회가 있을 때마다 한국의 언어문화를 이들에게 개인적으로, 또는 제도권 안에서 적극적으로 전수·보급하려는 자세를 취하도록 할 일이다. 소 닭 보듯 할 일이 아니다. 현지인과 교류하고 소통함으로 따뜻한 이웃을 만들고, 이문화(異文化)와 조화·발전을 이룩하도록 해야 한다. 재외국민의 경우는 더욱 그러하다. 이들은 한국이란 국가 배경이 있기에 더욱 자부심을 가지고 한 국어 세계화와 한국 언어문화의 전수를 적극적으로 할 수 있을 것이다.

넷째, 한국어 보급 정책을 정비 강화한다.

이 세상에는 약 3천의 민족과 언어가 있다. 이들 가운데 한국어는 상 위 15위 안에 드는 언어다. 따라서 한국어가 UN의 공식용어가 되길 바 라지는 못한다 하더라도, 세계적 통용어가 되기에는 충분하다. 거기에다 700만 재외동포가 175개 나라에 흩어져 살고 있다. 그런데 열강이 부지 런히 자국어의 세계화를 추진하는 동안 우리는 너무도 소홀하였다. 프랑 스는 Allience Française의 보급시설을 136개국에 1,074개소, 영국은 British Council을 110개국에 238개소, 독일은 Goethe Institute를 79개국 에 147개소, 중국은 공자학원을 52개국에 140개소, 일본은 국제교류기 금을 31개국에 39개소(문화원은 96개국에 187개소)를 개설하여 자국어 세계 화를 하고 있다. 한류(韓流)와 코리안 드림의 바람이 불고, 미국에서는 안 보의 차원에서 학습해야 할 주요 언어의 하나로 한국어를 선정하였다. 한국어 세계화의 분위기가 성숙되고, 세종학당 운영도 정책적으로 추진 하게 되었으니 앞으로는 한층 한국어세계화 정책을 강화하여 추진해야 하겠다. 다만 세종학당의 운영은 관주도가 아닌, 다른 나라의 경우와 같 이, 정부의 지원을 받아 민간기구가 수행하게 함이 바람직하다. 그렇지 않으면 문화제국주의로 오해를 받게 되어 저항을 받을 것이다.

다섯째, 해외의 각급 학교에서 한국어교육을 강화하도록 노력한다.

해외의 중·고등학교에서의 한국어교육은 아직 미미하다. 8개국 1,525개 학교에서 이루어지고 있을 뿐이다. 그것도 미국과 같이 National Security Education Program, 곧 Flagship Scholarship에 8개 언어 가운데 하나로, 2004년에는 Bush Grant의 Foreign Language Assistant Program(FLAP)의 6개 외국어 가운데 하나로, 2008년에는 National

Security Language Initiative의 10개 언어 가운데 하나로 한국어가 선정
되어 미국에서 배워야 할 중요한 언어로 규정하였음에도 그러하다. 이는
미국 중·고등학교에서의 한국어가 AP(aduanced placement)로 인정받지 못
하는 데 하나의 이유가 있는 것으로 보인다. 중·고등학교의 정규 외국
어 과목으로 채택되어 AP로 인정받도록 외교적 노력을 기울이도록 할
일이다.

또한 해외의 한국어교육은 주로 대학에서 이루어지고 있는데, 이것이
중·고등학교의 뒷받침이 제대로 되지 못하기 때문에 기초교육에 머물
거나, 어려움을 겪고 있다. 대학의 교육은 중·고등학교 교육과 연계될
때 실효를 거둘 수 있다. 따라서 많은 중·고등학교에서 한국어교육이
이루어지도록 정치·외교적 노력을 기울여야 한다. 그렇게 함으로 중·
고등학교의 한국어교육이 정상화되고, 대학교육이 활성화되고, 나아가
한국어 세계화가 촉진되도록 해야 한다. 미국의 SAT Ⅱ, 호주의 HSC,
일본의 센터시험과 같이 대학 입학시험에 한국어가 채택되도록 외교적
노력을 경주하는 것도 한국어교육 활성화의 좋은 방법이 된다 하겠고,
대학에는 한국어 학습자를 위해 많은 유인책을 제공하는 방법이 있겠다.

여섯째, 다문화 가정 및 외국인 근로자에 대한 교육이 쌍방향으로 이
루어지도록 한다.

결혼 이민자, 취업 이민자에 대한 교육은 어느 정도 틀이 잡히고 있
다. 그러나 이 정도로는 부족하다. 이들의 교육에 여러 부처가 관여하고
있는 것도 검토되어야 한다. 공연한 중복과 경제적 낭비를 초래하기 때
문이다. 한 기관이 정책을 입안하고, 교육을 총괄하여 체계적으로 집행
하도록 하는 것이 바람직하다. 다문화 가정이나 취업 이민자의 교육은
흔히 쌍방향이 아닌, 일방적 교육이 이루어지고 있다. 한국인 며느리나,
한국인 노동자를 만드는 데 시종하고 있는 것이다. 그렇게 되면 그것은

다문화 교육이 아니다. 고통스러운 일방적 동화교육(同化敎育)이 된다. 상호주의 원칙에 의해 서로의 언어와 문화를 교육하고, 상호간에 서로를 잘 이해하는 교육이 되도록 하여야 한다. 그래야 "나"와 "너"를 구별하지 않고, "우리"가 되는 교육이 된다. 더구나 다문화 가정은 이러한 교육을 할 때 이중언어인(二中言語人), 이중문화인(二中文化人)을 기르게 되어, 양국의 가교 역할을 할 인재가 양성된다. 특히 다문화 가정의 자녀교육이 그러하다. 이는 물론 쉬운 일은 아니다. 그러나 어려운 일도 아니다. 마음가짐 하나로 달라질 수 있다.

4. 결어

현대는 국제화 시대요, 세계화 시대이며, 다문화 시대이다. 따라서 내 나라, 내 민족, 그리고 고유문화만을 고집해서는 안 된다. 상호간에 문화를 교류하며, 서로 돕고, 주고 받으며 살아야 한다.

우리는 한국어 세계화의 날갯짓을 시작하고 있다. 한국어의 세계화는 언어제국주의를 지향하자는 것이 아니고, 호혜성(互惠性)을 전제로 언어문화를 교류함으로 상호 이해의 폭을 넓혀 친선을 도모하고, 다문화사회에서 공존공영하자는 것이다. 우리는 문화적으로 적잖은 혜택을 받은 민족이다. "한류"의 바람이 불고 있다. 이제 시혜(施惠)를 함으로 지난날의 빚을 갚고 세계문화 발전에 이바지하여야 한다. 언어문화의 상호교류를 통해 다문화사회에 기여하고, 세계문화 발전에 기여하는 것이다. 175개 국에 나가 살고 있는 700만 재외동포는 우리 언어문화의 전도사요, 교육자이다. 민족적 주체성을 확립하고, 우리 언어문화에 대한 자부심을 가지고 한국어 세계화의 첨병으로서 적극적인 활동을 펼쳐야 한다.

　우리는 그간 약간의 한국어 세계화 정책을 펼친 바 있고, 성과도 조금 거두었다. 초기에 한국어 능력시험 지원자가 2천여 명에 불과했는데, 2009년에 약 20만이 된 것은 이의 한 증거다. 한국어 세계화 정책을 추진함에는 반성해야 할 면도 없지 않다. "한국어 세계화와 교육 방안"에서는 이러한 문제를 다루어 바람직한 한국어 세계화의 길을 모색해 보았다. "한류"에 역풍이 불듯, 한국어 세계화에도 역풍이 불지 말라는 법이 없다. 이런 경우에는 문화적 상대주의의 입장에서 다문화사회의 관용과 포용의 정신으로 대처해야 하겠다. '국제적 감각'을 익혀 미국이나 중국 등 다민족, 다문화 사회의 포용정신을 배워야 한다.

　문화는 상호 교류되어야 한다. 일방적으로 주입해서는 곤란하다. 쌍방향으로 교류해야 한다. 그리하여 이문화(異文化) 세계를 하나의 품에 품어 다문화의 꽃을 피워 내야 한다. 그러기 위해서는 나와 다른 것을 포용해야 한다. 세계화는 서로 공유(共有)하는 것이다. 그래서 공존공영(共存共榮)하도록 해야 한다. 한국 언어문화의 세계화는 호혜(互惠)의 문화 공동체를 지향하는 것이다.

참고문헌

국립국어원(2007), 2007 세종학당 백서, 국립국어원.

국립국어원(2008), 한국어교육 국내외 웹사이트, 가삼.

金德龍(2004), 朝鮮學校の戰後史, 社會評論社.

문화관광부·국립국어원(2007), 세종학당 운영 길잡이, 문화관광부·국립국어원.

박갑수(2005), 국어교육과 한국어교육의 성찰, 서울대학교 출판부.

하영선 외(2000), 국제화와 세계화, 한국·중국·일본, 집문당.

한국국제교류재단(2007), 해외한국학백서, 을유문화사.

Hinkel, E(1999), Culture in Second Language Teaching and Learning, Cambridge University Press.

Porter R.E., L.A. Samovar(1991), Basic Principles of Intercultural Communication, Wadsworth Publishing Company.

梅棹忠夫(1988), 日本と日本文明, くもん出版.

김덕룡(2004), 在日朝鮮學校의 발걸음과 미래에의 제안, 世界(3월호·4월호), 岩波書店.

김송이(1993), 재일 자녀를 위한 총련의 민족교육 현장에서, 이중언어학회지, 제10호, 이중언어학회.

박갑수(2007), 한국문화의 세계화와 그 방안, 충남대학교 인문과학연구소, 인문학의 원형과 문화, 심지(2009).

박갑수(2009), 한국어교육의 현황과 발전방향, 한국어교육, 서울대 사대 외국인을 위한 한국어교육 지도자과정.

박갑수(2010), 한국어 세계화 정책의 현황과 과제, 한국어교육연구 제5호, 배재대학교 한국어교육연구소.

박갑수(2010), 한국어의 세계화와 한국어교육, 한국학과 동아시아문화, 연변과기대 한국학연구소.

박갑수(2010), 한국어교육이 나아갈 방향, 2010년 제1회 한국어교원 공동연수회, 국립국어원.

서아정(2004), 해외 각급학교별 KFL 교육현황, 국제한국언어문화학회 제1차 국제학술대회 논문집.

손호민(2009), 플래그십 언어교육 패러다임과 한국어교육, 2009년 국제학술회의 언어

　　　　　습득 이론 및 간문화 이론과 한국어교육, 국제한국언어문화학회.

송항근(2009), 국외 한국어교육의 현황과 과제, (사)한민족평화통일연대 발표문집.

이상규(2008), 한국어 세계화 어디까지 왔나, 새국어생활, 제18권 제13호, 국립국어원.

조항록(2005), 정책의 연구사와 변천사, 국제한국어교육학회(2005), 한국어교육론 1, 한국문화사.

최용기(2008), 한국어 교육의 현황과 세종학당 운영방향, 다중의 시대, 언어 소통 기획, 문화관광부 · 국립국어원.

최용기(2009), 한국어 교육정책의 현황과 과제, 인문과학연구 제 15집, 동덕여자대학교 인문과학연구소.

■ 이 글은 2010년 교육부의 "재외동포 교육 국제학술대회(인천 라마다송도호텔, 2010년 8월 2일~7일)"에서 발표된 주제 강연의 원고이다.

제4장 한국어 세계화 정책의 현황과 과제

1. 서언

이 세상에는 약 3,000개의 언어가 있다. 이 가운데 한국어는 그 사용 인구로 볼 때 15위 안에 드는 큰 언어다. 약소민족의 언어가 아니다. 더구나 우리는 재외동포의 대국으로, 170여개 나라에 700만 동포가 나가 살고 있다. 따라서 한국어는 국제적인 언어가 되기에 손색이 없는 말이다.

한국어는 일찍이 신라 경덕왕(景德王) 때 일본에서 "신라를 정벌하기 위해(爲征新羅)" 가르쳤다는 기록이 보인다(續日本記). 그러나 우리말을 외국어로서 본격적으로 가르치게 된 것은 근자에 와서의 일이라 하겠다. 우리의 국력이 신장되며, 미미하던 한국어교육이 본격적으로 수행되게 된 것이다. 이는 일찍이 생각할 수 없었던 일이다.

한국어교육은 자생적이라기보다 외부의 자극에 의해 수동적으로 발생한 면이 적지 않다. 이는 국제적인 정세의 변화로 외국에서 그 필요성을 먼저 느껴 교육을 시작한 것이다. 이에 한국어 세계화 정책(世界化政策)이 구체적으로 논의되기 시작한 것은 겨우 문민정부(文民政府)에 들어와서다.

그러니 그 역사가 매우 짧고, 서구의 경우와는 달리 세계화 정책도 내세울 만한 이렇다 할 것이 별로 없다. 오늘날 세계적으로 한류(韓流)의 바람이 분다고 한다. 늦었다고 생각되는 때가 적기라는 말이 있다. 따라서 오늘의 현시점이야말로 한국어 세계화(世界化)를 본격적으로 추진해야 할 좋은 때라 할 것이다.

언어의 기능은 의사소통을 하고 협동하는 데 있다. 국가나 민족 간에 언어문화를 교류하게 되면 상호 이해하고 신뢰하게 되어 우호관계가 성립된다. 그리고 나아가 협동하고 사회 문화적으로 상호발전을 꾀하게 된다. 오늘날은 세계화(世界化) 시대요, 다문화(多文化) 시대다. 이러한 시대를 슬기롭게 살아가기 위해서는 한국의 언어·문화를 세계화해야 한다. 한국 언어문화의 세계화 정책을 적극적으로 수행하는 것이다. 언어문화의 교류는 상대국과 친선을 도모하게 되고, 문화 발전을 기약하게 될 것이다. 그리고 이는 나아가 한국의 국가 브랜드의 가치도 높여 커다란 경제 효과도 가두게 할 것이다. 따라서 여기서는 한국어 세계화를 활성화하기 위해 이의 정책(政策) 현황과 그 실천으로서의 한국어교육의 현황을 살피고, 한국어 세계화 정책의 바람직한 방향을 모색해 보기로 한다.

2. 한국어 세계화 정책

한국어의 세계화 정책을 살피기 위해서는 우선 "세계화"의 개념부터 알아보아야 하겠다. 그것은 "세계화"라는 말이 다양한 개념으로 쓰여 혼란을 빚기 때문이다.

오늘날 "세계화(globalization)"는 새로운 세기의 문화와 문명의 기준으로 활발하게 각계에서 논의되고 있다. 이 가운데 몇 가지 주요 개념을 보면 다음과 같다.

> 첫째, 국제화(internationalization)와 같은 개념으로 쓰인다.
> 둘째, 어떤 사실의 지리적 공간 확대로서의 지구화(地球化)를 의미한다.
> 셋째, 정치적, 문화적, 경제적 지배를 의미한다.
> 넷째, 19세기 중반에 추진하던 근대문명의 기준인 부국강병의 추구를
> 의미한다.
> 다섯째, 자본주의 체제 중심 세력들이 주변 세력을 종속화하는 과정
> 을 의미한다.
> 여섯째, 신문명의 기준으로서 "복합화"를 의미한다. 21세기의 세계화
> 는 단순히 지구화, 국제화, 종속화를 의미하는 것이 아니고, 여러 차원
> 에서 복합적으로 추진하는 것이라 본다(하영선 외, 2000).

세계화는 그 대상이 무엇이냐에 따라 다소간에 그 개념을 달리한다.
"한국어의 세계화"라고 할 때는 한국어를 전 세계에 보급·전파한다는
둘째의 "지구화"의 의미가 강하다. 언어문화의 공통화(共通化), 다시 말하
면 통용어(매개어)가 되게 하는 것이다.

그러나 매개어가 하나의 언어로 강행될 때에는, 언어의 제국주의(帝國
主義)가 발생한다. 그래서 각국은 자국어를 중심으로 하는 문화권(文化圈)
을 형성하는 데 필사적이다. 英·美·佛·獨 등의 국제 문화조직이 이
런 것이다. 특정언어에 의한 언어적 제국주의를 원하지 않기 때문에 자
국어(自國語)를 매개로 한 부분문화권(部分文化圈)을 만들려는 것이다. 따라
서 이미 몇 개의 언어를 중심으로 부분문화권이 형성된 바 있다. 이는
하나의 언어에 의한 언어 제국주의를 지양하여 다문화(多文化)를 지향하
려는 것이다. 이의 대표적인 것의 하나가 옛 프랑스령 여러 나라가 프랑
스어를 공통어화(共通語化) 하기 위해 탄생시킨 OIF(Organisation Internationale de

la Francophonie : 프랑스어권 국제기구)이다. 이는 프랑스어를 공유하는 국가들의 기구(68개국 가운데 29개 아프리카, 3개 아시아 국가 포함)로, 이들 국가는 프랑스어 사용 증진을 본질적인 축으로 하며, 언어의 다양성을 증진하고자 한다. 프랑스어권은 문화의 다양성과 다언어 병용(竝用)을 옹호한다.

제2언어를 교수·학습하는 동기는 여러 가지가 있으나, 대체로 다음과 같은 것을 생각할 수 있다.

① 상대국을 지배하기 위해.
② 상대국과 통상 외교 등 교섭을 갖기 위해.
③ 상대국의 언어사회에서 생활하기 위해.
④ 상대국의 과학 기술 등을 흡수하기 위해.
⑤ 상대국의 역사·문화·언어 등을 이해하기 위해.
⑥ 상대국에서 정보를 얻기 위해.
⑦ 상대국에 유학하거나 취업하기 위해
⑧ 취미 오락 생활을 위해.

그리고 자국어를 세계화하려는 이유로는 다음과 같은 것을 들 수 있을 것이다.

• 세계에 보급하여 다문화를 형성(언어제국주의 지양)
• 국가 브랜드 가치 향상
• 자국어에 의한 문화지배
• 언어소멸에 대한 대비

세계화는 문화적 연대를 원하는 나라의 자주성을 중시하며, 서로 손해를 보지 않는 호혜성(互惠性)을 전제해야 한다. 특정 언어가 지배하는 것이 아닌, 자국어의 문화권을 만드는 것이다.

한국어를 세계화한다고 할 때 자칫 오해될 수 있으므로 주의해야 한다. 그것은 19세기 침략주의·식민주의 시대와 같이 앞에서 든 첫째의 의미로 해석하여 문화제국주의(文化帝國主義), 언어제국주의(言語帝國主義)를 지향하는 것으로 받아들일 수 있기 때문이다. 그러나 우리의 세계화는 그런 것이 아니다. 문화를 상호 교류함으로 서로 이해하고, 친선 우호적 관계를 갖는 문화권을 형성하는 것으로 보아야 한다. 언어·문화를 이해하지 못할 때는 경계하게 된다. 그리고 언어와 문화의 상호교류는 상승효과를 드러내 그 문화를 고양(高揚)하고, 심화(深化) 발전시키게 된다. 우리 언어문화의 세계적 보급, 광역화는 좀 더 폭넓은 친한 관계(親韓關係)를 형성하고, 다문화 사회에 기여하고자 하는 것이다.

그간 한국어 세계화 정책(政策)은 별로 입안(立案)되지 않았다. 입안된 것이 있다 해도 그것은 별로 드러나지 않았다. 그도 그럴 것이 정책이나, 법령에 "세계화"라는 말이 별로 쓰이지 않았고, 이루어진 결과도 이렇다 할 것이 없었기 때문이다. 정책적으로 사용된 것은 문민정부 때의 "세계화추진위원회"와, 언어에 대한 것으로 "한국어의 세계화"란 말이 좀 쓰였을 뿐이다. 문화예술진흥법(1972, 1982, 2005, 2006) 시행령 제11조의 "한국어의 세계적 보급", 1998년에 활동을 시작한 "한국어세계화추진위원회", 그리고 이어서 2001년 설립된 "한국어세계화재단"에 "세계화"란 용어가 쓰인 것이 고작이다.

이 가운데 "한국어세계화추진위원회"는 1998년 민·관 합동으로 구성하여 한국어 세계화 보급 6개년 계획을 수립하는 등 다소간의 세계화 운동을 전개하였다. "한국어세계화재단"은 명실상부한 한국어 세계화 사업을 하기 위해 설립된 최초의 민간 기구다. 여기서는 한국어교육을 위한 초급 교재를 간행하고, 한국어교육능력 인증시험 등을 실시하고 있다. 그런데 경제적 사정으로 "국내 및 국외의 한국어 진흥 및 보급에 관한 사업" 등 "재단에서 하는 일"을 제대로 수행하지 못하고 있다.

그 뒤 2005년에 국어기본법(國語基本法)이 제정 공포되며, 세계화라는 용어는 쓰이지 않았으나, 국어발전 기본계획 속에 "국어의 국외보급에 관한 사항"을 담게 되어 있고(제62조 6항), 동법 제19조에서 국가는 국어를 배우고자 하는 외국인이나, 재외동포를 위하여 국어의 보급에 필요한 사업을 시행하도록 한다는 것을 명문화하고 있다. 이는 한국어 해외 보급에 대한 법령으로 대표적인 한국어 세계화 정책이라 할 수 있는 것이다. 그리고 여기 덧붙일 것은 언어문화는 아니나, 2006년 정부에서는 재외 문화원(文化院)을 확대 개편하여 코리아센터를 설립 운영하는 방향으로 정책 기조를 잡고, "민족문화의 세계화 실현"이란 용어를 써 민족문화 세계화 정책을 펴고 있는 것을 볼 수 있다.

이 밖에 2005년에는 또 국외 한국어 진흥사업을 체계적이고 효율적으로 추진하기 위해 국무총리실 주관으로 정부 부처와 관계 기관으로 구성된 "한국어 국외 보급 사업 협의회"도 발족시킨 바 있다.

이러한 한국어 세계화의 과정을 거쳐 2007년부터는 새로운 정책으로 세종학당 계획이 추진되었다. 문화부는 2007년부터 한국 언어・문화를 확산하고자 세종학당 설립 계획을 세웠다. 이는 영국의 British Council, 미국의 American Center, 독일의 Goethe Institute, 프랑스의 Allience Française, 일본의 국제교류기금, 중국의 공자학원과 성격이 비슷한 기구라 할 것이다. 세종학당의 성격은 "개방형 한국어 문화학교"로, "한국어와 한국문화를 보급하는 사회교육원 형태의 현지 교육 시설"(문화부・국립국어원, 2007)이다. 이의 설립 목적은 문광부・국립국어원의 "세종학당 운영길잡이"(2007)와 국립국어원의 "2007 세종학당 백서" 등에 다음과 같이 제시되어 있다.

- 문화상호주의 원칙에 입각한 쌍방향의 문화교류와 이해 촉진
- 지식인중심의 엘리트 교육에서 탈피, 대중적 한국어교육의 확대
- 국가간의 문화적 연대와 공존을 위한 교류협력 증진

이러한 설립목표는 "2007 세종학당 백서"의 운영 세부 지침에서 다음과 같이 개정되어 좀 더 구체적으로 제시되었다.

- 상호주의 문화교류를 통한 국가 간의 협력 확대
- 외국 현지인을 대상으로 하는 실용 한국어교육의 확산
- 한국 문화 교류 확대를 통한 문화다양성의 실현

그리고 이의 교육 목표는 다음과 같이 규정하였다.

- 표현 이해 중심의 한국어 능력 향상
- 현지 일반 대중을 위한 한국어교육의 확대
- 양국 문화가 충실히 반영된 교재를 활용한 문화 교류 증진
- 한국어, 한국 문화 통합 교육으로 전 세계에 한국 홍보 효과 증대

이렇게 세종학당은 쌍방향의 문화교류를 통해 한국의 언어와 문화를 가르치는 현지 교육 시설이다. 이러한 목적을 위하여 정부에서는 2007년부터 계획을 세워 제1단계(2008~2011년)에 100개, 제2단계(2012~2016년)에 200개의 세종학당을 설립·운영하기로 하였다. 그리하여 2009년 6월 현재 18개 세종학당의 설립을 보았다. 세종학당은 목표에 밝힌 바와 같이 일방적인 것이 아니라, 문화상호주의 원칙에 입각해 "쌍방향" 문화교류를 지향하기로 하였다. 이는 바람직한 정책이다. 그렇지 않으면 문화제국주의, 문화식민주의 정책으로 오해되어 거부감을 가지게 할 것이기 때문이다. 그러나 이는 말이 쉽지 현실적으로는 어려운 정책이다. 아무

래도 현실적으로는 자국의 언어와 문화, 곧 한국의 언어·문화의 세계화
가 우선할 것이기 때문이다.

세종학당의 실제 운영은 한국문화원과 연계하여 한국어학과가 개설된
현지 대학이나, 한국학교 및 한글학교에서 맡고 기존 기관의 시설을 이
용하기로 하였다. 세종학당의 설립은 단계적으로 하게 된다. 제1단계에
는 동북아시아 및 중앙아시아 지역에 세종학당을 설립하고, 제2단계에
는 동남아시아 및 서남아시아 지역에 설립할 계획이다. 이러한 세종학당
의 설립·운영은 아시아권의 블록화를 도모하는 것이라 할 수 있다. 세
계화에 앞서 블록 문화권을 형성하는 것이다. 다른 지역에 비해 한국이
경제·문화적으로 영향을 끼치고 있으므로 한국어를 국제공통어(國際共通
語)로 발전시키는 기도를 할 수 있을 것이다. 그러나 이것이 우리의 생각
처럼 쉽게 이루어지지는 않을 것이다. 블록문화권을 형성한다면 동양 3
국의 한자 문화권을 묶는 것이 오히려 더 가능성이 클는지도 모른다. 3
국이 한자를 사용하고 있고, 문화적으로 공통성을 지니고 있으므로 3국
의 언어를 공용어화 하는 것이다. 이러한 블록 문화권의 형성은 점진적
으로 한국어 세계화에 이바지하고, 문화산업 시장의 확대 등의 효과를
거두게 할 것이다. 국립국어원은 이러한 세종학당에서 사용할 교재로,
"초급한국어" 말하기·듣기·읽기·쓰기를 중국어·태국어·베트남어·
필리핀어·몽골어 등 5개 언어로 개발한 바 있다. 그런데 이는 범용교재
(汎用敎材)의 번역본인가 하면, "양국문화가 충실히 반영된 교재로" 언
어·문화의 통합교육을 지향한다는 "교육목표"와는 거리가 있어 아쉬움
을 갖게 한다. 시간적 여유가 없어 그리 된 것으로 보고, 앞으로 개정되
길 바란다.

이 밖에 한국어 세계화 정책은 구체적으로 한국어교육을 수행하는 과
정에서 나타난다고 할 수 있다. 따라서 이에 대해서는 다음 장 "한국어

세계화의 현황"에서 살펴보기로 한다.

3. 한국어 세계화의 현황

언어는 문화의 한 요소인 동시에 그 자체가 하나의 문화다. 따라서 언어는 언어문화라고도 한다. 언어문화(言語文化)라고 할 때는 문화로서의 언어 외에 언어를 수단으로 한 문화, 문학작품을 아울러 이를 수 있다. 사실 문학작품은 음성언어에 대한 문자언어다.

한국어는 세계화를 생각하기도 전에 국제정세의 변화로 이방(異邦)의 현장에서 한국어의 학습을 하게 되어 국제적 보급이 꾀해지게 되었다. 그리하여 교육과정도 없이 부족한 교사를 가지고, 교재도 제대로 갖추지 못한 가운데 교육을 하였다. 이러한 사정은 오늘날 크게 나아졌지만 아직도 많은 문제를 안고 있다. 교육과정은 아직도 국가수준의 것이 마련되어 있지 못하고, 학습 자료는 3,000여종이 개발되었다고 하나(진대연 외, 2009) 아직도 취약한 편이다. 거기에다 자격을 갖춘 교사가 많지 않다는 것은 큰 문제다. 이러한 열악한 한국어의 교육환경은 빨리 개선되어야 하겠다.

한국어교육이 관심의 대상이 된 것은 물론 국력의 신장으로 말미암은 것이다. 국력이 신장되며, 언어와 국력의 배후인 문화에 관심을 갖게 된 것이다. 이는 순수한 외국인은 말할 것도 없고, 재외동포들까지 그러하였다. 한 예로 재소동포(在蘇同胞)의 대부분은 1988년 서울 올림픽 이전까지만 하여도, 한국의 사정을 몰랐고, 이들 대부분이 한국어를 하지 못했다. 서울 올림픽 때 한국의 발전상을 보고, 비로소 한국에 대해 관심을 가지게 되고, 한국어와 한국 문화를 배우고자 하게 되었다.

정책적으로 수행되는 한국어의 해외 보급, 곧 정부의 한국어 세계화 사업은 현재 문화체육관광부, 교육과학기술부, 외교통상부, 노동부, 여성부 등에서 관장하고 있다. 이들의 업무는 대체로 구분되어 있어, 문화관광부는 외국인의, 교육인적자원부와 외교통상부는 재외동포의, 노동부는 취업 이민자의, 여성부는 결혼 이민자의 교육을 맡고 있다. 이들 정부기관 및 그 산하기관에서는 물론 정책을 수립하고, 실제 한국어교육은 특히 외국에서의 경우 대체로 현지의 한국학교, 한국교육원, 한글학교 등이 맡고 있다. 이제 주요 기관의 한국어교육 관련 주요 업무만을 간단히 살펴보면 다음과 같다.

문화부(文化部) 산하 기관인 국립국어원은 세종학당 운영 사업과 다문화 가정 한국어교육 계획과 운영을 맡고 있다. 한국어세계화재단은 한국어 교재 개발 및 보급과 교육능력시험을 담당하고 있다. 교과부(敎科部) 산하의 국립국제교육원은 주로 재외동포 자녀 모국 방문 사업을 담당하고 있고, 교육과정평가원은 한국어능력시험을 관장한다. 이 밖에 한국학술진흥재단에서는 한국학 및 한국어 연구를 지원하는 업무를 맡고 있다. 외교통상부(外交通商部) 산하의 재외동포재단은 재외동포를 대상으로 한 민족교육 지원 사업을 담당한다. 한국국제교류재단은 해외 한국어 학습 기회 확대 사업 및 펠로우십(fellowship) 제도를 통한 한국학 관계 학자 및 교수를 초청, 연구 및 연수를 지원하는 업무를 담당하고 있다. 한국국제협력단은 연수생 초청 사업과 한국어교육 봉사단 파견 업무를 행한다.

이 밖에 일선에서 교육을 담당하고 있는 현지 교육기관은 2007년 현재 다음과 같다. (도표는 여종구(2007)에 필자가 한국문화원 자료를 추가한 것이다)

지역	일본	아주	구주	CIS	북미	중남미	이중동	계
교육관	3	2	2	1	3	-	-	5개국 11개관
한국교육원	14	1	3	7	7	3	-	14개국 35원
한국문화원	2	3	3	1	2	1	-	9개국 12원
한국학교	4	15	-	1	-	3	4	14개국 27교
한글학교	73	166	98	536	1,093	68	38	106개국 2,072교

한글학교를 제외한 정부 기구는 그 존재가 매우 빈약한 편이다. 일본의 총련계 초·중·고교가 1993년에 149개교, 2004년에 130개교라는 것을 상기할 때 이는 더욱 빈약하다는 느낌을 갖게 한다(박갑수, 2009). 그리고 한글학교를 포함한 이들 교육기관은 주로 재외국민을 교육 대상으로 한다. 따라서 이는 진정한 의미의 한국어 세계화와는 거리가 있다.

이 밖에 현지 정규학교에서 재외동포, 그것도 외국국적동포를 대상으로 한 한국어교육도 행해지고 있다. 중국의 조선족 자치주(自治州)의 조선족학교가 평등원칙에 따라 민족어를 가르치고 있는 것이다. 이는 조선족이 외국국적동포이므로 현지 공교육기관에서 한국어 세계화를 하고 있는 것이 된다. 조선족 학교는 1,000여개에 달한다. 일본의 총련계 조선학교는 이와는 달리 '조선사람'으로서의 민족교육을 하는 것으로 북한의 입장에서 볼 때의 국민교육에 해당하는 경우다.

이상 정부 또는 정부와 관련이 있는 교육기관에서의 한국어교육을 살펴보았다. 다음에는 이와 달리 국내외의 대학 및 사설기관에서 외국인을 대상으로 한 한국어교육, 문자 그대로의 한국어 세계화 교육의 현장을 간단히 살펴보기로 한다.

현재 국내에서는 약 60개 대학의 언어교육원과, 10여 개의 사설학원 등에서 한국어교육을 하고 있다. 또한 국내에는 한국어교육 인력을 양성하는 기관으로 대학의 학부와 대학원이 각각 10여개씩 설치되어 있다.

해외(海外)에는 62개국 750개의 대학과, 8개국 1,525개 이상의 초·중·고교에 한국어 강좌가 개설되어 있다(서아정, 2005).

한국어 세계화 차원에서 한국어교육을 좀 더 잘 파악하기 위하여 대표적인 지역의 교육기관에 대해 약간의 설명을 덧붙이기로 한다. 그것은 우선 "한류(韓流)"란 말도 있듯, 근자에 한국어 학습에 대한 열풍이 대단하다는 것이다. 이러한 현상은 특히 중국, 동남아 등이 현저하다. 중국(中國)의 경우는 수교(修交) 이전에는 한국학과를 개설한 대학이 5개에 불과했는데, 지금은 4년제 대학만 하여도 50개를 넘는다. 전문대학을 합치면 그 수가 훨씬 많아진다. 중국에서는 자고 나면 한국학과가 생겨난다는 농담을 할 정도로 발전 일로에 있다. 한국 기업이 진출해 있는 칭따오(靑島), 옌타이(烟台) 등의 어떤 대학은 한 대학에 천여 명이 넘는 한국어 수강생이 있다고 할 정도다. 동남아의 경우는 취업 이민을 위해 한국어 열풍이 불고 있다. 고용허가제 한국어능력시험도 실시되고 있어 이런 현상은 앞으로 더 증가될 것으로 보인다(박갑수, 2005). 일본(日本)의 경우는 한일수교(韓日修交) 이전 한국어 강좌를 개설한 대학이 5개에 불과했는데 수교 이후 부쩍 늘어 300여개 대학에 이르고 있다. 일본에는 또 한국어 강좌가 개설된 고등학교도 247개 학교에 이른다(野間 外, 2005). 미국(美國)도 한국어교육이 많이 발전한 지역이다. MLA(Modern Language Association)에 의하면 미국에서는 2006년에 125개 대학에 한국어교육 과정이 개설된 것으로 되어 있고, 손호민(2007)에 의하면 148개 대학에서 한국어 강좌가 개설되어 있다고 한다. 1950년대 초에 한국어는 중국어 또는 일본어의 부수과정으로 개설되었다. 그러던 것이 1970년대에 학구적 대상이 되고, 1988년 서울 올림픽을 계기로 급속도로 확산되었다. 미국에 한국어 강좌가 개설되어 있는 고등학교는 65개교이다. 독립국가연합(獨立國家聯合)도 한국어교육이 활발히 전개되고 있는 지역이다. 최근 유럽 최대의

러시아 국립사회대에서 장학생(학비 면제) 500명 전원에게 한국어를 부전
공 필수과목으로 이수하도록 결정했다(중앙일보(09. 6. 8))는 것도 이러한
한국어교육의 증가 추세를 보여 주는 사례라 하겠다.

이 밖에 해외에서는 사설 교육기관 및 방송, 학습서 등을 통한 한국어
세계화도 적잖이 꾀해지고 있다.

지금까지 한국어가 국제화·세계화하는 과정으로서의 한국어교육을
살펴보았다. 이 세상에는 약 3천의 민족과 약 3천개의 언어가 있는 것으
로 본다. 이들 가운데 한국어는 상위 15위 안에 든다. 한국어가 영어, 불
어, 스페인어, 중국어, 러시아어와 같은 UN의 공식용어(公式用語)가 되길
바라지는 않는다 하더라도, 이의 사용 인구로 볼 때 세계적 통용어가 되
기에 충분하다고 생각된다. 거기에다 앞에서 언급한 바와 같이 우리의
700만 재외동포가 170여개 나라에 나가 살고 있어 그 가능성은 더욱 크
다. 그런데 우리는 한국어의 세계화를 위한 노력을 게을리 했을 뿐만 아
니라, 아예 꿈도 꾸지 않은 것이 사실이다. 그 동안 프랑스를 비롯한 유
수한 나라들이 자국어를 세계 공통어로 하려는 노력을 게을리 하지 않
고 있었음에도 말이다. 그 구체적인 예로 프랑스는 Allience Française를
136개국에 1,074개소, 영국은 British council을 110개국에 238개소, 독
일은 Goethe institute를 79개국에 147개소, 중국은 공자학원을 52개국에
140개소 개설하여 자국어 세계화를 하고 있는 것이 그것이다. 우리도 한
국어 세계화를 위해 세종학당과 같은 기구를 세계 각국에 개설하여 국
제문화 교류를 제대로 할 수 있도록 하여야 하겠다.

4. 한국어 세계화 정책을 위한 과제

한국어 세계화는 앞에서 언급한 바와 같이 문화제국주의를 추구하자는 것이 아니다. 좀 더 작게 부분문화(문명)권을 형성하자는 것도 아니다. 이렇게 하더라도 다문화사회(多文化社會)를 지향하는 것이 아니고, 단일문화사회(單一文化社會)를 지향하는 것이라면 문화제국주의란 비난은 면치 못할 것이다. 이는 중국의 동북 지역에 미치는 한국문화의 영향에 대해 중국 측이 민감한 반응을 보이는 것을 보아도 쉽게 알 수 있다. 한국어 세계화는 호혜성(互惠性)을 지니는 것으로, 지역적으로 우리 언어문화를 광범위화 하는, 한국문화의 지구화, 국제화하자는 것이다. 그리하여 상호간의 문화를 교류함에 의해 서로 이해하고, 소통함으로 우호관계를 형성하고 문화를 발전시키자는 것이다.

한국 언어문화의 국제화, 세계화는 이제 겨우 초보단계에 들어섰다. 거기에다 아직 세계화의 여건도 제대로 갖추어지지 못하였다. 이제 겨우 약간의 관심과 의욕을 보이고 있는 것에 불과하다. 따라서 우리는 오늘의 현실을 직시하고 내일을 전망하며 한국어 세계화(韓國語 世界化) 정책을 적극적으로 검토하여야 한다.

다음에는 한국어 세계화의 이러한 현실을 감안하며 한국어의 국제화, 세계화의 정책 방안을 검토해 보기로 한다.

첫째, 한국어 세계화 기구를 정비·확충한다.

한국어 세계화는 단순히 언어의 세계적 전파·보급만을 의미하는 것이 아니다. 언어교육은 곧 문화교육이기 때문에 한국문화를 보급·전파하는 것을 포함한다. 현실적으로 이문화(異文化)커뮤니케이션에 있어서 이러한 문화적 배경 없이는 적정(適正)한 의사소통을 사실상 할 수 없다.

따라서 한국어의 세계화는 한국 언어·문화의 세계화라 말을 바꾸어도 좋다. 이는 세종학당을 "한국어와 한국문화를 보급하는 사회교육원 형태의 현지 교육시설"이라 규정한 것과 맥을 같이 한다. 이러한 언어문화의 보급은 자국문화(自國文化) 제일주의(第一主義)가 아닌, 문화의 상대주의(相對主義)를 바탕으로 한 것이어야 한다. 한국어 세계화는 정부가 사업 주체가 되는, 관주도(官主導)가 아니라, 민간기구(民間機構)가 관장하도록 해야 한다. 따라서 한국어 세계화의 통괄 기구는 문화부가 아닌, 민간 법인체가 되는 것이 바람직하다. 정부가 하게 되면 앞에서 염려한 문화제국주의로 오해받기 십상이기 때문이다. 다른 나라의 경우처럼 정부의 지원을 받는 민간기구 형태가 바람직하다. 기존 기구를 활용한다면 한국어 세계화재단이나, 한국국제교류재단을 개편하는 방법이 있을 수 있을 것이고, 그렇지 않으면 새로운 기구를 설립하여 정책을 개발하고, 교육을 통괄하게 해야 한다. 이때 세종학당의 기구를 검토하고, British council, American center, Goethe institute, Allience Française, 국제교류기금, 공자학당과 같은 기구의 구성과 운영을 참고할 수 있을 것이다. 그리고 산하에는 많은 전진기지(前進基地)를 두어야 한다. 세종학당을 한국어 세계화 기구로 존치한다면 민간기구로서 운영하여야 한다. 9개국 12원의 한국문화원과 14개국 35원의 한국교육원을 민간기구로 개편하여 한국어 세계화의 전진기지로 활용하는 방안도 생각할 수 있을 것이다. 한국교육원은 금년에 역할 분담에 의해 재외동포 교육을 담당하지 않게 된 것으로 보이므로 이러한 개편은 더욱 의미가 있다 할 것이다.

둘째, 외교적 노력과 물심양면의 지원이 있어야 한다.

한국어를 세계화 하자면 우선 한국어교육을 할 수 있는 기회가 제공되어야 한다. 그러기 위해서는 한국어가 각급 학교에서 채택·학습될 수 있도록 외교적 노력을 기울여야 한다. 예를 들어 서양의 영·독·불어나, 동양의 중·일어는 수요자가 필요하다고 보아 스스로 이들 언어를 알아서 채택, 또는 선택한다. 그러나 한국어의 경우는 그렇지 못한 것이 현실이다. 외교적 노력을 해야 된다. 미국에서는 1966년에 "21세기를 대비한 외국어 습득의 기준(Standards for foreign language learning : Preparing for the 21st century)"을 제정, 모든 학생이 외국어와 외국문화를 필수적으로 습득하도록 하였다. 따라서 이런 경우에는 정치적으로 큰 문제가 없다. EU도 이런 면에서는 마찬가지다. 유럽연합은 모든 유럽의 젊은이들이 모국어 이외에 두 개의 외국어로 의사 표현을 할 수 있게 하는 것을 하나의 목표로 삼고 있다. 이는 "더 큰 유럽"의 울타리 안에서 동화되고, 직업적 문화적으로 활발히 활동하기 위함이다. 문제는 단일언어 정책을 펴는 폐쇄주의 국가와 한국어강좌 개설과는 거리가 멀다고 생각되는 국가이다. 이런 나라와는 외교적 접촉을 해야 한다. 실제로 한국어가 미국의 SAT Ⅱ에 들어가게 되는 데도 외교적 노력이 있었다. 그리고 미국의 SAT Ⅱ와 같이 한국어가 대학 입시(入試)에 채택된, 호주의 HSC, 일본의 센터시험과는 달리 아직 대학 입학시험에 한국어가 채택되지 않은 나라와는 이에 대한 교섭도 해야 한다. 대학 입시 과목으로 채택되면 그만큼 한국어가 확산될 수 있기 때문이다. 그리고 이러한 한국어 교육기관에는 물심양면의 지원을 하여 당국이나 학습자가 한국어 선택을 잘했다고 느끼게 할 것이다. 그리고 한국어 세계화의 지도자는 한국에서의 연수와 한국 체험의 기회를 주어 응분의 보상을 받도록 할 것이다. 이러한 선의의 지원은 한국 언어문화의 교육 및 보급이란 역보상(逆補償)으로 나타날 것이다.

셋째, 한국 언어문화 학습에 대한 유인책(誘引策)을 마련한다.

학습은 필요해야 하게 된다. 선진 강대국의 언어문화의 학습은 그것이 그 나라나 개인이 필요하다고 보아 하는 것이다. 따라서 강대국의 언어는 권면을 하지 않아도 수용자가 스스로 알아서 선택하게 되어 있다. 그러나 한국어의 경우는 앞에서 언급한 바와 같이 아직은 많은 경우 그렇지 못하다. 당국이나 예비 학습자로 하여금 그 필요성을 깨닫게 해야 한다. 그것이 유인책이다. 이러한 유인책은 무엇보다 실리적인 것이 바람직하다. 장학금 수여, 취직 보장, 한국 유학 등의 혜택을 주는 것이다. 지난날 대우가 폴란드에서 한국어를 구사할 수 있는 사람을 스카웃하여 우대한 결과 한국어교육이 고조되었다는 사실은 이의 좋은 예다. 오늘날 중국의 한국학과에 학생이 몰리는 것도 취업이란 유인 요소가 있기 때문이다. 이 밖에 양국의 역사적 관계, 한국의 훌륭한 문화 예술을 소개하여 정신적으로 매료되게 하는 방법이 있다. 한류(韓流)를 통한 한국어 학습이 이러한 것이다. 한국, 한국문화를 현지어(現地語)로 소개하는 책자도 많이 발간하여 우선 한국과 한국문화를 접할 수 있는 기회도 많이 마련해야 한다.

넷째 한국어교육의 기반을 정비·확충한다.

한국어교육의 기반이라 할 교육과정, 학습자료, 교수법, 교사가 아직 전반적으로 정비·확충이 제대로 되어 있지 못하다. 교육과정은 교수·학습의 기본이 되는 것이다. 그런데 국가수준의 교육과정이 만들어져 있지 않다. 이는 학습자의 흥미와 욕구를 고려해서 구안해야 하는 것이 아니다. 한국어의 구조와 기능, 그리고 학습단계를 고려해 객관성 있게 체계화하여 구안하면 된다. 그런데 이것이 편성되어 있지 않아 교육 및 평가가 제대로 이루어지지 못하고 있다. 학습자료는 대학 교재의 경우는 그런대로 무난하나, 일반 학습자료는 많은 문제가 있다. 그것은 교육과정이 마련되지 않아 부실한 것도 있고, 현지 사정으로 말미암아 수준 이하의 것도 있다. 한국에서 제작한 범용교재(汎用教材)나 이의 번역본은 바람직한 것이 못 된다. 교재는 대조언어학적(對照言語學的) 연구를 바탕으로 현지어를 배려한, 현지 사정에 부합한 것이 제작되어야 한다. 따라서 이는 한국과 현지의 전문가가 공저하는 것이 바람직하다. 그리고 학습자료는 또한 학습목표나 학습단계에 따라 다양한 것이 개발되어야 한다. 교수법은 독자적인 방법을 꾸준히 모색하고 있고, 우선은 외국어 교수법을 원용, 또는 변용(變用)하고 있어 큰 문제가 없다 하겠다. 이와는 달리 교원은 유능한 자격자가 부족해서 문제다. 중국, 독립국가연합 등지에는 교사 양성 기관이 부족하나마 있다. 그러나 기타 지역에는 교사 양성 기관이 거의 전무한 상태다. 따라서 우선은 한국에서 이중언어를 구사하는 한국어 교원을 양성하여 현지에 파견하는 방법이 바람직할 것이다. 그리고 현지인을 한국에서 연수, 재파견하는 방법도 있다. 이런 제도의 운영을 위해서도 한국어 세계화 총괄기구는 조속히 마련되어야 한다.

그리고 여기 부언할 것은 한국어교육의 장(場)을 마련하는 것이다. 한국어 학습을 하려 하여도 교육의 장이 가까이 있지 않으면 교육을 받을 수 없다. 따라서 앞에서 언급한 한국어 세계화의 전초기지를 많이 설립해야 한다. 그리고 또 하나 지리적, 시간적으로 불편한 사람들을 위하여 원격교육(遠隔敎育)을 받을 수 있는 방법이 모색돼야 한다. 그러기 위해서는 우선 매스컴을 활용하도록 할 것이고, IT를 선용하도록 하여야 한다.

다섯째, 중·고등학교의 한국어교육을 강화하도록 한다.

한국어교육은 현재 대학을 중심으로 주로 이루어지고 있다. 앞에서 살펴본 바와 같이 여러 대학에 한국학과(한국어문학과)가 설치되어 있는가 하면, 많은 대학이 한국어를 선택과목으로 들을 수 있게 개설하고 있다. 그런데 이러한 대학에서의 한국어교육은 중·고등학교에서 한국어교육을 받쳐줄 때 가능하다. 그렇지 않으면 한국학과에 지망하는 학생이 끊어지는가 하면, 교양과목으로서 수강하는 경우에는 한국어의 기초교육만을 받다 말게 된다. 이렇게 되어서는 곤란하다. 따라서 중·고등학교에서 한국어를 배우고 대학에 진학함으로 연계되어 교육효과가 드러날 수 있게 해야 한다. 이러한 노력을 기울이는 사례의 하나가 SAT Ⅱ 한국어 후원회의 활동이다. 여기서는 한국어를 많이 가르치도록 미국의 중·고등학교에 정치적 경제적으로 운동을 전개하고 있다. 미국에서는 2000년 Flagship Scholarship을 발표하며 8개 언어 가운데 하나로, 2004년 Bush Grant의 Foreign Language Assistant Program(FLAP) Grant의 6개 외국어 가운데 하나로, 2008년 National Security Language Initiative의 10개 언어 가운데 하나로 한국어를 포함시켜 미국에서 배워야 할 중요한 언어 가운데 하나로 규정하고 있다. 그러나 한국어는 아직 미국 중·고등학교의 AP로서의 정규 외국어 과목으로 채택되어 있지 않다. 따라서 한국어는 미 연방 정부에서 중요한 외국어로 인정하고 있음에도 많은 학생이 수강을 기피하고 있다. 어떤 언어가 중·고등학교의 정규 외국어 과목으로 채택되느냐 않느냐는 그 언어 교육의 존폐와 관련된다. 따라서 한국어가 중·고등학교에서 정규 외국어 과목으로 채택되도록 외교적 노력과 함께, 중고등학교의 한국어 과목 개설을 위한 후원 사업을 하지 않으면 안 된다. 이는 미국(美國)만에 국한 된 일이 아니다. 세계적으로 한국어가 중·고등학교에서 정규 외국어로 채택되어 많은 학생이 이를 수강할 수 있도록 외교적·경제적 노력을 기우릴 필요가 있다. 그렇게 함으로 중·고등학교의 한국어교육을 강화해야 한다. 한류 등의 영향으로 시민 일반의 한국어 학습 열기가 높은데, 이는 한국어 세계화 기구를 통해 활성화하도록 하여야 한다.

여섯째, 학습 보조자료를 다량 확보하여 활용할 수 있게 한다.

학습자가 외국에 있는 경우 교육현장을 벗어나면 거의 한국어 학습의 장(場)을 만날 수 없다. 따라서 학습자의 주변에 학습 보조자료가 다량 확보·비치되어 있어 학습자로 하여금 쉽게 이를 이용하고, 활용할 수 있게 해야 한다. 이는 학교 도서관이나 공공 도서관 및 자료실 등에 많은 읽을거리나 학습자료를 비치해야 함을 의미한다. 대사관이나 영사관의 경우도 마찬가지다. 여기에는 많은 번역 작품도 갖추어져 있어야 한다. 그렇게 되면 한국어를 모르더라도 학습자의 모어(母語)로 접할 수 있으므로 흥미와 관심을 가지게 되고, 한국어를 학습하는 계기가 마련될 수 있다. 한국문학번역원의 통계에 의하면 많은 문학작품이 번역되어 있다. 그러나 아직 30개 내외의 언어로 번역되고 있는가 하면, 그것도 특정언어(영·일·중·불·독어)에 편중되어 있다(박갑수, 2007). 군소 언어로의 번역이 좀 더 많이 이루어져야 하겠다. 그러나 또한 번역이 되어도 읽는 독자가 없으면 아무 소용이 없다. 많은 사람이 관심을 가지고 읽을 수 있게 적극적으로 한국문학을 소개·홍보하는 작업도 아울러 수반해야 한다. 연예 오락작품은 영상물이 대량 확보되어야 하겠다. "한류"의 근원도 바로 여기에 있기 때문이다.

일곱째, 다문화(多文化) 가정 및 외국인 근로자에 대한 한국어교육을 한다.

결혼 이민자, 취업 이민자에 대한 한국어교육도 수행하여야 한다. 현재 이들에 대한 교육은 문광부, 여성부, 노동부, 지방자치단체 등에 의해 교재가 편찬되는 등 어느 정도 행해지고 있다. 그러나 이 정도로는 안 된다. 강화돼야 한다. 이러한 교육이 여성부와 노동부에 의해 관장되는 것은 그 나름대로 일리가 있다. 그러나 좀 더 생각해 보아야 할 면도 없지 않다. 그 동안 재외동포교육과 외국인에 대한 한국어교육이 관계기관의 역할분담이 제대로 되지 않아 중복되는 등 폐단이 많았다. 소위 "다문화 가정" 및 근로(勤勞) 이민자의 문제도 이런 면이 없지 않은 것으로 보인다. 따라서 여기도 역할 조정을 하여 한 기관이 정책을 입안하고, 교육을 총괄하여 체계적으로 집행하게 하는 것이 바람직할 것이다. 현재도 하에서는 문화부에서 관장하는 것이 좋을 것이다. 다문화 가정이나 취업 이민자의 교육도 일방적 주입의 교육이 아닌, 상호 교류·이해하는 교육이 되도록 해야 한다.

여덟째, 우리말, 우리글에 대한 자부심(自負心)을 갖는다.

한국어 세계화의 주체인 우리는 우리말, 우리글에 대해 자부심을 가져야 한다. 자부심 아닌, 열등의식을 가지고는 한국어 세계화를 할 수 없다. 우리말은 앞에서 언급한 바와 같이 세계 10대의 언어에 들어가는 큰 언어다. 거기에다 700만 동포가 170여개 나라에 분포되어 있다. 또한 우리의 글자는 세계가 공인하는 과학적이고 독창적인 우수한 문자다. 그러기에 우리의 한글을 반포한 책 "훈민정음(訓民正音)"은 세계문화유산으로 지정되기까지 하였다. 이렇게 우리의 말과 글은 세계화하기에 마땅한 언어다. 그런데 우리 민족은 이러한 우리말과 글의 소중한 가치를 제대로 알지 못하고 방치해 왔다. 우리 언어문화를 바로 알고, 또한 이에 대해 자부심을 가져야 하겠다. 그리고 세계화의 역군이 되어 우리의 훌륭한 민족문화(民族文化)를 선양할 뿐 아니라, 상호 문화를 교류함으로 친선을 도모하고 세계 문화발전에 기여하며, 공존공영(共存共榮)의 삶을 누리도록 해야 한다. 한국어를 세계화함에는 우리말을 표준으로 삼고, 북한의 조선어와 중국 조선족의 조선어를 공통어로 포섭하는 아량도 지녀야 한다. 그것은 영국의 영어가 미국이나 호주, 캐나다의 영어를 다 같은 영어로 포용하는 것과 마찬가지다. 한글을 무문자(無文字) 국가에 표기수단으로 보급하는 것도 바람직한 한국어 세계화 방법의 하나가 될 것이다. 한글이 최근에 인도네시아 찌아찌아족의 공식기록문자가 된 것은 이의 한 좋은 예라 하겠다.

5. 결어

현대는 국제화 시대요, 세계화 시대이며, 다문화 시대이다. 따라서 내 나라, 내 민족, 그리고 고유문화만을 고집하며 살 수는 없는 시대다. 상호간에 문화를 교류하며 서로 도와가며 살아야 하는 다문화시대다.

우리는 이제 겨우 한국어 세계화의 날갯짓을 하기 시작하였다. 한국어의 세계화는 언어제국주의를 지향하자는 것이 아니다. 실제로 우리에게는 그럴 능력도 의사도 없다. 호혜성(互惠性)을 전제로 언어문화를 교류함으로 상호 이해의 폭을 넓혀 친선을 도모하고, 다문화사회에서 공존공영하자는 것이다. 역사적으로 우리는 남의 문화 혜택을 적지 아니 받은 민족이다. "한류"의 바람이 분다고 한다. 이제 지난날의 문화의 빚을 갚고, 시혜(施惠)를 함으로 세계문화 발전에 이바지해야 하겠다. 언어문화의 상호교류를 통해 다문화사회에 기여하고, 세계문화 발전에 기여하도록 해야 한다.

그간 우리는 약간의 한국어 세계화의 정책을 편 바 있다. 이는 어느 정도 성과를 거두었다. 초기에 한국어 능력시험 응시자가 수천에 불과하던 것이 2008년 제14회 때에는 응시자가 75,813명으로 늘어났고, 2009년 제15회 때에는 또 86,280명으로 늘어난 것이 이의 한 증거다. 그러나 앞으로 한국어 세계화 정책을 추진하기 위해서는 반성해야 할 면도 없지 않다. "한국어 세계화 정책을 위한 과제"에서는 이러한 문제를 다루어 바람직한 한국어 세계화의 길을 모색해 보았다. "한류"에 역풍(逆風)이 불듯, 한국어 세계화 정책을 수행함에 있어서도 역풍이 불지 말란 법이 없다. 이런 경우는 자문화(自文化) 우월주의를 버리고 다문화사회의 관용(寬容)과 포용(包容)의 정신으로 차분히 대처해 나가야 한다. 단일민족, 고유문화의 울타리 속에 안주하려 한 우리는 관용정신이 너무 부족하다.

문화는 상호 교류되어야 한다. 일방적이 되어서는 안 된다. 쌍방향으로 교류되어야 한다. 그리하여 이문화 세계를 하나의 가족으로 품어 다문화의 꽃을 피워 내야 한다. 그러기 위해서는 양보하고 포용하는 정신을 가져야 한다. 세계화는 서로 공유(共有)하는 것이다. 한민족 모두가 한국어 세계화의 역군이 되어 한국어 세계화 정책을 밀고 나감으로 한국의 국가 브랜드 가치도 높이도록 하여야 한다.

참고문헌

국립국어원(2007), 2007 세종학당 백서, 국립국어원.

문화관광부·국립국어원(2007), 세종학당 운영 길잡이, 문화관광부·국립국어원.

박갑수(2005), 국어교육과 한국어교육의 성찰, 서울대학교 출판부.

하영선 외(2000), 국제화와 세계화, 한국·중국·일본, 집문당.

Porter, R.E., L.A. Samovar(1991), Basic Principles of Intercultural Communication, Wadsworth Publishing Company.

石剛(1993), 植民地支配と日本語, 三元社.

梅棹忠夫(1988), 日本と日本文明, くもん出版.

박갑수(2007), 한국문화의 세계화와 그 방안, 충남대학교 인문과학연구소, 인문학의 원형과 문화, 심지(2009).

박갑수(2008), 한글학교를 통한 재외동포 한국어교육의 현황과 대책, 새국어생활 제18권 제13호, 국립국어원.

박갑수(2008), 재외동포 교육의 바람직한 방향, 외국인을 위한 한국어교육 연구 제12집, 서울사대 외국인을 위한 한국어교육 지도자과정.

박갑수(2009), 한국어교육의 현황과 발전방향, 한국어교육, 서울대 사대 외국인을 위한 한국어교육 지도자과정.

이상규(2008), 한국어 세계화 어디까지 왔나, 새국어생활, 제18권 제13호, 국립국어원.

조항록(2005), 정책의 연구사와 변천사, 국제한국어교육학회(2005), 한국어교육론 1, 한국문화사.

최용기(2008), 한국어 교육의 현황과 세종학당 운영방향, 다중의 시대, 언어 소통 기획, 문화관광부·국립국어원.

최용기(2009), 한국어 교육정책의 현황과 과제, 인문과학연구 제 15집, 동덕여자대학교 인문과학연구소.

■ 이 글은 '한국어 세계화를 위한 정책토론회(2009년 6월 24일 국회의원회관)'에서 발표한 것을 부분적으로 개고·보완하여, 한국어교육연구, 제5호(배재대학교 한국어교육연구소, 2010.)에 게재한 것이다.

제4부

재외국민 교육과
한국어교육

제1장 언어의 기능과 커뮤니케이션 교육

1. 서언

"너 참 예뻐졌구나!"란 인사말을 듣고, 정말 내가 그렇게 예뻐졌나 하고 거울을 보아야 할까? "선생님, 좋은 말씀 잘 들었습니다."는 액면 그대로 자기에게 뼈가 되고 살이 될 귀중한 말씀을 해 준 선생님에 대한 감사의 말일까? "동서 춤추게"란 말을 듣고 졸랑졸랑 저 혼자 춤을 추러 나가는 동서를 보고 큰 동서는 어떻게 생각할까?

말은 우리의 사상 감정을 표현하는 수단이다. 이는 현지(現地)를 반영하는 지도(地圖)에 비유된다. 따라서 언어는 사실세계(事實世界)에 부합해야 한다. 거짓 지도여서는 안 된다. 그리고 언중은 언어 기능(機能)에 부합하는 반응을 해야 한다.

인생의 원칙은 협동(協同)에 있고, 이는 언어에 의해 이루어진다. 그런데 이러한 언어가 올바로 쓰이지 않으면, 협동 아닌 오해와 충돌을 빚어낸다. 성경에 보이는 바벨탑의 이야기는 이러한 사실을 단적으로 보여 준다. 따라서 인생을 원만히 운영하기 위해서는 건전한 언어생활을 해야

한다. 언어교육을 하는 것은 이 때문이다. 더구나 외국인이나 재외동포
가 한국어를 구사하는 경우에는 문화적 배경이 달라 효과적인 커뮤니케
이션을 하기 위해 언어교육이 더욱 필요하다. 여기서는 좀 더 바람직한
외국인 및 재외동포의 한국어 의사소통 전략을 위하여 언어 기능의 문
제와 커뮤니케이션의 문제를 살펴보기로 한다.

2. 언어의 기능과 표현

2.1. 언어의 여러 가지 기능

우리말에는 "천 냥 빚도 말로 갚는다"는 속담이 있는가 하면, "혀 밑
에 죽을 말 있다"는 속담이 있다. 이들은 언어에 적어도 상반된 양면의
기능(機能)이 있음을 말해 준다. 순기능(順機能)과 역기능(逆機能)이 그것이
다. 따라서 언어의 기능을 잘 알고 이를 사용하지 않으면 안 된다.

언어의 기능은 한 마디로 의사소통(communication)을 하는 것이라 하다.
말을 주고 받음으로 사상과 감정을 전달하여 협동을 꾀하자는 것이다.
그런데 이 기능은 학자에 따라 여러 가지로 달리 나눈다. 그 대표적인
것은 둘, 셋, 또는 여섯 가지로 나누는 것이다.

널리 거론되는 2분법은 오그던(C.K. Ogden)과 리처즈(I. A. Richards)나,
하야카와(S.I. Hayakawa)에서 볼 수 있는 것이다. 이는 언어의 이성(理性)과
감성(感性)에 주목한 분류로, 통달적(informative) 기능과 정서적(emotive) 기
능으로 나뉘는 것이다. 하야카와는 우선 언어 기능을 이렇게 양분하고,
다시 정서적 기능을 넷으로 나누었다. 지시물에 대한 태도 표현, 듣는
이에 대한 태도 표현, 지향된 효과 촉진, 지시에 대한 지지가 그것이다.

언어의 기능을 3분하는 것은 뷜러(Bueler)와 러셀(Russel)에 보이는 것이다. 뷜러는 언어의 기능을 지(知)·정(情)·의(意)에 대응시켜 서술·표출·호소로 나누었고, 러셀은 화자·대상·청자란 기본 모델을 바탕으로 3분하여 사실의 지시, 화자의 상태 표출, 청자의 상태 변경으로 보았다. 여섯 가지로 나눈 것은 야콥슨(Jakobson)의 경우이다. 정서적(표현적) 기능, 욕구적(conative) 기능, 친교적(phatic) 기능, 관어적(metalingual) 기능, 시적(poetic) 기능, 지시적(외연적·인지적) 기능이 그것이다.

언어 기호에 대한 인간의 반응을 연구하는 학문에 일반의미론(一般意味論)이라는 것이 있다. 이는 언어를 구사할 때의 언어 능력, 언어 기술, 어휘와 문법의 잘잘못을 문제 삼는 것이 아니라, 언어를 사용, 구사, 조종하는 정신적 자세와 태도를 문제로 다룬다. 그리하여 현재의 언어습관과 일상언어의 실태를 관찰하여 효과적인 언어생활을 하도록 하려는 학문이다. 위에 언급한 하야카와는 이러한 일반의미론의 대가이다. 따라서 여기서는 언어의 기능을 하야카와의 두 가지 기능을 중심으로 살펴보기로 한다.

하야카와의 통달적 기능이란 지시하거나 지칭(指稱)하는 것으로, 이는 순수하게 지적인 것이다. "이리 오너라"라 하거나, "나의 조국은 한국이다"라고 하는 것처럼 정보를 전달하는 것이다. 이에 대해 정서적 기능은 감정이나 태도를 환기하는 것을 목적으로 한다. "얼씨구 좋다!"라 하거나, "역시 인생은 살맛이 있다!"라고 하는 따위가 그것이다. 이러한 언어의 두 기능은 잘 구별해서 사용해야 한다. 청춘 남녀가 달밤에 데이트를 할 때 여자가 "달도 밝군요!"라고 하였더니, 남자가 "보름달이니 밝지."라 했다는 우스개가 있다. 이는 여자가 정서적 기능의 말을 했는데 남자가 통달적 기능으로 잘못 받아들인 것이다. 어쩌면 이들 두 남녀는 헤어졌을지 모른다. 남의 말도 제대로 알아듣지 못하는 고지식한 남자와 더 이상 교제를 해서는 안 되겠다고 생각할 수 있기 때문이다.

그렇다면 언어의 운용을 원만히 하기 위하여, 그리고 언어에 올바로 반응하기 위해서는 어떻게 해야 하는가? 다음에 통달적 기능과 정서적 기능의 두 가지 표현을 중심으로 하여 바람직한 표현을 구체적으로 살펴보기로 한다.

2.2. 바람직한 언어 표현

2.2.1. 통달적 표현

언어는 사물이 아니요 기호이며, 현지가 아니라 지도다. 여행을 잘 하려면 지도가 정확해야 하듯, 언어는 사물세계(事物世界), 외재세계(外在世界)에 잘 대응되어야 한다. 그러기 위해서는 무엇보다 외재적 사고를 하고, "보고의 언어"를 사용해야 한다. 대표적인 통달적 표현은 자연과학의 언어다. 과학의 세계에서는 외재세계와 조금이라도 어긋나는 표현을 하면 용납이 되지 않기 때문이다. 그렇다면 바람직한 통달적 표현은 어떻게 하는가?

(1) 외재적 사고(外在的 思考)

언어는 사물을 대신하는 기호다. 따라서 언어는 현지(現地)가 아니다. 언어의 세계는 외재세계, 곧 사물의 세계가 아니다. 언어가 외재세계를 올바로 나타내기 위해서는 그에 부합한 표현을 해야 한다. 말하기 전에 외재세계를 잘 관찰 조사해야 한다. 말하는 사람뿐만 아니라, 듣는 사람도 마찬가지다. 언어만 가지고 반응하지 말고, 그 배후에 도사리고 있는 사실에 주목해야 한다. 그렇지 않으면 빈 언어를 사실로 착각해 자신도 모르게 말에 속아 넘어가게 된다. "정의는 힘이다"가 아니고, 힘이 정의를 만들어 내는 경우도 있다. 우리의 무수한 "헌법개정(憲法改正)"도 이런 것이다. 바로 고친다는 "改正"이란 말을 내세워 "개악(改惡)"을 한 적도 분명히 있을 것이다. 이러한 "개정"이란 말의 이면에 감추어진 "개악"이란 사실을 바로 보는 것, 이러한 사실 제일주의, 검증 제일주의식 사고가 외재적 사고다.

외재적 사고를 해야 언어를 제대로 사용할 수 있다. 그리고 과학을 할 수 있다. 이는 정의(定義)나 연상 등을 바탕으로 "생활 속의 사실"을 극도로 무시하는 내재적 사고(內在的 思考)에서 벗어나는 것을 의미한다.

외재적 사고란 "선사실(先事實) 후언어(後言語)"의 정신을 의미한다. 사실에 부합하지 않는 말은 거짓말, 과장, 망언(妄言), 교언(巧言), 헛소문 같은 것을 낳는다. 이러한 언어활동은 상호간에 충돌, 불화, 불신을 빚어낸다. 따라서 원만한 인간생활을 하기 위해서는 언어만의 내재적(內在的) 사고를 지양하고, 사실에 부합한 외재적 사고를 하도록 해야 한다. 이는 추론(推論)의 단계에서 기술적(記述的) 단계로 추상(抽象)의 사다리를 내려가는 것을 의미한다.

(2) 보고(報告)의 언어

지식을 교환하기 위한 기초적 활동은, 무엇인가 보고 듣고 감지한 것을 보고하는 것이다. 이러한 보고는 실증이 가능해야 하고, 추론이나 단정을 배제해야 한다. 보고의 언어는 대체로 긍정적으로 받아들여진다. 그것은 외재적 의미를 지녀 실증이 가능하기 때문이다.

추론은 막연한 추측이나, 구구한 상상으로 안이하고 조잡한 가치 평정(評定)을 하려는 경향을 지닌다. 그리고 단정은 객관적 서술이 아니며, 반드시 사실과 일치하는 것도 아니다. 오히려 서술하는 사실에 관한 자기의 좋고 싫은 감정을 나타낸다. 그래서 일반의미론에서는 "be" 동사를 사용할 때 주의하라고 권한다. "~이다"의 마술에 주의하란 것이다. 따라서 보고에서 추론과 단정은 배제된다. "모란은 화중왕이다", "그는 배신자다"는 사실이 아닌, 말하는 사람의 감정을 표현한 말이다.

(3) 비총칭적(非總稱的) 사고

아리스토텔레스는 동일률(同一律)의 한 가지 판단 형식으로 총칭판단(總稱判斷)을 들었다. 비총칭적 사고란 이러한 총칭적 판단이 아닌, 특칭판단(特稱判斷), 단칭판단(單稱判斷)을 의미한다. 이는 "모든 A는 B다"가 아닌, "약간의 A", 또는 "어떤 A"는 "B다"와 같은 사고를 해야 한다는 것이다.

사실세계는 비슷하면서도 차이가 나는가 하면, 항상 유동 변천하는 과정에 있다. 따라서 다종다양한 사실의 일부, 일면만을 보고 모든 것을 다 알았다거나, 다 그렇다고 하는 식의 일반화는 잘못된 평가를 할 위험성을 지닌다는 것이다. 이에 비총칭 사고와 판단이 바람직하다고 본다. 사실세계의 독자적 면을 관찰하여 구체적이면서 개별적으로 사고하고 판단해야, 감정의 지배에서 벗어날 수 있기 때문이다. 하야카와가 외재적 사고의 규칙 가운데 "색인 번호와 날짜를 사용하여 여하한 말도 두 번 다시 정확하게 같은 의미를 지니지 않는다는 것을 상기하라"고 한 것은 총칭판단을 비판한 것이다. 사물세계는 유전변동하기 때문이다.

그리고 사물은 무한한데 언어는 유한해 말하지 아니한 그 무엇, 나타내지 못한 "기타 등등(etc, so and so on)"이 있다는 것도 명심해야 한다. "모두, 다, 누구나" 등 전체성을 나타내는 말을 피해야 한다. 장님 코끼리 만지듯 일부를 가지고 전체를 평가해서는 안 된다. "모든 유대인은 수전노다"가 아니라, "내가 만난 유대인은 수전노다", "요새 젊은이는 다 버릇이 없다"가 아니라, "요새 어떤 젊은이는 버릇이 없었다"와 같이 사고하는 것이 건전한 것이다. 유대인 가운데는 수전노 아닌 사람이 얼마든지 있고, 젊은이 가운데도 예의바른 사람이 있기 때문이다.

(4) 다치적(多値的) 사고

원시인은 먹고 사는 것이 삶의 전부였으므로 생리적 욕구만 충족되면 더 바랄 것이 없었다. 그리하여 사실세계를 여러 가지 가치로 나누어 생각할 필요가 없다. 그러나 오늘날은 그렇지 않다. 사실세계는 수없는 가치를 지닌 복합체다. 인간의 경험적 사실은 다양성, 상이성(相異性), 다면성과 무수한 가치를 지닌다. 따라서 사실에 대한 다면적 사고가 필요하다. 언어와 사실의 대응관계는 이러한 다치적 사고를 기술할 때 가장 정확히 드러난다.

"사랑 이별 똑 같은 두 글자"나, "명태나 북어나"와 같이 적은 가치만 보는 것, 곧 과치적(寡値的) 사고를 하면 과학적 사고를 할 수 없게 된다. 예를 들어 "뜨겁다"는 말에는 무수한 단계가 있다. 따끈한 목욕물, 열대지방의 강렬한 햇볕, 용광로의 펄펄 끓는 쇳물이 다 같이 "뜨겁다"는 하나의 말로 표현될 수는 없다. 그것은 외재세계를 단순화하여 생활사실을 분명하지 않게 하며, 관찰 가능성을 좁게 한다. 다양성을 인정하는 다치적 사고에 의하여 이들 각각에 어울리는 표현을 해야 한다.

다치적 사고는 과치적 사고의 결점에서 벗어나게 하며, 더 외재적이고 과학적인 사고를 하게 한다. 이를 위해서는 성급한 단정을 피하고 연체반응(延滯反應)을 보이도록 해야 한다. 논어(論語)의 "눌어언 민어행(訥於言 敏於行)"은 이러한 언어생활 태도를 반영하는 것이라 할 수 있다.

2.2.2. 정서적 표현

정서적 표현, 곧 감화적(affective) 표현의 극치는 문학, 특히 시(詩)라 한다. 통달적 표현이 우리에게 협동을 가능하게 하듯, 정서적 표현은 사실

의 통달에 목적이 있는 것이 아니다. 이는 공감도(共感度)를 높여 스스로
가 협동하게 하는 구실을 하는 것이다.

모든 말은 그 사용 방법에 따라 감화적 성격을 지닌다. 정서적 표현은
통달적 표현에 비해 많이 쓰인다. 상대방을 움직이기 위해서는 언어의
정서적인 기능이 작용해 전인적(全人的)으로 감동을 주어야 하기 때문이
다. 이른 바 정서적 논리가 사람을 움직이는 것이다. 특히 일상언어는
시와 과학의 중간 존재로, 통달적 기능과 정서적 기능을 아울러 지닌다.
어린이를 지도하는 교사는 좀 더 정서적 기능의 언어 사용을 필요로 한다.

(1) 일반화(一般化)

재미있는 글을 쓰는 사람이나, 현명한 사람은 낮은 추상(抽象)에서 높
은 추상(抽象)의 사다리를 자유롭게 오르내린다. 추상적 표현을 하는가
하면 구상적 표현을 한다. 일반화란 늦은 추상에 의해 대상을 동일시함
으로써, 부분적이거나 특수한 것이 전체적이거나 일반적인 것을 환기하
게 하여 상대방을 감화하는 것을 말한다. 이러한 일반화 내지 동일시(同
一視)는 일상생활에 많이 나타난다.

"유대인"을 "수전노", "중국인"을 불결하다고 보는 것이나, "서울깍쟁
이, 전라도 개똥새, 충청도 양반"이라 하는 것이 이러한 것들이다. "문틈
으로 보나 문 열고 보나 보기는 일반"도 같은 것이다. 이들은 특수한 사
실을 일반화하여 강조하는 것이다. 이들은 사실에 대한 보고(報告)를 하
는 것이 아니라 공감의 표현을 하고 있는 것이다. 다음 시조의 "산"과
"물"도 이러한 특정한 산과 물을 일반화함으로 독자를 감화하여 표현효
과를 높이고 있는 것이다.

님 다리고 산에 가도 못 살 것이 蜀魄聲에 애 끊는 듯

물 가에 가도 못 살 것이 물 위의 沙工과 물 아래 사공이 밤중만치 배
떠날 제 至菊叢 於而臥 닻 채는 소리에 한숨짓고 돌아눕네.
이 後란 山도 물도 말고 들에 가 살려 하노라.

(2) 편향(偏向)

어떤 표현을 할 때 하나의 주제에 대하여 좋거나, 좋지 않은 세목(細目)
을 고르게 된다. 그런데 이때 균형을 유지하지 아니하고, 편향된 선택을
하는 경우가 있다. 한쪽으로 기울어지는 것이다. 이렇게 특수한 사실을
일방적으로 쳐들어 특정 부분을 강조하게 되면 감화적 마술을 피우게
된다. 매스컴의 편파 보도는 이의 대표적인 예다. 문학 작품의 경우는
"장화홍련전"의 계모 허씨(許氏)의 용모와, "흥부전"의 놀부 심사 묘사에
서 그 전형을 볼 수 있다.

〈장화홍련전〉

허씨를 장가드니 그 용모를 의논할진대 두 볼은 한 자가 넘고, 눈은
퉁방울 같고, 코는 질병 같고, 입은 메기 같고, 머리털은 돼지털 같고,
키는 장승만 하고, 소리는 이리 소리 같고, 허리는 두 아름이나 되는 것
이 게다가 곰배팔이요, 수중다리에 쌍언청이를 겸하였고, 그 주둥이를
썰어 내면 열 사발은 되겠고, 얽기는 콩멍석 같으니 그 형용은 차마 보
기 어려운 중에 그 심사 더욱 불량하여 남의 못할 노릇을 골라 가며 행
하니 집에 두기 일시가 난감하되, 그래도 그것이 계집이라고 그 달부터
태기 있어…

〈흥부전〉

놀부 심사를 볼작시면 초상난 데 춤추기, 불붙는 데 부채질하기, 해산
한 데 개 닭 잡기, 장에 가면 억매흥정하기, 집에서 몹쓸 노릇하기, 우는
아이 볼기 치기, 갓난아이 똥 먹이기, 무죄한 놈 뺨치기, 빚값에 계집 뺏
기, 늙은 영감 덜미 잡기, 아이 밴 계집 배 차기, 우물 밑에 똥 누기, 오

려논에 물 터 놓기, 자친 밥에 돌 퍼붓기, 패는 곡식 이삭 자르기, 논두
렁에 구멍 뚫기, 호박에 말뚝 박기, 곱사등이 엎어 놓고 발꿈치로 탕탕
치기, 심사가 모과나무 아들이라.

이들은 사물의 세계를 묘사한 것이 아니다. 아주 못 생기고, 심술이
사나운 사람이란 것을 공감하게 하기 위하여 한 쪽으로 기울어진 표현
을 함으로 독자를 감화하고 있는 것이다.

(3) 명명(命名)

사물과 명칭의 관계는 자의적(恣意的)이다. 명명하는 사람의 관심과 분
류 목적에 따라 달라진다. 따라서 명칭은 사물 자체이거나 속성이 아니
요, 그것을 대신하여 나타내는 단순한 기호일 뿐이다. 그런데 사람들은
이의 외재세계는 생각지 않고 기호에만 반응하는 경우가 많다. 사물과
명칭을 혼동하고 동일시하는 것이다. 이렇게 되면 언어가 듣는 사람을
감화한다.

"청소원"을 "미화원", "간호원"을 "간호사", "개고기"를 "보신탕", 또
는 "혐오식품"이라 할 때의 감화성이 그것이다. "어린애를 가지고 무얼
그러세요?"라고 하면 노여움을 푸는 것도 이러한 것이다.

주요섭의 소설 "사랑손님과 어머니"에서 개가하는 여인을 "화냥년"이
라 한다 하여 개가를 못하게 한 것도 언어가 행동에 영향을 미친 것이
다. 명명을 어떻게 하느냐에 따라 좋은 의미로도, 나쁜 의미로도 감화적
힘을 발휘한다. 따라서 명명·분류의 실체를 바로 알고 이에 대처하는
것이 필요하다. 민주화운동이 극렬하게 전개되던 때 "양심수—시국사
범", "의식화—운동권"이란 상반된(?) 명명은 새삼 외재세계와 대조해
보게 한다. "적정가", 또는 "현실가"라는 이름으로 "물가 인상"을 표현

하는 행정 당국에도 경계의 눈초리를 돌려야 한다. "매표소, 표파는 곳"
이 "표 사는 곳"으로 바뀌고, "아저씨-선생님-사장님"으로 변화한 남
성 호칭의 감화성도 주의를 기울이게 하는 것이다.

(4) 이치적(二値的) 사고

이치적 사고는 통달적 기능에서 다치적(多値的) 사고를 강조한 것과 대
조를 이루는 것이다. 과치적(寡値的) 사고, 그 가운데도 이치적 사고를 담
은 표현은 감화력을 지닌다. 이는 흑백논리에 의해 편 가르기를 하는 것
이다. 이치적 사고는 한 가지 사실에 관심을 집중하여 태도 결정을 하는
것으로, 흔히 외재적 세계와 일치하지 않는다. 진위, 선악, 미추, 흑백과
같이 이치적으로 생각하거나 표현하게 되면 잘못이 빚어지고, 타당성을
잃는가 하면 그릇된 판단을 하게 된다. 따라서 이치적 사고를 투영하면
상대방에게 불화를 야기하고, 생활 사실을 구별하지 못하게 하고, 관찰
가능성을 좁히며, 하나의 정황 속으로 휘몰아 넣는 감화력을 드러내게
된다. 선동, 선전에 이러한 이치적 사고의 표현이 즐겨 사용되는 것은
이 때문이다. 히틀러가 선(善)을 대표하는 "아리안族"으로 하여금 악을
대표하는 "非아리안族"을 탄압하게 한 것은 이의 구체적 예다. 따라서
수용자 쪽에서는 경계해야 할 표현이다.

우리의 언어사회에도 이러한 이치적 사고의 표현이 많다. 상대방을 혹
평하는 여야의 격돌이나, 이해가 상반되는 사람들 사이의 논쟁에서 이러
한 이치적 사고가 쉽게 발견된다. 진보와 보수의 편 가르기, "죽기 아니
면 살기", "잘 되면 충신, 안 되면 역적"이란 발상이 이러한 예다. 성현
의 가르침에도 이러한 이치적 사고에 의한 표현이 많다. 강조하기 위한
것이다. 그러나 이것도 어떤 한 정황으로 휘몰리게 하는 것임은 물론이
다. "선을 행하는 자는 하늘이 복으로 보답하고, 불선을 행하는 자는 하

늘이 화로서 보답한다(爲善者天報之以福, 爲不善者天報之以禍)"와 같은 것이
이러한 예다.

(5) 완곡법(婉曲法)

어떤 사물을 노골적으로 표현하지 아니하고 돌려서 점잖게 표현하는
것을 완곡법이라 한다. 이는 금기(禁忌)나, 사회적으로 말하기 어려운 것
을 표현할 때 사용한다. 어떤 말이 흔히 불쾌한 것을 연상하게 하거나,
어떤 마력을 지닌 사물이 언어와 동일시되어 그 언어가 금기시될 때 재
명명(再命名)하는 것이다.

재명명은 감화성을 드러낸다. 일본 상가에서 "금일휴업" 대신 쓰는 전
통적 표현의 하나인 "오늘은 제 마음대로입니다만 쉬게 해 주세요(勝手な
がら今日は休ませて頂きます.)"라는 말은 완곡법의 대표적 예라 할 것이다.
이는 "금일 휴업"이라는 말이 풍기는 무례하고 박정한 느낌에 비해 사
랑스럽고 흐뭇한 느낌을 자아내게 한다. 문자 그대로 "손님은 왕이다"라
는 느낌을 갖게 한다. "출입 금지" 대신 "잔디를 아껴 주세요"라는 표현
도 마찬가지다.

완곡법이 사용되는 대표적인 경우는 다음과 같은 것이다.

① 성·생리·생식·신체 부분 등에 관한 것 : 방사(房事), 달거리, 생
산(生産), 음문(陰門), 양물(陽物)
② 배설물에 관한 것 : 뒤(대변), 화장실(변소)
③ 죽음에 관한 것 : 천당 가다(죽다), 저 세상 가다(죽다), 돌아가다
④ 질병에 관한 것 : 손님(홍역), 돌림(유행병)
⑤ 음식에 관한 것 : 들다(먹다), 가리(갈비)
⑥ 사람의 이름에 관한 것 : 諱(이름), 충무공(이순신), 퇴계(이황)
⑦ 직업에 관한 것 : 양상군자(도둑), 백정(도살자), 물장사(술장사)

⑧ 동물의 이름에 관한 것 : 산신령(호랑이), 지킴(집 구렁이)

⑨ 광기, 기타 지능 정신 상태에 관한 것 : 불구자(지체장애자), 문제
　아(불량아)

⑩ 특수한 언어 금기에 관한 것 : 단것(식초), 곡차(술)

이렇게 완곡법은 재명명을 함으로써 언어 활용상의 장애를 없애고 말
을 품위 있게 한다.

이상 언어의 기능과 함께 바람직한 표현에 대해 살펴보았다. 언어의
운용에 있어 그 기능이 혼란을 빚어서는 안 된다. 학문을 위해서는 통달
적 표현을, 문학을 위해서는 감화적 표현을 즐겨 활용해야 한다. 일상어
는 이들 언어의 두 기능을 조화롭게 활용하되, 감화적 표현을 잘 활용함
으로, 친교가 잘 되도록 해야 한다. 특히 교수학습에 감화적 표현의 활
용이 필요하다 하겠다. 그러나 무엇보다 중요한 것은 언제나 언어가 현
지가 아니라 지도라는 것을 명심하는 일이다. 그래서 언어만의 내재적
사고를 지양해야 한다. 언어 사용에 건전한 태도를 지녀야 협동을 하게
되고, 보람 있고 즐거운 인생을 영위할 수 있게 된다.

3. 커뮤니케이션과 말하기 교육

3.1. 커뮤니케이션과 "말하기"

3.1.1. 커뮤니케이션과 "말하기"의 성격

커뮤니케이션이란 사람들끼리 서로 생각, 느낌 따위의 정보를 주고받
는 일을 의미한다. 이는 말이나 글, 또는 비언어적 행동에 의해 이루어
진다. "Communication"은 라틴어 "communicare"에 연유하는 말로 공유

(共有)하는 것을 의미한다. 일방적 전달이 아니라, 상호 전달하는 것이다. 그래서 이는 의사 전달, 의사소통 외에 상호전달(相互傳達)이라 번역하기도 한다.

커뮤니케이션은 흔히 개인적 커뮤니케이션(personal communication)과 집단 커뮤니케이션(mass communication) 및 수요자 커뮤니케이션(custom communication)의 세 가지로 나뉜다. 개인적 커뮤니케이션은 개인 대 개인이 구두 전달을 하는 것으로, 커뮤니케이션의 기본을 이루는 것이며, 집단 커뮤니케이션은 불특정 다수의 대중에게 대량의 정보를 전달하는 것이다. 이에 대해 수요자 커뮤니케이션은 특정한 정보 수요자가 자기가 원하는 정보를 필요에 따라 매스컴에서 전달 받는 것이다(平井, 1965).

커뮤니케이션은 종래에는 문자언어가 중심이 되었고, 오늘날은 음성언어가 중시된다. 그리하여 커뮤니케이션이라면 흔히 음성언어를 떠올린다. 음성언어에 의해 수행되는 커뮤니케이션이 "말하기"다. 말하기, Speaking은 흔히 생각하듯, 일방적인 구어(口語)에 의한 자기표현이 아니라, 대화자(interlocutor)와 대응하여 내용과 표현을 선택하여 수행하는 상호협력의 행위다. 이는 정보를 교환하고, 인간관계를 한층 원만하게 하기 위해 수행된다.

말하기를 잘 하기 위해서는 우선 말하기 능력(speaking abilities), 혹은 의사소통 능력(communicative competence)을 길러야 한다. 이는 문법적 지식에 그치지 아니하고, 사회적·문화적으로 적절한 커뮤니케이션을 할 수 있는 자질을 가리킨다. Hymes의 전달능력 이론을 발전시킨 Canale & Swain(1980)은 이 의사소통능력을 세분하여 문법능력(grammatical competence)과 사회언어적 능력(sociolinguistic competence) 및 전략적 능력(strategic competence)의 셋으로 나누고, 사회언어적 능력을 다시 사회문화적 능력과 담화능력으로 나누고 있다. Bachman(1990)은 언어능력(language competence)을 구성

능력(organizational competence)과 화용능력(pragmatic competence)으로 나눈다. 그리고 이들을 각각 문법능력과 담화능력(textual/discourse competence), 사회 언어능력과 기능능력(illocutionary/ functional competence)으로 구분한다. 이 밖의 구성 요소로 "세계에 대한 지식(knowledge of the world)"을 추가할 수 있다.

말하기의 일반적 목적은 언어의 기능면에서 볼 때 세 가지로 나누어 볼 수 있다. 무엇인가를 알리려는 목적, 무엇인가에 대해 상대방을 설득(說得)하려는 목적, 상대방에게 감명(感銘)을 주고자 하는 목적이 그것이다(박갑수, 2001). 그러나 말하기가 실제로 이렇게 분명히 구별되는 것은 아니다. 오히려 이들 세 유형을 적절히 조합하면서 어느 하나를 강조한다. 말을 잘 한다는 것은 다름 아닌, 이 조합이 잘 이루어지는 경우를 말한다.

말하기의 방법에는 설명(說明), 설득(說得), 이야기(敍事) 등이 있다.

설명(說明)은 상대방이 모르는 일이나, 불충분하게 알고 있는 것에 대해 알게 하는 것이다. 설명의 방법으로는 지정(指定), 묘사적 설명, 서사적 설명, 예시, 비교와 대조, 분류와 구분, 정의(定義), 분석 등이 있다. 이러한 설명의 방법은 사안에 따라 적절한 방법을 선택하여야 한다.

설득(說得)은 상대방을 납득시켜 화자에게 찬성·동의하게 하거나, 특정한 행동을 하게 하는 것이다. 설득의 방법으로는 다음과 같은 것을 들수 있다(박갑수, 2001).

① 이치로 상대방에 호소(증거제시, 자료명시, 반대론의 허실 제시)
② 상대방의 요구에 호소
③ 인격을 담보로 호소
④ 반복적 호소
⑤ 광범한 정보 제시
⑥ 권위자와 저작물의 인용
⑦ 상대방의 인정(人情) 및 감정에 호소

이야기(敍事)는 상대방에게 깊은 인상을 주거나 감명을 주어 정서적으로 감화되게 하는 것이다. 이른 바 예능적 효과를 노린 이야기 형식의 말하기다. 이는 청자가 정서적으로 감동을 받게, 통달적 표현이 아닌, 정서적 표현을 하는 것이다. 설명에 정서적 요소를 추가하는 것이다. 이야기의 대표적 방법으로는 다음과 같은 것을 들 수 있다.

① 내용과 순서를 욀 정도로 익혀 자연스럽게 말한다.
② 중요한 부분이 부각되도록 구성한다.
③ 의미에 부합되고 정서를 환기할 말을 사용한다.
④ 적절한 제스처 등 신체언어를 사용한다.
⑤ 음성의 고저, 강약, 완급 등에 변화를 준다.
⑥ 유머나 기지를 적절히 삽입한다.

말하기의 절차는 "화자－메시지－매체－청자－반응－피드백"의 과정을 밟는다. 이때에 R. Jakobson이 언어에 의한 커뮤니케이션에서 불가결한 요소로 제시한 송신자(addresser)－언표(message)－수신자(addressee)－메시지를 언급하는 상황(context)－전달을 가능하게 하는 물리적 심리적 고리로서의 접촉(contact)－기호체계(code)에 유의해야 한다. 말하기는 이들 요소에 따라 여러 가지 형식으로 꾀해지는데, 이들 말하기는 상황, 형식, 목적에 따라 몇 가지 유형으로 나뉜다.

＊ 화자와 청자의 수에 따른 유형 : 1대1의 말하기(대화, 대담, 상담, 면담), 1대다(多)의 말하기(연설, 강의, 강연, 웅변, 유세), 다(多)대다(多)의 말하기(토의, 토론, 회의)
＊ 화자와 청자의 관계에 따른 유형 : 일방적 말하기(강연, 연설, 보고, 설명, 유세), 쌍방 말하기(대화, 문답, 토의, 토론, 회의), 대면(對面) 말하기(대화 등), 비대면(非對面) 말하기(전화, 방송, 녹음 자료)

* 일정한 형식 유무에 따른 유형 : 자유로운 형식의 말하기(일상적 대화), 일정한 형식의 말하기(회의, 토의, 토론 등)
* 목적에 따른 말하기 유형 : 설명, 설득, 이야기하기 등
* 기타 내용과 형식에 따른 유형 : 발표, 보고, 연설, 강연, 강의, 강습, 설교, 훈시, 좌담 등.

말하기의 절차는 계획의 단계에서 다음과 같은 사항에 유의하여야 한다.

① 왜 말하는가?
② 무엇을 말할 것인가?
③ 누구에게 말하는가?
④ 어떤 상황에서 말하는가?
⑤ 어떻게 말할 것인가?

3.1.2. 좋은 말하기의 방법

말하기는 의사전달을 제대로 하여 사회생활을 원만히 하기 위한 것이다. 민주사회는 누구나 평등하게 존경을 받는 사회다. 게다가 인간은 사회적 동물이다. 따라서 개인과 개인 간에는 의사·감정·사상 등을 상호 전달하여야 한다. 커뮤니케이션이 중대한 의미를 지닌다. 이해관계와 생각이 다른 개인과 개인은 일방적 통달이 아닌, 상호전달을 필요로 한다. 이것이 바로 인간이 말하기를 학습해야 하고, 좋은 말하기를 해야 하는 이유다.

말하기는 정확하고 유창한 표현이 되어야 한다. 그리고 여기에 상대방의 입장을 인정하며 자기의 이해나 생각을 상대방에게 인정하게 해야 한다. 서로 정보를 제공하고, 경험을 나누어 가지며 서로 협동해 나가야 한다. 말하기는 참여자 사이에 이어지는 의미 협상(negation of meaning) 과

정이다. 따라서 민주사회의 좋은 말하기는 필요한 것을 올바로 전달하는 기술인 동시에, 서로 다른 입장에서 상대방의 말을 듣고 협력하여 문제를 해결해 나가는 기술이라 할 수 있다.

이런 의미에서 좋은 말하기의 기본적 방법은 여러 가지가 있을 수 있다. 이 가운데 몇 가지를 든다면 다음과 같은 것을 들 수 있다(平井, 1965).

① 듣기 좋은 목소리로 말한다.
② 분명한 발음으로 말한다.
③ 바른말, 고운 말을 사용한다.
④ 쉬운 말을 사용한다.
⑤ 활기 있는 말하기를 한다.
⑥ 부드럽고 신실한 태도로 말한다.
⑦ 말의 목적이나 장면에 어울리는 말하기를 한다.
⑧ 비언어행동을 적절히 가미한다.

이러한 좋은 말하기에 대해 平井(1965)는 다음과 같은 "훌륭한 말하기의 조건"을 들고 있다. 이는 그가 "훌륭한 말하기"를 간단히 규정하기 곤란하다며, 이들 조건을 열거한 것이다. 이들 조건은 커뮤니케이션 전략에 잘 활용해야 할 원리다.

① 자신 있어 보이는 태도로 말한다.
② 적절한 말을 잇달아 발화한다.
③ 멋들어진 말과 과연이라고 생각하게 하는 말을 교묘히 사용한다.
④ 내용을 강조하거나, 상대방을 깜짝 놀라게 하는 일을 교묘히 해낸다.
⑤ 적당한 때를 보아 화제를 교묘하게 바꿀 수 있다.
⑥ 여러 가지 사실과 사건 및 사물의 실정을 교묘히 해석할 수 있다.
⑦ 청자의 반응에 따라 내용과 격조, 음성 및 용어를 교묘하게 조절

할 수 있다.

⑧ 청자를 끌어들이는 매력을 몸에 지니고 있다.

3.2. "말하기"의 교육

우리말의 "말하기"는 언어의 기능(skill)과 커뮤니케이션의 수단을 아울러 의미한다. 따라서 "말하기" 교육도 이 양면에 걸치게 된다.

말하기 교육은 대체로 두 단계로 나눈다. Paulson & Bruder(1976)는 제1단계를 "기계적 연습>유의적 학습>의사소통>연습"으로 보고, 제2단계를 의사소통 행위로 보고 있다. Littlewood(1981)는 의사소통 전단계와 의사소통 단계의 둘로 나누고 있다. Byme, Donn(1996)는 정확성과 유창성을 기르기 위한 교실활동을 다음과 같이 도표로 제시하고 있다.

교사주도적(teacher controlled) 전체 학급활동(whole class activities)			
정확성 (accuracy)	A class B class	C class D class	유창성 (fluency)
짝 활동(pair work) ↔ 그룹 활동(group work) 학습자 중심(learner directed)			

이의 구체적 방법으로는 다음과 같은 것이 들려진다(박갑수, 2012).

A반 : 언어 게임, 추측 게임, 드릴, 반복

B반 : 간단한 대화, 통제된 대화, 짝 찾기, 역할극

C반 : 자유대화, 토론, 스토리텔링, 시뮬레이션

D반 : 역할극, 프로젝트 활동, 게임

이에 대해 Brown, H. Douglas(2007)는 Speaking의 기능으로 "커뮤니케이션의 미시적 기능(microskills)" 10가지와 "거시적 기능(macroskills)" 6가지를 들고 있다.

미시적 기능

1. 길이가 서로 다른 말뭉치(chunks of language)를 발화하라.
2. 영어의 음운과 변이음(變異音)들 간의 차이를 발음하라.
3. 영어의 강세 패턴, 강세 위치와 약세 위치의 어휘, 리듬, 구조, 억양 형세를 발음하라.
4. 어휘와 구의 축약형을 발음하라.
5. 화용적 목적을 달성하기 위해 적당한 수의 어휘 단위(단어)를 사용하라.
6. 전달 속도(rate of delivery)를 달리하여 유창하게 발화하라.
7. 자신의 표현을 모니터링하고, 메시지를 분명하게 학기 위해 다양한 책략—휴지, 채움말(filler), 자기 교정, 되짚어보기(backtracking)—을 사용하라
8. 영어의 품사(명사, 동사 등)와 체제(시제, 일치, 복수형 등), 어순, 패턴, 규칙, 생략형 등을 사용하라.
9. 자연스런 구성요소로 끊어서 발화하라—적절한 구, 휴지단락(pause group), 호흡단락(breath group), 문장으로.
10. 다양한 문법 형태로 특정의 의미를 표현하라.

거시적 기능

11. 구어담화의 응집장치를 사용하라.
12. 상황과 참여자, 목적에 따라 적절하게 의사소통 기능을 달성하라.
13. 면대면 대화에서 언어 사용역, 함축, 화용적 관습, 사회언어학적 특징을 적절히 활용하라.
14. 사건(events) 사이의 관련성을 전하되, 이를 주제, 부제, 새로운 정

보, 기존 정보, 일반화, 예증 등으로 전달하라.

15. 표정과 신체동작, 신체언어와 기타 비언어적 단서를 언어와 함께 사용하여 의미를 전하라.

16. 핵심어 강조하기, 바꿔 말하기, 단어의 의미 해석을 위해 맥락 제공하기, 도움 요청하기, 대화자가 당신을 얼마나 잘 이해하고 있는지 정확하게 평가하기 등의 다양한 말하기 책략을 개발하고, 활용하라.

이들 가운데 미시적 기능으로 열거된 몇 가지는 문자 그대로 미시적 기능(skill)에 속한 것이라 할 수 있다. 그러나 이들도 커뮤니케이션의 기능으로도 작용할 것임은 물론이다. 따라서 좋은 "말하기"를 하기 위해서는 이들 16가지 기능을 갖추어, 잘 활용하도록 하여야 할 것이다.

"말하기"를 하는 경우, 특히 외국어로서의 한국어와 같이 외국어인 경우, 말하기를 어렵게 만드는 요인은 ① 덩이 짓기(clustering), ② 잉여성, ③ 축약형, ④ 수행 변인(performance variables), ⑤ 구어체, ⑥ 전달 속도, ⑦ 강세와 리듬, 억양, ⑧ 상호작용 등을 들 수 있다(Brown, 2007). 이러한 요인들은 듣기에도 나타난다. 말하기(대화)는 일방적인 것이 아니고, 둘 이상이 참여하여 공동으로 의미협상을 하는 과정이다. 따라서 이러한 듣기를 어렵게 하는 요소들로 말미암아 말하기가 더욱 어렵게 된다는 것도 기억해야 한다.

그러면 말하기 지도는 어떻게 하는가? 말하기 지도를 위한 원리로는 다음과 같은 것을 들 수 있다(Brown, 2007).

① 지도 목표에 따라 유창성과 정확성 양쪽에 초점을 두라.

언어 지향적, 또는 메시지 지향적과 같이 특정 목적에 기울어져 한 가지 기능만을 육성하는 것이 아닌, 유창성과 정확성을 아울러 육성하는 교육을 지향한다.

② 내면적으로 동기화하는 기법을 준비하라.

학습자가 특정 활동을 하는 이유를 알게 되면 교육적 효과가 나타난다.

③ 유의적 맥락 속에서 진정성 있는 언어 사용을 권장하라.

유의적 상호활동 속에 진정성 있는 언어(authentic language), 달리 말하면 실제적인 언어가 사용되도록 한다.

④ 적절한 피드백과 교정을 제공하라.

외국어교육에서 학습자들이 피드백을 받을 수 있는 사람은 원칙적으로 교사뿐이다.

⑤ 말하기와 듣기의 자연스런 연계를 강조하라.

말하기는 듣기와의 상호작용에 의해 이루어진다. 이들 두 기능의 통합 기회를 놓치지 않도록 해야 한다.

⑥ 학습자에게 구두 의사소통(oral communication)을 시작할 기회를 제공하라.

교실에서의 상호작용은 많은 부분 교사가 주도한다. 말하기 기법을 설계하고 사용할 때 학습자가 참여하도록 기회를 주어야 한다.

⑦ 말하기 책략을 개발하도록 권장하라.

분명히 하기 위한 질문, 반복 요구, 생각할 시간 벌기(채움말 사용), 대화 유지 단서 사용하기, 청자의 주의 끌기, 바꿔 말하기, 형식적 표현 사용하기, 대화자의 도움 요청하기, 비언어 행동 사용하기 등 말하기 책략을 개발한다.

⑧ 정확성과 더불어 적격성을 추구하라.

말하기는 문법적으로 정확하고, 사회적으로 적격성이 있어야 한다. 적격성은 사회언어학적 적격성과 함께 수용 가능한 수용성이 아울러 갖추어져야 한다.

학습 현장에서의 말하기의 구체적 활동 유형으로는 다음과 같은 것을 들 수 있다.

① 모방형(imitative)

의미 있는 상호작용이 아니라, 언어형태의 일부 특정한 요소를 학습하기 위해 활용한다. 발음, 문형 학습 등

② 집중형(intensive)

자기 주도적으로, 또는 짝 활동의 일부로, 언어의 음성적, 문법적 측면을 집중적으로 연습한다.

③ 반응형(responsive)

질문 또는 의견에 대해 짧은 응답을 하는 것이다. 언어 수업에서 학습자 발화의 상당량이 응답으로 이루어진다. 이는 흔히 더 이상 발전하지 않고 그것으로 끝난다.

④ 정보교류적(transactional) (대화)

대화는 정보교류적인 것과 사회관계 유지적인 것의 두 가지가 있다. 정보교류적 대화는 특정한 정보를 전달하거나, 교환하기 위한 것으로, 반응형 언어를 확장한 것이다.

⑤ 사회관계 유지적(interpersonal) (대화)

사실과 정보를 전달하기보다 사람들 사이의 사회적 관계를 유지하기 위한 것이다. 격의 없는 언어 형태, 구어체, 감정적 표현, 생략적 표현 등이 포함된다.

⑥ 확장형(extensive) (독백)

결과보고, 요약정리, 짤막한 연설 등의 형태로 혼자서 길게 말하는 것이다. 이 경우 격식을 갖춘 사려 깊은 언어 형태가 사용된다.

끝으로 외국어 커뮤니케이션에 발생하는 문제에 대처하는 기술인 커뮤니케이션 전략(communication strategy)을 살펴보기로 한다. 이는 여러 가지가 있다. 이들 가운데 회피, 곧 삭감전략과 달성전략이 있다. 전자는 문제를 피하는 것이고, 후자는 보완적 방법에 의해 소통 목표를 달성하려는 것이다. 따라서 교육적인 면에서는 달성전략이 바람직하다 할 것이다. 다음에 대표적인 Tarone(1980)의 커뮤니케이션의 전략을 간단히 보기

로 한다.

1. 회피
   (a) 화제의 회피 : 지시에 필요한 어휘를 가지고 있지 않은 경우 학습자가 이에 대해 언급을 피하는 것이다.
   (b) 메시지의 포기 : 학습자가 어떤 것을 가리켜 말을 시작한 뒤, 어려워 이를 포기하는 것이다.
2. 바꾸어 말하기
   (a) 유사 : 학습자가 바르지 않다고 알면서, 대상물과 의미면에서 공통점을 지니는 것. 벌레<누에, 말<당나귀
   (b) 단어 연결 : 학습자가 새로운 말을 만드는 것. 여자 닭<암탉, 흙 사람<토용
   (c) 접근 : 학습자가 목표언어의 적절한 말을 사용하는 대신 그것의 특징을 설명하는 것. 아버지의 아들의 아들<손자, 코가 긴 소<코끼리
3. 의식적 전이
   (a) 직역 : 학습자가 모어에서 축자번역을 하는 것. 다 마시자<건배(乾杯), 총을 쏘는데<사격장, 학생들이 배우는 곳<학교
   (b) 언어 대체 : 학습자가 다른 언어의 단어를 삽입하는 것. 와이프<아내, 퀵서비스<속달, 허니문<신혼여행
4. 원조의 요청 : 학습자가 모어 화자나 사전 등의 권위에 의지해 대처하는 것.
5. 몸짓 : 학습자가 사물이나 일어나는 일을 가리키기 위해 비언어 수단을 사용하는 것. "박수"를 나타내기 위해 손뼉을 침, "사랑"을 나타내기 위해 손으로 심장 모양의 손동작을 함, "거수경례"를 나타내기 위해 손을 펴 눈 위로 올림.

4. 결어

효과적인 언어생활을 하기 위하여 언어의 기능과 커뮤니케이션과 "말하기" 교육을 살펴보았다. 언어 기능은 여러 가지로 분류된다. 이러한 기능 분류 가운데 여기서는 일반의미론의 대가 S. I. Hayakawa의 구분에 따라 통달적 기능과, 정서적 기능을 중심으로 바람직한 커뮤니케이션을 살펴보았다.

바람직한 통달적 표현을 위해서는 외재적 사고, 보고의 언어, 비총칭적 사고, 다치적 사고에 유의하고, 정서적 표현을 위해서는 일반화, 편향, 명명, 이치적 사고, 완곡법에 유의하여야 한다. 이러한 언어기능은 그 운용에 혼란이 빚어져서는 안 된다. 학문을 위해서는 통달적 표현을, 문학을 위해서는 정서적 표현을 해야 한다. 일상 언어생활을 위해서는 이들 두 기능을 조화롭게 사용하되, 감화적 표현을 잘 활용해야 한다. 언어교육도 마찬가지다.

커뮤니케이션에는 개인, 집단, 수요자 커뮤니케이션의 세 가지가 있으며, 커뮤니케이션으로서의 "말하기"는 설명, 설득, 이야기(서사)의 방법이 있다. 이는 상황, 형식, 목적에 따라 여러 유형으로 분류된다. 훌륭한 커뮤니케이션을 하기 위해서는 말하기의 좋은 방법과 훌륭한 말하기의 조건에 유의해야 한다.

커뮤니케이션을 위한 "말하기"는 광의의 Speaking 교육을 해야 한다. 이때 Brown(2007)이 말하는 "말하기(speaking)"의 미시적 기능과 거시적 기능을 아울러 길러야 한다. 특히 말하기를 어렵게 하는 요인을 알고 이에 대처해야 한다. 말하기 지도자는 말하기에 대한 원리를 바로 알고 원만한 커뮤니케이션을 할 수 있도록 지도해야 한다. 지도 원리로는 다음과 같은 것을 들 수 있다.

① 지도 목표에 따라 유창성과 정확성 양쪽에 초점을 두라.
② 내적으로 동기화하는 기법을 준비하라.
③ 유의적 맥락 속에서 진정성 있는 언어 사용을 권장하라.
④ 적절한 피드백과 교정을 하라.
⑤ 말하기와 듣기의 자연스런 연계를 강조하라.
⑥ 학습자에게 구두 의사소통을 할 기회를 제공하라.
⑦ 말하기 책략을 개발하도록 권장하라.
⑧ 정확성과 더불어 적격성을 추구하라.

교실활동의 구체적 예와 유형도 살펴보았다. 이들 교실활동을 통해 커뮤니케이션 능력을 육성하여, 원만한 말하기가 수행되도록 해야 한다.
이상 언어의 기능과 상호 의미 협상 과정으로서의 커뮤니케이션의 "말하기" 교육을 살펴보았다. 이문화간 커뮤니케이션까지 고려한 재외국민의 커뮤니케이션 능력이 많이 향상되어 원만한 언어생활을 하게 되기를 기대한다.

참고문헌

박갑수 외(1984), 논술문, 무엇을 어떻게 쓸까?, 동성사.

박갑수(1994), 우리말 사랑 이야기, 한샘출판사.

박갑수 외(2001), 방송화법의 이론과 실제, 집문당.

박갑수(2005), 국어교육과 한국어교육의 성찰, 서울대학교 출판부.

박갑수(2012), 한국어교육의 이론과 방법, 역락.

박갑수(2013), 한국어교육과 언어문화교육, 역락.

Brooks & Warren(1970), Modern Rhetoric, Third edition, Harcourt, Brace & World.

Brown, H. Douglas(2007), Teaching by Principles — An Interactive Approach to Language Pedagogy, Pearson Longman.

Hayakawa, S. I.(1952), Language in Thought and Action, George & Unwin.

Porter, R. E., L.A. Samovar(1991), Basic Principles of Intercultural Communication, Wadsworth Publishing Company.

Samovar, L. A. et al(1998), Communication Between Cultures, Wadsworth Publishing Company.

平井昌夫(1965), 新版 話の事典, きようせい.

박갑수(2004), 즐거운 말하기와 듣기를 위해, 다섯 수레의 책, 서울대학교 출판부.

박갑수(2007), 언어의 기능과 커뮤니케이션 전략, 연변주교육학원(2007), 교사연수자료집, 연변주교육학원.

■ 이 글은 2007년 12월 7~11일, 중국 심양시교육연구실, 연변주교육학원 및 흑룡강성교육학원 주최의 교사연수회의(12월 7일 : 심양, 12월 7일, 연변 : 12월 9일, 영안 : 12월 11일) 특강 원고 "언어의 기능과 커뮤니케이션 전략"의 후반부(3장 이후)를 2013년 7월 전면 개고한 것이다.

제2장 재외국민 교육과 언어·문화의 이해

1. 서언

한민족(韓民族)은 반만년의 역사를 지닌 문화민족이다. 인구는 약 7천만으로 세계 14위에 든다(대한가족협회, 1996). 그러나 나라가 제대로 발전하자면 인구가 1억은 되어야 한다고 하는데 아직 거기에 미치기에는 요원하다. 거기에다 우리는 남북이 분단되어 있다. 그럼에도 우리는 "한강변의 기적"을 이룩하여 세계 10대 경제 대국에 진입하여 세계의 경탄을 받고 있다.

한민족은 대부분 한반도에 살고 있다. 그러나 이 가운데 약 1/10인 700만이 우리나라 아닌, 170여개 나라에 나가 살고 있다. 그래서 우리는 재외동포의 대국이라 한다. 다민족(多民族) 국가가 아닌, "다국가(多國家) 민족"을 이루고 있는 것이다. 우리의 재외동포들은 역사적으로 볼 때 많은 고난을 겪었다. 그러나 오늘날 이들도 어려움을 극복하고 세계 도처에서 자랑스러운 민족으로 성장하였다.

"재외동포"란 국내 아닌 국외에 거주하는 동포들이다. 이들은 크게 두

범주로 나뉜다. 내국인과 국적을 같이 하는 경우와, 국적을 달리 하는 경우가 그것이다. "在外同胞法(1997)"과 "在外同胞의出入國과法的地位에 관한法律(1999)"에는 이들에 대해 법적 규정을 하고 있다. "재외동포법"의 규정은 다음과 같다.

> 第2條 [定義] 이 法에서 "在外同胞"라 함은 다음 各號의 1에 해당하는 者를 말한다.
> 1. 大韓民國國民으로서 外國에 長期 滯留하거나 永住權을 취득한 者
> 2. 國籍을 불문하고 韓民族의 血統을 지닌 者로서 外國에 居住·生活하는 者

"재외동포"란 넓은 의미로, "國籍을 불문하고 韓民族의 血統을 지닌 者로서 外國에서 居住·生活"하고 있는 사람이다. 그리고 "在外同胞의 出入國과 法的 地位에 관한 法律"에서는 재외동포법 제2조 1항과 같이 한국 국적을 가진 사람을 "재외국민", 제2조 2항과 같이 한국 국적을 가지지 아니한 사람을 "외국국적동포"라 명명하고 있다.

재외동포는 이렇게 "재외국민"과 "외국국적동포"의 둘로 나뉜다. 2005년 통계에 의하면 재외동포 6,638,338명 가운데 외국국적동포가 56.98%인 3,792,773명이고, 재외국민이 44.02%인 2,845,565명으로 되어 있다. 이 가운데 재외국민을 다시 나누어 보면 영주권자가 1,708,210명, 일반이 908,228명, 유학생이 239,127명이다(이종훈, 2007). 여기서는 재외동포 가운데 이들 재외국민(在外國民)의 교육과 언어·문화, 특히 언어문화(言語文化)에 대해 살펴보기로 한다. 따라서 외국국적 소유자가 아닌, 외국에 한시적으로 체류하거나 영주권을 가진 동포의 교육·언어·문화의 문제를 다루게 된다.

2. 재외국민 교육의 목표와 내용

2.1. 재외동포교육의 의의

재외국민은 재외동포에 속한다. 따라서 재외국민의 교육에 대해 살펴보기 위해서는 우선 재외동포 교육부터 살펴보아야 한다.

동포란 같은 겨레, 같은 민족을 가리킨다. 민족이란 곧 같은 피붙이로, 언어·문화의 공통성을 지니는 사회집단이며, 동포교육이란 이러한 민족의 교육을 의미한다.

문민정부의 재외동포정책위원회는 재외동포 정책의 기본목표(基本目標)를 다음과 같이 설정하였다(이종훈, 2007).

> 재외동포의 혈통, 문화 및 전통의 뿌리가 한국에 있음을 유념
> 거주국 사회 내에서 안정된 생활을 영위하고, 존경받는 모범적 구성원으로서 성장
> 국제법, 국내법 및 거주국의 법과 제도가 허용하는 테두리 안에서 지원

이러한 기본목표는 참여정부에 들어서 다음과 같이 바뀌었다.

> 재외동포의 거주국 내 권익 신장과 역량 강화
> 한민족으로서 정체성과 자긍심 고양
> 동포간 화합 및 모국과 동포사회 간 호혜적 발전

그러나 이러한 기본목표의 개정은 재외동포 정책의 기본 방향을 바꾼 것이 아니라, 기본방향의 내용을 재구성한 수준의 것이다(이종훈, 2007).

재외동포교육은 이러한 재외동포 정책을 바탕으로 수행된다. 재외동포들은 거주지에서 현지교육을 받고 여건이 허락되는 범위 안에서 민족

교육(民族敎育)을 받게 된다. 그렇다면 민족교육은 왜 하는가? 민족교육의 의의는 어디 있는가? 이는 앞에서 살펴본 정책의 기본목표에 드러난 바와 같다. 교육의 의의는 무엇보다 정체성(正體性)을 확립하게 하는 데 있다. 한민족(韓民族)에게 한국어를 가르치고, 한민족의 문화와 역사를 가르쳐 이들 동포로 하여금 "한민족"으로서의 민족적 정체성(正體性)을 깨닫고, 이를 확립하게 하자는 것이다.

민족교육을 한다는 것은 뿌리를 찾는, 민족의 정체성을 확보하는 것이다. 뿌리 없는 식물이 자랄 수 없듯, 뿌리 없는 민족도 살아남을 수 없다. 이는 개인의 경우도 마찬가지다. 미국이나 일본에서 우리의 젊은 동포가 주류사회(host society)의 주변인(marginal man)이라는 사실을 깨닫고 뒤늦게 뿌리를 찾는 것이나, 미국의 풋볼 선수 우즈가 한국의 혼혈인(混血人) 후원 사업을 하는 것은 다 이 뿌리에 대한 자각, 정체성을 깨달은 때문이라 할 것이다. 민족교육의 의의는 무엇보다 이러한 자기 발견, 민족적 정체성을 확보하는 것이다.

또 하나의 의의는 안정적 현지 정착과 유능한 시민으로 성장하게 한다는 것이다. 뿌리를 찾고 근본을 찾는 것이 중요하다. 그러나 인생은 꿈이 아닌 현실이다. 생활도 제대로 하지 못하면서 민족과 동포만을 되뇔 수는 없는 일이다. 따라서 우선 생활이 안정되어야 한다. 재외동포교육은 이러한 안정된 생활과 유능한 시민으로 성장할 수 있게 다양한 수요에 따른 교육과 현지 적응교육을 직접 또는 간접으로 수행, 지원하는 것이다. 이러한 것이 좁게는 재외국민교육이며, 넓게는 외국국적 동포에 이르는 외교적 교육정책이고 민족교육이다. 이러한 재외동포교육은 세계화시대, 다문화사회를 지향하는 오늘날 우리 재외동포들로 하여금 그들의 입지를 강화하는 데 기여할 것이다.

그러나 재외동포의 민족교육은 구속력을 갖는 것이 아니다. 민족은 혈연과 지연, 또는 문화를 같이 하면서 정적 유대(情的紐帶)를 지닌 집단이다. 이는 국가와 다르다. 사람들의 현실적 삶을 지배하는 것은 나라, 국가다. 역사에서는 민족이 앞서지만, 현실에서는 국가가 앞선다. 사람들은 국가에 대해 권리와 의무를 지니나, 민족에 대해서는 그렇지 않다. 정적(情的) 유대감만이 있을 뿐이다(정범모, 2004). 따라서 국가적인 교육의 의무는 민족교육에 그대로 적용이 되지 않는다. 이로 말미암아 민족교육은 그만큼 소극적이고 구속력을 갖지 못한다. 따라서 정서에 호소해 자발적·열정적으로 참여하도록 유도하게 된다.

2.2. 재외동포 교육정책의 목표

한국의 재외동포에 대한 교육정책은 어떠하고, 그 교육목표는 무엇인가? 문민정부(1993-8) 이래 국민의 정부나 참여정부에 이르기까지 다 교육의 최종목표를 "세계 속에서 자긍심 높은 한국인 상 구현"에 두고 있다(박갑수, 2005). 이는 당시까지만 하여도 외국국적동포에 대한 교육에 생각이 미치지 못했기 때문이다. 따라서 교육부의 "재외동포 교육의 목표 및 기본 방향"(1995)에 보이는 교육목표(敎育目標)는 다음과 같다.

교육 목표

세계 속에서 자긍심 높은 한국인상 구현		
안정적인 현지 정착과 민족적 정체성 유지·신장		
모국이해교육	현지적응교육	국내연계교육
영주동포 및 자녀들의 한국인으로서의 동질성 정체성 유지·신장	현지 적응력 신장 및 다양한 교육 수요에 부응	체류민 자녀들의 귀국 후 학교 및 사회적응 능력 제고
영주 동포	일시 체류인	

앞의 도표에 보이는 바와 같이 한국 국민인 일시 체류자에게는 귀국 후 학교 및 사회에 적응할 수 있는 능력을 기르는 국내 연계교육을 하고, 영주 동포(永住同胞)에게는 한국인으로서의 동질성과 정체성을 유지·신장하는 모국 이해교육을 하도록 했다. 그리고 일시 체류자와 영주 동포에게는 다 같이 현지 적응력을 신장하고, 다양한 교육 수요에 부응하는 현지 적응교육을 한다. 이러한 국내 연계교육, 현지 적응교육, 모국 이해교육을 통해 안정적으로 현지에 정착하며, 비록 외국에 있지만 한국인으로서의 정체성을 유지 신장하도록 한 것이다. 이것이 현실적 교육목표다. 이러한 현실적 목표를 바탕으로 추상적 목표를 도출한 것이 "세계 속에서 자긍심 높은 한국인 상"을 구현한다는 것이다.

이것이 바로 앞에서 법적으로 규정한 "재외국민"에 대한 교육목표다. 이는 "재외동포의 교육목표"라 되어 있지만 실상은 "외국국적동포"에 대한 교육목표는 현실적으로 반영되어 있지 않은 것이다. 1991년 개정된 "재외국민의 교육에 관한 규정" 제23조에서 외국국적동포를 교육의 대상으로 포함하기 이전의 "재외동포교육"이란 곧 "재외국민"만을 대상으로 한 교육이었다. 따라서 "외국국적동포"에 대한 교육목표를 반영하자면 "한국인, 모국"이란 표현을 "한민족, 한국"이라고 바꾸어야 한다. 따라서 위의 도표에서 재외동포교육의 목표를 제대로 나타내기 위해서는 "한국인/한민족으로서의 동질성", "모국/한국 이해교육", "한국인/한민족 상 구현"이라고 사선을 치고 "한국인"과 "한국"을 집어넣어야 할 것이다.

2.3. 재외국민 교육의 목표

재외동포에 대한 정부의 교육목표는 구체적으로 국내 연계교육, 한국

이해교육, 현지 적응교육의 세 가지다. 그러나 좀 더 바람직한 목표설정이 되기 위해서는 여기에 세계화교육을 추가해야 한다. 오늘날은 국제화시대요, 세계화시대다. 따라서 재외동포에 속하는 재외국민 교육에는 마땅히 이것이 하나의 목표로 더 설정되어야 한다. 이들 교육목표에 대해서는 앞에서 약간 언급하였으나, 다음에 좀 더 구체적으로 살펴보기로 한다.

첫째, 국내 연계 교육(連繫敎育)

외국에 영주하는 동포와 달리, 일시 외국에 체류하는 한국인인 경우는 일정한 기간 해외에서 교육을 받다가 귀국하여 교육을 받거나, 사회에 나아가 활동할 사람이다. 따라서 이들의 교육 내용은 국내의 교육 및 사회와 연계되어야 한다. 거주국 교육과정에 따르거나, 변형된 교수요목에 따라 교육을 받게 되면 국내 교육과 제대로 연계되지 않는다. 예를 들어 "우리말"의 경우 배우지 않거나, 국어교육(國語敎育) 아닌 외국어로서의 "한국어교육(韓國語敎育)"으로 교육을 받게되면 문제가 발생한다. 심하게는 말을 못할 것이고, 그렇지는 않다고 하더라도 학력에 심한 차이를 초래할 것이다. 그렇게 되면 이들은 귀국하여 국내의 교육과 단절이 생겨 어려움을 겪게 된다. 심하면 정규 학교에 전학하여 교육을 받지 못하고 특수한 교육 기관에 가서 교육을 받아야 할는지도 모른다. 이러한 불행을 막기 위해서는 국내 연계교육을 해야 한다. 국내 연계교육은 재외동포 밀집지역에 "한국학교" 등을 세워 다소 실시하고 있다. 여기서는 대체로 한국의 교육과정에 따라 교육을 하고 있다. 국내연계교육을 담당하는 "재외동포교육기관"의 현황은 다음에 보듯 아직 매우 미미한 수준이다(여종구, 2007).

구분	교육기관			지원기관
	한국학교(전일제)	한국교육원	한글학교(정시제)	해외공관 주재교육관
설치 현황	• 14개국 26교 –학생 : 8,896명 –교원 : 798명 (파견 72)	• 14개국 35개원 –교원 : 45명(파견)	• 106개국 2072개교 –학생 : 125,044명 –교원 : 13,853명	• 5개국 (11기관) 13명

(2007. 4. 기준)

이들 교육 기관의 지역별 분포는 다음과 같다.

구분	일본	아주	구주	CIS	북미	중남미	이중동	소계
교육관	3	2	2	1	3	–	–	11개관
교육원	14	1	3	7	7	3	–	35개원
한국학교	4	14	–	1	–	3	4	26개교
한글학교	73	166	98	536	1,093	68	38	2,072개교

(2007. 4. 기준)

둘째, 모국 이해 교육(理解教育)

재외국민은 비록 외국에 살고 있으나 한국 국적을 가진, 엄연한 한국인이다. 일시 체류자는 말할 것도 없고, 영주권자의 경우도 현실적으로 한국과의 관계를 지니고 있다.

재외국민은 대한민국의 국민임으로 해서 국가의 보호를 받는다. 헌법(憲法) 제2조에는 "국가는 법률이 정하는 바에 의하여 재외국민을 보호할 의무를 지닌다"고 명문화해 놓았다. 따라서 재외국민은 국가에 대해 권리(權利)와 의무(義務)를 지닌다. 인권을 보장 받고, 재산권을 보장 받으며, 교육을 받을 권리를 갖는다. 그리고 납세, 국방, 교육 등의 의무를 지닌다. 이렇게 국가는 나의 안위를 지켜 줄 모체다. 외국에 떠나 있고, 외국에서 생활한다 하여 모국을 나 몰라라 할 수는 없는 일이다. 고국에 있지 아니하고 떠나 있기 때문에 더욱 모국을 이해하는 교육이 필요하다. 접촉이 적고 정보가 부족하여 모국을 잘 모를 수도 있고, 거주국과의 차이도 있어 더욱 이해교육이 필요한 것이다. 다문화시대(多文化時代)를 맞은 오늘날에는 상호 이해를 촉진하기 위해 비교를 통한 모국의 이해를 더욱 필요로 한다. 모국의 이해를 위해서는 민족의 역사와 문화를 알고, 오늘의 실상을 알아야 한다. 재외국민은 현지의 소수민족으로 외롭게 살 수 있다. 그러나 모국이 반만년의 독자적인 문화를 간직한 나라요, 오늘날 세계 10대 경제 대국에 진입해 있는 나라라는 사실을 알게 되면 현지에서 자부심을 가지고 떳떳하게 살 수 있을 것이다. 모국 이해교육은 그만큼 자기의 정체성(正體性)을 파악하고 나아가 떨어져 있는 본토의 국민과 동질성을 갖게 할 것이며, 호혜적 발전을 하게 할 것이다. 그리고 현지와의 관계도 원활해질 것이다.

셋째, 현지 적응 교육(適應敎育)

외국에 영주하는 국민인 경우는 생활의 근거지가 거주지에 있다. 따라서 이들은 국내 연계교육이 따로 필요하지 않다. 오히려 현지에서 유능한 시민(市民)으로 적응하며 잘 살 수 있도록 교육을 해야 한다. 그러기 위해서는 거주국의 언어를 능숙하게 구사할 뿐 아니라, 현지의 문화 · 습속(習俗)을 잘 익혀 유능한 시민으로 성장할 수 있게 하여야 한다. 그렇게 되면 재외동포의 위상도 높아지고, 주류사회의 지도층으로도 진출할 수 있을 것이다.

현실적으로 재외국민의 생활에 영향을 미치는 것은 민족 아닌 현지 국가(國家)다. 따라서 어느 정도 현지 국가에 충성하고, 의무를 준수하며, 그 사회에 기여하도록 하여야 한다. 재외의 영주 국민은 이처럼 뿌리로서의 한국, 또는 한민족 이해교육이 필요할 뿐만 아니라, 현지 적응교육

(適應教育)도 받아야 한다. 아니 현실적으로는 이것이 더 중요하고 필요하다. 이는 현실 생활과 직결되는 문제이기 때문이다. 그렇지 않으면 거류국 현지에서 살아가기 힘들 것이다. 현지 적응교육은 영주 동포뿐만 아니라, 한시적으로 외국에 체류하는 재외국민에게도 어느 정도 필요한 교육임은 물론이다.

넷째, 세계화 교육(世界化敎育)

현대는 국제화시대이며, 세계화시대요, 다문화시대라 한다. 지구촌 시대라 일러지는 오늘날 남과 담을 쌓고 고립하여 살 수는 없는 일이다. 담을 쌓을 것이 아니라, 나, 가정, 사회, 민족, 국가의 순으로 껍질을 깨고 사상(捨象)하는 과정을 겪어야 한다. 인류의 보편적 가치와 윤리를 존중하고, 서로 양보하고 협동하며 사는 세계화를 해야 한다. 인류는 공존(共存)·공생(共生)·공영(共榮)하는 세계로 나아가야 한다.

폐쇄적인 사고나 태도에서 벗어나 열린 마음으로 포용하는 자세를 갖춰야 한다. 민족과 국가가 소중한 것은 사실이나, 그 한계를 뛰어넘어 서로 교류하며 지구촌의 발전과 세계문화의 창조 발전에 기여할 수 있도록 개방하고 양보하는 교육을 해야 한다. 이러한 세계화의 현상은 오늘날 세계 도처에서 나타나고 있다. 우선 미국에서 "21세기를 대비한 외국어 습득의 기준(Standards for foreign language learning : Preparing for the 21st century. 1966)"을 발표하며 모든 학생으로 하여금 외국어와 외국문화를 필수적으로 습득하게 한 것도 이러한 것의 하나다. 우리의 재외동포교육도 세계화교육을 지향해야 한다.

재외동포의 세계화 교육은 폐쇄적 태도를 버리고, 개방적(開放的) 사고를 함으로 포용적 세계를 지향하게 하는 것이다. 이를 문화면에서 본다면 지난날은 특정 문화의 가치만을 강조하였다. 자문화 우월주의를 내세

었다. 그러나 국제화, 세계화, 다문화 사회가 된 오늘날은 한 문화를 절
대적 가치로 보려 하지 않는다. 상대적 가치로 보고 독자성을 인정하려
한다. 우열을 따지지 않는다. 상대주의적 입장을 취한다. 거기에다 문화
는 교류에 의해 상승·재창조된다. 문화적 교류(交流)는 상승작용을 하여
다채로운 문화로 재창조 발전된다. 따라서 국제화시대, 그리고 다문화사
회에 사는 각 민족은 자문화(自文化)를 바탕으로 다채로운 세계문화(世界文
化)를 창조, 발전시켜야 할 운명에 놓여 있다. 이미 이민족·이문화 속에
살고 있기 때문이다. 이런 의미에서 재외동포의 세계화 교육은 특히 필
요한 교육목표가 된다. 현지의 소수민족으로 현지인과 교류를 하고, 거
주국의 문화와 조화를 이루어야 한다. 거기에다 한 가지 꽃이 피어 있는
화원도 아름답지만, 여러 가지 꽃이 다채롭게 핀 화원은 더욱 아름답다.
이렇듯 민족문화도 서로 교류하여 세계문화로 피어낼 때 더욱 아름답고
화려해진다. 다문화사회에 거주하는 재외동포의 세계화교육은 이런 면
에서 더욱 절실하다. 더구나 우리의 경우는 170여 나라에 재외동포가 나
가 살고 있어 세계문화를 꽃 피우는 데 기여해야 하고, 기여할 수 있는
소지가 그만큼 더 많다. 일본의 한국계 한 고등학교에서는 이미 "세계로
뻗어나가는 사람"을 학교교육의 교육목표의 하나로 삼고 있는 것도 보
여 준다.

2.4. 재외국민 교육의 내용

협의의 "재외동포 교육기관", 곧 재외국민 교육기관의 교육과정(敎育課
程)은 "한국학교"의 경우는 초·중등교육법 제23조에 따라 교육인적자
원부장관이 정하는 교육과정에 준하여 편성하게 되어 있고, 소재국(所在
國)의 특수성을 고려하여 교육과정 또는 교과내용을 변경하여 편성할 수

있게 하였다(재외국민의 교육지원 등에 관한 법률 제8조). 동경한국학교와 같은
전일제(全日制) "한국학교"의 경우는 모국의 교육과정에 따라 교육하되,
현지의 특수성을 고려하여 약간 변경·운영하는 것이다. 따라서 여기에
서의 교육 내용은 원칙적으로 모국과 같고, 현지 적응교육이 다소 추가
된다고 보면 된다. 이에 대해 한글학교 및 한국교육원은 한국어·한국역
사 및 한국문화와 같은 민족교육의 교과를 교육 내용으로 한다. 교육부
의 "재외동포 교육의 목표 및 기본 방향(1995)"에서 재외동포의 교육 내
용을 "우리나라의 말과 글, 역사, 문화 등"으로 보고 있는 것이나, "재외
국민의 교육지원 등에 관한 법률" 제 34조의 외국의 교육기관 및 교육
단체가 "한국어·한국사·한국문화 등의 교육과정"을 운영하는 경우 교
육인적자원부 장관이 그 교육과정 운영에 필요한 경비의 전부 또는 일
부를 지원할 수 있다고 한 것도 이러한 맥락에서 이해되는 것이다. 민족
교과(民族教科)에는 이 밖에 한국 사회, 한국 지리 등을 추가할 수 있을
것이다.

이 밖의 재외동포의 교육기관으로는 일본(日本)의 제1조학교(학교교육법
제1조에 의한 법적 교육기관) 및 민족학급, 중국(中國)의 조선족 소·중학교
등이 있다. 일본의 건국학원, 금강학원 및 경도한국학교는 본래 "재외국
민의 교육지원 등에 관한 법률"에 제시된 "한국학교"였으나, 일본의 제1
조학교로 바뀐 것이다. 곧 일본의 정규학교가 되었다. 따라서 여기서는
일본 교육과정에 따르되, 한민족(韓民族)의 특수성을 고려하여 민족교과
를 과외로 편성, 운영하고 있다. 예를 들어 건국중학교의 경우는 "한국
어, 한국사, 한국지리"를, 고등학교의 경우 종합코스 한국문화전공의 경
우는 "한국어, 한국어Ⅱ, 한국어독해, 한국어연습, 한국어회화, 한국사"
가 교육과정에 추가되어 있는 것이 그것이다. 일본의 "민족학급"은 "한
글학교"와 같은 성격의 것으로, 민족교육을 실시하기 위해 일본의 정규

학교에 부설되어 있는 기관이다. 중국의 조선족 소 · 중학교의 경우는 외국국적동포의 교육기관으로 중국 교육과정에 따르되, "어문(語文)"이라는 이름으로 조선어(한국어)를 민족교육의 일환으로 따로 편성 운영하고 있다. 한국의 역사나 문화는 교육과정에 정식으로 반영되어 있지 않다.

이상 재외동포의 교육기관을 중심으로 그 교육 내용을 살펴보았다. 따라서 그 교육내용은 과정에 따라 여러 가지로 달리 설계할 수 있다. "한국학교"와 같이 국내 연계교육을 해야 하는 기관은 한국 교육과정의 전 교과를 교육내용으로 편성해야 한다. 그리고 여기에 현지 적응교육으로서의 거주국의 교과가 추가될 수 있다. 이에 대해 현지 정부에서 설립한 교육기관과, 한글학교 및 민족학급과 같은 경우는 현실적으로 그것이 불가능하다. 여기에서는 여건에 따라 최소한 한국어, 한국의 역사 및 한국 문화를 교육 내용으로 해야 한다. 그리고 여건이 허락된다면 여기에 한국사회, 한국지리를 추가할 수 있다. 영주동포를 위해서는 현지 적응능력을 신장하도록 교육적 지원을 하거나, 다양한 교육을 받을 수 있도록 지도 알선해야 할 것이다.

3. 언어 지식의 이해

교육인적자원부는 2007년 교육과정(敎育課程)을 개정하여 교육인적자원부 고시 제2007-79호로 고시한 한 바 있다. 이에 의하면 국민 공통 기본 교과로서의 "국어과"의 교육 목표는 다음과 같다.

국어 활동과 국어와 문학의 본질을 총체적으로 이해하고, 국어활동의 맥락을 고려하면서 국어를 정확하고 효과적으로 사용하며, 국어문화를

바르게 이해하고, 국어의 발전과 민족의 국어 문화 창조에 이바지 할 수
있는 능력과 태도를 기른다.

> 가. 국어 활동과 국어와 문학에 대한 기본적인 지식을 익혀, 이를 다
> 양한 국어 사용 상황에 활용하면서 자신의 언어를 창조적으로 사
> 용한다.
>
> 나. 담화와 글을 수용하고 생산하는 데 필요한 지식과 기능을 익혀,
> 다양한 유형의 담화와 글을 비판적이고 창의적으로 수용하고 생
> 산한다.
>
> 다. 국어 세계에 흥미를 가지고 언어 현상을 계속적으로 탐구하여, 국
> 어의 발전과 미래지향의 국어 문화를 창조한다.

국어교육의 목표는 이렇게 국어활동과, 국어와 문학의 본질을 이해하
고, 국어를 정확하고 효과적으로 사용하며, 국어문화(國語文化)를 바르게
이해하는 데 초점을 두고 있다. 따라서 언어생활을 정확하고 적절하게
하기 위해서는 언어와 언어문화에 대한 지식을 갖추어야 한다. 이는 굳
이 구별한다면 의사소통능력(communicative competence)에 대한 언어능력
(linguistic competence)을 갖추게 하는 것이다.

첫째, 음운면의 지식

한국어는 10개의 단모음(ㅏ, ㅓ, ㅗ, ㅜ, ㅡ, ㅣ, ㅐ, ㅔ, ㅚ, ㅟ)과 19개의
단자음(ㄱ, ㄴ, ㄷ, ㄹ, ㅁ, ㅂ, ㅅ, ㅇ, ㅈ, ㅊ, ㅋ, ㅌ, ㅍ, ㅎ, ㄲ, ㄸ, ㅃ, ㅆ, ㅉ),
및 반모음 2개(ㅡ, l)가 있어 31개의 음소(音素)로 이루어져 있다. 비분절
음소(supra-segmental phoneme)로는 장단(length)과 연접(juncture)이 있다.

음운면에서 가장 유의할 것은 단모음 "ㅐ-ㅔ"를 제대로 구별하고, 이
중모음 "의"를 제대로 발음하며, 음의 장단(長短)을 구별하여 발음하는
것이다. ㅐ-ㅔ의 발음은 많은 내국인도 혼란을 빚고 있는 것이다. "개-

게, 내-네, 대-데, 매-메, 배-베, 새-세, 재-제, 채-체, 태-테"는 의미가
다른 말이다. 제대로 구분해야 한다. "의"의 발음은 이중모음 [의]로 발
음하는 것이 원칙이다. 그러나 일상생활에서는 둘째 음절 이하에서 [이],
소유격으로 쓰일 때 [에]로 발음되는데, 이는 허용되는 것이다. 그리고
이렇게 발음하는 것이 자연스럽다. 따라서 "의의(意義)의 의의(意義)"는
[의이에 의이]라고 발음하는 것이 가장 자연스러운 허용되는 발음이다.
음의 장단 및 어두(語頭)와 어중(語中)의 경음화도 주의해야 할 대상이다.

- 음의 장단 : 가장(家長)-가:장(假裝), 경기(景氣)-경:기(競技), 눈물(淚
  水)-눈:물(雪水), 방화(防火)-방:화(放火), 사형(私刑)-사:형(死刑), 새집
  (新屋)-새:집(鳥巢), 서광(西光)-서:광(瑞光), 장인(匠人)-장:인(丈人), 회
  의(懷疑)-회:의(會議)
- 어두 경음 : 꺼꾸로, 딲다, 뿌러지다, 쌂다, 쎄다, 쐬주, 쪽집게
- 어중 경음 : 관껀, 교꽈서, 김빱, 등끼, 불뻘더위, 참꼬서, 창꼬, 창꾸,
  체쯩(滯症)

그리고 결합적(結合的) 변동(變動)에는 종성(終聲)의 연음(連音), ㅣ모음동
화, 간극동화(間隙同化)에 특히 주의해야 한다. 결합적 변동에는 다음과
같은 현상이 있다.

① 종성의 발음 :
* 중화(中和) : 부엌[억], 앉다[안], 얇다[얄], 밟다[밥], 곪다[곰], 읊다
[읍]
* 연음(連音) : "ㅈ, ㅊ, ㅋ, ㅌ, ㅍ" 및 중자음의 받침이 제대로 연음이
되도록 해야 한다.
젖이[저지], 꽃을[꼬츨], 부엌에[부어케], 숯을[수틀], 잎이[이피], 넋의

[넉쐭], 닭을[달글]

② 동화(assimilation) :

한국어에는 아래와 같은 다양한 동화 현상이 나타난다.

* 비음화 – 국물[궁], 압력[암], 냇물[낸], 독립[동]

* 설측음화 – 천리[철], 칼날[칼랄]

* 구개음화 – 미닫이[다지], 같이[가치]/ 뒷심, 뱃심, 등심/ 숱-이[수티>수치] (기름[지름], 힘[심]은 비표준 발음)

* ㅣ 모음동화 – ㅣ 모음동화는 원칙적으로 인정하지 않는다. "가자미[재], 아기[애]"는 비표준 발음이다. "되어[되여], 피어[피여], 이오[이요], 아니오[아니요]는 허용된다.

* 전설모음화 – "까슬까슬[실], 나즈막히[지], 메스껍다[시], 요즈음[지], 으스대다[시]"는 비표준 발음이다.

* 간극동화(間隙同化) – 연구개음화와 양순음화가 있다. 이들은 표준발음으로 인정하지 않는다.

• 연구개음화(軟口蓋音化) :

/t'/가 /ㄱ, ㅋ, ㄲ/ 위에서 /k'/로 : 낟가리, 맡기다, 옷감, 젖가슴, 쫓기다, 풋콩

/p'/가 /ㄱ, ㅋ, ㄲ/ 위에서 /k'/로 : 갑갑하다, 높고, 밟고, 밥그릇, 집게, 접칼

/n/이 /ㄱ, ㅋ, ㄲ/ 위에서 /ng/로 : 건강, 단골집, 둔갑, 앉고, 않기로, 한 끼, 큰 키(長身)

/m/이 /ㄱ, ㅋ, ㄲ/ 위에서 /ng/로 : 감기, 꼼꼼하다, 담그다, 옮기다, 캄캄하다, 담 큰(膽大), 함께

• 양순음화(兩脣音化) :

/t'/가 /ㅂ, ㅍ, ㅃ/ 위에서 /p/로 : 갓풀, 겉보리, 꽃봉오리, 샅바,

팥빵, 팥편, 핫바지

/t'/가 /ㅁ/ 위에서 /m/으로 : 냇물, 꽃말, 팥물, 잇몸, 젖먹이, 낱말

/n/이 /ㅁ, ㅂ, ㅍ, ㅃ/ 위에서 /m/으로 : 건빵, 단백질, 연필, 찬물,

한 방, 한 뼘

③ 축약(contraction) · 탈락(omission) · 첨가(addition)현상

* 축약 : 나의>내, 가아>가, 고이어>괴어/고여, 쓰이어>씌어/쓰여

* 탈락 : *긋어>그어, 불삽>부삽, 어제저녁>엊저녁, 오라비겨집>올케

* 첨가 : 대잎>댄닢, 낮일>난닐, 물약>물략("달르다, 육니오, 활룡, 설레이

다"는 오용임.)

둘째, 어휘면의 지식

언어를 분류하는 방법 가운데 하나로 표준어(標準語)와 방언(方言)이 있다. 표준어는 한 나라의 규범이 되는 언어로서 정식으로 작정된 것이다. 이에 대해 방언은 지역 및 사회에 따라 달리 쓰이는 것이다. 비표준어는 사투리라 한다.

우리의 표준어는 1912년 조선총독부의 "보통학교용 언문철자법"에서 최초로 "경성어를 표준으로 함"이라 규정된 이래 1920년의 "사정한 조선어 표준말 모음", 1947-1957년 조선어학회의 "큰사전"을 거쳐 1988년 "표준어규정"의 제정에 이르게 되었다. 표준어는 한 나라의 규범이 되는 언어로 그 사용이 강제되는 것이다. 따라서 이에 대한 지식을 필요로 한다. 더구나 언어는 변화할 뿐 아니라, 규정도 필요에 따라 개정되기 때문이다.

언어 기호는 형태와 개념 사이에 필연적인 관계가 있는 것이 아니고, 사회적 계약에 의해 성립된 것이다. 그러나 대부분의 말은 유연성(motivation)을 지니는 것이 사실이다. 이러한 유연성에는 자연적(自然的) 유

연성과, 언어내적(言語內的) 유연성이 있다. 의성어는 자연적 유연성을 지니는 것이다. 언어내적 유연성은 형태적 유연성과 의미적 유연성으로 나뉜다.

형태적(形態的) 유연성은 형태소 사이에 유연성을 지니는 것으로, "눈-물(淚), 돌-다리(石橋), 목-숨(生命)"과 같은 것이 그 예다. 의미적(意味的) 유연성은 "꽃(여인), 늑대(남자), 감투(벼슬), 쇠(金錢)"와 같은 비유적 표현이 그것이다. 그런데 이러한 유연성은 소실되는 경우가 많다. 따라서 언어의 바른 형태를 파악하기 어렵게 하여 혼란이 많이 빚어진다. 이런 혼란의 대표적인 현상이 어원(語源)을 밝히는 과정에 빚어지는데 다음과 같은 경우가 그 예에 해당한다(박갑수, 1994). 아래 보기에서 앞이 비표준어, 뒤가 표준어이다.

① **전통적 형태 수용에 의한 오용**
가운대(>가운데), 겨을(>겨울), 기심/기음(>김), 내중(乃終)(>나중), 도로혀(>도리어), 뒤안(>뒤꼍), 모두다(>모으다), 모밀(>메밀), 벼개(>베개), 부비다(>비비다), 설혼(>서른), 수꿩(>수꿩), 쉬혼(>쉰), 여닐곱(>예닐곱), 음달(>응달), 이쁘다(>예쁘다), 이즈러지다(>이지러지다), 자내(>자네), 자블음(>졸음), 줏다(>줍다), 하욤없다(>하염없다)

② **변화 형태 수용에 의한 오용**
게자(<겨자), 귓속말(<귀엣말), 꼬깔(<고깔), 담다(<담그다), 독불장군 없다고(<독불장군이라고), 뒤꼭지(<꼭뒤), 들리다(<들르다), 디립다(<들입다), 먹서리(<먹살), 바램(<바람), 발르다(<바르다), 발꼬락(<발가락), 벌거지(<버러지), 비들기(<비둘기), 삼가하다(<삼가다), 수집다(<수줍다), 시금자(<흑임자), 안절부절하다(<안절부절-못하다), 얼기빗(<얼레빗), 오큼(<옴큼), 우연찮게(<우연히), 웃도리(<윗도리), 으시대다(<으스대다), 이면수(<임연수어), 칼치(<갈치), 푸르르다(<푸르다), 행결(<한결), 행길(<한길), 황새기젓(<황석어젓)

③ 이형태 수용에 의한 오용

가치/까치<개비, 걸거치다<거치적거리다, 검지<집게손가락, 까끄럽
다<깔끄럽다, 까끌까끌하다<깔끔깔끔하다, 메꾸다<메우다, 새악시<새
색시, 소낙비<소나기, 싸가지없다<소갈머리없다, 어스름달<으스름달,
연신<연방, 바른쪽<오른쪽, 잎새<이파리/잎사귀

의미의 면에서 혼란이 빚어지는 경우도 많다.

① 비슷한 뜻을 가진 말의 혼용

가르치다~가리키다, 걷다~거두다, 계시다~있다, 그러므로~그럼으
로, 껍질~껍데기, 꾸다(貸)~꾸이다(뀌다), 너무~매우, 넘보다~넘어다보
다, 느리다(緩)~늦다(晚), 다르다(異)~틀리다(違), 돋우다~돋구다, 두껍
다~두텁다, 모래~모새, 모퉁이~모롱이, 목~몫, 바라보다~쳐다보다,
받히다~받치다, -번째~-째번, 비치다~비추다, 빛(光)~볕(陽), 빠르다
(速)~이르다(早), 시각~시간, 싣다~태우다, 엉기다~엉키다, 잃다(失)~
잊다(忘), 작다~적다, 조짐~빌미, 토(吐)~음(音), 하나도~조금도, 한글
(正音)~국어(國語), 한창~한참, 홑(單)~홀(獨)

② 비슷한 형태를 가진 말의 혼용

까불다~까부르다, 낟~낫~낮~낮~낱, 느리다~늘이다. 띠다~띄다,
맞추다~맞히다, 벌이다~벌리다, 부수다(破)~부시다(洗), 붙이다(附)~부
치다(送), -박이~-배기, 여위다~여의다, -장이~-쟁이, 하느님~하나님

③ 같은 뜻의 말(동의어)의 반복 사용

가로수 나뭇잎, 낙엽이 지다, 결실을 맺다, 넓은 광장, 남은 여생, 따뜻
한 온정, 떨어지는 낙엽, 만족감을 느끼다, 모든 준비에 만전을 기하다,
범행을 저지르다, 새 신랑, 십오일 날, 역전 앞, 잔존해 있는, 저무는 세
모, (서류를) 접수 받다, 처갓집, 피해를 입다(당하다), 현안 문제

④ 기타

같아요~아/어요(기분이 좋은 것 같아요), 되겠습니다~입니다(이분이
선생님이 되겠습니다)

셋째, 문법면의 지식

① 어휘의 형태적 오용

- 활용의 오용 : -길래<-기에, (내)노라<(내)로라, -ㄹ런지<-ㄹ는지, 되<되어(돼), 알맞는<알맞은, -요<-오(종결어미), 거라(하거라)-아/어라, -와라--워라(ㅂ 불규칙활용)
- 활용의 혼란 : -던~-든, -러~-려, -므로~-ㅁ으로
- 조사·접사의 오용 : -새로에<-새려, -마자<-마저, -채<-째, -롭다<(풍요)-하다
- 조사·접사의 혼란 : -개~-게(찌개, 지게), -로서~-로써, -에~-에게, -이~-히(깨끗이), 끼어~끼여, 꾸다~꾸이다, 뵈이다-뵈다(<보이다), 빌다~빌리다, 채이다~채다(차이다)

특히 "르"불규칙활용의 용언의 경우 기본형이 쓰여야 할 자리에 "르"을 첨가하는 현상(달르다<다르다), 명령형 "-아라/-어라"가 "-거라"로 되는 현상, 두 음절 이상으로 된 "ㅂ"불규칙활용의 어미가 "와(<워)"로 나타나는 현상이 일반적이다.

② 통사적 오용

- 성분의 비호응 : 네, 냄새 없애지요, 공기까지 맑아진다구요(맑게 한다구요)

  곰이라구요? 지쳤다(지쳤는가) 싶으면 우루사지요.

  모든 일에 자신있게 도전하고, (일을) 성취해 내는 남자.
- 대우법 : 빨리 가자, 할머니가 빨리 오시래(오라서).

  애, 손님이 계자 달란다(달라신다).

③ 의미호응의 오용

- 부적절한 말 : 음, 내 입맛에 척 붙네(딱 맞네).
- 비논리적 표현 : 문헌에 의하면 호박은 속을 보호하고 기를 늘리며,

특히 여자 몸에 좋다는 (좋다고 하는) 것은 다 알지?

• 부족한 표현 : 성취를 위한(성취를 해야 할) 나이에 당신은 피로를 느끼십니까?

난의 성분이 들어 있어 촉촉한 (피부의) 생명력이 지속되죠.

넷째, 표기면의 지식

① -음, -이 이외의 접사가 올 때 어원을 밝히지 않음.

막애>마개, 모가지>모가지, 문엄>무덤, 죽엄>주검, 지붕>지붕

넘우>너무, 검엏다>거멓다, 믿업다>미덥다, 우습다>우습다

* 넓따랗다>널따랗다, 넓찍하다>널찍하다, 떫떨하다>떨떨하다,

싫금하다>실큼하다, 싫컷>실컷, 얇팍하다>얄팍하다, 핥짝핥짝하

다>할작할짝하다, (넙적하다>넓적하다, 넓적다리>넓적다리, 넙죽

하다>넓죽하다)

② "-이"형과 "-히"형 부사의 혼란

가이>가히, 가지런이>가지런히, 꾸준이>꾸준히

깨끗히>깨끗이, 기어히>기어이, 고히>고이, 번번히>번번이, 새로

히>새로이, 일일이>일일이, 큼직히>큼직이

③ 사이시옷의 오용

사이시옷은 원칙적으로 고유어 사이에 된소리가 나거나, "ㄴ, ㄴㄴ"

소리가 덧날 때 붙인다. "곳간, 셋방, 숫자, 찻잔, 툇간, 횟수"의 경우는

예외다.

• 경음화 : 나무배>나뭇배, 모기불>모깃불, 쇠조각>쇳조각, 코둥>콧둥

• "ㄴ"음 첨가 : 나무잎>나뭇잎, 대잎>댓잎, 도리깨열>도리깻열, 베

갯잇>베갯잇/ 위이>윗니, 머리이(頭虱)>머릿니

(머릿말>머리말, 햇님>해님)

④ 암(雌) 수(雄)의 표기

자웅을 나타내는 접두사는 "암, 수"로 통일하고, "ㅎ"소리가 덧나는
것은 "수캉아지, 수캐, 수컷, 수키와, 수탉, 수탕나귀, 수톨쩌귀, 수퇘지,
수평아리"의 9개 단어에 한정한다. "숫양, 숫염소, 숫쥐"는 사이시옷과
비슷한 소리를 인정한 경우다.

"암캐미, 암커미, 암케, 암코양이, 암콤, 암퀭이, 암쿠렁이, 암클, 암펄,
암펌, 암피둘기"와 이에 대응되는 "수캐미" 등은 인정하지 않는다. "수
여우, 수 이리, 수 잉어"도 인정하지 않는다.

⑤ 한자음 렬/률의 표기

모음과 "ㄴ" 소리 아래에서는 "열/렬", "율/률"을 "열/율"로 적고, 그
밖의 경우는 원음대로 적는다.

- 열 : 배열(排列), 분열(分裂), 선열(先烈), 비열(卑劣)
- 렬 : 정렬(整列), 작렬(炸裂), 정렬(貞烈), 졸렬(拙劣)
- 율 : 비율(比率), 기율(紀律), 운율(韻律)
- 률 : 확률(確率), 법률(法律), 음률(音律)

4. 언어문화 지식의 이해

4.1. 문화교육과 언어문화교육

교육부의 "재외동포 교육의 목표 및 기본 방향"에 재외동포의 교육내
용이 "우리나라의 말과 글, 역사, 문화 등"이라 되어 있다고 하였다. 이
렇게 "문화"는 민족교과로서 중요한 의미를 지닌다.

그러나 정부의 교육과정(教育課程)에서의 "문화"는 독립된 교과로 설정

되어 있지 않다. 이는 역사의 일부분으로 다루어지거나 "사회·문화(社會·文化)"라는 사회과의 한 분야로 설정되어 있을 뿐이다. 그리하여 역사에서는 전통사회의 사상, 종교, 학문의 역할과 예술의 특징을 파악하고, 나아가 민족문화의 특수성과 보편성에 대한 이해를 토대로 민족문화에 대한 긍지를 가지고, 이를 창조적으로 계승·발전시키는 데 힘쓰도록 되어 있다. 그리고 사회·문화에서는 사회·문화현상을 종합적으로 파악하고 민족문화의 특성을 바르게 이해하여 민족문화 창달에 이바지하며, 세계화, 개방화하는 미래사회에 대응할 수 있는 시민 능력과 태도를 가지도록 하였다. 따라서 이들 문화교육의 특성은 주체성의 확립과 세계화를 지향하는 교육이라 할 것이다.

재외국민의 문화교육은 이러한 교육과정의 정신에 따라 수행되어야 한다. 그런 의미에서 시대적으로 생활문화, 성취문화, 전통문화 등에 대한 지식을 쌓고, 문화의 속성과 변동 및 민족문화의 특성을 파악하고, 우리 문화를 세계화하는 방법을 모색하도록 해야 한다.

여기서는 이러한 문화의 문제를 문화 전반이 아닌, 언어문화(言語文化)에 한정하여 살펴보기로 한다. 그것은 문화의 기본이 되는 것이 언어요, 언어문화이기 때문이다. 따라서 언어교육은 그 첫 시간째부터 문화와 관련을 갖는다.

언어교육의 가장 큰 목표는 의사소통 능력(communicative competence)을 기르는 것이다. 의사소통 능력은 Chomsky의 언어능력(linguistic competence)에 대한 Hymes의 의사소통 능력을 가리킨다. 이는 문법적(文法的) 지식에 그치지 아니하고, 사회적·문화적으로 적절한 의사소통을 할 수 있는 자질을 의미한다. Hymes의 의사소통 능력 이론을 발전시킨 Canale & Swain(1980)은 이 의사소통 능력을 세분하여 문법능력(grammatical competence)과 사회언어학적 능력(sociolinguistic competence) 및 전략적 능력(strategic

competence)의 셋으로 나누고, 사회언어학적 능력을 다시 사회문화적 능력
과 담화능력으로 나누고 있다.

　의사소통 능력은 문법능력(文法能力)에 의해 정확성(accuracy)을, 사회언
어학적(社會言語學的) 능력에 의해 적격성(appropriateness)을 확보하게 된다.
정확성은 물론 언어 지식의 교육에 의해 확보되는 것으로, 음운·어휘·
통사에 대한 지식, 곧 언어능력을 갖추는 것이다. 이에 대해 적격성은
사회문화적 능력, 담화능력, 그리고 전략적 능력 등과 관련되는 것이다.
이는 의미와 형태의 사회적 적절성을 아울러 이르는 것으로 사회적으로
수용성(acceptability)이 있는 표현을 말한다. 따라서 수용 가능한 사회문화
적 능력을 기르기 위해서는 사회문화적 내용 지식(內容知識)과 함께 사회
언어학적 측면에서의 형식 지식(形式知識)의 교육도 아울러 수행해야 한
다. 이렇게 함으로써 의사소통능력을 고양하게 된다.

4.2. 사회문화적 내용에 대한 지식

　언어는 사회문화를 반영한다. 언어는 단순한 기호가 아니고, 문화를
내포한 기호다. 따라서 사람들은 문화로 포장된 언어에 의해 자극을 하
고 이에 반응한다. 언어는 일반적으로 자의성(恣意性)을 갖는다고 한다.
그러나 많은 경우 유연성(有緣性)을 지닌다. 예를 들면 "인명 개운포(因名
開雲浦)"(三國遺事)와 같은 것이 그것이다. 이러한 유연성을 지닌 말은 대
부분 사회문화적 내용(內容)을 함유한다.

　첫째, 특정한 문물·제도를 반영한다. 언어는 문화의 색인이라 하거니
와, 그러한 문물이나 제도가 있어 이를 나타내는 말(單語)이 생성된 것이
다. "화랑(花郎), 국자감(國子監), 임진란(壬辰亂), 보쌈, 에밀레종, 문민정부,

운동권, 기러기아빠"와 같은 것이 그것이다. "장가들다(入丈家), 머리 풀다(喪), 머리를 올리다(結婚)"도 같은 것이다. 이런 언어문화는 다른 언어에서 찾아볼 수 없는 것이다. 이들 말을 제대로 파악하자면 그 이면에 숨겨진 문화적 배경을 알아야 한다. 그렇지 않고는 그 뜻을 바로 파악할 수 없다. 문물 · 제도를 반영하는 말은 단어에만 국한되는 것이 아니다. 관용어 및 대부분의 속담도 이러한 것이다. 먼저 몇 개의 관용어의 예를 보면 다음과 같다.

> 국수를 먹다/ 동곳을 빼다/ 머리를 얹다/ (돼지) 멱따는 소리/ 뽕도 따고 임도 보고/ 삼수갑산에 가는 한이 있어도/ 상다리가 부러지다/ 엿장수 마음대로/ 육갑을 떨다/ 죽 쑤다/ 찧고 까불다/ 찬밥 더운밥 가리다/ 콩밥을 먹다/ 퇴짜를 놓다(맞다)/ 파김치가 되다/ 팔자를 고치다/ 한술 더 뜨다

속담의 예로는 다음과 같은 것이 있다.

> 금강산도 식후경(食後景)/ 남대문입납(南大門入納)/ 동서 춤추게/ 멍이야 장이야/ 보리죽에 물 탄 것 같다/ 복날 개 패듯/ 사돈네 안방 같다/ 썩어도 준치/ 억지 춘향이/ 저녁 굶은 시어미 상이다/ 절에 간 색시/ 충주 결은 고비/ 춥기는 사명당(四溟堂) 사첫방이다/ 콩으로 메주를 쑨대도 곧이 안 듣는다/ 평안감사도 저 싫으면 고만이다/ 행차 뒤에 나팔/ 홍길동이 합천 해인사 털어 먹듯

둘째, 사회의 성격이 언어생활에 반영된다. 계급적 봉건사회는 언어에도 차별을 낳는다. 가장 대표적인 것이 대우법의 발달이다. 우리말에는 화계(speech level)가 여섯 가지나 있으며, 거기에다 "입시, 밥, 진지, 수라"와 같은 위상어가 있고, 호칭이 다양하게 발달했다. 학습자는 이러한 언

어행동이 빚어지는 종속사회의 성격을 알아야 한다.

셋째, 정신작용이 언어생활에 반영된다. 가치관이나, 사회 공통의 기질, 및 그 시대 특유의 사상과 풍조가 언어에 영향을 미친다. 조선조의 억불숭유(抑佛崇儒) 정책은 언어생활에 "중놈, 승년"이란 말의 일반화를 낳았다. 사상 면에서는 무언독행(無言篤行)을 미덕으로 아는 중국문화의 영향을 받아 언어 윤리가 강조되고, 침묵과 신언(愼言)이 강조되기도 하였다. 이 밖에 유행과 풍조도 언어생활에 많은 변화를 야기한다. 규범에서 일탈된 많은 통신언어가 생산되는 것도 이러한 예다.

넷째, 외래문물이 언어에 반영된다. 유(儒) · 불(佛) · 선(仙) 및 기독교의 유입으로 이들과 관련된 어휘가 많이 우리말에 스며들었다.

- 유교 : 군자(君子), 성인(聖人), 세자(世子), 제사(祭祀), 효도(孝道)
- 불교 : 관음(觀音), 불도(佛道), 삼매(三昧), 자비(慈悲), 중생(衆生)
- 기독교 : 기독(基督), 복음(福音), 사랑, 세례(洗禮), 윤회(輪廻), 지옥(地獄), 천당(天堂)

고대 이래 현대에 이르기까지 외래문물이 들어오며 많은 어휘가 또한 한국어 가운데 들어왔다. "唐-, 胡-, 洋-, 倭-"를 접두사로 하는 많은 문물의 이름은 그 소종래(所從來), 내력을 말해 주는 것이다.

다섯째, 기타 유연성을 지니는 어휘가 많다.

일상 언어 가운데는 유연성(有緣性)을 지녀 그 이면의 생활문화를 엿보게 하는 어휘가 많다. 이러한 말을 몇 개 보면 다음과 같다.

고뿔(鼻-火), 눈물(眼-水), 눈비음(目-飾), 도리깨침(農具-唾), 두루마기(周-遮), 망나니(死刑執行者), 목숨(頸-息), 밑천(本-錢), 바늘귀(針-耳), 볼가심(臉-洗), 비호-같다(飛虎-同), 빨래말미(洗-暇), 선바람쐬다(非熟風-

接), 시내(谷-川), 시치미-떼다(主人票-摘), 쏜살같다(射矢-同), 어르신(交
合人), 어버이(父-母), 어이딸(母-女), 열없다(膽-無), 오라질놈(捕繩-負-
者), 옷깃차례(領-序), 우산걸음(傘-步), 잔다리밟다(密段橋-踏), 장기튀김
(棋-彈), 집알이(家-探知), 총각김치(總角-菹), 코끼리(鼻-長), 한가위(最-
中), 한숨(大-息), 핫바지(綿-袴), 혼나다(魂-出), 홀아비김치(鰥-菹)

4.3. 사회문화적 형식에 대한 지식

사회문화를 반영하는 사회언어적 형식(形式)도 특수한 것이 많다. 전통
적인 언어관습(言語慣習)이나, 각종 인사(人事), 특정 집단사회에서 수행되
는 의례적(儀禮的) 표현이 이러한 것이다. 새해에 "과세 안녕하셨습니까?"
란 인사에 "새해에는 아들을 낳았다지"라 응대하는 덕담은 전통적 언어
관습이다. "상사를 당하시어 얼마나 망극하십니까?"에 "망극하기 그지없
습니다"라 답하는 문상 의례도 이런 것이다. "진지 잡수셨습니까?"는 전
통적 인사법이고, 아침·점심·저녁의 구별 없이 "안녕하세요?"라 하는
것은 현대사회 문화를 반영하는 사회문화적 언어 형식이다. 이밖에 앞에
서 인용한 관용어나, 속담도 이러한 사회문화를 반영하는 언어 형식이라
하겠다.

구문(構文)의 형식도 여기서 거론할 수 있다. 영어와 다른, 한국어의 도
미문(periodic order sentence)은 한민족의 사고방식을 반영하는 것이다. 그리
고 한국어는 고맥락 문화(high context culture)를 반영하는 언어로, 장면에
의지하여 통합적이고 거시적이며, 의미지향적인 표현을 즐겨 한다. 따라
서 흔히 성분(成分)이 생략된다. 특히 주어(主語)를 많이 생략한다. 이는 가
주어(假主語)까지 사용하는 영어와 대조된다. 한국어로는 구애를 해도 "사
랑해"라 하지, 영어 "I love you."처럼 주어와 목적어를 밝히지 않는다.

따라서 서구어에서와 같이 일상어에서 주어, 목적어, 서술어를 일일이 찾아 쓰면, 그것은 한국어다운 한국어가 아닌, 번역투의 말이 된다.

가치관(價値觀)도 사회언어적 형식과 밀접한 관계를 갖는다. 문화변용규칙(文化變容規則)은 민속지적 특성을 지니는 것으로, 의사소통에 매우 중요한 요소가 된다. 가치관은 여러 가지가 있을 수 있다. 松本(1994)는 일본과 미국의 문화변용 규칙을 들고 있는데, 그것은 "겸손지향 대 대등지향, 집단지향 대 개인지향, 의존지향 대 자립지향, 형식지향 대 자유지향, 조화지향 대 주장지향, 자연지향 대 인위지향, 비관지향 대 낙관지향, 긴장지향 대 이완지향"의 여덟 가지다. 전자가 일본의 변용규칙에 해당되는 것이고, 후자가 미국의 변용규칙에 해당되는 것이라 한다. 그런데 일본 문화의 변용규칙이란 것은 실은 한국 문화에도 그대로 해당된다. 아니 동양문화가 여기에 해당된다고 하여도 과언이 아니다. 이들 문화변용규칙은 서양과는 대척적인 것이므로, 바람직한 한국어를 사용하여 의사소통을 하고자 할 때는 이러한 문화변용규칙에 주의를 기울여야 한다.

다음에 이들 여덟 가지 문화변용규칙에 따른 한국의 언어문화변용, 다시 말해 사회문화적 언어 형식의 지식에 대해 살펴보기로 한다.

첫째, 겸손지향(謙遜志向)은 진수성찬을 차리고도 "차린 것이 없다"고 하는 것이다. "나" 아닌 "저"라고 표현을 하는 것이나, 처음 인사할 때 아는 것이 없으니 많이 가르쳐 달라고 하는 것도 이러한 것이다.

둘째, 집단지향(集團志向)은 자기 아내를 "우리 아내"라 하고, 인사할 때 소속을 먼저 밝히는 것이 이러한 예다. 이에 대해 개인지향은 "I"와 "privacy"를 내세운다.

셋째, 의존지향(依存志向)은 응석을 부리고, 이를 받아 주는 것이다. 여인들이 "난 몰라!"하고 애교를 부리는 것이 그것이다. 맞고 울고 들어오는 아이에게 "울지 마라, 우리 아기 착하지"하는 것도 이런 것이다. 이에 대해 자립지향은 "You are a big boy now. Hit him back!"이라 한다. 요사이는 한국에서도 젊은 어머니가 이렇게 말하고 있다 한다. "잘 부탁한다, 편달을 바란다"고 하는 것도 의존지향의 표현이다.

넷째, 형식지향(形式志向)은 의례적 편지 전문(前文)이나, 의식 등에서 그 전형을 볼 수 있다. 춘향전 가운데 향단의 문안은 이의 대표적인 것이다. "향단이 문안이요. 대감님 문안이 어떠하옵시며, 대부인 기체안녕하시옵시며, 서방님께서도 원로에 평안이 행차하시닛까"(열녀춘향수절가). 결혼식에서 "장래가 촉망되는 청년", "현숙한 재원", "검은 머리가 파뿌리가 되도록 해로하라"고 하는 것도 이러한 예다. "더 드세요."에 대해 "많이 먹었어요."라 하는 것도 마찬가지다.

다섯째, 조화지향(調和志向)은 모호하고 완곡하게 표현하거나 신중하게 표현하는 것이다. 의견을 물으면 "제가 뭘 알아야지요."라고 피하는 것이나, 무엇을 먹겠느냐에 "아무거나 먹겠습니다"라 하는 따위가 그것이다. 숫자도 정확히 대지 않고 어림수를 댄다. 물건을 사면서도 "두서너 개 주세요"라고 구체적 숫자를 대지 않는다. 자기주장을 하고 따지기보다 화합과 조화를 꾀하고자 한다.

여섯째, 자연지향(自然志向)은 자연스러운 감정주도형의 변형을 하는 것이다. 인위적으로 분위기를 만들려 하지 않고, 차례가 될 때 말을 한다. 대화할 때 따고 들어오는 것을 못마땅해 한다. 특히 어른의 대화에 끼어드는 것은 큰 실례라 생각한다. 행동중심 아닌, 상황중심의 피동 표현을 한다. 결혼을 해도 "한다"고 하지 않고, "하게 되었다"고 한다. 추상적 표현 아닌 구상적 표현을 즐기는 것도 자연지향의 표현이다. 퇴근한 가장이 "얼라는?-묵자-자자"라 한다는 것이나, 음식점 등에서 방의 호실(號室) 이름을 "매·란·국·죽"이라 하는 것도 이러한 예다.

일곱째, 비관지향(悲觀志向)은 칭찬에 인색하고 부정적 태도를 취하는 것으로, "Thank you!"라 해야 할 자리에 "미안합니다", "죄송합니다"라 인사하는 따위가 그것이다. 칭찬을 액면 그대로 받아드리지 않고 부정한다. "야, 네 옷 참 멋지다!"라고 칭찬을 하면 "아니야, 싸구려야."라 응대한다.

여덟째, 긴장지향(緊張志向)은 "힘내라", "열심히 해야 한다"하며 긴장을 늦추지 않는 것이 그것이다. "너 그러면 대학 못 간다."도 이런 것이다. 마음을 편안히 가지라("Take it easy!")거나, 중요한 장면에 농담을 하고 푸는 여유와 대조되는 문화지향이다.

한국어 학습자는 이러한 문화변용규칙을 알고, 한국인과 대화할 때는 이러한 문화변용규칙에 적응하며 의사소통을 하는 것이 바람직하다. 그래야 한국인 화자에게 거부감을 주지 않고, 자연스러운 대화를 할 수 있다. 그렇지 않으면 원만한 소통을 할 수 없게 되고, 오해를 사거나 웃음거리가 된다. 사회적 부적격성(social incompetence)은 언어적 부적격성(linguistic incompetence)보다 훨씬 심각한 결과를 야기한다.

이 밖에 언어생활에 넘쳐나는 비유(比喩)도 사회언어학적 형식과 관련되는 것이 많다. 언어에 따라 발상(發想)이 같거나 비슷한 표현도 있지만 다른 것도 많다. 비유의 경우 개성적인 것이 아닌, 민족지적 특성을 반영하는 것은 사회언어문화를 반영하는 형식으로 이에 대한 이해도 커뮤니케이션을 위해 필요하다. "고래 등 같은 기와집", "말만한 처녀", "앵두 같은 입술"이 이런 것이다.

재외국민은 이러한 문화변용규칙을 알고 이문화간 커뮤니케이션을 하도록 해야 한다. 그것은 화자의 경우거나 청자의 경우 다 마찬가지다. 그렇지 않으면 상대방에게 충격을 주고, 오해를 사고, 제대로 의사소통도 하지 못하게 된다. 이는 원만한 의사소통을 위해서는 화자와 청자가 상호간에 상대방의 문화적 변용 내지 지향문화를 이해해야 문화적인 충격을 받지 않는가 하면 오해를 하지 않게 됨을 의미한다.

언어에 반영된 사회문화를 살펴보았다. 바람직한 한국어교육을 하기 위해서는 이러한 문화교육이 필요하다. 사회적으로 적절하고 수용성(受容性)이 있는 언어 표현을 해야 하기 때문이다. 이는 그간 소홀히 다루어졌다. 외국어교육의 첫째 시간부터 문화교육이 시작된다는 것을 명심할 일이다. 이런 의미에서 재외국민에게는 자문화의 문화변용규칙을 바로 알고 거주국의 문화변용규칙을 바로 이해하도록 해야 하겠다.

5. 결어

재외국민의 교육과 언어 및 언어문화의 이해에 대해 살펴보았다. 재외국민은 내국인과 같이 대한민국 국민으로 이들은 교육을 받을 권리와 의무를 지닌다. 재외동포의 교육의 의의는 정체성 확립과 안정적 현지정착과 유능한 시민으로 성장하게 하는 것이다. 그리고 이들의 현실적인 교육목표는 국내연계교육과, 현지적응교육, 모국이해교육, 세계화교육이 된다.

재외국민의 교육은 원칙적으로 국내외에 안정적 정착을 위해 교수·학습을 해야 한다. 구체적으로는 국내연계교육과 현지적응교육, 세계화교육을 받아야 한다. 그러기 위해 특히 민족교육으로는 한국어, 한국역사, 한국문화 등이 그 대상이 된다.

한국어교육은 국어교육으로서, 그 목표는 국어를 정확하고 효과적으로 사용하며, 국어문화를 바르게 이해하는 데 있다. 따라서 국어의 구조적인 면에서 음운, 어휘, 문법 및 철자법에 이르는 언어 능력(linguistic competence)을 길러야 한다. 이는 곧 언어지식을 이해하는 것이다. 따라서 언어지식을 쌓음으로 표준어를 정확히 구사할 수 있도록 해야 한다.

한국문화의 교육목표는 한 마디로 정체성 확립에 있다. 민족문화를 이해하고, 이에 대한 긍지를 가지며, 나아가 이를 세계화하자는 것이다. 이렇게 함으로 거주국과도 친선을 도모하는 것이다. 여기서는 문화교육 가운데 그 기본이 되는 언어문화에 대해 주로 살펴보았다.

언어와 문화는 불가분의 관계를 갖는다. 따라서 한국어교육을 바로하기 위해서는 우리말에 반영된 문화의 내용과, 형식을 제대로 알아야 한다. 따라서 문법적 정확성과 함께 사회문화적 내용에 대한 지식과 사회문화적 형식에 대한 지식을 갖춤으로 적격의, 그리고 사회에서 수용 가능한 의사소통능력(communicative competence)을 갖추도록 하는 것이다.

고국에서 멀리 떠나 외국에 거주하는 재외국민과 그 후대(後代)들이 교육 목표에 부합하는 교육을 받음으로 고국의 훌륭한 동량재가 되고, 현지의 유능한 시민이 되며, 세계문화 발전에 기여하게 되기를 바라 마지 않는다.

참고문헌

대한가족협회(1996), 96년도 유엔 세계인구 현황 보고서, 대한가족협회.

박갑수(1994), 우리말 사랑 이야기, 한샘출판사.

박갑수(2005), 국어교육과 한국어교육의 성찰, 서울대학교 출판부.

Kramsch, C.(1993), Context and Culture in Language Teaching, Oxford University Press.

Samovar, L. A. et al(1998), Communication Between Cultures, Wadsworth Publishing Company.

國廣哲彌(1992), 發想と表現, 大修館.

高見澤孟(1989), 新しい外國語教授法と 日本語教育, アルク.

松本靑也(1994), 日米文化の特質, 硏究社.

박갑수(1998), 외국어로서의 한국어 교육과 문화적 배경, 선청어문 제26호, 서울사대 국어교육과.

박갑수(2003), 한국어교육의 과제와 개선 방향－재외동포교육을 중심으로, 재외동포의 정체성 확립과 교육의 방향, 재외동포교육진흥재단.

박갑수(2005), 언어와 문화, 그리고 한국어교육, 제9회 조선－한국 언어문학교육 학술회의, 연변대학.

박갑수(2006), 재외동포 한국어교육의 오늘과 내일, 재외동포와 이주 외국인을 위한 한국어교육의 오늘과 내일, 이중언어학회.

박갑수(2007), 재외동포교육과 언어문화의 교육, 제3회 유럽한글학교교사세미나, 유럽 한글학교협의회, 파리.

여종구(2007), 재외동포교육의 현황과 정책방향, 제2회 동남아시아 한글학교 교원연수, 동남아시아 한글학교연합회, 마닐라.

이종훈(2007), 재외동포정책의 과제와 한인사회의 미래, 제1회 세계한인의 날 기념 재외동포정책 세미나, 외교통상부.

정범모(2004), 한민족의 미래를 여는 재외동포교육, 제3회 재외동포교육 국제학술대회, 재외동포교육진흥재단.

■ 이 글은 재중한글학교협의회(중국, 천진, 2008년 2월 2일)에서 발표된 주제강연 원고이다.

제3장 한글학교의 한국어교육 현황과 대책

1. 서언

한민족의 인구가 7천만이라 한다. 그런데 이 가운데 1/10인 700만이 재외동포다. 이들은 175개 나라에 흩어져 살고 있다. 그래서 우리나라를 중국, 이스라엘, 이탈리아 등을 잇는 재외동포 대국이라 한다.

재외동포는 흔히 교포, 교민, 재외국민과 동의어로 사용된다. 그러나 그렇지 않다. 재외동포는 법적으로 다른 두 부류로 나뉜다. 이러한 구분은 "在外同胞法(1997)"과 "在外同胞의出入國과法的地位에관한法律(1999)"에 명시되어 있다. "在外同胞의出入國과法的地位에관한法律(1999)"이 보다 분명한 규정을 하고 있어 이를 보면 다음과 같다.

第2條 [定義] 이 法에서 "在外同胞"라 함은 다음 各號의 1에 해당하는 者를 말한다.
1. 大韓民國의 國民으로서 外國의 永住權을 취득한 者 또는 永住할 目的으로 外國에 거주하고 있는 者(이하 在外國民이라 한다)
2. 大韓民國의 국적을 보유하였던 者 또는 그 直系卑屬으로서 外國 國

籍을 취득한 者중 大統領令이 정하는 者(이하 外國國籍同胞라 한다)

"재외동포"란 "國籍을 불문하고 韓民族의 血統을 지닌 者"(재외동포법, 1997) 전부를 가리키고, 이들 가운데 한국 국적을 지닌 사람은 "재외국민", 외국 국적을 지닌 동포는 "외국국적동포"라 한다는 말이다. 국적에 따라 양분된다. 재외동포를 이렇게 둘로 나누어 보면 재외국민이 약 43%, 외국국적 동포가 약 57%로 나타난다(이종훈, 2007).

여기서는 이들 "재외동포"의 교육, 그 가운데도 정시제(定時制) 학교인 "한글학교"를 통한 한국어교육의 현황과 과제, 그리고 대책을 살펴보기로 한다. 따라서 여기서는 우선 재외동포 교육의 목표와 내용, 및 재외동포 교육기관을 살펴보고, 한글학교의 한국어교육 현황과 과제를, 그리고 그 대책을 살펴보기로 한다.

2. 재외동포 교육의 목표와 내용

2.1. 재외동포 교육의 목표

재외동포란 외국에서 거주하는, 우리와 같은 민족이다. 그리고 민족이란 같은 피붙이(血族)로, 언어·문화의 공통성을 지니는 사회집단이다.

문민정부의 재외동포정책위원회는 재외동포 정책의 기본목표를 다음과 같이 설정하였다(이종훈, 2007).

재외동포의 혈통, 문화 및 전통의 뿌리가 한국에 있음을 유념
거주국 사회 내에서 안정된 생활을 영위하고, 존경받는 모범적 구성원으로서 성장

국제법, 국내법 및 거주국의 법과 제도가 허용하는 테두리 안에서 지원

이러한 기본목표는 참여정부에 들어서 다음과 같이 바뀌었다.

재외동포의 거주국 내 권익 신장과 역량 강화
한민족으로서 정체성과 자긍심 고양
동포간 화합 및 모국과 동포사회 간 호혜적 발전

그러나 이러한 기본목표의 개정은 재외동포정책의 기본방향 내용을 바꾼 것이 아니라, 기본방향을 재구성한 수준이라 본다(이종훈, 2007). 이러한 기본 방향은 실용정부에도 그대로 이어지는 것으로 보인다.

재외동포 교육은 이러한 재외동포 정책을 바탕으로 수행된다. 재외동포들은 거주국에서 현지교육을 받으며, 여건이 허락하는 범위 안에서 민족교육을 받게 된다.

그러면 재외동포 교육의 목표는 어디 있는가? 한국 정부는 이를 어디에 두고 있는가? 이는 문민정부에서 실용정부에 이르기까지 애용되고 있는 교육목표의 도표에서 쉽게 확인할 수 있다. 그것은 "세계 속에서 자긍심 높은 한국인 상 구현"이란 것이다. 이는 1995년 교육부의 "재외동포교육의 목표 및 기본 방향"에서부터 제시되어 오고 있는 것이다. 이 도표는 다음과 같다.

교육 목표

세계 속에서 자긍심 높은 한국인상 구현

⬆

안정적인 현지 정착과 민족적 정체성 유지·신장

⬆ ⬆ ⬆

모국이해교육	현지적응교육	국내연계교육
영주동포 및 자녀들의 한국인으로서의 동질성 정체성 유지·신장	현지 적응력 신장 및 다양한 교육 수요에 부응	체류민 자녀들의 귀국 후 학교 및 사회적응 능력 제고
영주 동포		일시 체류인

그러나 이 도표에 제시된 교육목표 "세계 속에서 자긍심 높은 한국인상 구현"은 "재외동포의 교육 목표"로는 부족한 것이다. 이는 1991년 개정된 "재외국민의 교육에 관한 규정" 제23조에서 외국국적 동포도 교육의 대상으로 포함하게 되어 있는데, 이것이 반영되어 있지 않은 것이다. 이는 재외동포 교육을 "재외국민" 교육이라 생각하던 종래의 틀을 그대로 유지하고 있는 셈이다. "자긍심 높은 한국인상 구현"이라면 "외국국적 동포"는 여기 해당되지 않기 때문이다. 이는 적어도 "한민족상 구현"이라 하거나, "한국인상/한민족상 구현"이라 병기해야 한다. 구체적 교육목표로서의 "모국이해교육"도 "모국/고국 이해교육", 또는 "한국/한민족 이해교육"이라 해야 하고, 그 아래 "한국인으로서의 동질성" 운운은 "한국인/한민족으로서의 동질성"으로 "한민족"을 추가하여야 한다. 이렇게 해야 진정한 의미의 재외동포 교육의 목표가 된다.

도표를 이렇게 수정하고 볼 때 정부의 교육목표는 그런대로 무난하다. 그러나 좀 더 바람직한 교육목표가 되려면 여기에 세계화교육을 하나 더 추가하는 것이 좀 더 바람직하다. 그렇게 되면 교육목표는 국내연계

교육, 한국/한민족 이해교육, 현지 적응교육, 세계화교육의 네 가지가 된
다. 국내연계 교육은 해외에서 일시 체류 중인 재외국민이 귀국 후 받게
되는 교육과 단절되지 않게 교육을 한다는 것이고, 현지적응 교육은 일
시 체류 재외국민과 재외 영주국민(영주권자), 및 외국국적 동포가 현지에
적응할 수 있도록 다양한 교육을 한다는 것이다. 한국/한민족 이해교육
은 재외 영주국민 및 외국국적 동포가 한국인 또는 한민족으로서의 동
질성을 유지·신장하게 한다는 것이다. 이를 위해서는 한국어·한국역
사·한국문화 교육을 해야 한다. 이에 대해 세계화 교육은 폐쇄적·자
기중심적 태도를 버리고 세계시민의 대열에 동참하는 교육이다. 우리 언
어문화를 거주국에 보급·전파하고, 거주국의 문화를 수용하여, 상호 교
류를 함으로 문화를 발전시키고, 서로 이해하고 친선을 도모하는 것이
다. 문화 교류는 문화발전에 상승효과를 드러낸다. 이는 양국의 문화발
전에 크게 이바지하게 할 것이다.

이상 우리의 재외동포의 교육목표에 대해 살펴보았다. 이러한 네 개의
교육목표는 편협한 국수주의적 교육정책이 아니요, 열린 교육으로서 다
채로운 세계문화 창조에 기여하려는 교육이다. 따라서 우리의 재외동포
교육은 현지 정부에서 사시안(斜視眼)으로 볼 것이 아니라, 오히려 환영하
고, 지원·장려해야 할 교육이다.

2.2. 재외동포 교육의 내용

재외동포의 교육 내용에 관해서는 명문화된 규정이 없다. 이는 "재외
국민의 교육에 관한 규정"(2001)에 명시되어 있을 법하나, 따로 규정된
것이 없다. 재외국민의 교육과정은 국내 교육과정에 따르는 것이 원칙이
라 할 것이다. 외국국적 동포 및 재외 영주국민을 중심한 민족교육으로

서의 교육내용도 명시되어 있지 않다. 이는 "재외국민의 지원 등에 관한 법률"(2007) 제34조, 및 "재외국민의 교육에 관한 규정" 제15조로 추정할 수 있을 뿐이다. 이들 규정에서 각각 "한국어·한국사·한국문화 등의 교육과정을 운영하는 경우"와, "국어·국사 등 우리 민족교육을 위한 교과를 교육하는 경우"에 외국의 교육 기관 및 교육단체를 지원할 수 있다고 규정하고 있기 때문이다. 이로 볼 때 민족교육의 내용은 국어, 국사, 한국문화를 상정하고 있는 것으로 보게 한다. 이러한 교육 내용은 문교부의 "재외동포 교육의 목표 및 기본방향"(1995)에서 재외동포의 교육 내용을 "우리나라의 말과 글, 역사, 문화 등"으로 보던 것과 맥락을 같이 하는 것이다.

재외동포의 교육내용은 교육기관에 따라 차이가 난다. 따라서 자세한 교육 내용은 다음의 "3. 재외동포 교육기관의 현황"에서 좀 더 논의하게 될 것이다.

3. 재외동포 교육기관의 현황

3.1. 교육기관의 현황

재외동포의 교육기관은 크게 둘로 나눌 수 있다. 그 하나는 재외동포의 교육을 관장하는 정부의 부처와 관련기관이고, 다른 하나는 국내외에서 실제로 교육을 담당하는 기관이다.

재외동포교육을 관장하는 정부의 부서로는 교육과학기술부, 문화체육관광부, 외교통상부가 있다. 이들 부처 관련기관은 국제교육진흥원, 한국교육과정평가원, 재외동포재단, 국립국어원, 한국어세계화재단 등이 있다.

　재외동포 교육을 실제로 담당하는 기관은 국내와 국외의 기관이 있다. 국내 기관의 대표적인 기구는 국제교육진흥원이다. 여기에서는 재외동포의 고등학교 예비 교육과정, 대학 예비 교육과정, 단기교육과정, 계절제 교육과정, 연수과정 등을 두게 되어 있다(재외국민을 위한 국내교육과정운영규칙 제2조).

　재외 교육기관은 "재외국민의교육지원등에관한법률"(법률 제8164호) 제2조에 규정되어 있는 "한국학교·한글학교·한국교육원 등의 교육기관"을 말한다.

　"한국학교"는 재외국민에게 초·중등교육법의 규정에 따른 학교교육을 실시하기 위하여 설립된 교육기관이며, "한글학교"는 재외국민에게 한국어·한국역사 및 한국문화 등을 교육하기 위하여 재외국민단체 등이 자체적으로 설립한 비정규학교다. "한국교육원"은 재외국민에게 평생교육 및 그 밖의 교육활동을 실시하기 위하여 설치한 기구이다. 여기서는 한국어의 보급, 한글학교의 교육활동 지원 등의 일을 관장하게 되어 있다.

　이들 교육기관의 현황은 2007년 4월 현재 한국학교가 14개국 26개교, 학생 8,896명, 교원 798명(파견 72명)이고, 한국교육원은 14개국 35개원, 교원 45명(파견)이다. 한글학교는 106개국 2,072개교, 학생 125,044명, 교원 13,853명이며, 해외공관 주재교육관은 5개국 13명(서기관)으로 되어 있다. 이들 교육 기관의 지역별 분포는 다음과 같다(여종구, 2007).

구분	일본	아주	구주	CIS	북미	중남미	이중동	소계
교육관	3	2	2	1	3	-	-	11개관
교육원	14	1	3	7	7	3	-	35개원
한국학교	4	14	-	1	-	3	4	26개교
한글학교	73	166	98	536	1,093	68	38	2,072개교

(2007. 4. 기준)

이들 교육기관의 특성을 고려할 때 "한국학교"와 같은 전일제(全日制) 학교의 경우는 교육 내용을 원칙적으로 모국과 같이 하나, 현지 적응교 육을 고려해 교육과정을 약간 변경하거나 교육 내용을 추가한다. 한글학 교 및 한국교육원은 한국어·한국역사 및 한국문화와 같은 민족교과를 교육 내용으로 하고 있다.

그리고 여기 덧붙일 것은 일본의 총련계(總聯系) 학교 현황이다. 북한 국적 동포는 최근 그 수가 줄어 10여 만에 불과한 것으로 알려진다(조정 남, 2002). 그래서 총련계 학교도 전에 비해 그 규모가 줄었다, 2003년 현 재 소학교 80개교, 중학교 57개교, 고등학교 12개교, 대학교 1개교로 되 어 있다(박갑수, 2005). 총련계 재일조선인의 교육목표는 "모든 재일동포 자녀가 민족적 주체를 갖고 '지·덕·몸'을 두루 갖춘 조선인으로서 자 신의 조국과 민족에 기여할 수 있는 인재를 양성한다."에 두고 있다(조선 대학교 민족교육연구소, 1987). 한국어교육은 소위 "자주학교"의 국어교육으 로 부과하고 있으며, 소학교의 경우 1~6학년에 걸쳐 주당 일어는 24시 간인데, 총 44시간을 배정하고 있다(김덕룡, 2004).

이 밖의 재외동포의 교육기관으로는 현지 정부에서 운영하는 기관이 있다. 일본의 제1조학교(학교교육법 제1조에 의한 법적 교육기관) 및 민족학급, 중국의 조선족 소·중학교 등이 그것이다. 일본의 오사카 건국학교, 오 사카 금강학교 및 교토 국제학교는 본래 "재외국민의 교육지원 등에 관 한 법률"에 제시된 "한국학교"였으나, 일본의 제1조학교로 바뀐 것이다. 곧 일본의 정규학교가 된 것이다. 따라서 여기서는 일본 교육과정에 따 르고 민족교과를 과외로 편성, 운영한다. 예를 들어 건국중학교의 경우 는 "한국어, 한국사, 한국지리"를, 고등학교의 경우 종합코스 한국문화전 공의 경우는 "한국어, 한국어Ⅱ, 한국어독해, 한국어연습, 한국어회화, 한국사"를 교육과정에 추가하고 있는 것이 그것이다. 일본의 민족학급은

"한글학교"와 같은 성격의 것으로, 우리 민족의 민족교육을 실시하기 위해 일본의 정규학교에 부설한 기관이다.

중국의 조선족 학교는 중국의 정규학교다. 이는 근자에 도시화와 농촌지역의 인구 감소 등으로 통폐합하게 되어 학교와 학생 수가 급격히 감소하고 있다. 2005년의 소·중학교 현황을 1988년 현황과 비교해 살펴보면 소학교 287교<1126교, 중학교 169교<213교로 나타난다(안금송). 이들 학교는 중국의 교육과정에 따르되, "어문"이라는 이름으로 조선어(한국어)를 편성 운영한다. 한국의 역사나 문화는 교육과정에 정식으로 반영되어 있지 않다. 조선족 소학교의 주당 "어문" 배정시간은 다음과 같다(안금송, 2008). 이는 1980년대 이후의 배정시간과 비교할 때 2시간이 준 것이다. 이에 대해 한어는 무려 14시간이나 늘어났다(박갑수, 2005).

학년	1	2	3	4	5	6	계
어문	8	7	6	7	6	7	41시간
한어	7	7	7	7	7	7	42시간

3.2. 한글학교의 시설과 운영

"한글학교"는 비정부기구 교육기관이나 재외동포의 민족교육을 가장 많이 하고 있는 기관이다. 이는 설립된 학교 수로 볼 때에도 대표적 기관이다. 한글학교 현황은 자료에 따라 차이를 보인다. 교육부의 자료에 따라 그 분포 상황을 보면 다음과 같다(여종구, 2007).

구분	계	아주	북미	중·남미	구주	CIS	아·중동
국가수	109	24	2	21	22	7	33
학교수	2,097	268	1,116	75	99	498	41
학생수	127,184	21,376	60,706	4,352	4,455	34,864	1,430

* 학생수는 유·초·중·고·성인 포함

　재외동포의 교육기관은 앞에서 본 바와 같이 수적으로 영세하다. 특히 정규학교가 14개국 26개교라는 것이 그러하다. 일본의 총련계 학교만하여도 150개가 되는데 말이다. 정규학교에 비하면 한글학교는 그래도 106개국에 2,072개교나 되니, 상대적으로 많은 편이다. 그런데 이들 학교가 처해 있는 상황도 문제다. 이들 학교는 대부분 자체 건물이 아니다. 공관이나 교회, 학교, 기타의 건물을 빌려 쓰고 있다. 따라서 지속적인 사용이 보장되지 않아 불안해하고 있다. 학교에 따라서는 기자재 및 학습 자료를 보관할 수 있는 공간이 없고, 시청각 기재나 전화를 사용하기도 어려운 형편이라 할 정도다(재외동포교육진흥재단, 2008).(이하 현황 자료 가운데 연도 표시 없이 이름만 밝힌 것은 "재외동포교육진흥재단, 2007 및 2008"에 따른 것이다.) 거기에다 건물 임대는 재정적으로 큰 부담이 된다. 학교의 규모는 대체로 30~60명 정도의 소규모이나, 재외동포 밀집지역에는 대규모의 학교도 있다(뉴질랜드 오클랜드 한국학교 780명, 독일 프랑크푸르트 한글학교 650명 등).

　학교의 시설은 나라 및 학교에 따라 차이가 있다. 그러나 대부분 시설이 열악한 편이다. 특히 경제적으로 어려운 나라일수록 더 그러하여, 기자재의 부족을 호소하기도 한다. 많은 학교가 한국 정부의 지원금과 수업료를 받아 학교를 운영하며, 찬조(기부금)를 받거나, 바자회 등을 통해 후원금을 모금하기도 한다. 그러나 재정적으로 어려워 만성 적자에 시달리기도 하는 것으로 보인다(강여규).

한글학교의 운영은 주말학교라 일러질 정도로 대부분 토·일요에 2-6 시간 수업을 한다. 학교에 따라서는 주중, 또는 방과 후에 수업을 하기도 한다. 교육은 대체로 재외국민 교육으로서 수행된다. 미국의 경우는 토요일 오전 3시간 수업을 하는데, 2시간은 한국어, 1시간은 한국문화와 관련된 특별활동을 한다. 반편성은 기초·초·중·고급의 4단계로 하고, 학기는 4학기, 한 학기 12주로 운영한다. 유럽 한글학교의 경우는 금요일 또는 토요일 가운데 하루 3시간 정도 수업하며, 한국어 수업을 주로 하고 역사와 한국문화 강의를 한다. 전통무용이나 사물놀이, 붓글씨, 미술 등 특별활동도 한다. 동남아 한글학교는 2-6시간 수업을 하는데 과목은 국어 국사(한국문화)를 주로 하고, 수학·과학·기타 특별활동을 한다. 학교에 따라서는 국어·사회·도덕·수학·음악 등을 가르치는 곳도 있다(정혜영).

이상 살펴본 바와 같이 한글학교 현황은 양적으로나 질적으로 열악한 편이다. 수업 내용은 한국어를 위시하여 역사·문화를 가르치고 있으나 일정치 않다. 다만 한국어가 주종을 이루는 것만은 분명하다. 이런 의미에서 한글학교는 한국어(또는 한글)의 교육기관이라 하여도 과언이 아니다.

4. 한국어교육의 현황과 대책

4.1. 한국어교육의 현황과 과제

교육의 기반이 되는 것은 교육과정, 학습자료, 교사, 학습자, 교수법이라 할 수 있다. 따라서 여기서는 한글학교의 한국어 교육기반이 되는 이들의 현황과 과제를 살펴보기로 한다.

첫째, 교육과정(敎育課程)의 문제

교육과정이 편성되어야 교육 목표, 내용, 수준이 작정된다. 한글학교 교육과정으로는 미주한국학교연합회(KSAA)와, 재미한국학교협의회(AATK) 에서 만든 것이 있고, 프랑스에서는 한글학교 통합교육과정을 제정하였 다. 그러나 많은 지역의 교육과정이 제대로 편성되어 있지 않다. 그래서 "표준 교육과정"의 제정을 애타게 바라고 있다(안영란, 2008). 우선 국가적 수준의 한글학교 교육과정이 만들어지고, 이를 바탕으로 각 지역의 특성 에 맞는 교육과정이 만들어져야 한다. 한국교육과정평가원 등에서 개발 된 것들은 특정 교재를 제작하기 위한 것이었다(류재택 외, 2002, 2004). 교 육과학기술부에서 늦긴 하였으나, 현재 정책과제로 한글학교용 교육과 정을 개발하고 있는 것은 다행한 일이다. 좋은 교육과정이 구안되기 바 란다.

둘째, 학습 자료의 문제

재외동포용 한국어 교재는 부실하나마 여러 종류가 나와 있다. 국내에 서 개발된 것으로 국제교육진흥원/ 한국교육과정평가원의 "한국어"는 한국학교용 교재다. 이 밖에 현지 제작의 재미한글학교연합회의 "한국 어" 및 학교법인 남가주한국학원의 "재미있는 한국어"는 한글학교용이 다. 중국 조선족 소·중학교의 교재도 있다. 북미를 제외한 기타 지역의 한글학교에서는 주로 한국의 국정교과서 및 국제교육진흥원/ 한국교육 과정평가원의 "한국어"를 교재로 사용하고 있다. 이들은 현지 사정에 맞 지 않아 불만을 사고 있다. 범용교재(汎用敎材)의 단점이라 하겠다. 언어 교재는 원칙적으로 학습자의 언어에 따라 대조분석을 바탕으로 현지에 어울리는 것이 만들어져야 한다. 국제교육진흥원의 **KOSNET**(Korean Language Study on the Internet), 및 재외동포재단의 **"Teenager Korean"**은 특수 자료로 참고할 수 있다. 민간기구인 재외동포교육진흥재단의 "한글"
(기초), 및 "한국어"(기초)도 활용할 수 있을 것이다. 그러나 중요한 것은
어떤 중핵적(中核的) 자료라도 그것만으로는 부족하고, 보조 자료를 필요
로 한다는 것이다. 이런 의미에서 많은 교재와 보조 자료가 개발되어야
한다.

셋째, 교사의 문제

교육의 질은 교사의 질을 능가하지 못한다고 한다. 이런 의미에서 유
능한 교사를 확보해야 한다. 그런데 한글학교에는 유능한 교사가 절대적
으로 부족한 것으로 알려진다. 그래서 대륙별·국가별 한글학교 연합회
및 각 지역 한글학교는 유능한 교사 확보와 자질향상을 위한 연수를 주
요과제로 내걸고 있다(재외동포교육진흥재단, 2007, 2008). 한국어 교원 양성
기관은 그 동안 국내외에 어느 정도 설치되었고, 2005년의 국어기본법
에 따라 자격시험을 거쳐 교사가 되는 길도 열려 있다. 문제는 보수다.
따라서 현재의 경제적 여건으로는 교원연수를 통해 교사의 자질을 향상
시키는 것이 최선의 방법이라 할 것이다.

넷째, 학습자의 문제

학습자의 질이 다양하다. 이들 가운데는 일시체류자, 영주권자, 외국
국적 동포, 국제가정 자녀, 입양자 등이 있는가 하면, 한국어 능력 또한
차이가 심하다. 이들은 학습목표와 흥미도 다르다. 그뿐 아니라, 유치원
어린이에서부터 성인에 이르기까지 연령층도 다양하다. 미국의 경우는
SAT Ⅱ에 응시하려는 사람도 있다. 이런 학습자들을 일률적으로 다룰
수는 없다. 그 특성을 고려해 분반하여 소규모로 운영해야 한다. 그리고
나라에 따라 한국어 사용의 필요도가 다르고, 개인적으로는 영주권자의

경우 한국어교육이 필요 없다고 생각하는 경우도 있다. 이런 경우는 정체성 및 필요성 등을 들어 한국어교육에 대한 인식부터 바꾸게 해야 한다. 학부모의 경우도 마찬가지다. 초기의 미국 이민이 그러했고, 지금의 뉴질랜드 등의 경우도 한국어에는 별 관심이 없고, 영어 교육만을 강조하고 있는 것으로 알려진다(계춘숙). 이런 현상은 대체로 이민 초기에 나타나는 현상이나, 의식의 변화가 꾀해지도록 해야 한다.

다섯째, 교수법의 문제

교육의 핵심은 역시 교수·학습이다. 따라서 한글학교의 한국어교육에도 좋은 교수·학습의 방법이 적용되어야 한다. 현재까지는 일반적으로 모방·기억법(mim·mem practice) 및 문법·번역법(grammar translation method)이 주로 사용되고 있는 것으로 보인다. 교수법에는 절대적인 것이 있을 수 없다. 각기 그 나름의 장단점이 있다(박갑수, 2006). 학습자, 학습내용, 학습 목적에 따라 적절한 교수법을 선택하여 활용하도록 하여야 한다. 어린이를 대상으로 하는 경우에는 모방·기억법을 주로 활용하고, 중·고등학교 학생인 경우는 의사소통법(communication approach)을, 대학생인 경우에는 문법-번역법을 활용하는 방법이 있을 수 있을 것이다. 성인의 경우는 언어와 문화의 통합교육을 지향하도록 한다. 여러 감각을 활용하는 교수·학습법도 필요하다. 언어교육의 목표는 의소소통에 있으니 문법 능력에 의한 정확성(accuracy) 외에 사회언어학적 능력에 의한 적격성(appropriateness)도 확보하도록 해야 한다. 그리고 발달단계를 고려할 것이며, 조기에 한국어교육을 시작하도록 해야 한다.

4.2. 한국어교육 활성화 방안

한국어교육의 현황과 과제에 대해 살펴보았다. 이러한 현황과 과제는 그동안 오랜 숙제가 되어 온 것이며, 여전히 문제가 되고 있는 것이다. 그러면 이러한 상황에서 한국어교육을 활성화하기 위해서는 어떻게 하는 것이 좋을까? 활성화 방안은 여러 가지로 생각할 수 있을 것이다. 여기서는 광의의 활성화 방안을 포함하여 몇 가지 방안을 제시해 보기로 한다.

첫째, 교육환경과 여건을 개선한다.

안정된 교육 공간과 시설이 확보돼야 한다. 가능한 한 정부 차원에서 건물 등의 여건을 개선하고, 교육 기자재 등 시설을 확보하도록 지원해야 할 것이다.

둘째, 한국어교육에 관심과 흥미를 갖게 한다.

민족교육을 수행하기 위해서는 우선 교육의 장에 나오도록 해야 한다. 한국학교가 외면을 당하고 있는 일본 지역 같은 경우가 대표적인 예가 될 것이다. 문화행사, 학예회, 경시대회 등을 열어 학습자의 관심을 끌도록 할 것이다. 장기적으로는 학점 인정, 진학, 취업 시 가산점 부여 등의 방법 등도 모색해 볼 필요가 있을 것이다.

셋째, 이중언어 교육이 되도록 한다.

한국어가 사적으로 사용되는 데 그치지 아니하고, 중국 조선족 자치주의 경우처럼 공식적인 이중언어가 되도록 여건 개선을 위해 노력해야 한다. 그렇지 못할 때는 적어도 한국어교육이 정식 외국어교육으로서 인정을 받아 학점으로 인증되도록 해야 한다.

넷째, 한글학교의 표준 교육과정을 구안한다.

한글학교용 교육과정은 현재 구안 중이다. 이것이 만들어지면 이를 바탕으로 각국, 각 한글학교별로 현지에 부합하는 과정별 교육과정이 만들어져야 한다. 그래야 목표와 수준에 맞는 체계적인 교육을 하게 된다.

다섯째, 현지에 부합한 학습 자료를 개발 사용한다.

현행 교재는 주로 범용교재이다. 따라서 이는 대체로 현지에 부합되지 않는다. 현지에 어울리는 교재를 개발하여 학습자가 흥미를 가지고 학습할 수 있도록 하여야 한다.

여섯째, 자격을 갖춘 유능한 교사를 확보하고 기른다.

교육의 질은 교사가 좌우한다. 가능한 한 여건이 허락하는 대로 자격을 갖춘 교사를 확보한다. 이 점에서 국가적 지원이 필요하다. 그렇지 못할 경우에는 연합회 등에서 연수회를 개최함으로 유능한 교사를 양성하도록 한다. 그리고 상호 정보를 교환함으로 바람직한 교육이 되도록 한다.

일곱째, 학습의 발달단계 및 욕구를 반영한다.

교수·학습에 학습자의 발달단계를 고려하고, 학습자의 목표 및 욕구를 반영하여 흥미 있는 교육을 하도록 해야 한다. 이런 점에서 반 편성을 잘 해야 한다. 학습자의 연령 및 학습 목표, 한국어 능력 등에 따라 소규모로 반을 편성하여 운영하도록 할 것이다. 재미있고, 편안한 마음으로 학습할 수 있게 하여야 한다.

여덟째, 다양한 교수법을 활용한다.

한 가지 교수·학습 방법만 사용하면 지루하고 싫증을 느끼게 된다. 다양한 수업 방식을 택해야 한다. 긴장 시간이 짧은 어린이의 경우 더욱 그러하다. 좌뇌(左腦) 우뇌(右腦)를 다 사용 함은 물론, 오관(五官)을 활용하도록 할 것이다. 이런 의미에서 시청각 기재를 활용하는 교수, 전신반응법 등의 교수법을 활용함도 한 방법이 될 수 있다.

아홉째, 언어문화의 통합교육을 지향한다.

언어교육은 그 첫째 시간부터 문화와 관련된다. 따라서 바람직한 언어교육을 하기 위해서는 언어와 문화의 통합교육을 해야 한다. 그래야 문법적으로 바른 말만이 아니고, 사회적으로 수용할 수 있는 적격의 말을 배우게 된다. 그리고 학습의 단계가 높아짐에 따라 언어 기능의 통합교육을 지향하도록 한다. 이는 더 많은 교육 효과를 거두게 할 것이다.

참고문헌

金德龍(2004), 朝鮮學校の戰後史, 社會評論社.

박갑수(2005), 국어교육과 한국어교육의 성찰, 서울대학교 출판부.

조정남 외(2002), 북한의 재외동포 정책, 집문당.

진동섭(2003), 재외동포교육 활성화방안 연구, 교육인적자원부(교육정책과제).

재외동포교육진흥재단(2007, 2008), 대륙별 국가별 한글학교 협의회 임원연수, 재외동
　　　　포교육진흥재단.

재외동포재단(2008), 2008년 재외동포 교육지도자 초청연수-강의록 및 사례 발표문,
　　　　재외동포재단.

김덕룡(2004), 在日朝鮮學校의 발걸음과 미래에의 제안, 世界(3월호·4월호), 岩波書店.

박갑수(2003), 한국어교육의 과제와 개선 방향- 재외동포교육을 중심으로, 재외동포의
　　　　정체성 확립과 교육의 방향, 재외동포교육진흥재단.

박갑수(2006), 재외동포 한국어교육의 오늘과 내일, 재외동포와 이주 외국인을 위한
　　　　한국어교육의 오늘과 내일, 이중언어학회.

박갑수(2007), 재외동포교육과 언어문화의 교육, 제3회 유럽한글학교 교사세미나, 유
　　　　럽한글학교협의회, 파리.

박갑수(2008), 바람직한 한국어교육의 방향, 뉴질랜드 한글학교 교사 세미나.

여종구(2007), 재외동포교육의 현황과 정책방향, 제2회 동남아시아 한글학교 교원연수,
　　　　동남아시아 한글학교연합회, 마닐라.

이종훈(2007), 재외동포정책의 과제와 한인사회의 미래, 제1회 세계한인의 날 기념 재
　　　　외동포정책 세미나, 외교통상부.

전우홍(2007), 재외동표 교육의 현황 및 정책방향, 제3회 유럽한글학교 교사세미나, 유
　　　　럽 한글학교협의회, 파리.

■ 이 글은 새국어생활, 제18권 제3호(국립국어원, 2008년 9월)에 "한글학교를 통한 재외동
포 한국어교육의 현황과 대책"이란 제목으로 발표된 논문이다.

제4장 한국어교육을 위한 한국어 연구

-한국어 지식과 한국어교육-

1. 서론

언어교육의 목표는 의사소통(communication)에 있다. 이를 위해서는 크게 보아 언어의 기능교육과 지식교육을 해야 한다. 그리고 여기에 하나를 더 보탠다면 문화교육을 해야 한다. 외국어로서의 한국어교육도 마찬가지다. 말하기, 듣기, 읽기, 쓰기를 가르치고, 언어와 문법 지식을 가르치고, 문화를 가르쳐야 한다.

언어교육, 특히 외국어교육의 영역이 이러해야 한다는 것은 국어기본법이 웅변으로 잘 보여준다. 국어기본법의 시행령에는 "한국어교원 자격 취득에 필요한 영역별 필수 이수학점 및 이수시간"을 제시하고 있는데, 여기에 제시된 "영역"이 이를 잘 보여 주고 있는 것이다. 영역은 "한국어학, 일반언어학 및 응용언어학, 외국어로서의 한국어교육론, 한국문화, 한국어 교육실습으로 되어 있다. 한국어 교원이 되기 위해서는 "외국어로서의 한국어교육론"과 "한국어교육실습" 외에 "한국어학, 일반언어학 및 응용언어학, 한국문화"를 필수적으로 이수해야 한다는 것이다. 말을 바꾸면 언어지식과 문화 지식을 갖추어야 한다는 말이다.

  그런데 언어교육에 종사하는 사람의 경우 이 언어지식이 많이 문제가
된다. 그것은 언어교육을 전공하는 경우는 기본적으로 교육학을 이수해야
함으로 순수 어문학(語文學)을 전공하는 경우에 비해 어문(語文)에 대한 교
육의 기회가 적게 마련이다. 그러고 보니 근본적으로 언어지식에 대한 지
식이 상대적으로 부족할 수밖에 없다. 거기에다 한국어교육을 포함한 외
국어교육을 하는 경우에는 자국어 교육에 비해 섬세한 지식 영역에까지
주의하지 않으면 안 된다. 자국인에게는 당연한 기본적인 사실이 외국인
에게는 문제가 되고, 이것이 교육에 어려움을 미치기 때문이다. 이는 달리
말하면 대조언어학적인 지식을 좀 더 많이 필요로 한다고 할 수 있다.

  이 글에서는 한국어교육을 보다 원만히 수행하기 위하여 한국어 지식
에 관한 내용을 다소 정리하여 참고할 수 있게 하기로 한다. 이는 곧,
"한국어학개론"의 세계를 조망하는 것이 된다. 따라서 여기에서는 음운
론, 어휘론(형태론·의미론), 통사론(형태론·의미론), 한국어사 등의 각 영역
을 한번 훑어보게 된다.

2. 한국어학의 영역과 연구 방법

2.1. 한국어학개론(韓國語學槪論)과 한국어교육

  한국어학개론은 외국어로서의 한국어에 대한 연구방법과 그 체계에 대
해 개괄적으로 다루는 학문이다. 따라서 이는 한국어를 자국어로서 다루
는 국어학개론과 성격을 달리 한다. 더구나 외국어로서 한국어를 지도할
교육자를 위해 한국어에 대해 어학적인 면에서 고찰하는 경우는 더욱 그

러하다. 따라서 한국어학개론은 대조분석을 그 바탕에 깔로 논의하는 것
이 바람직하다. 이러한 논의가 제대로 이루어져야 외국어로서의 한국어교
육은 그만큼 발전하게 될 것이고, 바람직한 결과를 수확할 수 있을 것이다.

2.2. 한국어학의 연구 방법

연구 방법은 여러 가지 차원에서 여러 가지가 있을 수 있다. 그 중요
한 것은 다음과 같은 것이 된다.

① 문헌연구방법과 현장연구방법
② 연역적 연구방법과 귀납적 연구방법
③ 공시적 연구방법과 통시적 연구방법
④ 일면론적 연구방법과 전면론적 연구방법
⑤ 비교연구 방법과 대조연구 방법

2.3. 한국어학의 영역(領域)

한국어학의 영역은 다음과 같이 구분할 수 있다.

한국어 음운론	음성론/음운론	한국어 음운사
한국어 어휘론	어휘 형태론	한국어 어휘사
	어휘 의미론	한국어 의미사
한국어 통사론	통사 형태론	한국어 통사사
	통사 의미론	
한국어 계통론		한국어 계통론사
한국어 방언론	지역 방언	한국어 방언사
	사회 방언	

한국어 교육론   한국어 교육사

3. 음운론(音韻論)

음성학은 말소리 곧 음성(speech sound)을 연구 대상으로 하고, 음운론은 의미를 분화하는 최소 단위인 음소(phoneme)를 연구 대상으로 한다.

3.1. 한국어의 음운

의미를 분화하는 말소리의 최소 단위인 음소(音素)에는 분절음소 (segmental phoneme)와 비분절음소(supra-segmental phoneme)가 있다. 분절음소는 자음과 모음으로 나뉜다.

한국어의 모음(母音)은 다음과 같은 10개의 단모음으로 이루어지는 것으로 본다.

ㅏ[a], ㅓ[ə], ㅗ[o], ㅜ[u], ㅡ[i], ㅣ[i], ㅐ[ae], ㅔ[e], ㅚ[Ø], ㅟ[y]

이들은 혀의 위치와 개구도(開口度), 혀의 높이, 입술의 모양에 따라 나눌 수 있다. 이들 모음을 알기 쉽게 도시하면 다음과 같다.

혀의 위치		전설		중설		후설		개구도
혀의 높이	고모음	ㅣ	ㅟ			ㅡ	ㅜ	폐모음
	반고모음	ㅔ	ㅚ				ㅗ	반폐모음
	반저모음	ㅐ				ㅓ		반개모음
	저모음			ㅏ				개모음
입술모양		평순	원순	평순	원순	평순	원순	

이들 모음을 모음사각도로 나타내 보면 다음과 같다.

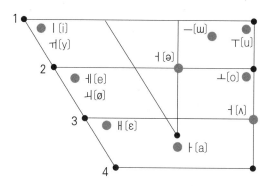

한국어의 자음(子音)은 다음과 같은 19개 단자음으로 되어 있는 것으로 본다.

ㄱ[k], ㄴ[n], ㄷ[t], ㄹ[r], ㅁ[m], ㅂ[p], ㅅ[s], ㅇ[ŋ], ㅈ[c], ㅊ[cʻ], ㅋ [kʻ], ㅌ[tʻ], ㅍ[pʻ], ㅎ[h], ㄲ[kʼ], ㄸ[tʼ] ㅃ[pʼ], ㅆ[sʼ], ㅉ[cʼ]

한국어에는 이 밖에 'ㅗ/ㅜ[w]'와 'ㅣ[j]'라는 두 개의 반모음(반자음) 이 있다.

이들 자음을 조음위치(調音位置)와 조음방법(調音方法)에 따라 분류하여 도시하면 다음과 같다.

조음위치 / 조음방법	양순	치조 / 설단	경구개 / 설면	연구개 / 설근	성문
파열음	ㅂ, ㅍ, ㅃ	ㄷ, ㅌ, ㄸ		ㄱ, ㅋ, ㄲ	ㅎ
마찰음		ㅅ, ㅆ			
파찰음			ㅈ, ㅊ, ㅉ		
통비음	ㅁ	ㄴ		ㅇ	

조음위치 조음방법		양순	치조	경구개	연구개	성문
			설단	설면	설근	
유음	측음		ㄹ(l)			
	진동음	ㄹ(r)				
반모음		ㅗ/ㅜ	ㅣ			

한국어의 비분절음소(supra-segmental phoneme)에는 장단(duration)과 연접(juncture)이 있다.

3.2. 음운(音韻)의 체계(體系)

음소는 변별적 특징에 의해 서로 대립된다. 대립(對立)은 양면(兩面)대립, 비례(比例)대립, 유무(有無)대립으로 나뉜다.

- 양면대립: k : kʻ, t : tʻ, p : pʻ, k : k', t : t', p : p'
- 비례대립: k/ kʻ : t/ tʻ, t/ t' : p/ p'
- 유무대립: k : kʻ(기의 유무), p : p'(후두긴장의 유무)

유무, 비례, 양면적 대립관계에 있는 두 음소를 상관쌍(correlated pair)이라고 하고, 상관쌍의 두 항(項)을 구별하는 음성적 특징을 상관지표(correlated mark)라 한다. 같은 상관지표에 의해 대립되는 상관(correlation)을 상관속(correlational bundle)이라 한다. 한국어의 파열음은 삼지적(三肢的) 상관속으로 되어 있다.

〔cf.〕 영어 · 일어 · 한어의 파열음은 이지적(二肢的) 상관속, 인도의 산스크리트어는 사지적(四肢的) 상관속을 이룬다.

4. 어휘론(語彙論)

4.1. 어휘 형태론(語彙形態論)

1) 단어의 구조

의미를 가진 최소의 형태를 형태소(morpheme)라 하고, 이 형태소 및 형태소의 배합에 의한 단어의 구성과 그 구조에 대해 연구하는 학문을 형태론(morphology)이라 한다. 형태론은 음운론과 겹치는데, 형태 배합상 음의 변화로 말미암아 생기는 이형태(allomorphs) 사이의 대립되는 부분에 나타나는 음운을 형태음운(morphophoneme)이라 하고, 이 분야에 대한 연구를 따로 형태음운론(形態音韻論)이라 한다.

형태소는 분절 형태소와 비분절 형태소, 자립 형태소와 의존 형태소, 실질 형태소와 기능형태소 등으로 나뉜다. 이형태(異形態)는 음운론적 조건에 따른 이형태(/-는~-은/, /-를~-을/)와, 형태론적 조건에 따른 이형태(/(-아라/-어라)~-거라/, /(-었/-았)~렀/)가 있다.

단어의 구조(構造) 유형은 단일어(simple word)와 복합어(complex word)로 나뉘고, 복합어는 다시 파생어(derivatives)와 합성어(compounds)로 나뉜다.

A) 고유어의 명사의 구조

(1) A　　　　　　　　꽃, 나비, 사람

(2) A+B

　① N-N　　　　　나리꽃, 달밤, 범나비

　② N-S　　　　　멋쟁이, 손짓, 싸라기, 일꾼

　③ V-N　　　　　날짐승, 덮밥, 풀치마

　④ V-S　　　　　걸음, 날치, 놀이, 던지기, 울보

⑤ D-N   날고기, 새싹, 옛사랑, 이승, 한나절

⑥ A-N   넓적다리, 늦잠, 동글붓

⑦ A-S   그리움, 넓이, 늦둥이

⑧ Ad-N   마주나무, 볼록거울, 뾰족구두, 살짝곰보

⑨ Ad-Ad   잘못

⑩ Ad-S   먼저께

⑪ P-N   군불, 쇠비름, 풋사랑, 한더위

⑫ P-S   좀팽이, 풋내기, 핫퉁이, 허탕

⑬ D-S   한째

⑭ Rt-N   건들팔월, 보슬비, 산들바람, 얼룩소

⑮ Rt-S   깜빡이, 깽깽이, 부엉이, 새침데기

(3) A+B+C

가. A-BC

    ① N-N   말다툼, 밭갈이, 해오름

    ② V-N   미닫이, 나들이/ 섞어찌개

    ③ Ad-N   껄껄웃음, 거듭홀소리

    ④ D-N   첫더위, 한가위

    ⑤ P-N   맞걸이, 참매미, 강추위

나. AB-C

    ① N-N   짚신벌레, 곧날대패, 홀아비김치/ 달걀, 쇠고기

    ② D-N   외딴집

    ③ N-S   네눈이, 군것질

    ④ V-N   디딜방아, 곧은불림(直招), 뜬소문

    ⑤ V-S   섞박지, 되새김/ 앉은뱅이, 집알이

    ⑥ A-N   마른신, 궂은일, 작은집

다. A-B-C

    ① N-N-N   가위바위보

B) 동사류(動詞類)의 구조(構造)

(1) A   가다, 보다, 푸르다

(2) A+B

  ① V/A+V   굶주리다, 굳세다/ 돌아가다/ 파고들다, 타고
                         나다/ 높디높다

  ② V/A+S   놓치다, 깨뜨리다, 먹이다

  ③ N+V   꿈꾸다, 바람나다, 앞서다, 힘들다

  ④ N+S   노래하다, 일하다, 값지다,

  ⑤ D+S   새롭다

  ⑥ Ad+S   달리하다, 바로잡다, 잘나다, 깜박깜박하다

  ⑦ Rt+S   닥뜨리다, 궁싯거리다

  ⑧ P+V/A   짓밟다, 휘날리다, 시뻘겋다

(A, B, C : 형태소, N : 명사, V : 동사 어간, Vdn : 동사 관형형, D : 관
형사, A : 형용사 어간, Adn : 형용사 관형형, Rt : 어근, Ad : 부사, P :
접두사, S : 접미사)

2) 음운의 변동(變動)

음운은 변화를 하는데, 통시적인 변화와 공시적인 변화의 두 가지가
있다. 공시적 변화를 특히 변동(variation)이라 한다.

(1) 중화(neutralization) 현상

국어의 음절말 자음은 /ㄱ, ㄴ, ㄷ, ㄹ, ㅁ, ㅂ, ㅇ/의 7종성으로 한정되
는데, 이밖의 자음이 이 7종성으로 교체되는 현상을 중화현상이라 한다.

① ㄲ·ㅋ·ㄳ·ㄺ ·············· [ㄱ] : 밖, 부엌, 삯, 기슭 (* 밝고>발꼬)

② ㄵ ······························ [ㄴ] : 앉니

③ ㅅ·ㅈ·ㅊ·ㅌ·ㅎ·ㅆ [ㄷ] : 낫, 낮, 낯, 낱, 놓는, 있고

④ ㄼ·ㄽ·ㄾ·ㅀ ·············· [ㄹ] : 얇지, 외곬, 훑네, 앓는 (* 밟다>밥따)

⑤ ㄻ ·························· [ㅁ] : 곪다

⑥ ㅍ · ㅄ · ㄿ ·············· [ㅂ] : 갚다, 없고, 읊니

(2) 동화(assimilation) 현상

선·후행(先後行)하는 말소리가 서로 닮아 같거나 비슷한 소리로 변하는 현상이다. ①비음화, ②설측음화, ③ 구개음화는 표준발음으로 인정하고, ④ㅣ 모음동화, ⑤간극동화는 표준발음으로 인정하지 않는다.

① 비음화 : /ㄱ, ㄲ, ㅋ, ㄳ, ㄺ/이 /ㄴ, ㄹ, ㅁ/ 위에서 /ㅇ/으로 : 국민, 각론, 닦는, 부엌문

/ㅂ, ㅍ, ㅄ, ㄼ, ㄿ/이 /ㄴ, ㄹ, ㅁ/ 위에서 /ㅁ/으로 : 압력, 없네, 읊는

/ㄷ, ㅌ, ㅅ, ㅈ, ㅊ, ㅎ/이 /ㄴ, ㅁ/ 위에서 /ㄴ/으로 : 닫니, 잇몸, 짖는, 꽃말, 낳는

/ㄹ/이 /ㄱ, ㅇ, ㅂ, ㅁ/ 아래에서 /ㄴ/으로 : 독립, 종로, 법률, 금력

② 설측음화 : /ㄴ-ㄹ/ > /ㄹ-ㄹ/ : 천리, 신라

/ㄹ-ㄴ/ > /ㄹ-ㄹ/ : 달나라, 칼날, 물놀이

③ 구개음화 : /ㄷ, ㅌ/ - /i, j/ > /ㅈ,ㅊ/ : 미닫이, 끝이, 붙여

/ㄱ, ㄲ, ㅋ/ - /i, j/ > /ㅈ, ㅉ, ㅊ/ : 기름, 껴 입다, 키

/ㅎ/ - /i, j/ > /ㅅ/ : 힘, 형.("뒷심, 뱃심"은 표준어임)

④ 'ㅣ'모음 역행동화 : 가랑이, 아기, 속이다, 손잡이, 지팡이 피라미 ("시골내기, 냄비, 멋쟁이, 가난뱅이, 내리다, 수수께끼, 올챙이, 채비"는 표준어)

ㅣ 모음의 순행동화 : 기어, 미어지다, -시오, -이었다,

-지오('되여/ 피여, 이요/ 아니요'는 허용)

⑤ 간극동화(間隙同化)

연구개음화 : /t'/가 /ㄱ, ㅋ, ㄲ/ 위에서 /k'/로 : 갓길, 낟가리, 맡기다, 팥고물

/p'/가 /ㄱ, ㅋ, ㄲ/ 위에서 /k'/로 : 갑갑하다, 높고, 밟고, 접견, 집게

/n/이 /ㄱ, ㅋ, ㄲ/ 위에서 /ng/로 : 건강, 관광, 앉고, 않기로, 한국

/m/이 /ㄱ, ㅋ, ㄲ/ 위에서 /ng/로 : 감기, 담그다, 곪기다, 탐구심, 힘껏

양순음화 : /t'/가 /ㅂ, ㅍ/ 위에서 /p/로 : 겉보리, 꽃바구니, 핫바지, 맛보기, 샅바

/t'/가 /ㅁ/ 위에서 /m/으로 : 겉모양, 냇물, 밑머리, 팥물, 젖먹이

/n/이 /ㅁ, ㅂ, ㅍ, ㅃ/ 위에서 /m/으로 : 건물, 만년필, 단백질, 탄복, 존폐

(3) 축약 · 탈락 · 첨가현상

- 축약(contraction) : 나의> 내, 보이다> 뵈다, 가아> 가, 고이어> 괴여
- 탈락(omission) : *쓰어> 써, *긋어> 그어, 불삽> 부삽, 어제저녁> 엊저녁
- 첨가(addition) : 대잎> 댓닢, 배머리> 뱃머리, 낮일> 낮닐, 물약> 물략
  〔cf.〕 영어의 중화 : book-bag, bat-bad, keep-give, 영어의 동화 : -tion, 영어의 간극동화 : water, butter, gentleman

3) 품사론(品詞論)

단어는 기능·형태·의미에 따라 아홉 개의 품사로 나눈다. 체언 : 명사, 대명사, 수사, 관계언 : 조사, 용언 : 동사, 형용사, 수식언 : 관형사, 부사, 독립언 : 감탄사가 그것이다.

용언은 활용(conjugation)을 특징으로 한다.

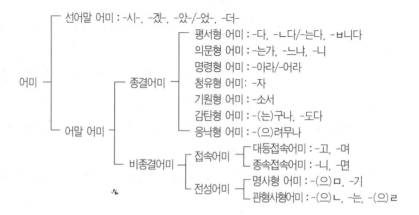

체언은 곡용(declension)을 특징으로 하며, 이에 의해 문법 범주가 실현된다.

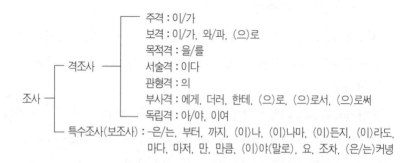

[cf.] 언어에 따라 품사의 기능과 형태에 차이가 있다. 한국어 형용사 : 영어 adjective, 한국어의

조사 : 영어의 전치사
지시 대명사/ 관형사 : 한국어·영어·일어―근칭, 중칭, 원칭, 미지칭(부정칭)
중국어―근칭, 원칭, 미지칭(부정칭) : 這, 那, 什麽/哪儿

상(aspect)은 어떤 시간적 관계에서 동작이나 상태의 양상이 일정한 형태로 표시되는 현상으로, 문법상과 어휘상으로 구분된다. 문법상(文法相)은 선어말 어미 "-았/-었-"과 같은 문법적 형태소나, 접속어미 "[-아/-어, -게, -지, -고]+보조용언"과 같은 우설적(迂說的) 방식으로 표시되는 상이다. 이에는 진행상, 완료상, 예정상이 있다.

어휘상(語彙相)은 용언 어간의 의미, 일부 어미, 시간 부사 등에 의해 실현되는 상으로, 순서상, 순간상(瞬間相), 지속상, 반복상 등이 있다.

서법(mood)은 듣는 사람이나 사건에 대해, 말하는 사람의 태도를 활용 형태로 표현하는 문법 범주다. 이는 선어말 어미와 종결어미에 의해 표현된다. 선어말 어미에 의해 표현되는 것으로는 직설법, 추측법, 회상법, 확인법 등이 있고, 종결어미에 의해 표현되는 것으로는 앞에서 언급한 평서법 등의 일곱 가지가 있다.

피동과 사동은 태(voice)의 일종이다. 한국어에는 또한 경어법(敬語法)이 발달되어 있다. 이는 주체존대, 상대존대, 객체존대 등으로 나타난다. 경어법의 화계는 대체로 아주높임, 예사높임, 예사낮춤, 아주낮춤의 네 일차화계와, 두루높임, 두루낮춤의 두 이차화계로 나뉜다.

[cf.] 피동·사동은 접사와 조동사에 의해 이루어진다. 이러한 표현방법은 일본어도 마찬가지다. 다만 한국어는 일어에 비해 피동 표현이 덜 발달되었다.

일본어에는 경어법에 정녕어(丁寧語)가 있으며, 압존법의 사용 빈도가 한국어보다 높다.

4.2. 어휘 의미론(語彙意味論)

1) 유연성(motivation)

언어는 규약성을 지닌다. 그러나 이는 유연성(有緣性)을 배제하는 것은 아니다. 언어 발달과정에는 이 유연성의 소실과 획득이라는 두 가지 상이한 경향이 끊임없이 나타난다.

- 자연적 유연성 : coucou(佛), cuclillo(西), cuculus(羅), ko'kkux(希), kuckkuck(獨), kukushka(露), cockoo(英), kakkou 日), kkukkugi(韓)
- 언어내적 유연성 : 형태적 유연성 : 목-숨, 돌-다리, 총각-김치, 사랑-스럽다, 일-하다

  의미적 유연성 : 꽃(女人), 늑대(男子), 이리(奸人), 여우(狡猾人)

  〔cf.〕 구실 : 官-역할, 맛 : 食品-味, 설 : 元旦-歲, 신다 : 靴-着靴, 이바지 : 供饋- 寄與, 푸르다 : 草-綠, 품 : 懷-抱, 힘 : 筋-力 고뿔(鼻-火), 나비물(蝶-水), 두루마기(周-遮), 밑천(本-錢), 배알(腹-肉), 바늘귀(針-耳), 보쌈(褓-包), 볼가심(臉-洗), 빨래말미(洗-暇), 시-내(谷-川), 시치미-떼다(主人票-摘出), 열없다(膽-無), 오라질놈(捕繩-負-者), 옷깃차례(領-序), 잔다리밟다(小橋-踏), 장기튀김(棋-彈), 코끼리(鼻-長), 틀스럽다(型-似), 한가위(最-中), 혼나다(魂-出), 홀아비김치(鰥-荣)

2) 의미의 유형(類型)

언어 기호는 형식(能記)과 개념(所記)으로 이루어진다. P. Guiraud는 이 소기에 해당한 부분을 의미와 가치로 나누어 기본적 의미와 문맥적 의미, 그리고 표현적 가치와 사회맥락적 가치로 구분했다. 이에 대해 G.N. Leech는 의미를 일곱 개의 유형으로 나누었다.

- 개념적 의미(conceptual meaning) : 외연적, 또는 인지적 의미
- 내포적 의미(connotative meaning) : 개념적 의미에 부가되는 표현적 의미
- 사회적 의미(social meaning) : 사회 환경에 의해 전달되는 의미
- 정의적 의미(affective meaning) : 화자의 개인적 감정이 반영된 의미
- 반영적 의미(reflected meaning) : 개념적 의미가 달리 반영되는 의미
- 배열적 의미(collocative meaning) : 배열 환경으로 말미암아 드러내는 연상적 의미
- 주제적 의미(thematic meaning) : 화자나 필자가 의도하는 의미

이러한 어휘 의미는 자의성, 유동성, 다의성이란 삼대 특성을 지닌다.

3) 어휘의 제상(諸相)

(1) 유의성(synonymy)

발화의 의미는 구체적 맥락에서 드러난다. 따라서 인식적 의미 외에 감정적 의미 및 문체적 가치까지 동일한 동의성을 보이는 경우는 거의 없는 것으로 본다.

유의어의 기원은 다음과 같은 경우를 생각할 수 있다.

① 외래어의 유입 : 가방-백, 나이-춘추 · 연세, 우유-밀크, 말미-휴가 · 바캉스
② 사회적 계급 : 밥-진지-(메)-수라, 관-재궁(梓宮), 죽다-승하하다
③ 구어와 문어 : -구 -고, -어요- -습니다 (안녕하세요-안녕하십니까?)
④ 방언 : 메밀-모밀, 으스대다-으시대다, 후텁지근하다-후덥지근하다
⑤ 전문용어 : 돌림병-전염병, 중풍-뇌졸중, 손님(마마)-천연두(두창) 등.

동의어는 동의충돌에 의해 마침내 분화하거나 사멸되기도 한다(주머니

-개화주머니-포켓, 호텔-여관, 가시아비-장인).

(2) 다의성(polysemy)

다의성은 다음과 같은 과정에 의해 나타난다.

① 적용 방법의 차이 : 주의(主意)·부의(副意)·기분의 교체 변동과
　 관계된다. 왕-알산왕

② 의미의 특수화 경향 : operation － 작전(군사)·업무(경제)·연산(수
　 학)·수술(의학)

③ 비유적인 언어 : 쇠－금속의 총칭·지남침·열쇠·자물쇠·수갑·돈

④ 동음어의 재해석 : 행주치마－부엌일 할 때 덧입는 치마·행주산
　 성 치마

⑤ 외국어의 영향 : 火車(中)－汽車(日), 지단(鷄蛋)－계란(鷄卵)

⑥ 의미의 일반화 : 버버리코트－스프링코트(topcoat)

⑦ 금기어 또는 완곡법 : 산신령－범, 술－곡차

⑧ 문법적 다의성 : 어느－어찌, 보다－좀 더

다의성은 단어의 사용빈도에 따라 커진다. 다의성에 의한 장애는 맥락
이 안전판 구실을 한다.

〔cf.〕 wear : wore a jacket.(입다/ 着る/ 穿), wore shoes.(신다/ はく/ 穿),
wore glasses.(쓰다/ かける/ 戴), wore a tie.(매다/ しめる/ 系上), wore a
ring.(끼다/ はめる/ 戴), wore a hat.(쓰다/ かぶる/ 戴), wore a necklace(걸
다/ かける/ 帶上), wore a decoration.(달다/ つける/ 別上), wore a
perfume.(바르다/ ぬる/ 塗// 뿌리다/ かける/ 灑), wore a sword.(차다/ さ
す/ 佩帶), wore a moustache.(기르다/ はやす/ 蓄), wore a smile.(띠다/ う
かべる/ 帶)

(3) 동음성(homonym)

동음어는 다음과 같은 원인에 의해 생성된다.

① 음성면의 동일화 : 녀름(夏)-여름(實), 드리(橋)-다리(脚), 티다(打)-
치다(飼)
② 의미의 분화 : 스랑(思-愛), 얼굴(형체-용모), 어싀(母-양친)
③ 외국어의 영향 : 連覇-連敗, 放火-防火, 校訂-校正-矯正, 女心-旅心

동음충돌에 대한 안전판으로는 다음과 같은 것을 들 수 있다.

① 문맥이 대표적 안전판이 된다.
② 문법적 요소가 안전판이 된다.
③ 어형을 수정하여 충돌을 피한다.
④ 비분절 음소에 의해 시차적 구별을 한다.

(4) 차용어(loan word)

한국어에는 많은 외래어가 들어와 있다. 차용의 조건은 크게 볼 때 위
세적(威勢的) 동기와 필요적(必要的) 동기의 두 가지를 들 수 있다. 차용어
의 종류는 그 성격에 따라 다음과 같이 다섯 가지로 나눌 수 있다(Hockett,
1958).

- 단어차용(loan word) : 텔레비전
- 차용전이(loan shift) : madame> 酒母
- 차용혼성(loan blend) : 곤란-틱, 마음-적
- 발음차용(pronunciation borrowing) : 아시아(asia)·亞細亞
- 문법적 차용(grammatical borrowing) : 징글리스트

외래어의 대표적인 영향으로는 다음과 같은 것을 들 수 있다.

① 어휘가 풍부해지고, 동의어가 불어난다.
② 외래어의 조어력 발달로 고유어 조어력이 약화된다.

③ 생략어가 많고, 동음이의어가 늘어난다.
④ 두문자 결합 약어가 생겨난다(노찾사·엄친).
⑤ 새로운 음운이 생겨난다.
⑥ 새로운 문자나 표기법이 생겨날 수 있다.
⑦ 표기법에 혼란이 빚어진다.

〔cf.〕 외래어의 형태

- 생략·절단한 외래어 : 아파트(apartment), 바이트(Arbeit), 스텐(stainless steel), 리모컨(remote control), 에어컨(air conditioner)
- 발음이 잘못된 외래어 : 아이론(iron), 고로께(croquette), 하이라이스 (hashed rice), 로스(roast), 메리야스(medias)
- 의미가 바뀐 외래어 : 아베크(avec>동반), 비즈니스맨(businessman> company employee), 마담(madam>manageress), 핸들(handle>steering wheel)
- 일본에서 만든 외래어 : 백미러(rearview mirror, rearvision mirror), 샤 프펜(automatic pencil), 스프링코트(topcoat), 애프터서비스(after sale service, after sales servicing), 올드미스(old maid, spinster), 플러스알파 (plus something), 하이틴(late teens), 홈인(score, reach home)

(5) 관용어(idiom)

관용어란 "개밥에 도토리"와 같이, 어떤 언어 특유의 관용적 표현 형식으로, 어휘적인 것과 문법적인 것의 두 가지가 있다. 생성 원인으로는 다음과 같은 것을 들 수 있다.

① 대용어(substitute) : 암나사, 수톨쩌귀
② 고유명칭(proper names) : 홍길동, 춘향이
③ 생략(abbreviation) : 아침(아침밥), 파마(permenent wave)
④ 구절복합(phrase compound) : 머리 올리다(결혼하다), 발을 끊다(절

　연하다)

　⑤ 문채(figure of speech) : 고래 등 같은 기와집

　⑥ 속어(slang) : 고추(男性), 조개(女性)

　관용어는 수사적 면에서 볼 때 "단축성, 운율성, 비유성, 대우성(對偶性), 구체성, 풍자성, 과장성, 완곡성"과 같은 특성을 지닌다. 한국의 관용어는 일본 관용어와 비슷한 것이 많다.

　　　관용어의 예 : 경(黥)을 치다, 국수를 먹다, 눈이 맞다, 동곳을 빼다, 머리를 풀다, 상다리가 부러지다, 엿장수 마음대로, 죽 끓듯 하다, 파김치가 되다, 한 술 더 뜨다

　　　〔cf.〕 どんぐりの背くらべ(도토리 키 재기), 心をやる(마음을 주다), 馬の骨(말 뼈다귀), 手に汗をにぎる(손에 땀을 쥐다), 息を殺す(숨을 죽이다), 顔を出す(얼굴을 내밀다), 欲に目がくれる(욕심에 눈이 어두워지다), 口をそろえる(입을 모으다), 想像にかたくない(상상하기 어렵지 않다), 希望に燃える(희망에 불타다), 興奮のるつぼ(흥분의 도가니)

4) 의미(意味)의 변화(變化)

　의미변화의 원인으로는 여러 가지가 들린다. A, Meillet는 다음과 같이 언어적 원인, 역사적 원인, 사회적 원인, 심리적 원인의 네 가지를 들고 있다.

（1） 언어적 원인 : 음운, 형태, 통사적 원인에 의한 의미 변화

① 전염 : 습관적인 단어 결합에 의한 의미의 전이, 감염 현상－막연한 사이, 쌀팔다

② 통속어원 : 羅祿(벼), 幸州치마(행주치마)

③ 동음충돌 : 8. 15(여덟달 반), 1/2(반하다), 꽂감(교감)

④ 생략 : 코(콧물), 아침(조반), 그믐(그믐날)

⑤ 절단·삭제 : 동아(동아일보), 서강(서강대학교)

(2) 역사적 원인 : 사물의 변화가 명칭의 변화를 수반하지 않은 의미 변화

① 지시물의 실제적 변화 : 배(거룻배, 발동선, 증기선, 우주선), 대감(무관, 신, 존칭)

② 지시물에 대한 지식의 변화 : 하늘·땅(天圓地方), 해가 뜨다(地動)

③ 지시물에 대한 정의의 변화 : 효도, 전옥서> 감옥소> 형무소> 교도소

(3) 사회적 원인 : 사회적 계층이 바뀔 때 나타나는 낱말의 의미 변화

① 사회적 계층에 의한 의미변화—

　의미의 일반화 : 왕(왕정 책임자)— 제1인자(암산왕), 크다(왕방울)

　의미의 특수화 : 표리(겉과 속—궁중에서 안팎 옷감), 출혈(피가 남—경제적 손실)

② 사회구조의 변천에 의한 의미변화—양반(동반 서반—좋은 문벌의 사람), 장가가다(入丈家)

(4) 심리적 원인

① 감정적 원인 : 견인(attraction)—나일론 국, 나일론 박수, 나일론 참외

　　　　　확장(expansion)—진보·좌파·친북

② 금기어 : 공포감에 의한 금기—지킴(구렁이), 산신령(호랑이)

　　　　섬세한 기분에 기초한 금기—고뿔(감기), 뒤(대변) 문제아(불량아)

　　　　양속에 기초한 금기—방사, 음문, 깊은 관계, 들다(식사하다)

의미변화의 형태는 여러 가지로 나누어 볼 수 있다. 전통적 분류의 대
표적인 것에 연쇄법(連鎖法)과 방사법(放射法)이 있고, 기능적 분류의 대표
적인 것에는 S. Ullman의 분류가 있다. Ullman의 분류법은 다음과 같다
(Ullman, 1962).

    A. 언어적 보수주의에 의한 의미변화
       역사적 원인에 의한 의미변화
    B. 언어적 개신에 의한 의미변화
       Ⅰ. (a) 의미 사이의 유사 : 은유
          a. 실제적 : 머리~ 산머리, 밭머리, 일머리
          b. 공감각적 : 맑은 소리, 부드러운 소리, 따뜻한 소리
          c. 정의적 : 뜨거운 우정, 부드러운 성격
       Ⅰ. (b) 의미 사이의 인접 : 제유 · 환유
          a. 공간적 : 청상(기녀), 가슴(유방), 호대(무관)
          b. 시간적 : 육젖, 칠석(七夕), 첫날밤(결혼 초야)
          c. 인과적 : 몽진(蒙塵), 목돌이, 매미
       Ⅱ. (a) 명칭 사이의 유사 : 전염 · 통속어원
          나락－羅祿, 행주치마－幸州치마, 삼청(三廳) 냉돌－삼척(三陟)
          냉돌
       Ⅱ. (b) 명칭 사이의 인접 : 생략 · 통사적 전염
          한 잔< 술 한 잔, 청상< 청상과부, 안녕< 안녕히 계세요.
       Ⅲ. 복합 변화 : Ⅰ, Ⅱ의 복합
          OB 하나< 동양맥주 회사 맥주 한 병(생략, 내용과 용기, 생산
          자와 제품)

이러한 의미변화의 결과는 의미영역이 확대되거나 축소되고, 평가상
타락과 향상 및 중간항(middle term)으로 나타난다.

- 의미의 축소 : 중생 : 생물 일반> 동물> 사람, 아침 : 아침(朝)> 아침밥
- 의미의 확대 : 고양이, 도야지 : 고양이 새끼, 돼지 새끼> 고양이, 돼지 일반
- 의미의 타락 : 천당 가다> 죽다, 화장실> 변소, 변명(辨明), 짓
- 의미의 향상 : 좋아 죽겠다, 복음(福音)
- 중간항 : 가슴(흉부> 유방), 맛(음식물> 味覺)

〔cf.〕 제유(synecdoche) : 전체-부분, 종(species)-유(genus), 보통명사-고유명사, 재료-산물의 대치(代置)

환유(metonymy) : 원인-결과, 내용-용기, 생산물-생산자, 생산지, 표지-사물, 구상명사-추상명사의 대치(代置)

5. 통사론(統辭論)

5.1. 통사 형태론(統辭形態論)

한국어의 기본문형은 "① 주어-서술어/ ② 주어-목적어-서술어/ ③ 주어-보어-서술어/ ④ 주어-목적어-보어-서술어"로 되어 있다. 문장은 그 내용으로 볼 때 동작문(動作文), 성상문(性狀文), 판단문(判斷文)으로 나뉜다. 문장의 확대는 내포(內包)와 접속(接續)에 의해 이루어진다.

① 내포문 : 명사절로 안김 : 나는 네가 성공하기를 바란다.
　　　　　　 서술절로 안김 : 이 산은 나무가 많다.
　　　　　　 관형절로 안김 : 그는 얼굴이 예쁜 여자를 좋아한다.
　　　　　　 부사절로 안김 : 저 아이가 재주가 있게 생겼다.
　　　　　　 인용절로 안김 : 누구나 인간은 존엄하다고 믿는다.

② 접속문은 대등접속과 종속접속의 문장이 있다.

    대등접속 : 병렬관계 접속 — 인생은 짧고, 예술은 길다.

                대립관계 접속 — 인생은 짧으나, 예술은 길다

                선택관계 접속 — 나는 산에 가거나, 바다에 갈 것이다.

    종속접속 : 인과관계 접속 — 꽃이 피었으므로 열매가 맺힐 것이다.

                조건관계 접속 — 겨울이 오면 눈이 온다.

                의도관계 접속 — 나는 책을 사려고 서점으로 갔다.

                양보관계 접속 — 네가 나를 사랑하지 않더라도 나는 너를 사랑하겠다.

                순차관계 접속 — 나는 일을 하고서 좀 쉬었다.

                설명관계 접속 — 오늘은 날씨가 좋은데 우리 놀러 갈까?

                전환관계 접속 — 눈이 오다가 비가 내린다.

                비례관계 접속 — 거짓말 하는 사람일수록 말이 많다.

                비유관계 접속 — 구름에 달 가듯 그는 내게서 떠나갔다.

                도급관계 접속 — 밤이 깊도록 그는 사색에 잠겼다.

한국어 문형의 사용빈도를 보면 "N이 N을 V"(38.2%), "N이 N이다"(15.4%), "N이 V"(12.4%), "N이 Adj"(8.8%), "N이 N에 V"(6.2%), "N이 N이 Adj"(4.9%)가 약 5% 이상을 차지해, 이들 6대 문형이 86%를 차지한다(노은희, 2000).

〔cf.〕영어의 5형식 : S-P, S-P-O, S-P-C, S-P-O-C, S-P-ID-DO 등

이밖에 한국어의 어순은 왼쪽 가지 뻗기 구문(left-branching structure — 나는 어제 서점에서 책을 샀다.)으로, 영어의 어순은 오른쪽 가지 뻗기 구문(right-branching structure — "I bought a book at a bookstore yesterday.")으로 되어 차이를 보인다.

5.2. 통사 의미론(統辭意味論)

5.2.1. 통사(統辭)와 의미(意味)

단어만이 아니라, 문장도 의미를 지닌다. 문장이 바르게 구성되어 있는지의 여부는 의미의 결합이 제대로 되어 있는지, 그렇지 않은지에 달려 있다. 한 언어를 안다는 것은 의미를 결합하는 의미규칙과 문장의 진리조건(truth condition)을 안다는 것을 의미한다.

1960년대부터 강조된 생성의미론은 의미론과 통사론이 불가분의 관계에 있으며, 등질적으로 연속된 하나의 체계를 이룬다고 보았다. 같은 심층구조(深層構造)의 서로 다른 표면구조(表面構造)는 다른 변형 조작에 의한 것이다. 따라서 변형 규칙을 찾아냄으로 심층구조와 표면구조의 관계를 밝히게 된다. 다음에 같은 개념구조의 한국어와 영어의 서로 다른 표면구조를 몇 가지 비교해 보기로 한다(박갑수 외, 1973).

① 한국어 <동사표현> : 영어 <명사표현>
   담배 피우십니까? : [Are you] A smoker, Mr Holmes?
② 한국어 <구체명사> : 영어 <추상명사>
   본래 거실이었던 텅 빈 방 : I stepped forward into the bareness which had been the livingroom.
③ 한국어 <동사> : 영어 <전치사>
   후작 뒤를 따라 마차 밖으로 나왔다 : David followed the marquis out of the carriage.
④ 한국어 <명사+서술어> : 영어 <한정 형용사+명사>
   마음이 나쁘다 : It was only when she had a bad conscience that she had no heart to fight.
⑤ 한국어 <(사람)의+(인체 부분) 명사> : 영어 <(사람) 목적어+전치사+(인체 부분) 명사>

나의 등을 두드렸다 : Charles slapped me on the back.

⑥ 한국어 <명사+부사(어)> : 영어 <부사(어)+부사(어)>

이웃 이태리 식당에서 식사했다 : They dined in the neighbourhood in an Italian restaurant.

⑦ 한국어 <(명사)에+(명사)을/를> : 영어 <직접 목적어+with+명사>

식탁에 휴일의 음식물을 산같이 쌓았다 : The waiters heaped the table with holiday food.

⑧ 부정부사의 위치-한국어 <종속절> : 영어 <주문의 동사>

들리지 않는 것 같았다: But the blind man did not seem to hear.

⑨ 무생물 주어-한국어 <(창·장소)에서+바라보다(동사)> : 영어 <(창·장소) 주어+(바라보다)동사>

내 침실의 창에서 아름다운 여름 경치가 바라보인다. : The window of my chamber looked out upon what in summer would have been a beautiful landscape.

5.2.2. 담화(談話)와 화용론(話用論)

문장보다 더 큰 언어 단위를 담화(discourse)라 한다. 문장의 층위는 표현과 의미의 이중관계로 되어 있는데 대해, 발화 의미는 화자와 표현과 의미의 삼중관계이다. "방이 춥지 않니?"란 질문이 문을 닫게 하는 것이 발화의 의미이다.

담화 연구는 담화 층위의 의미를 연구하는 화용론(pragmatics)과 담화 연쇄체의 의미를 연구하는 담화분석(discourse analysis)의 두 분야로 나뉜다. 화용론은 맥락 속에서의 언어 사용 문제를 다루는 학문이다. 화행(speech act) 이론이나, 전제(presupposition)에 대한 연구, 대화자 간의 사회적 요인, 사회심리적 동기에 의해 달라지는 경어 체계의 연구 등도 화용론에 포함될 수 있다. 담화분석은 담화의 구조를 분석하는 것으로, 규칙에 의해 어떤 담화가 적격형(wellformed)인지 아닌지 가릴 수 있을 것으로 본다.

화행(話行)에는 직접화행과 간접화행이 있다. 직접화행은 발화의 형태와 기능이 일치하는 것이고, 간접화행은 청자나 화자 자신을 배려하여 "우리 아기 착하지/ 문 좀 열어 주겠니?"와 같이 발화의 형태를 돌려서 표현하는 것을 말한다.

J. Austin은 화행이 다음과 같은 세 가지 면에서 포착되는 것으로 보았다.

① 발화 행위(locutionary act) : 형식과 의미를 지닌 일반적 발화 행우 (언표행위)
② 발화내 행위(illocutionary act) : 발화 행위가 내재하고 있는 기능— 명령, 선언, 의뢰 등의 행위로서의 기능. (언표내적 행위)
③ 발화매개 행위(perlocutionary act) : 발화의 효과 면에서의 기능— 행위의 수단·방법·양태적 기능 (언표달성 행위)

그리고 P. Grice는 회화의 협조 원칙(cooperation principle)을 제안하며 네 공리(maxim)를 제안하였다. 네 공리는 양의 공리(maxims of quantity), 질의 공리(maxims of quality), 관련성의 공리(maxims of relation), 방법의 공리(maxims of manner)이다.

사람들은 말을 할 때 함축적 가정을 하는데, 이러한 가정을 전제(presupposition)라 한다. 전제는 실체가 수반되어야 한다. 또한 많은 단어와 표현은 그 내용이 그 환경에 의존한다. 화용론의 이런 면을 직시(deixis), 또는 직시 체제라 한다. 대명사나, 지시 관형사는 직증적(deictic), 또는 직접 지시적이므로 그 실체를 알지 않으면 언표적 행위를 이해할 수 없다. 직시(直示)에는 인칭 직시, 시간 직시, 장소 직시 등이 있다.

- 인칭 직시(personal deixis) : 나, 너, 우리, 그
- 시간 직시(time deixis) : 지금, 오늘, 내일, 지난 주
- 장소 직시(place dexis) : 여기, 그 곳, 이 집, 저 산, 오른 쪽/왼 쪽, 앞/
  뒤, 위/아래, 안/밖

전제나 직시의 규칙은 지켜져야 한다. 그런데 언어규칙을 지키지 않는 경우도 있다. 의미규칙을 위반하는 변칙(anomy), 은유(metaphor), 관용어 (idiom)가 그것이다.

- 변칙 : 의미 규칙을 위반하여 무의미하게 만드는 것-그 총각은 임
  신했다.
- 은유 : 비언어적 의미-벽에도 귀가 있다
- 관용어 : 표현 의미가 구성 성분과 다른 것-개밥에 도토리

5.2.3. 사회언어학(社會言語學)과 문화(文化)

응용언어학의 한 영역인 사회언어학은 언어의 구조 및 사용에서의 변이 가능성과 사회적 · 문화적 맥락의 여러 요인들 사이의 관계를 체계화하여 언어이론의 발전에 기여하려 한다. 변이형과 화자의 사회적 위치와의 상호관계를 규명하려는 경향과, 발화 맥락에 따른 언어의 사회적 기능에 중점을 두는 등 소통의 민족지학(民族誌學) 및 문화 기술적 경향을 지닌다.

의사소통 능력(communicative competence)은 문법 능력에 의해 정확성을, 사회언어학적 능력에 의해 적격성(appropriateness)을 확보하게 된다. 적격성은 의미와 형태의 적절성을 아울러 이르는, 사회적으로 수용성 (acceptability) 있는 표현을 말한다. 따라서 수용 가능한 사회문화적 능력을 기르기 위해서는 사회문화적 내용 지식과 사회언어학적 측면에서의 형

식적 지식을 아울러 갖추어야 한다.

사회문화적 내용에 대한 지식으로는 한국어의 경우 다음과 같은 말을 이해해야 한다.

① 특정한 문물이 반영되는 말 : 화랑(花郞), 장가가다, 국수를 먹다, 억지 춘향이
② 사회적 성격이 반영되는 말 : 입시·밥·진지·수라, 다양한 호칭, 경어법
③ 정신작용이 반영되는 말 : 신어, 유행어
④ 외래문물을 반영하는 말 : 유·불·선과 관련된 말, "당-, 호-, 왜-, 양-" 등의 문물
⑤ 기타 유연성을 지니는 말 : 눈물, 목숨, 빨래말미, 어르신, 옷깃차례, 장기뒤김, 한숨

사회문화적 형식에 대한 지식으로는 다음과 같은 말을 알아야 한다.

① 전통적 언어관습 : 과세 안녕하십니까?, 새해 복 많이 받으세요, 수고하세요
② 특정사회의 전형적 표현 : 내 더위 사가거라, 금기어, 경어법
③ 특유한 언어 표현 : 관용어, 속담
④ 고맥락 문화(high context culture) 언어 : 사랑해(I love you.)
⑤ 어순 : 도미적(periodic order) 표현 및 왼쪽 가지 뻗기 구문
⑥ 문화변용규칙 : 겸양지향, 집단지향, 의존지향, 형식지향, 조화지향, 자연지향, 비관지향, 긴장지향 변용 등. 특히 한국어의 경우 겸양지향
⑦ 민족지적 특성의 비유 : 장대같이 크다(tall as a tree), 젓가락 같이 말랐다(thin as a toothpick), 실눈(eyes like slits), 뱅어 같은 손가락(lily-white hands), 앵도 같은 입술(rosy lips)

6. 한국어사(韓國語史)

한국어는 아직 그 계통이 확증되지 않았다. 알타이어설이 유력할 뿐이다. 원시 한어(韓語)는 부여·한 공통어 시대를 거쳐 북방계와 남방계로 분화하였다. 따라서 삼국의 언어는 방언 이상의 차이를 지녔던 것으로 보인다. 그 뒤 고려시대에 언어가 통일되어 오늘에 이어지고 있다. 이러한 한국어의 역사를 음운, 어휘, 문법으로 나누어 간단히 살펴보기로 한다.

6.1. 음운사(音韻史)

선사시대에 한국어 음운은 폐쇄음의 경우 성(聲)의 유무에 의한 대립을 이루었고, 이 밖에 자음으로는 비음, 마찰음, 유음이 있었던 것으로 보인다. 모음은 전설모음과 후설모음의 양 계열이 대립되었을 것이다. 자음의 성(聲)의 유무 대립은 고대 한국어 이전에 깨져 무성음만 남아 쓰이다가, 고대에 기(氣)의 유무에 의한 대립관계가 형성되었다. 중세 한국어에 들어와 삼지적(三肢的) 상관관계를 이루게 되었고, 순경음 ㅸ과 ㅿ이 나타나게 되었다. 고대 한국어의 모음은 중세국어와 마찬가지로 7모음으로, "ㅣ, ㅜ, ㅗ/ ㅡ, ·/ ㅓ, ㅏ"의 체계로 되어 있었던 것으로 추정된다. 그리고 후기 중세 한국어에서 모음추이에 의해 "ㅏ, ·, ㅗ/ ㅓ, ㅡ, ㅜ/ ㅣ"와 같이 고부(高部) 대 저부(低部) 모음이 대립되었던 것으로 보인다. 그 뒤 근세에 들어 "·" 모음이 소실되었고, "ㅐ, ㅔ, ㅖ"가 이중모음으로 쓰이다가 단모음화하였다. "ㅚ, ㅟ"는 현대 한국어에 와서 단모음화하였다.

6.2. 어휘사(語彙史)

한국어는 고대에 접어들어 한문에 의한 문자생활로 언문불일치의 기현상이 빚어져, 이로 말미암아 우리말 어휘에 한자어가 많이 침투되었다. 이러한 현상은 중세에 가속되었다. 이 시기에 들어와서는 종교, 문화와 관련된 한자어가 많이 유입되었다. 그리고 중국어 및 몽고어가 차용되기도 하였다. 이 밖에 옛말이 폐어가 되거나, 개신되었다 : 샤옹(夫), 쇼(白衣), 입다(迷), 읻다(美妙), 싣다(得), 혁다(小) 등이 그 예다. 모음교체에 의해 어휘의 분화도 빚어졌다: 늙-(古)~늙-(老), 도라혀~두라혀(反), 밧-~벗-(脫), 보드랍-~부드럽-(柔), 붉-(赤)~븕-(明), 설(歲頭)~살(歲) 등이 그 예다. 근세에 들어서는 한자어에 의한 고유어의 대체가 심해졌으며, 서양 외래어가 유입되었다 : 됴총(鳥銃), 호통(火銃), 자명종, 천리경, 담비, 고구마 등. 사어(死語)와 흥미있는 의미변화의 예도 볼 수 있다 : 原情(진정), 人情(뇌물), 방송(석방)/ 어엿브다(憫>美), 졈다(幼>少), ᄉᆞ랑ᄒᆞ다(思>愛), 즛(용모>행동), 힘(筋>力) 등. 현대어에 들어와서는 일제 한자어와 서양 외래어가 더욱 많이 유입되었다.

〔cf.〕한·일어와 구별되는 중국어(漢語)
空港-機場, 菓子-點心, 弄談-玩笑, 賣票所-售票處, 社長-經理, 時計-鐘表, 試合-比賽, 運轉-駕駛, 月曜日-星期一, 引出-提款 , 人形-娃娃, 自家用-私家用, 住所-地址, 職場-單位, 冊床-書桌, 處女-姑娘, 出勤-上班, 割引-降價

중국·일본·한국의 한자어
① 중국 한자어
鷄蛋, 袞龍袍, 君子, 艱難, 男人, 內殿, 莫無可奈, 每常, 沙鉢, 侍從, 是或, 臣下, 御手, 玉顔, 爲頭, 自鳴鐘, 仔詳하다, 自行車, 才操롭다, 錢糧, 停車場,

茶飯, 天堂, 千里鏡, 天主教, 火輪船, 火車, 火砲

② 일본 한자어

- 음독어 : 客觀, 科學, 國際, 歸納, 浪漫主義, 動詞, 命題, 物質, 美術, 民族, 分子, 士官, 酸素, 細布, 乘客, 液體, 歷史, 領土, 元素, 義務, 議會, 日曜日, 資本, 自由, 電報, 前提, 政黨, 宗敎, 主觀, 重力, 哲學, 抽象, 恒星, 現實, 形容詞, 形而上學, 花粉, 化學

- 훈독어 : 見本, 見習, 見積, 廣場, 落書, 內譯, 大勢, 大型, 賣場, 明渡, 相手, 上衣, 上廻, 小型, 手續, 受取, 市場, 身分, 裏書, 日附, 入口, 立場, 立替, 組合, 持分, 振替, 出口, 蟲齒, 取扱, 取消, 取調, 取締, 品切, 割箸, 割增, 割引, 行先

- 고대 한어를 활용한 일제 한자어 : 講義, 警察, 古典, 交通, 勤務, 機關, 樂觀, 論理, 農民, 獨占, 文明, 博士, 方法, 法廷, 封建, 悲觀, 思想, 社會, 選擧, 世紀, 藝術, 遺傳, 流行, 倫理, 意識, 醫學, 理性, 自由, 作用, 典型, 政治, 主義, 請願, 侵略, 判決, 偏見, 學士, 行政, 協議

③ 고유 한자어

罘草, 垈地, 獤皮, 魟魚, 縮麤, 溫堗, 王莘, 獠飢, 雜頉, 田畓/ 廣木, 凍太, 等內, 妹夫, 分揀, 莎草, 私通, 色吏, 媤叔, 傳貰, 靑太, 布木, 行下/ 仕進(출근), 所任(역할), 蒸氣車(기차), 地動(지진), 厠間(변소), 罷職(면직)

6.3. 문법사(文法史)

고대 한국어의 문법은 대체로 중세어와 같았던 것으로 보인다. 다만 동명사 어미는 알타이어의 공통특질과 같이 "-ㄴ(隱), -ㄹ(尸)"도 쓰였던 것으로 보인다. 경어법도 중세어와 다름이 없었다. 중세어의 문법적 특징으로는 동사 어간의 합성이 매우 생산적이었고(빌먹-[乞食], 죽살-[死生]), 굴절체계에 모음조화가 지켜졌다는 것이다. 근대국어에 들어와서는 두 동사 어간의 직접적 합성이 없어지고 부사형에 합성되게 되었으며,

주격 조사 "-가"의 등장과 함께 "내가, 네가"가 쓰이게 되었다. 동명사 어미는 "-기"가 세력을 지니게 되었고, "-ㄴ, -ㄹ" 어미는 부가어적 기능을 지니게 되었다.

현대에 접어들어 문장은 동사문의 성격을 띠게 되었고, 통사에 서구어의 영향이 크게 나타나고 있다. 피동 표현의 남용과 서구적 발상의 표현이 그것이다: 되어지다, 좋은 아침 등.

이상 "한국어학개론"의 세계, 한국어의 지식에 대해 개괄해 보았다. 서언에서 밝힌 바와 같이 한국어 지식은 한국어교육에서 필수 불가결한 것이다. 더구나 한국어 교육자는 여건상 이러한 지식을 갖출 기회를 충분히 갖지 못하였다. 따라서 부지런히 한국어의 지식을 갖추어 한국어교육의 발전에 기여하게 되길 바라 마지않는다.

참고문헌

남기심·고영근(1985), 표준국어문법론, 탑출판사.

리득춘(1987), 조선어 어휘사, 연변대학 출판사.

박갑수(1984), 국어의 표현과 순화론, 지학사.

박갑수(1994), 우리말 사랑 이야기, 한샘출판사.

박갑수(1994), 올바른 언어생활, 한샘출판사.

박갑수(1999), 아름다운 우리말 가꾸기, 집문당.

박갑수(2005), 국어교육과 한국어교육의 성찰, 서울대학교 출판부.

박갑수 외(1973), 국어학신강, 개문사.

박갑수 외(1974), 초등학교 국어교육, 서울대학교 부설 한국방송통신대학.

이기문(1972), 개정 국어사개설, 민중서관.

이석주·이주행(2005), 국어학개론, 대한교과서주식회사.

이익섭(1994), 사회언어학, 민음사.

加藤重光(2004) 日本語語用論のしくみ, 研究社.

박갑수(2004), 한국어-일본어 대조론, 일본고등학교 한국어 교사를 위한 한국어교육 연구, 서울대학교 언어교육원.

박갑수(2005), 대조분석과 오류분석, 서울대학교 언어교육원.

박갑수(2005), 언어·문화 그리고 한국어교육, 제9회 조선-한국 언어문학 학술회의, 연변대학.

박갑수(2007), 한국어교육과 언어문화교육, 외국인을 위한 한국어교육연구, 제10집, 서울대학교 사범대학 한국어교육 지도자과정.

박갑수(2007), 재외동포 교육과 언어문화교육, 유럽한글학교 연수회, 파리.

박갑수(2008), 한국어 지식과 한국어교육, 서강대 한국어교육원, 외국어로서의 한국어교육, 교사연수과정 자료집 2, 서강대 한국어교육원.

> ■ 이 글은 2008년 서강대학교 한국어교육원에서의 특강 원고이다. 그간 필자의 "외국어로서의 한국어교육 연구방법론" 등의 책자에 묶여 배재대학교 대학원 등에서 강의에 활용되던 것을 다소 정리한 것이다.

찾아보기